为 什 么
精英都是
PPT控 ⑤

PowerPoint資料作成　プロフェッショナルの大原則

［日］松上纯一郎◎著　郭 勇◎译

C⁻S 湖南文艺出版社
HUNAN LITERATURE AND ART PUBLISHING HOUSE
博集天卷
CS-BOOKY

前言

作为一名经营管理战略顾问（后简称战略顾问），经过长年的观察，我发现很多公司的职员在制作PPT的过程中都存在这样那样的问题。例如，因为PPT制作得不好，导致好的创意、想法无法准确传达给别人；制作PPT的过程花费了太多时间和精力；上司对PPT的反馈非常冷漠……很多情况下，出现上述问题不是我们努力不够，而是相关知识和技能太欠缺。其实，书店中有很多介绍制作PPT的书，社会上也有很多讲座讲解制作PPT的技巧，可为什么还会出现这样那样的问题呢？

我觉得，制作PPT所需的技能、技巧非常广泛，从假说思考、逻辑思考、信息收集技巧、图解技巧、图表运用技巧、条目编写技巧、设计技巧、PowerPoint使用技巧，到沟通技巧等。以前，很少有书或讲座能把这些技巧讲完整。

因为制作PPT所需的技巧太过宽泛，现有的书籍都没法从整体上系统地讲解各种技巧，而只是把焦点放在某个或某几个技巧（比如结构、图解、PowerPoint使用等）上。因此，读者难以从整体上把握制作PPT的各种技巧。即使精通某个技巧，也难以制作出整体效果出众的PPT。拿棒球训练为例，如果一个运动员只练习接球，比赛的时候，恐怕就没法帮团队取得好成绩，因为棒球运动员还需要具有击球、跑垒等多种能力。

痛感于现状的缺憾，从2010年11月开始，我决心向世人系统地传授制作PPT的技巧，于是有了名为"战略性PPT制作讲座"，当初我定位的受众是一般商务人士。我的讲座不会只聚焦于PPT制作的理论和技巧。从制作PPT的基本思维方式到具体的方法论，我会以系统的方式教大家制作PPT所需的一切技巧。我的一次讲座要分两天才能讲完，但好评如潮，承蒙听众的厚爱。到2018年10月，听众人数已经累计达1000人。如果再加上本人其他的PPT制作讲座和企业培训讲座，总共有超过1500名听众学习了我的知识和经验。在这些听众中，既有经营策划师、市场调查员、战略顾问，也有工程师、推销员，甚至还有康复师。根据他们的反馈，在我的讲座中学到的知识和技巧，在他们的实际工作中都发挥了积极作用，帮他们取得了一项又一项成绩。

听了我的讲座过后，有的战略顾问反馈说，使用我教的技巧制作PPT，不仅把自己的想法准确无误地传达给了客户，还得到了自己公司内部的认可，而且自己的逻辑思维能力也得到大幅提升。也有康复师反馈说，为了把康复第一线的工作情况传达给医院管理层，他用我教的技巧制作了PPT，结果获得管理层的一致好评，还很好地解决了一线工作中的问题。由此可见，PPT帮助很多人实现了沟通思想、解决问题的目标。

拿我自己来说，在这8年的讲座生涯中，我也在不断反思和进步。如何讲才更便于听众理解？如何深挖理论和技巧，才更有助于实践？在不断犯错、改正错误的过程中，我对PPT制作的理解更加深入，知识和技巧更加体系化，内容也更加生动化。

本书以"战略性PPT制作讲座"的内容为基础，告诉大家在制作PPT的过程中，该在什么样的情况下活用什么样的技巧。我尽量追求知识的体系化和技巧的具体化。结果，就写成了这本500多页的书。商务人士必备的PPT制作技巧和思维方式，都在这本书里了！

而且，制作PPT的技巧，在商务工作的其他领域也会很有用。举例来说，逻辑思考能力和沟通技巧在会议中也是准确、简洁表达个人看法所必不可少的，而图解的技巧对于简化、清晰地表达个人观点更是直观有效。在讲座中，我经常强调一个观点："通过制作PPT，提高您在工作中的核心能力。"从这个角度说，本书也是一本帮您提高核心竞争力的指南。

介绍PPT制作的书，容易成为讲解单个技巧的集子，但在我这本书里，我会通过实际制作PPT的案例，让大家了解整个制作流程，以及在哪个阶段使用哪种技巧。所以，这本书您既可以挑着读，只学习其中的单个技巧；也可以从头读到尾，从整体上把握PPT制作的全部流程和技巧。也就是说，当您拿到这本书的时候，您制作PPT的速度和质量就已经开始提高了。

以前买过有关PPT制作的书的朋友，读了我这本书之后，您就能给以前所读的相关书定位了。第一次读PPT制作的书就选中我这本书的朋友，您会发现书中的内容在读后马上就可以应用于实际工作。我建议购买了本书的朋友，首先大体通读全书，理解制作PPT的全过程，然后再根据自己的兴趣，着重选择自己需要的技巧深入阅读、研习。读完之后，也请把这本书随时放在办公桌上，当您在制作PPT遇到困难的时候，可以把这本书当作词典来翻一翻、查一查。虽然现在的软件发展日新月异，有些软件大有取代PowerPoint的趋势，但不管形式如何变化，制作PPT的基本思维方式是不变的。

在每次讲座中，我都会向听众传达一个观念："我们要努力创造一个让人产生变化、成长的契机。"在创作这本书的时候，我同样彻底思考了这个问题，如何让本书的内容成为改变读者人生的一个契机。大的变化总是"始于小的变化，并由小的变化带来自信"。我自己就是通过一点点的小变化，逐渐建立了自信，才有了今天的成就。所以，我也希望大家在读这本书的过程中，能获得一些领悟，在实践书中知识、技巧的同时，改变自己，获得自信。

我在做战略顾问的时候，在和客户沟通的过程中学到了很多知识。后来加入NGO，和海外的合作伙伴一起工作，更是积累了丰富的经验。再后来我创建了自己的公司，发现制作PPT的技巧对事业的帮助颇大。要说是制作PPT的技巧帮我实现了个人目标，一点都不为过。

最后，我衷心希望这本书能帮朋友们减少制作PPT的烦恼，希望朋友们制作PPT的质量越来越高、速度越来越快，能够把自己的想法准确、明白地传达给别人。如果这本书能给读者朋友带来哪怕一点点帮助，我也会倍感欣慰的！

鲁伯特公司董事长

松上纯一郎

本书的构成

这本书的目标是帮助朋友们"快速制作出能够驱动他人、无须说明的PPT"。为了实现这个目标，本书分为12章，全面覆盖了从思维方式、前期准备、实际制作到后期的资料分发、演示说明等所有与PPT制作相关的知识和技巧。

第1章是关于制作PPT的思维方式。在这一章中，首先向大家说明"快速制作出能够驱动他人、无须说明的PPT"的重要性，以及正确的心理准备，毕竟这是制作完美PPT的基础。学习任何知识、技能，心、技、体三者缺一不可，但从心理准备入手是重中之重。做好充分的心理准备，便可理解技能背后的思维方式，从结果上说，可以更快地掌握技能。另外，心理上的充分准备，不仅对制作PPT有用，在所有工作中都是共通的，所以特别重要。

在第2章里，我会告诉大家，为了快速制作PPT，需要整理工作环境。不对PowerPoint进行个性化设置，而是拿来就用，其实是一件效率极其低下的事情。所以，为了高效使用PowerPoint，我们必须对软件进行符合自己使用习惯的设置。如果能够熟练掌握PowerPoint的各种快捷键操作，还能进一步提高工作效率。

第3章、第4章阐述了为了让自己制作的PPT能够"驱动他人"，我们需要对制作PPT的目的和概要进行整理。尤其是第3章讲的"明确目的"，可以说是制作PPT的过程中最为重要的一环。大家可以想象一下，假设我们漫无目的地制作了一份PPT，别人能从这份PPT中看懂我们想表达的意思吗？而且，那样制作PPT会花费很多的时间，也可以说是浪费了很多时间。所以，事先设定明确的目的非常重要。第4章就是在既定目的的基础上，为资料设计框架。

为了快速制作PPT，我们应该在设定"假说"之后，着手收集信息。

第5章就是讲解收集信息的方法。在设定假说的时候，重要的一点是，为了"驱动他人"，应该使用"框架"将要点全部网罗其中。

第6章和第7章讲的是，为了高速度、高质量地制作PPT，我们应该为PPT制作骨架、设定规则。特别是设定规则环节，有了明确的规则，在实际制作的过程中，我们就不会为颜色、形状、字体等细节浪费时间。

第8章"逐条编写"、第9章"图解"、第10章"图表"，都是讲解PPT的具体制作技巧。特别是在"图解"中，我比较重视"类型"。因为图解的形式多种多样，很多朋友不知该从何学起，所以，我建议初学者从掌握基本图解类型开始。

第11章讲解了为了使PPT中的单个页面与整体保持一贯性，我们需要对"整体流程"进行整理。在最后的第12章，我将介绍"资料分发、演示"的方法。大多数人制作PPT的时候，是最容易忽视这最后两章的内容的。而我觉得这两个流程必不可少，所以专门用两章的篇幅为大家进行讲解。

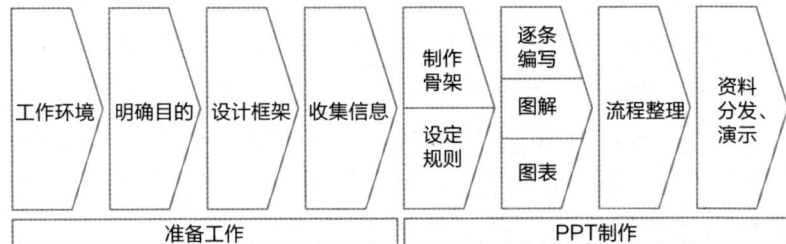

本书就是遵从上图中的顺序来教大家"快速制作出能够驱动他人、无须说明的PPT"的方法。

本书涉及的案例

在本书中，我假想了一家名叫"鲁伯特健身中心"的虚拟企业。读者朋友可以结合案例，把在书中学到的知识进行模拟运用。"鲁伯特健身中心"的概况如下。

☐ "鲁伯特健身中心"的概况

"我"在"鲁伯特健身中心"的销售部工作，主要工作是吸收会员。鲁伯特健身中心在三轩茶屋（地名）有一家分店，原本有1500名会员，但当前新入会人数不断减少。为了扭转颓势，实现由减变增，销售部部长要求我设计促销措施。我对自己的促销措施胸有成竹，但多次向部长提交促销方案都被无情地驳回了。主要原因是我制作PPT的水平太低，太过依赖口头说明。

为了把我自己的想法付诸实施，我决心摆脱对口头说明的高度依赖，制作有理有据、有说服力的PPT，并以书面形式向部长提出方案。以下就是我对鲁伯特健身中心的现状与对策的分析与思考。

⬤ 新增会员人数有所减少

鲁伯特健身中心自开业以来，每月入会人数平稳增长。但近半年来，与之前相比，新增会员人数出现了减少的趋势。经分析，原因主要是那些有意向入会但又犹豫不决的潜在会员，迟迟没有做出入会决定。

○ 新增会员人数减少的原因

新增会员人数减少的原因，估计主要有以下几点：第一，健身中心内部装修和健身器材老化；第二，同类健身中心的增加，尤其是24小时营业的健身中心的出现，对我健身中心的影响较大；第三，少子老龄化的趋势，使地区人口数量减少。

但在具体分析过程中发现，只是参与体验的人数减少了，而参与体验的客户转化成正式会员的比例，与以前相比并没有变化。

○ 新的促销措施

结合上述分析，我认为促进市民多多参与我健身中心的体验非常重要，所以我设计了以下三个促销方案。

（1）大量发放我健身中心的免费体验宣传单；
（2）免费体验私人教练健身课；
（3）会员推荐朋友来体验，可享优惠政策。

通过对上述三个促销方案的成本和结果进行比较，我认为第二条"免费体验私人教练健身课"最为有效。推出私人教练免费健身体验课之后，我估计每月会有15名左右的体验者转化成正式会员。

目录

第 **1** 章 | 思维方式的大原则

目录

第2章 工作环境的大原则

第3章 明确目的的大原则

Contents

第5章 收集信息的大原则

第6章 制作骨架的大原则

Contents

第7章　设定规则的大原则

目录

Contents

第**8**章 逐条编写的大原则

目录

Contents

第10章 | 图表的大原则

目录

Contents

第11章　流程整理的大原则

目录

第12章 | 资料分发、演示的大原则

○ 免责声明

本书所记载的内容，唯一目的是为读者提供信息。至于如何使用其中的信息，完全由读者自己进行判断，并对其行为负责。对于使用书中信息所造成的结果，本出版社和作者不承担任何责任。

本书记载的信息，截至2018年12月。另外，本书介绍的电脑使用环境、操作系统是基于Windows 10，使用的软件是Office 2016。如果读者的电脑系统等与此不同，那么在PPT的具体操作方面，可能与书中介绍的有一定的差异，这一点请读者朋友理解。如果基于上述原因，读者提出退书、换书、退费，本出版社一律不予受理。

○ 关于商标、注册商标

本书中记载的一些公司名称、商品名称，分别是各个公司的商标、注册商标或商品名称。另外，本书中没有使用™标志或®标志。

1

思维方式的大原则

制作 PPT 是
商务人士的
"必备技能"

一听说要"制作PPT"，您的头脑中会产生什么样的情绪呢？"麻烦死了""太费时间""我的死穴啊"……是不是很多朋友都会产生类似的畏难情绪？根据PRESIDENT杂志社的调查（PRESIDENT杂志，2014年11月17日号），对于制作PPT，有43.7%的商务人士回答"没有自信"。而把调查范围扩大到一般职员的话，回答"没有自信"的比例更是上升至54.8%。可见，还是有相当多的商务人士对制作PPT不太在行。

我从事战略顾问工作的时候，和很多企业打过交道，帮其策划新事业或实施组织机构改革。在和客户企业合作的过程中，我发现企业里部分管理人员制作PPT的能力比较低，而这项能力的缺失，已经成为企业发展的一大障碍。我举一些简单的例子，有的人策划出的方案真的很棒，但由于他不善于制作PPT，做成资料后大家都看不懂，结果很好的方案就被否决了；也有的人在制作PPT的时候遗漏了重要信息，在说明的时候还要通过口头讲解加以补充，结果使演示的效果大打折扣。

可能很多朋友会想，不就是制作PPT嘛，有什么了不起的！但我在实际工作中接触过太多PPT做得不好而导致好的提案被人无视的情况。所以我坚信，制作优秀PPT的技能，是商务人士必备的。

根据前面讲过的调查，按照从一般职员到股长、主任，科长、次长，部长，再到经营者、董事的顺序，商务人士的阶层越高，对制作PPT就越有自信。在经营者、董事阶层，有79.4%的人回答"对制作PPT有自信"。可能有朋友会认为，那是因为在公司里阶层越高的人制作PPT的机会越多，锻炼机会多，能力自然就高。但根据我的经验，这个逻辑关系应该正好相反：**因为制作PPT的水平高，获得晋升的概率才高。**

接下来，我将从总体上讲一讲制作PPT的重要性，并分析很多人不善于制作PPT的原因。另外，PPT分为哪些种类，我们应该重点掌握哪些制作PPT的技能，都是我在本章中将要讲解的内容。

001 制作 PPT 是商务人士的 "必备技能"

读者朋友们，我先问你们一个问题，你们可曾系统地学习过制作 PPT 的技能？恐怕很多朋友都没有系统地学过吧。在实际工作中我切身感受到，**虽然很多商务人士几乎每天都要和 PPT 打交道，但基本上没有哪家公司、机构会教人们制作 PPT 的技能。所以，能够用正确的方法制作 PPT 的商务人士也是少之又少。**

在从事战略顾问工作的时候，我接触到很多优秀的商务人士，他们对自己公司内部的改革方案、开拓新事业的策划都有很深入的见解。但是，方案、策划虽好，他们却欠缺制作 PPT 的能力，导致大多数好点子都石沉大海了。好的方案、策划无法得到实施，很大程度上是因为 PPT 没做好，可很多人依然没有意识到这一点。

日本企业有终身雇佣制的传统，所以，在很多老职员的心中，开展工作应该依赖于过去的经验，那可是众多前辈积累下来的经验，而通过 PPT 进行沟通并没有太多必要。但是，时代已经不同，当今，一家企业需要多种多样的新型人才，通过充分的沟通让团队创造出更多的附加价值已经成为推动事业发展的常识，单凭以往积累的经验，已经无法帮助企业在激烈的市场竞争中脱颖而出了。

这也是我在 2010 年开办 PPT 制作讲座的一个契机。如果职员能掌握制作 PPT 的高超技巧，那么他们在公司中的生产性、创造性将会得到飞跃式的提升。

原则

002

不擅长英语的日本人，
更应该通过 PPT 进行沟通

随着经济全球化的不断深入，在商务交往中，PPT的重要性更加凸显。以前有段时期，我为国际NGO工作，曾在非洲赞比亚、南亚孟加拉国开展项目。在当地工作的时候，和其他国家的合作伙伴交流时，只能使用英语，因为日本人的英语普遍不太过关，所以在沟通过程中误解连连。尤其是举行电话会议的时候，那彼此之间意思上的误解就更多了。

于是，我想到了另外一种沟通方式，就是以PPT为基础进行沟通。在举行电话会议之前，我一定会给参会各方发送PPT，然后再分别打电话对资料内容进行说明。如果对方有异议的话，我会请他把自己的想法添加到PPT里，再发给我仔细研究。结果，采用这个方法之后，沟通的效率和准确性得到了明显提升。

在和母语是英语的合作伙伴沟通时，这种方式同样有效。对方一般会以英语为优势，喋喋不休地高谈阔论，气势上就压我们一头。对这样的沟通对象，我会说："我不太懂您的意思，请以我的PPT为基础进行讨论。如果您有异议的话，请添加到PPT中。"这样一来，对方的气势就缓和了很多，也愿意围绕我的PPT展开讨论。 PPT中用的英语很蹩脚也没关系，如果对方看不懂其中的内容，就会向我询问，这正合我意。在给他们解释的过程中，事情就会按照我的步调发展了。

为了跟上经济全球化的步伐，相信很多商务人士都在拼命学习英语。当然，努力学习是一件好事。但是，日本人要达到和英语国家人士对等交流的水平，需要花费大量的时间和精力进行学习。而活用PPT进行交流，把对话引到自己的步调上，让沟通变得更加顺畅、有成效，岂不是一件事半功倍的好事？

003

PPT 让人一目了然

一提到制作资料，很多人首先想到的是Word。但实际上，为了顺利推动工作的展开，PPT才是真正的"润滑剂"。

（1）可以使用图解、图表进行说明。

（2）信息更加清晰、明确。

PPT在以上两点所具有的优势，是Word所无法比拟的。

使用Word软件制作资料，基本上是以文字说明为基础的，不太适合使用图解、图表这些表现形式。虽然Word文件也可以插入形状、表格等，但最多也就是文字的补充说明。另一方面，**PPT是以图解、图表为中心进行说明的，所以更加直观，更便于读者、听众的理解。**

另外，因为Word资料文字较多，读者需要花较长时间阅读内容，想抓住内容的重点，还需要一定的分析和思考。而PPT就直观得多，以幻灯片的形式演示，每一页的信息简单、明了，重点突出，读者一眼就能看懂。

因为PPT有上述特征，在现在的商务工作中，提案书、策划书等基本上都会用PPT进行演示。因此也可以说，制作优秀PPT的能力，是商务人士必不可少的。

公司不会教我们制作 PPT 的正确方法

制作PPT的能力如此重要，可现在没有哪家公司会教职员这项能力。这是为什么呢？

大家都知道，Excel软件的使用方法已经被研究得很透彻了，很多公司都会培训员工Excel软件的使用方法。但PowerPoint的正确使用方法还没有大规模渗透所有公司，在大部分公司里，也没有几个人熟知PowerPoint的正确使用方法，因此也就谈不上普及了。在公司里，即使一个职员制作PPT的技术很差劲，上司最多只会说一句"你做的PPT太蹩脚！"，而根本没法指导部下如何改善这个问题，所以也只能让制作PPT的低水平状态持续下去。

我觉得还有另外一个原因，就是现在在公司中掌管大权的管理者，年纪都已经不小，他们对软件的应用都不太习惯。尤其是50岁以上的管理者，在他们年轻时奋斗的年代，还没有PowerPoint这种东西，他们的工作经验都建立在没有这些软件的基础之上，所以对于软件他们都不太重视。在我向这些高级管理者介绍制作PPT的重要性时，他们的反应大多是："什么？资料的制作方法？那不过是细枝末节的小事。我们不能舍本逐末。"

很多公司的常态是，高级管理者不会自己制作PPT，都把这些工作交给部下代办。看到部下制作的PPT，高级管理者做出的反馈也大多是"跟着感觉走"，没有一个专业的评判标准。在这个瞬息万变的时代，如果上司还在用过时的经验教育、指导年轻职员，那么可以想象，这样的公司终将被时代的大潮淘汰。换句话说，公司职员已经不能完全依靠公司提供的职业技能培训了，必须自己想办法。

005 演示资料不等于说明资料

在大多数人的观念中，PPT就是演示资料，但实际上这是一个极大的误解。对一般商务人士来说，PPT大多数情况是被当作"说明资料"使用的，而使用PowerPoint制作演示资料的机会并不多。

以外资战略顾问工作为例，只有在项目开题会议、中期报告会议和最终报告会议等有限的场合才会用到PPT演示资料。而一般会议和谈判，大多使用PPT说明资料。另外，PPT说明资料也常被作为策划书、提案书的附件使用。

演示资料和说明资料有较大的区别。**演示资料是指在演示会上，演示者用来辅助自己演讲的资料（所谓visual aid，可视化辅助）。而说明资料是不需要他人口头说明，对方自己就能读懂的资料。**

史蒂夫·乔布斯、孙正义在演讲时所使用的演示资料，说到底是为他们演讲服务的，这种资料就不属于说明资料。在这种情况下，史蒂夫·乔布斯和孙正义的口头演讲是最主要的内容。老师让学生制作PPT说明资料的时候，学生们常会模仿史蒂夫·乔布斯或孙正义等名人演讲时使用的PPT，在里面粘贴大量图片，其实，这是不合格的说明资料，因为学生们把演示资料和说明资料混淆了。

说明资料并不是为在众人面前展示所制作的资料。因此，说明资料的文字比较多，字体比较小，而图片的用量应该控制在最低范围之内。另外，"易读"也是说明资料必备的一个特点。

	演示资料	说明资料
主角	演示者的演讲	资料本身
字数	少	多
字体大小	大	小
图片	多	少

　　本书主要讲解的是说明资料的制作方法和技巧。不过，**只要您掌握了说明资料的制作方法和技巧，再制作演示资料就会容易很多。**只要把说明资料的文字部分换成图片，在演示的时候由演示者对图片进行口头说明就行了。

　　反过来，将演示资料改编成说明资料就没那么容易了。使用演示资料的时候，演示者口头说明的内容是主角。而且，演示资料是以图片为中心制作的，理论支撑往往不那么充分，在没有口头讲解的情况下，读者不太容易读懂。换句话说，说明资料的理论支撑非常有力。

演示资料　　　　　　　　　　　　　　　　说明资料

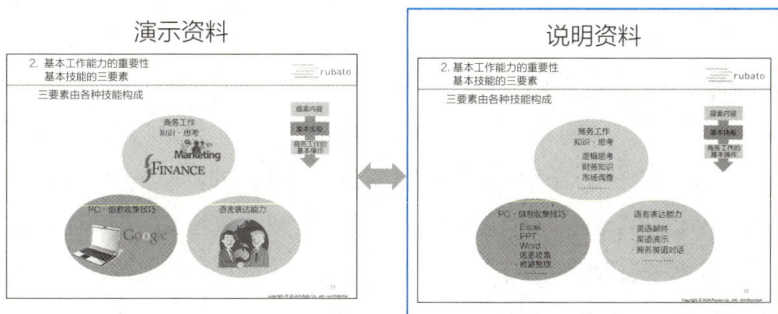

006

资料可以分为"提案型"和"说明型"两种

不同种类的资料，制作方法也大相径庭。从大的方面说，资料可以分为两类：提案型和说明型。策划书、提案书都属于提案型资料，主要是提出新的想法、方案。计划书、说明书则属于说明型资料，主要用于对业务实施的流程、情况、结果进行说明。

提案型资料，因为需要交由上司或客户做出判断，因此在内容中应该有充实的根据和可供判断的材料。另一方面，因为说明型资料是对已经决定实施的项目加以说明，不需要再做判断，所以与根据相比，具体、客观的描述更加重要。

	提案型	说明型
资料的种类	• 策划书 • 提案书 • 改善提案书	• 计划书 • 说明书 • 报告书
概要	• 希望上司或客户对提案内容做出判断，为此制作的资料	• 为实施提案内容而制作的资料 • 报告实施情况的资料
重点	• 供人做出判断的内容	• 具体性更加重要

我们来看一下著名的PDCA工作循环，分析不同阶段该使用哪种类型的资料。在Plan（计划）阶段，需要提案型的策划书、提案书，决定之后则需要说明型的计划书；在Do（实施）阶段，需要制作说明型的说明书；进入Check（验证）阶段，需要用说明型的报告书把问题点整理出来；到了最后的Action（改善）阶段，则需要提案型的改善提案

书。由此可见，在我们的日常工作中，需要根据实际情况使用提案型资料和说明型资料，二者不可混淆。

	提案型	说明型
计划	• 策划书 • 提案书	
		• 计划书
实施		• 说明书（指南）
验证		• 报告书
改善	• 改善提案书	

在实际工作中，我们的头脑要时刻意识到"资料的PDCA循环"，分清当前的工作阶段该使用什么类型的资料。**我见过不少企业虽然对业务流程把控得挺好，但工作中没有运用PDCA循环，也就更谈不上"资料的PDCA循环"了，结果他们使用的资料非常混乱。**

举例来说，公司要开拓一个全新的项目，如果只有策划书，没有计划书、说明书的话，那策划只能停留在空想的阶段，无法指导一线工作人员去实施。所以，在这种情况下一定要注重"资料的PDCA循环"。

根据我的经验，我发现大多数商务人士比较擅长制作计划书、说明书等说明型的资料，但在面向上司或客户提出策划方案，需要制作提案型资料时，很多人就不那么在行了。我当战略顾问的时候，就帮很多企业在投标过程中，协助他们的职员制作了不少提案型资料。**很多人对于提案型资料的制作方法不太在行，或者心理上存在畏难情绪，所以这本书就来主要讲解提案型资料的制作方法。**

大原则

"快速制作"
"能够驱动他人"
"无须说明"的 PPT
的重要性

如今，世界上有很多制作PPT的方法。比如，将一切都总结在一张A3纸上的丰田方式；尽量追求简洁，用Excel方格纸制作的ZEN方式……介绍PPT制作方法的书籍也是形成了一股热潮，在亚马逊中搜"PPT制作"，我就找到了337本相关书。可以说我们简直被淹没在PPT制作的海洋中了。在信息爆炸的时代，我们该怎样选择其中的有用信息？哪些PPT制作技巧才是值得学习的呢？

在这么多年的工作经历中，我总共制作了10000多页的PPT。这些PPT有成功的，也有失败的，有的时候能够很好地传达我的想法，有的时候则难以让观众准确把握我的意思。成功是经验，失败也有收获，经过反思和总结，我发现制作PPT有三个重要的因素：**第一是"驱动他人"，第二是"无须说明"，第三是"快速制作"。**

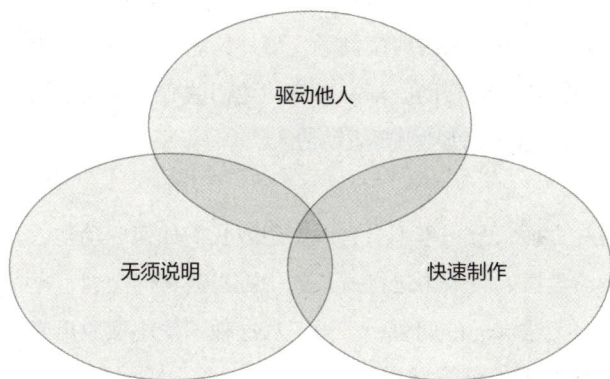

驱动他人

无须说明　　快速制作

掌握了上述三个要素之后，我相信一个商务人士就真正掌握了制作优质PPT的技巧。那为什么我觉得以上三个要素最为重要呢？接下来就分别为您讲解它们各自的重要性。

007

我们每天的日常工作，
本质上就是要"驱动他人"

一说到"驱动他人"，可能大多数朋友会想到销售人员凭借三寸不烂之舌说得顾客心悦诚服，驱动他们购买自己的商品。其实，"驱动他人"的范畴非常广泛，绝不仅限于我们面对客户的时候。在大多数情况下，公司内部的工作，从本质上说也是要去"驱动他人"。

我们有了好的创意或策划方案，就得想方设法说服上司让他接受自己的想法；站在上司的角度，也得想办法激励部下去努力完成任务。这些都是驱动他人的典型例子。另外，想从同事那里得到好的建议，或者获得前辈的帮助，都需要打动他们的心。换句话说，**我们在日常工作中，时时处处都需要驱动他人。**

但另一方面，公司里不会有人专门教我们如何驱动他人，所以我们是在不断尝试、失败中慢慢成长的。难以通融的上司、不按指示行动的部下、无法沟通的同事……为了从这种困境中摆脱出来，我觉得我们有必要学习一下驱动他人的技巧。

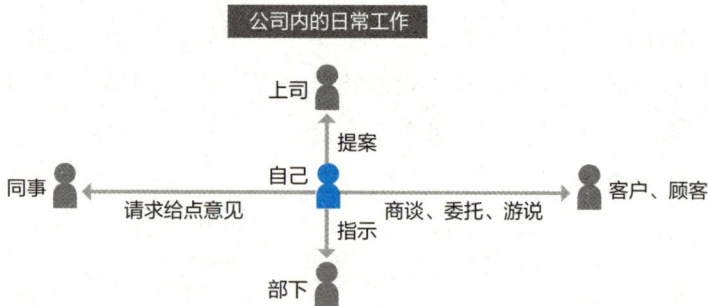

公司内的日常工作

上司
提案
自己
同事　←　请求给点意见　　商谈、委托、游说　→　客户、顾客
指示
部下

制作能够"驱动他人"的 PPT

所谓能够"驱动他人"的PPT，就是说读者在读了这份PPT之后，心里就明白了该怎么做，并能按照PPT的指示行动起来。可现实中，有太多的PPT让人看了之后不知如何是好。如果我们每天工作的本质是"驱动他人"的话，那么"无法驱动他人"的PPT，不就是一种浪费吗？

"驱动他人"并不是强迫别人去做事情。每个人都有自己的个性和脾气，受到别人强迫时，反而不愿采取行动，甚至还会产生抵触情绪或反抗行动。**我所追求的"驱动他人"，是指激发他人内心的动力，消除他们不想做的想法，然后提出具体行动方案，让他们自觉、自愿地去做。**

举个例子，从事战略顾问工作的时候，在向客户企业提出改革方案之前，我会先考察客户企业该项目负责人未来在公司里的动向。如果推测他有可能在两年之内调动工作，那我就会修改改革方案。因为如果我的方案要在三年之后才能显现出效果，那么这位项目负责人参与该项目的动力就不会太大，不会积极开展工作。在这种情况下，我提出的改革方案必须在两年内见到成效。

要想制作出真正能够"驱动他人"的PPT，必须在PPT制作之前对PPT的说明对象进行充分考察。

"无须说明"的 PPT，就是自己的分身

要想将工作能力发挥到极致，在制作PPT的时候有一点需要注意，那就是PPT要具有"无须说明"的特性。顾名思义，"无须说明"就是指拿到我们制作的PPT后，不用我们再进行说明，读者自己就可以读懂。

"无须说明"的PPT有两个优点：第一，可以代替自己向别人传达想法；第二，可以向更多的人传达想法。

举例来说，在我向某大企业推销商品的时候，即使我说服了该公司的采购人员，该公司也不一定会采购。因为采购人员不能擅自拍板，他还要向公司高层介绍这种商品，等待高层管理者做出采购决定。很多情况下，采购人员并不十分了解这种商品，他向上司介绍的时候不一定能讲清楚。此时，如果我能制作一份"无须说明"的PPT，让采购人员递交给上司，那这份PPT就可以代替我向该公司高层管理者说明商品的特点。

另外，在运作一些大型项目的时候，需要所有参与人员对该项目有一个共同的认识。在这种情况下，如果单靠项目负责人以开会的形式口头向下属传达，那恐怕要花费很多的时间和精力。而且，层层向下传达，难免会产生误解。但如果能制作一份关于该项目的"无须说明"的PPT，将其分发给所有参与人员，就可以让他们同时了解项目的所有内容了。这样在思想上容易达成共识，还不会产生误解。

| 代替自己传达想法 | • PPT 代替我们向人们传达想法 |
| 向更多的人传达想法 | • 如果是开会传达的形式，与会人数有限。但如果有PPT的话，就可以将想法同时传达给很多人 |

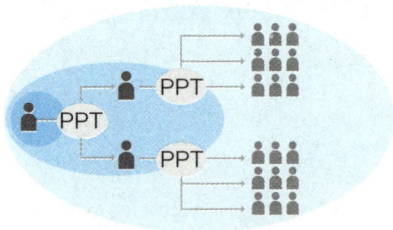

"无须说明"的 PPT
有五个要点

要想制作出"无须说明"的PPT，以下五个要点是必须掌握的：

（1）信息明确

（2）一目了然

（3）根据充分

（4）对信息加以整理

（5）对读者的要求要明确、具体

首先，向读者传达的信息一定要明确，切忌暧昧、模糊。即使PPT中用到了大量数据，其中要表达的关键点也要清晰明确地罗列出来。所以，在制作PPT之前，就应该对内容进行梳理，找到表达的关键点。

其次，要表达的关键点在PPT中一定要突出，让读者一目了然。通俗地讲，就是当读者拿到这份PPT的时候，不用细读，只要浏览一眼就能看出重点、要点。这就要求我们在制作PPT的时候尽量缩减文字量，多使用图解、图表的形式进行表达。

再次，根据是一份PPT的基石。缺乏根据的论点，没有说服力，无法打动读者。所以，我们事先有必要对构成根据的信息加以整理，让其更具条理性、层次性。

最后，写明对读者的要求也很重要。如果只是说一句"期待您的配合！"，而没写明具体行动方案的话，读者想配合我们也不知道该做些什么呀！正确的例子是："请在营销会议上把这个问题提出来讨论。"告诉读者具体该怎么做，才能让他们行动起来。

提高工作效率，
"快速制作"PPT

通过前面几小节的学习，相信您已经认识到"驱动他人"和"无须说明"对一份PPT的重要性。下面就为您介绍最后一点——**尽量快速制作资料，这一点也相当重要。**

一听到外资战略顾问这样的职业，您头脑中会产生什么样的印象？是不是"瞬间就能看透一家企业在经营管理中存在的问题""头脑转得飞快，创意一个接一个""具有丰富的经营管理知识和经验"？我上大学的时候，对外资战略顾问的印象就是这样的。可是，当我迈出校门，应聘到一家外资战略顾问公司工作的时候，我感到分外惊讶，因为公司前辈们的工作速度比我想象中还要快！比如，**一项工作中使用的20页PPT，他们五六小时就能做好，而制作一份简单的事业计划Excel表格，三小时就足够了。**

他们的工作速度为什么那么快？工作效率为什么那么高？原因在于：第一，对工作方向的合理化规划；第二，具体操作过程的合理化。关于第一点，他们采取的方法有"对目标成果进行清晰设想的'目标志向'""以假说为基础向前进发的'假说思考'"等技巧。

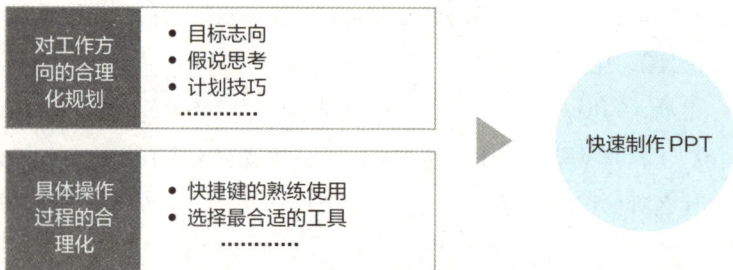

对工作方向的合理化规划	• 目标志向 • 假说思考 • 计划技巧
具体操作过程的合理化	• 快捷键的熟练使用 • 选择最合适的工具

快速制作 PPT

在操作速度方面，他们熟练掌握各种办公软件的操作，比如快捷键的使用，就可以大幅减少工作时间。另外，还有硬件方面的合理化。举例来说，我刚进公司的时候，公司给我配发了IBM（现在是联想）的ThinkPad笔记本电脑。用过ThinkPad笔记本电脑的朋友都知道，键盘中央有个"小红帽"，这个"小红帽"可以替代鼠标。只不过我非常不习惯用"小红帽"，于是就外接了一个鼠标来用。

结果，前辈问我：**"你为什么要用鼠标？手在鼠标和键盘之间来回切换，那不是浪费时间嘛！"**我不太能理解前辈的意思，于是他给我算了一笔账。他说："你在用电脑工作的时候，假设每10秒手就要在鼠标和键盘之间往返一次，那么1分钟就要往返6次。假设往返一次需要0.5秒，那么1分钟就要浪费3秒，1小时就浪费180秒（3分钟）。松上君，你现在一天工作18小时，那么因为手在鼠标和键盘之间往返就要损失54分钟。这将近一小时的时间用来睡觉不好吗？"从那以后我就不再用鼠标了，而是通过反复练习掌握了"小红帽"的使用方法。到现在，我也非常喜欢用ThinkPad这个系列的笔记本电脑。

这个例子也许有点极端，却是现实中发生的真事。由此可见，外资战略顾问为了追求极致的工作效率，已经把操作速度精确到秒了。

0.5秒 / 次 ×6次 / 分 ×60分 / 小时 ×18小时 ≈ 54分 / 天

快速制作 PPT，还能提升质量

　　一般人认为，工作速度太快，质量就会很粗糙。但实际上，快速制作PPT，反而能提高PPT的质量。我工作的第一家公司是外资的经营管理战略顾问公司，入职的第一年，有前辈建议我："松上君，与其先思考，不如先干起来。"当时我以为"对战略顾问这一职业来说，应该先做后思考"，但现在反思起来，前辈的意思是，通过工作流程的合理化，提高工作速度，才能挤出更多的思考时间，提高工作质量。

　　对各种各样的信息进行充分的综合思考，才能提高工作的质量。换句话说，**要想提高工作的质量，充足的"思考量"是绝对必需的。**以金字塔为例，如果把金字塔的底边比喻成"思考量"，那么底边越长，金字塔的高度才能越高。金字塔的高度就是工作的质量。我们在这里所说的工作质量，就是指制作的PPT的质量。

思考量与工作（PPT）质量的关系

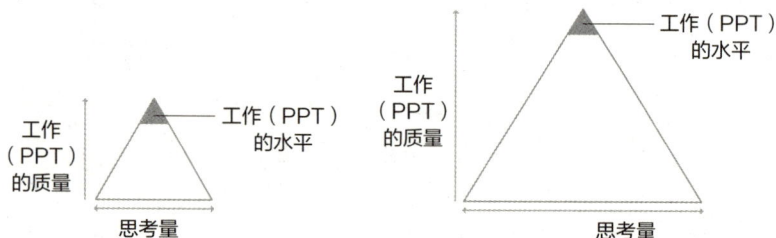

　　关于金字塔底边的"思考量"，可能有朋友会认为那些头脑聪明的人在思考量方面肯定有优势。但是，思考量可以分解为"思考速度×思考时间"。思考速度（头脑运转速度）因人而异，头脑聪明的人可能会思考得快一些。可是，思考时间对所有人都是平等的。头脑不太聪明的人，只要下功夫，就可以挤出更多的思考时间。

提高工作速度，并不单单是为了缩短工作时间，而是要创造出更多的思考时间。思考时间增加了，思考量自然就增加了，于是，工作质量也会随之提高。

和公司的同事相比，我的学历不占优势，头脑也不算聪明。但是，通过提高工作速度，就创造出了更多的思考时间，于是，思考量上去了，我的工作质量也就上去了。所以，那时我的工作成绩并不输给那些聪明的同事。

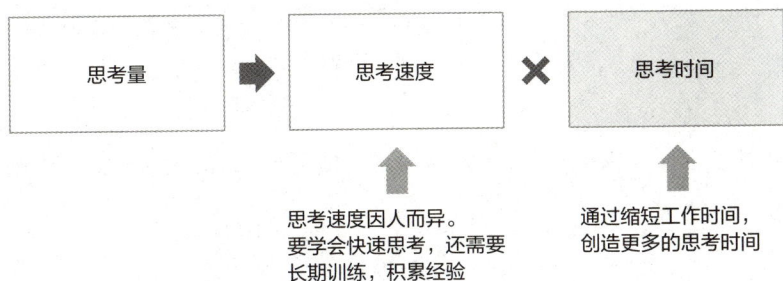

思考量	➡	思考速度	✖	思考时间

思考速度因人而异。
要学会快速思考，还需要
长期训练，积累经验

通过缩短工作时间，
创造更多的思考时间

本章总结

□ 对那些想和背景多样的客户及外国客户进行顺畅沟通的商务人士来说，制作PPT是一项必修技能。

　▶ 在经济全球化的大趋势下，不要用自己的弱项——英语——去搏胜负，而是要把重点放在通过PPT沟通上。

　▶ PPT的优势是可以使用图解、图表等直观的表现形式，使自己的想法、观点可以直截了当地传达给别人。本书主要介绍的是说明型资料的制作方法，说明型资料即使不用人讲解，读者也能自己读懂。

□ 对一份PPT来说，"驱动他人""无须说明"和"快速制作"非常重要。

　▶ 我所追求的"驱动他人"，是指激发他人内心的动力，消除他们不想做的想法，然后提出具体行动方案，让他们自觉、自愿地去做。

　▶ "代替自己向别人传达想法"和"向更多的人传达想法"是"无须说明"的PPT的优点。

　▶ "无须说明"的PPT有五个要点："信息明确""一目了然""根据充分""对信息加以整理""对读者的要求要明确、具体"。

　▶ 工作方向的合理化、操作过程的合理化，是"快速制作"PPT的关键。工作速度提高了，质量也会随之提高。

第

2

章

工作环境的大原则

大原则

再现外资战略顾问的工作环境

快速、高质量地制作PPT，我在"原则012"中已经进行了讲解。在这里，为了"快速制作"PPT，我们先从整理工作环境开始。在开始制作PPT之前，把工作环境整理好，以后的各个步骤就会顺畅得多。

整理工作环境，大体上说可以分为两大方面。第一是PowerPoint的准备，具体讲就是设置快速访问工具栏。第二是使用PowerPoint的人的准备。现在我就教您快速上手PowerPoint的一些基本技能。

什么"快速访问工具栏"啊，"快捷键"啊，一听到这些词，很多朋友就会嫌麻烦、感觉头疼。但实际上，**使用PowerPoint的过程，就是使用鼠标选择各种指令的过程。如果能提高每一项操作的效率，总体上就可以节约出大量的时间来。**另外，在对制作好的初稿进行精细修改的时候，也需要用到很多指令。如果能预先把这些常用指令设置在工具栏比较显眼的位置，就能提高工作效率，还能通过修改提高PPT的质量。

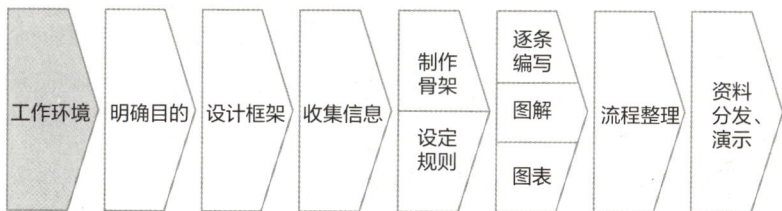

| 工作环境 | 明确目的 | 设计框架 | 收集信息 | 制作骨架
设定规则 | 逐条编写
图解
图表 | 流程整理 | 资料分发、演示 |

通过设置快速访问工具栏，提高工作效率

◻ 快速访问工具栏的设置

　　PowerPoint中为我们准备了各种各样的指令，不过有些指令隐藏在几级菜单之下，每次使用这个指令，都需要用鼠标点击好几次。有的指令甚至需要点击鼠标4次以上，才能找到。这是由于PowerPoint的界面采用了Ribbon风格，指令数量增加了，功能变强了，从而产生的一个小小的负面效果。

　　点好几次鼠标才能使用一个指令，无疑要花不少的时间。为了节省时间，我们可以好好地利用快速访问工具栏。所谓快速访问工具栏，就是在使用PowerPoint时可以快速选择指令的一个工具栏。把快速访问工具栏"玩儿得转"了，您会发现自己制作PPT的速度能得到飞跃性的提升。

　　下面我们就来学习一下快速访问工具栏的设置方法。在PowerPoint的初始状态下，快速访问工具栏在窗口的左上方。

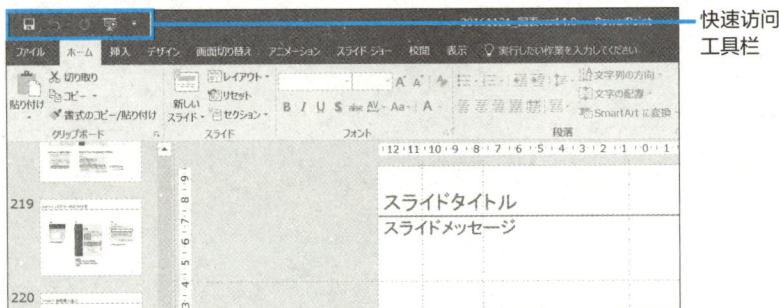

快速访问
工具栏

因为快速访问工具栏在页面左上方，离屏幕中央较远，操作的时候移动光标的距离长一些，所以花的时间也就多一些。所以，我建议把快速访问工具栏移到"功能区下方"，缩短操作时光标移动的距离。

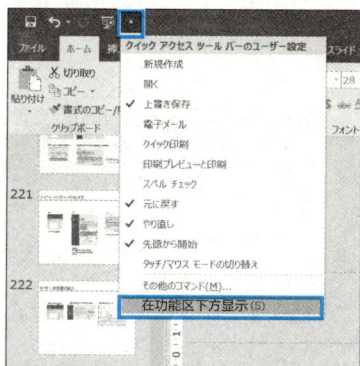

（1）快速访问工具栏的右侧有一个▼键，点击这个按键，调出下拉菜单，选择"在功能区下方显示"

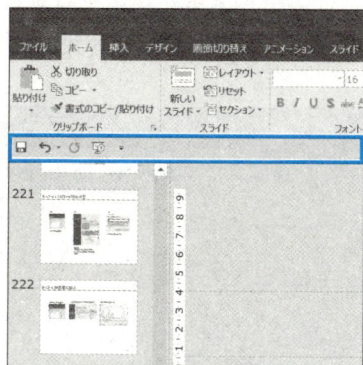

（2）此时，快速访问工具栏已经出现在功能区下方

接下来，我们"折叠功能区"，让幻灯片编辑界面更宽阔。但是，功能区折叠之后就隐藏起来了，各种指令就没法用光标点击了，可能有些朋友会觉得不知所措。不过不用担心，后面我会介绍PowerPoint中所有常用的快捷键组合，当您熟练掌握了快捷键的运用，就不用依赖光标了，用快捷键操作更快速。

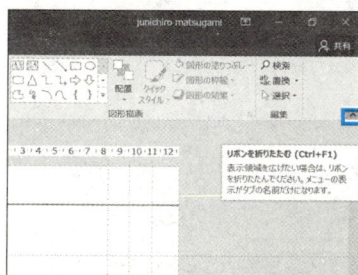

（1）功能区的右下角有一个∧键，点击这个按键（折叠功能区也可以通过快捷键Ctrl+F1实现）

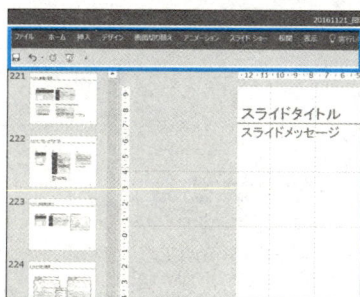

（2）功能区就隐藏了

◻ 为快速访问工具栏添加指令

接下来，我在快速访问工具栏中添加常用的指令。添加方法有两种。

第一种方法：用鼠标右键点击想要添加的指令，然后在出现的下拉菜单中选择"添加到快速访问工具栏"即可。

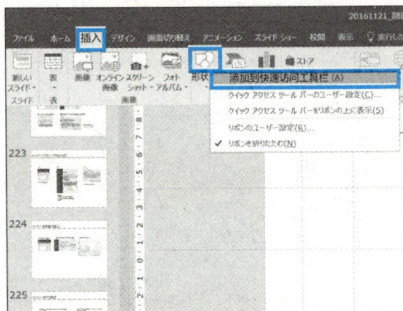

（1）比如我们想把"插入"中的"形状"添加到快速访问工具栏，只需用鼠标右键点击"形状"，然后在下拉菜单中选择"添加到快速访问工具栏"

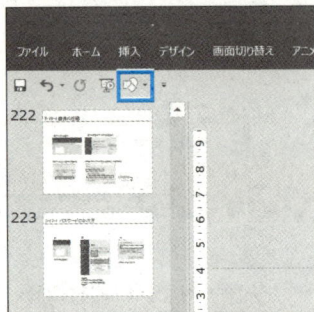

（2）我们可以看到快速访问工具栏中已经出现了"形状"指令

第二种方法：在"自定义快速访问工具栏"中添加指令。

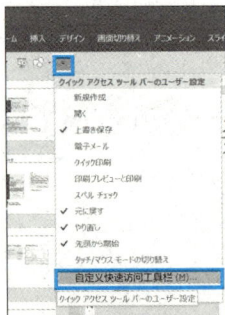

（1）点击快速访问工具栏右侧的▼键，出现"自定义快速访问工具栏"菜单，在该菜单中选择"其他命令"

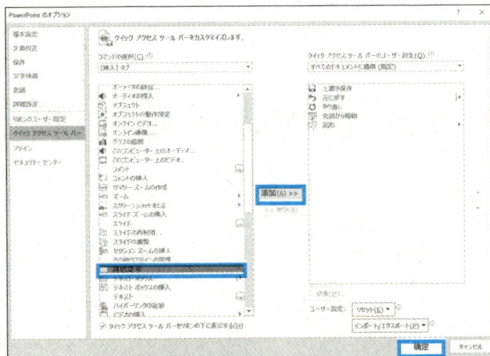

（2）在"其他命令"中选择想添加的指令，然后点击中间的"添加"按键，最后点击"确定"即可

为什么精英都是 PPT 控

❑ 输入快速访问工具栏的设置

最后为您介绍的是将现有快速访问工具栏的设置输入PowerPoint的方法（该功能只适用于PowerPoint 2010之后的版本，之前的版本只能一个一个地添加指令）。输入完成后，快速访问工具栏就是已经添加了各种所需指令的状态。

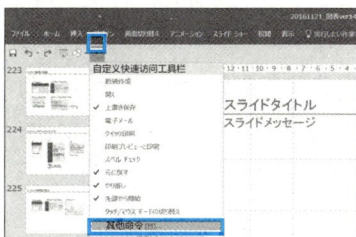

（1）点击快速访问工具栏右侧的▼键，出现"自定义快速访问工具栏"菜单，在该菜单中选择"其他命令"

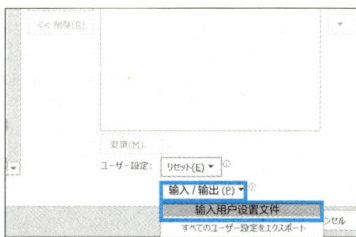

（2）依次点击"输入 / 输出""输入用户设置文件"

（3）选择输入文件，点击"打开"

（4）在弹出的对话框中，点击"是"

（5）快速访问工具栏中就批量出现了新指令

014

将"常用指令"放在
快速访问工具栏的右侧

▢ 我推荐的快速访问工具栏的设置

关于快速访问工具栏中各项指令的顺序，我建议大家从左向右排列。也就是说，使用频率相对较低的指令放在左侧，使用频率相对较高的指令放在右侧。这是因为快速访问工具栏的右侧距离下面的幻灯片显示区域更近，操作过程中光标的移动距离更短。

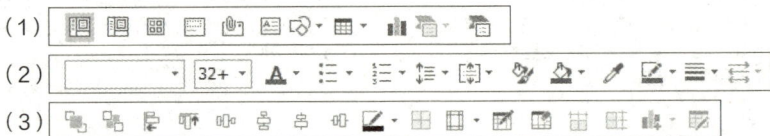

（1）［ 工具栏图标 ］

（2）［ 工具栏图标 ］

（3）［ 工具栏图标 ］

（1）显示 / 添加	（2）文本、形状格式	（3）位置 / 表格、图表格式
普通视图	字体	置于顶层
大纲视图	字号	置于底层
幻灯片浏览视图	字体颜色	左对齐
幻灯片母版视图	项目符号	顶端对齐
电子邮件	编号	横向分布
绘制横排文本框	行距	纵向分布
形状	对齐文本	水平居中
表格	设置形状格式	垂直居中
图表	形状填充	笔颜色
插入 SmartArt 图形	取色器	边框
	形状轮廓	页边距
	线条粗细	绘制表格
	箭头	擦除
		分布列
		分布行
		添加图表要素
		编辑数据

（1）显示　设置画面显示的指令。

普通视图	标准幻灯片编辑画面
大纲视图	在大纲视图模式下，可以对 PPT 的结构进行调整。可以将 Word 或 Excel 中的结构粘贴过来
幻灯片浏览视图	可以同时显示所有幻灯片页面的缩略图，把握 PPT 的整体效果
幻灯片母版视图	确定 PPT 的外观和排版布局等
电子邮件	将制作中的文件添加到电子邮件进行发送（仅限 Outlook）

（1）添加　添加文本、形状、表格、图表（幻灯片四要素）的指令。

绘制横排文本框	可以插入文本
形状	可以插入形状
表格	可以插入表格
图表	可以插入图表
插入 SmartArt 图形	可以插入 SmartArt（预先设置好的图形）

（2）文本格式　设置文本格式的指令。

字体	设置文字的字体
字号	设置文字的大小
字体颜色	设置文字的颜色
项目符号	按条目编写文本
编号	为条目编号
行距	设置文本的行间距
对齐文本	更改文本框或形状中文字的对齐方式

（2）形状格式　设置形状格式的指令。

设置形状格式	设置形状的外观
形状填充	设置形状的颜色
取色器	从其他形状或图片中选取颜色，对当前形状进行涂色
形状轮廓	设置形状轮廓线的颜色
线条粗细	设置轮廓线的粗细
箭头	设置箭头的格式

（3）位置　调整形状和文本位置关系的指令。

置于顶层	将选中的形状或文本显示在顶层
置于底层	将选中的形状或文本显示在底层
左对齐	多个形状、文本左侧对齐
顶端对齐	多个形状、文本上端对齐
横向分布	多个形状、文本横向均匀分布
纵向分布	多个形状、文本上下均匀分布
水平居中	多个形状、文本在左右方向上居中
垂直居中	多个形状、文本在垂直方向上居中

（3）表格格式　设定表格格式的指令。

笔颜色	变更边框颜色
边框	为表格增加框线
页边距	设置单元格的边距
绘制表格	绘制表格框线
擦除	擦除表格框线
分布列	在所选列之间平均分布宽度
分布行	在所选行之间平均分布高度

　　　　　　　　　　　　　为什么精英都是 PPT 控

（3）图表格式　设定图表格式的指令。

| 添加图表要素 | 为图表添加要素 |
| 编辑数据 | 编辑图表中的数据 |

□ 我认为最方便的指令，助您提高工作效率

前面，我们在快速访问工具栏中添加了我认为方便的指令，其中最方便的有以下几个。熟练掌握这些指令的应用，不但能帮我们提高工作速度，还能提高制作PPT的质量。

- **电子邮件**：发送制作中的PPT，保存当前文件。通过电子邮件指令，可以将该文件直接通过电子邮件发送（仅限Outlook）。

- **取色器**：使用取色器指令，可以从现有的形状、图片中选取颜色，用于其他形状的涂色。要从客户提供的企业logo中选取相同颜色，用这个指令就非常方便。

- **置于顶层/置于底层**：通过这两个指令，可以调整指定形状、图片的位置，将其放在最上面，也可以放在最下面。当多个形状在同一页面中时，使用这两个指令可以调整它们之间的层次关系，非常方便。

- **对齐与分布**：使用对齐与分布指令，可以对多个形状进行调整。比如，使用左对齐或顶端对齐，可以将多个形状瞬间左对齐或者顶部对齐。另外，使用横向分布指令，可以在保持最左侧和最右侧形状位置不变的同时，将中间多个形状左右均匀地分布。

- **分布列/分布行**：想使表格的行高度或列宽度平均时，这两个指令非常方便。而且还可以选择局部的行或列，将其进行平均分布。

用"四种方法"熟记 27 组快捷键

▣ 记忆27组快捷键的窍门

如果您能熟练记忆、使用PowerPoint的27个快捷键组合，您会发现自己制作PPT的速度将得到飞跃式的提升。我估计不少朋友以前也曾挑战过熟记这些快捷键，但大多以失败告终，最多能记住几组最常用的。为什么会失败呢？我认为是记忆方法不得要领所致。也就是说，没有找到记忆的窍门。实际上，记忆这些快捷键有四种方法。在我举办的讲座中，学习了这四种方法的朋友，有八成以上成功记住了超过20组快捷键。这神奇的四种方法分别是：

（1）**首字母**　　　根据快捷键的英语首字母进行记忆

　　　　　　　　　　复制→Copy→Ctrl+C

（2）**位置关系**　　根据快捷键在键盘上的位置进行记忆

　　　　　　　　　　粘贴→Ctrl+"复制命令C键旁边的V键"

（3）**联想记忆**　　与有关联的快捷键组合联系起来一起记忆

　　　　　　　　　　复制格式→Ctrl+Shift+C

（4）**编故事记忆**　如果不习惯前面三种记忆方法，那就自己编

　　　　　　　　　　故事帮助记忆

　　　　　　　　　　替换→H（"换"字取第一个拼音h）

		指令用途	记忆方法
基本			
1	Ctrl+C	复制	方法（1），Copy
2	Ctrl+X	剪切	方法（4），X 像把剪刀
3	Ctrl+V	粘贴	方法（2），V 在复制指令 C 的旁边
4	Ctrl+D	一次完成复制与粘贴	方法（1），Duplicate
5	Ctrl+Z	撤销清除，返回上一步操作	方法（4），Z 在 26 字母表中排最后，所以马上就要返回初始的 A 了
6	Ctrl+Y	重复键入	方法（4）Z 是返回，而 Y 在 Z 前面，所以 Y 代表前进
7	Ctrl+Shift+C	复制格式	方法（3），复制的快捷键再加个 Shift
8	Ctrl+Shift+V	粘贴格式	方法（3），粘贴的快捷键再加个 Shift
9	Ctrl+A	全选	方法（1），All
文件操作			
10	Ctrl+O	打开文件	方法（1），Open
11	Ctrl+N	新建文件	方法（1），New
12	Ctrl+M	插入一页新的幻灯片	方法（2），M 在新建指令 N 的隔壁
13	Ctrl+P	打印	方法（1），Print
14	Ctrl+S	保存	方法（1），Save
15	Ctrl+W	关闭文件	方法（2），保存（S）之后，就要用上方的关闭（W）了
检索			
16	Ctrl+F	查找	方法（1），Find
17	Ctrl+H	替换	方法（4），"换"字取第一个拼音 h

文字			
18	Ctrl+E	居中	方法（1），cEnter（中间）
19	Ctrl+L	文字左对齐	方法（1），Left
20	Ctrl+R	文字右对齐	方法（1），Right
21	Ctrl+[	字号缩小	方法（4），[像＜（小于号），所以是缩小
22	Ctrl+]	字号放大	方法（4），] 像＞（大于号），所以是扩大
23	Ctrl+B	文字加粗	方法（1），Bold
24	Ctrl+I	文字倾斜	方法（1），Italic
25	Ctrl+U	给文字加下划线	方法（1），Underline
形状			
26	Ctrl+G	组合	方法（1），Grouping
27	Ctrl+Shift+G	取消组合	方法（3），组合加个 Shift，就是取消组合

用好 Ctrl、Shift、Alt，
工作速度飞起来

☐ 特别方便的快捷键组合

在各种快捷键组合中，我认为最方便、使用频率最高的应该是以下几种：

● **复制/粘贴格式**（Ctrl+Shift+C/Ctrl+Shift+V）：也叫"格式刷"功能。形状的颜色、线的颜色、粗细、字体、字号等所有格式，都可以通过这两个指令复制、粘贴。

● **组合/取消组合**（Ctrl+G/Ctrl+Shift+G）：对多个形状进行组合、取消组合的指令。不用快捷键的情况下，我们会用鼠标先选中形状，然后再点鼠标右键选择指令。但使用快捷键的话，可以减少操作步骤，节省操作时间。另外，在对多个形状进行放大或缩小时，也常会用到这个指令组合。

● **字号放大/缩小**（Ctrl+]/Ctrl+[）：选中多个文本框或形状时，使用这对指令，可以对被选中的所有文字进行放大或缩小。还有一点非常人性化，就是当我们选中的文字本来就存在大小不同的情况时，使用这对指令缩放文字，文字大小会保持原有的比例。

● **文字居中/左对齐/右对齐**（Ctrl+E/Ctrl+L/Ctrl+R）：这组指令可以设置文本框、形状中的文字位置。在快捷键组合中，居中是E（cEnter。没选用首字母C，是因为复制指令已经用了C），左对齐是L（Left），右对齐是R（Right）。这些快捷键组合在Word软件中通用，也是非常方便的。

☐ 熟练掌握Ctrl、Shift、Alt三键的使用方法

也许，以前您操作电脑的时候很少使用Ctrl、Shift、Alt这三个键，现在我就为您介绍这三个键和其他按键组合起来发挥的巨大威力。

	组合键	说明
形状	Ctrl+ 箭头键	对形状进行微移
	Alt+ →或←	让形状旋转
	Alt+ 鼠标选择、移动	对形状进行微移
	Ctrl+ 鼠标选择、移动	可以复制形状
	Shift+ 鼠标选择、移动	可以平行或垂直移动形状
	Ctrl+Shift+ 鼠标选择、移动	可以平行或垂直移动并复制形状
线条	Shift+ 鼠标拖拽	画一条直线
图表	Ctrl+ 鼠标左键	通过 Ctrl+ 鼠标左键选定图表之后，再通过 Ctrl+ 箭头键，可以对图表进行微移

在上述组合键指令中，我觉得**"Ctrl+Shift+鼠标选择、移动"特别便利**。如果您想让多个同样的形状平行或垂直排列在一起的话，那么只要有一个形状，然后用这个组合键指令一边移动一边复制就可以了。

要想对形状的位置进行微调，只需在选中形状的状态下，用"Ctrl+箭头键"就可以对形状进行小幅度移动。

我们再来看看对图表的操作。**用"Ctrl+鼠标左键"选中图表之后，再通过Ctrl+箭头键，就可以对图表的位置进行微调。**

为什么精英都是 PPT 控

本章总结

☐ 为了快速制作出高质量的PPT，将工作环境调整到最佳状态是必不可少的。而PowerPoint中的快速访问工具栏和快捷键组合，就是调整工作环境的重点。

☐ 为减少点击鼠标的次数，可以将常用指令添加到快速访问工具栏。而且，常用指令在快速访问工具栏中的排列也有讲究。应该按照使用频率由高到低的顺序，将指令由右至左排列在快速访问工具栏中。

☐ 用四种方法帮助记忆快捷键组合。

（1）首字母　　　　根据快捷键的英语首字母进行记忆

复制→Copy→Ctrl+C

（2）位置关系　　　根据快捷键在键盘上的位置进行记忆

粘贴→Ctrl+ "复制命令C键旁边的V键"

（3）联想记忆　　　与有关联的快捷键组合联系起来一起记忆

复制格式→Ctrl+Shift+C

（4）编故事记忆　　如果不习惯前面三种记忆方法，那就自己编故事帮助记忆

替换→H（ "换" 字取第一个拼音h）

☐ 我认为特别方便的快捷键组合有：复制/粘贴格式（Ctrl+Shift+C/Ctrl+Shift+V）、组合/取消组合（Ctrl+G/Ctrl+Shift+G）、字号放大/缩小（Ctrl+]/Ctrl+[）、文字居中/左对齐/右对齐（Ctrl+E/Ctrl+L/Ctrl+R）。

☐ 熟练掌握Ctrl、Shift、Alt三键的应用方法，工作速度还能进一步提高。例如，对形状位置进行微调（Ctrl+箭头键）、复制形状（Ctrl+鼠标选择、移动）等。

3

明确目的的大原则

前面我们已经把工作环境调整到了最适合的状态，现在马上投入制作PPT的工作吧。话虽如此，并不是说马上就打开PowerPoint开始制作幻灯片。一上来就制作幻灯片，就像没画好图纸就盖房子一样，忙活半天也不知自己在干什么。在着手制作一份PPT之前，首先要想明白"制作这份PPT的目的是什么"，明确目的之后，再对PPT进行整体设计。毫不夸张地说，一份PPT具有明确的目的，那这份PPT就已经完成80%了。

有了明确的目的之后，我们还要对目的进行细分，将其"具体化"。所谓目的的具体化，是指：

要向"谁"传达"什么"，想驱动对方做出什么"行动"，为此我们"应该传达哪些内容"。

工作上的沟通和私人生活中的沟通有很大的差别，关键差别就在于是否期待对方有所行动。在私人沟通中，可以表达自己的感受、说想说的话，什么内容都没关系，也并不一定非要对方做什么。所以，在私人沟通中，沟通这个行为本身就是目的。

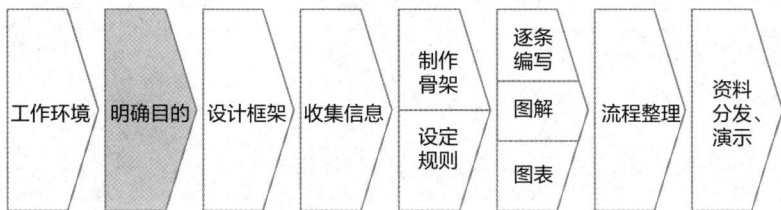

另一方面，工作上的沟通目的就在于驱动别人采取行动。制作PPT，就是工作沟通的方法之一，所以制作PPT也必须有明确的目的。很多朋友容易把制作PPT本身当作目的，这就大错特错了。我们的头脑中要始终有种意识：制作PPT是为了驱动他人行动的。

明确了"期待对方采取什么行动"，为此要向他"传达什么内容"之后，再开始制作PPT，您会发现制作的过程也将变得顺利、流

　　　　　　　　为什么精英都是 PPT 控

畅。在制作PPT的过程中，我认为应该极力避免的情况就是中途添加、删除内容。中途添加、删除内容，会让我们花额外的时间去思考、去权衡，而且常常会陷入迷惘，不知所措。这样一来，工作进度不得不停滞，任由宝贵的时间一分一秒地流逝。但是，如果能从一开始就明确"制作这份PPT的目的"，在制作过程中即使遇到迷惘的时候，也可以在较短时间内回归最初的目的，根据最初的目的确定前进方向。

有的朋友认为："虽然现在我还不清楚想驱动对方做什么，但先打开PowerPoint工作起来嘛！也许在制作PPT的过程中，就知道自己想做什么了。"有的时候，我也会在目的不明确的情况下先打开PowerPoint。但是，当我意识到自己还没弄清楚目的的时候，就会马上关闭PowerPoint。因为目的不明确，制作PPT总会遇到这样那样的问题。根据我以往的经验，只要停下来想一想PPT的目的，哪怕只花10分钟思考这个问题，接下来制作PPT的过程也会流畅很多，节省很多的时间。

大原则

分"四个步骤"
思考PPT的目的

要想制作一份好的PPT，首先应该明确"制作这份PPT的目的"。在这本书里，我分成四个步骤来思考"制作一份PPT的目的"。

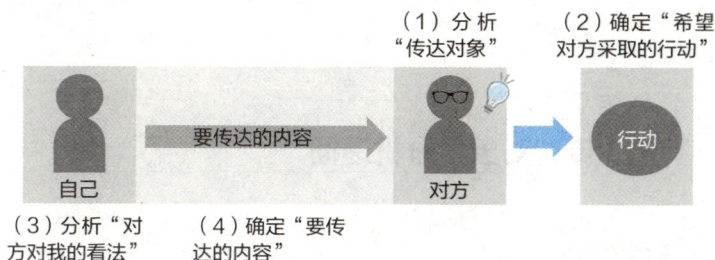

（1）**分析"传达对象"**：我们要把什么样的想法传达给谁？谁——传达对象是我们首先应该研究的。他想做的事情、不想做的事情、对我的提案的认识与兴趣度等，都要事先搞清楚。

（2）**确定"希望对方采取的行动"**：我们希望对方采取什么样的行动？这需要事先想好，并做到具体化。如果对方是一个抗拒心理比较强的人，我们最好准备多个方案供他选择。

（3）**分析"对方对我的看法"**：对方怎么看待我呢？尤其是我在知识、经验、可信度、性格等方面给对方的印象，最好提前调查清楚。

（4）**确定"要传达的内容"**：把自己想要传达的内容用不超过150个字概括出来。其中应该包含问题、解决办法、效果、行动等要素。

具体的四个步骤如下图所示

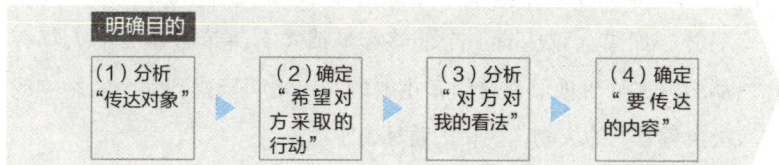

017 步骤（1）分析"传达对象"

☐ 把"传达对象"分析透彻

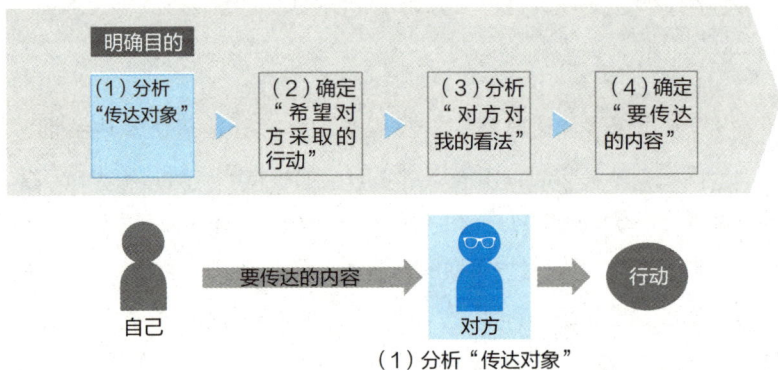

明确目的

（1）分析"传达对象" ▶ （2）确定"希望对方采取的行动" ▶ （3）分析"对方对我的看法" ▶ （4）确定"要传达的内容"

自己 —— 要传达的内容 —→ 对方 —→ 行动

（1）分析"传达对象"

在明确目的的第一个步骤中，应该把精力放在"传达对象"身上。如果传达对象只有一个人的话，那自然比较简单，但如果您制作的PPT是用来在会议上向众人演示的，那该怎么办呢？可能有些朋友会把与会者的脸都联想一遍，然后一个一个地分析他们，在此基础上制作PPT。但这样一来，要考虑的事情太多，制作的PPT也很可能变得主题不清、意义不明。所以，遇到这种情况的时候，**不用分析每一位传达对象，只要抓住那个拥有裁决权的人去分析就足够了。**

另外，如果会议中有一个能够影响或左右决策者意见的人物存在，那么就去分析他。在这里，重要的一点是明确找到那个能影响或左右决策者意见的人物，搞错人就坏事了。

▢ 从三个角度分析传达对象

选定传达对象之后，我会从以下三个角度出发分析他们：**（1）动机；（2）障碍；（3）知识、兴趣、性格、立场。**

（1）"动机"，是激励一个人鼓足干劲的必要因素，例如升职、加薪、评先进等。通过分析一个人的动机，就可以找到能够激励他的"点"。

（2）"障碍"，是让人丧失干劲的要素，比如新增业务、变革工作方法、失败的风险等。通过分析一个人所面临的障碍，我们可以找出阻碍他前进的要素，这些要素一定不能出现在PPT里。

（3）"知识、兴趣"，是指一个人拥有的知识和他关心的事情，例如这个人具有统计学方面的知识，或者他对做策划有浓厚的兴趣。根据这些，我们可以确定PPT里应该加入哪些内容。另外，一个人的"性格、立场"，会对他看PPT的方式产生影响，比如一个急性子的人，我们为他制作的PPT应该尽量短小简洁。

为了从上述三个角度来分析传达对象，我们应该了解他过去的经历和未来的目标，因为**过去的经历、未来的目标会对他现在的动机和障碍造成很大的影响。**

经过上述分析，PPT的方向就容易确定了，具体包括PPT的内容、篇幅、流程、信息的等级等。

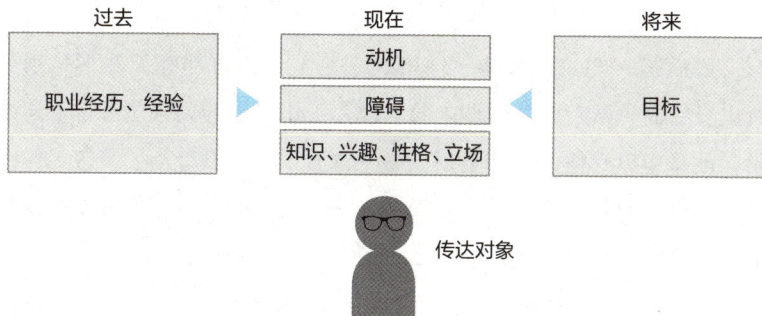

过去　　　　现在　　　　将来

过去	现在	将来
职业经历、经验	动机 / 障碍 / 知识、兴趣、性格、立场	目标

传达对象

▼ 健身中心案例：分析"传达对象"

前面介绍了一个健身中心促销策划的案例，"我"是促销方案策划者，对这个策划案有决定权的人是销售部部长。在这个案例里，"我"的"传达对象"就是销售部部长，所以要对部长进行分析。先来研究一下部长的"动机"。听小道消息说，部长为自己制定的职业目标是当上公司的下一任总经理。于是，"我"分析销售部部长当前工作的动机是：

- **向现任总经理展现自己的工作业绩**

根据这一点，"我"在制作促销方案PPT的时候，一定要强调这次促销方案是部长的工作业绩。

接下来再看看"障碍"。部长曾经提出了一个没有先例的、天马行空的促销方案，结果在实践中大败而归，为此，他还被总经理严厉批评了一通。由此可见：

- **没有先例的方案**

可能是部长心中的一个障碍，他可能会极力回避。所以，如果"我"想到了一个没有先例的促销方案，并且非常有自信，那么通过PPT展示给部长的时候，就要尽量以低风险的形式呈现在他面前，否则容易被他一票否决。具体操作方法如下：首先以试验的方式引入这个促销方案，如果结果达到预期，再大范围推广。

最后是"知识、兴趣、性格、立场"。销售部部长并不是销售员出身，而是从行政部门调来的。因为工作经历的关系，对于工作结果，他希望以具体的数字呈现。另一方面，因为没有基层销售工作经验，所以他对促销方案并不是很在行，一般情况下，广告的内容都是交由下属完成的。通过上述分析，我们可以看出部长：

为什么精英都是 PPT 控

- 对数字比较感兴趣
- 销售工作经验、知识并不丰富

于是，在PPT中对促销方案的预期结果，"我"应该用详细的数字表现。另外，关于促销的内容，在PPT中只传达大方针即可，不用写得太具体。

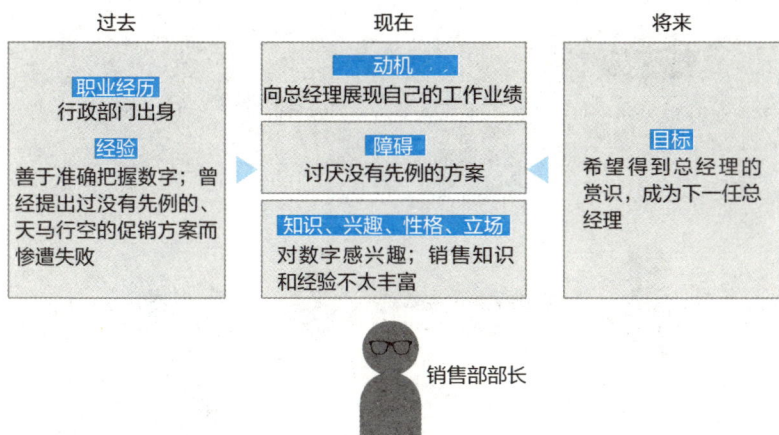

过去	现在	将来
职业经历 行政部门出身 **经验** 善于准确把握数字；曾经提出过没有先例的、天马行空的促销方案而惨遭失败	**动机** 向总经理展现自己的工作业绩 **障碍** 讨厌没有先例的方案 **知识、兴趣、性格、立场** 对数字感兴趣；销售知识和经验不太丰富	**目标** 希望得到总经理的赏识，成为下一任总经理

销售部部长

"我"制作的PPT以销售部部长为传达对象，根据上述分析，初步确定了PPT的大方向。

- 促销的内容：只传达大方针
- 促销的实施：因为是没有先例的方案，所以为了防止失败，应该分阶段实施
- 促销的效果：用具体数字进行详细预测

　　　　　　　向总经理彰显部长的业绩

下一步，我们要确定"希望对方采取什么样的行动"。

步骤（2）确定"希望对方采取的行动"

▢ "希望对方采取的行动"要具体化

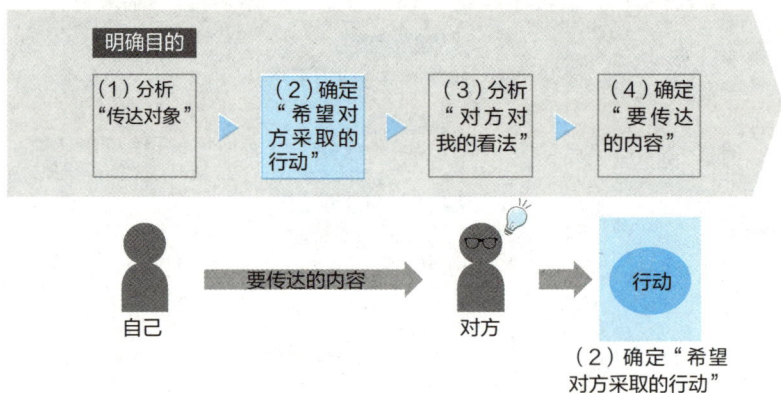

明确目的

（1）分析"传达对象" → （2）确定"希望对方采取的行动" → （3）分析"对方对我的看法" → （4）确定"要传达的内容"

自己 —— 要传达的内容 → 对方 → 行动

（2）确定"希望对方采取的行动"

第二个步骤涉及"行动"。我们把PPT提交给传达对象，他看了PPT后会产生一个结果——他要采取行动。我们"希望对方采取怎样的行动"，这就是制作PPT前我们要想清楚的。我见过太多PPT没有明确这一点，结果看PPT的人要么不明白自己该做什么，要么不知道具体该怎么做。可以说，这样的PPT是毫无意义的。所以，我建议大家在制作PPT的时候，**一定要把希望对方采取的行动明确化、具体化，让对方只要看到PPT，即使不用思考也能明白该怎么做**。将行动明确、具体地表现出来，可以最大限度地防止对方产生误解或歧义。下面给大家举两个例子，一个是错误的做法，一个是正确的做法，大家自己对比感受一下。

- **错误的例子：**"希望您仔细考虑。""期待您的配合。"
- **正确的例子：**"希望您在下一次销售会议之前，给出明确的答复。"

■ 确定"希望对方采取的行动"时，有三个要点

只要抓住以下三个要点，确定"希望对方采取的行动"就会变得非常容易。

（1）提示对方"立刻就可以采取的行动"

第一个要点是，在PPT的最后，要向对方提示"立刻就可以采取的行动"。刚读完一份PPT的时候，人的热情最高，采取行动的障碍最小。所以，在PPT最后提出可以马上采取的行动，对方很可能会迅速投入行动。不过，**设定"立刻就可以采取的行动"也有技巧，我们可以把大目标进行分解**。下图是对销售目标进行分解的例子。最终的销售目标是让顾客购买这种商品，第一个小目标设定为"请顾客试用样品"，这个小目标阻力小，容易实现。

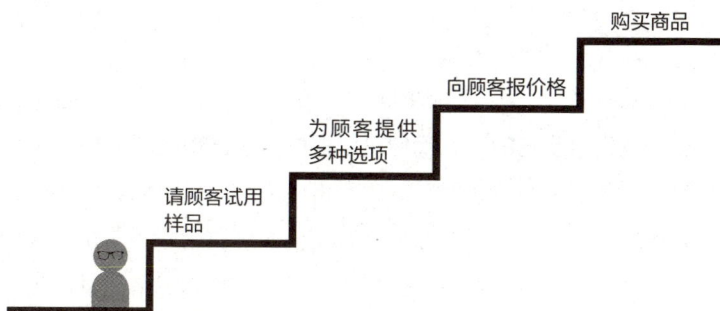

（2）思考"3W1H"

将行动具体化，我向大家推荐一个"3W1H"方法：**谁（Who），**

何时（When），如何（How），做什么（What）。把这四点弄明白就行了。举个例子：

- 向总经理（Who）
- 在5月20日前（When）
- 通过电子邮件（How）
- 通报销售方针的变更内容（What）

只要在PPT中把这四点写得清楚明白，那么看PPT的人不用自己动脑子，也能知道自己该做什么。

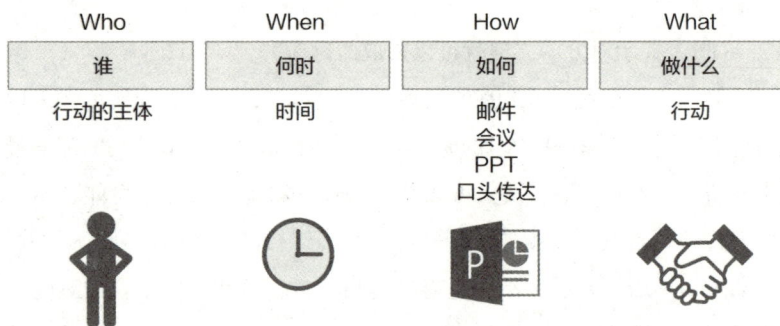

Who	When	How	What
谁	何时	如何	做什么
行动的主体	时间	邮件 会议 PPT 口头传达	行动

（3）提供多个选项

在PPT中向传达对象提供行动方案的时候，如果只提供一种，那么有些人会产生"强加于自己"的感觉，从而在内心涌起抵触情绪。但如果有选择的空间，那抵触情绪就会大大减轻。所以，**为了让对方感到"是我自己选的"，我们可以提供多个选项任其选择。**举个例子，假设我开拓了一个新项目，希望得到部门内其他同事的协助，为此我需要部长的帮忙，希望部长号召其他同事协助我的工作。这种情况下，如果我直接跟部长说"请您用电子邮件通知同事们协助我的工作"，那么部长可能会感觉我在指挥他，心里肯定不舒服。但如果我给部长提供两个选项——"通过电子邮件通知同事"或"在部门会议上号召同事们协助我的工作"，然后等待部长自己选择，那部长的抵触情绪

为什么精英都是 PPT 控

就会大大减轻。不管选哪个，他都会觉得是他自己的选择，是他在掌握局面。但有一点大家需要注意，我们的最终目的是让对方选择"我们期待的选项"，所以，**选项中不要加入我们不想要的行动或结果。**

▼**健身中心案例：确定"希望对方采取的行动"**

"我"把策划书提交给部长，最终的目的是希望部长批准"让顾客免费体验私人教练健身课"的促销方案。为了让这个方案更容易得到部长的认同，"我"并不希望部长一下子就接受"正式的免费私人教练健身课"。"我"这次的目标只是希望部长同意实施"试验性免费私人教练健身课"，然后再分别明确Who、When、How、What，将期待的行动具体化。

- Who：**销售部部长**
- When：**8月24日15点之前**
- How：**通过电子邮件**
- What：**希望同意实施试验性免费私人教练健身课**

最终，"我"希望"在8月24日15点之前，部长以电子邮件的形式批准实施'试验性免费私人教练健身课'的方案"。

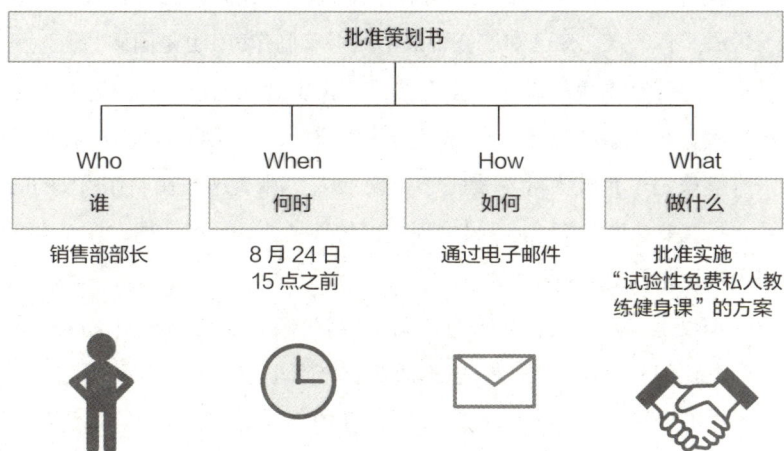

批准策划书			
Who	When	How	What
谁	何时	如何	做什么
销售部部长	8月24日15点之前	通过电子邮件	批准实施"试验性免费私人教练健身课"的方案

步骤（3）分析"对方对我的看法"

☐ 了解自己在对方眼中的强项和弱项

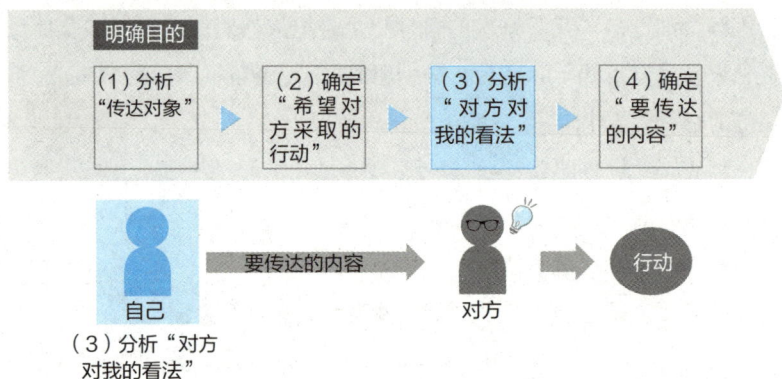

明确目的

| （1）分析"传达对象" | ▶ | （2）确定"希望对方采取的行动" | ▶ | （3）分析"对方对我的看法" | ▶ | （4）确定"要传达的内容" |

自己 —— 要传达的内容 ▶ 对方 ▶ 行动

（3）分析"对方对我的看法"

在第三个步骤中，我们来分析一下别人对我们自己的看法。《孙子兵法》有云："知己知彼，百战不殆。"制作PPT也是同样的道理。只不过，**我在这里所说的"自己"并不是主观的自己，而是对方怎么看待我，对方眼中的"我自己"。**举个例子，假设我在对方心目中的一贯形象是个粗枝大叶、爱犯小错误的人，那么这次在制作PPT的时候，我就要在PPT内容上尽量体现周密的计划、详尽的数据，让对方看到我防止犯错的决心和行动。

不仅是弱项，我们在对方心目中的强项，也会影响他看待PPT的态度。比如，假设我是一个思维活跃、创意丰富的人，以前就为公司提出过不少好创意，那么对方在看我的PPT时，心中肯定也会期待我再次提出优秀的创意。由此可见，先摸清楚自己在对方心目中的形象，在制作PPT的过程中，就可以扬长避短，制作出更有说服力的PPT。

◻ 反思对方和自己的关系

在对方眼中，我们自己身上到底有哪些弱项、哪些强项？要想弄清楚这个问题，我们可以反思一下在工作中自己和对方的关系。尤其是以下三点，我们可以逐一写出来。

- （对方眼中）我的知识、经验
- （对方眼中）我的立场、信用度
- （对方眼中）我的性格

下面我们举个实际例子来看一下。

- （对方眼中）我的知识、经验：因为在开发部门供职多年，所以有关技术方面的知识和经验非常丰富。

- （对方眼中）我的立场、信用度：部下；因为是技术开发人员出身，所以在策划方面的能力不太令人信服。

- （对方眼中）我的性格：任何事情都要用理论来思考，不找到理论依据就难以接受，典型的理科思维，性格缺乏弹性、灵活性。

"别人怎么看待自己""自己在别人心目中的形象"，关于这些问题，很多朋友常带有先入为主的观念，对自己的认识有偏见。比如，自我肯定感较低、缺乏自信的人，常会觉得"自己身上没有值得别人信赖的地方"；而过度自负的人，会觉得自己在别人眼中就是一个完美的人。

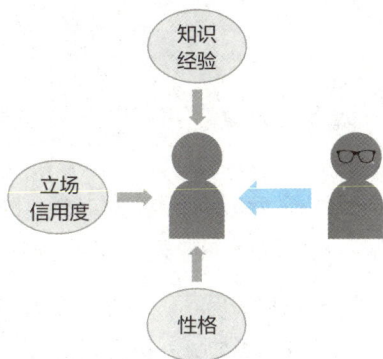

所以，**我们不能靠自己的主观想象去评价自己，还要多参考别人的意见，听听周围人的客观意见。**能够客观地看待自己，是非常重要的。

▼健身中心案例：分析"对方对我的看法"

"我"要分析自己在部长心目中的形象，并根据分析结果，确定策划书的方向性。"我"会收集部长对我的知识、经验、信用度、性格等方面的评价，通过分析找出自己的强项和弱项。

结果发现，"我"在部长心目中是个"点子王"，经常能想出非常优秀的创意。这是"我"的强项之一，所以"我"会在策划书中尽量提出充满创意的方案。另外，关于性格方面，部长认为"我"这个人只要喜欢做一件事，就会全神贯注地投入其中，并一定会坚持到底，所以他还是非常信任"我"的。鉴于此，在策划案中，关于实施计划，"我"没有必要写得太详细，因为部长信任我在这方面的能力。

作为弱项，部长觉得"我"对数字不太敏感，也不善于用数字表达想法。所以，"我"在制作策划书的时候一定要重视数字的作用，关于计划、效果，都会用详细的数字表现出来。

强项
经验：被评价为"点子王"。
性格：喜欢的事情，会全神贯注地投入。
信用度：一旦开始，就会坚持到底，值得信赖。

弱项
经验：不擅长量化结果，不擅长用数字表示。

"我"　　销售部部长

前面，根据对"传达对象"的分析，"我"已经确定了策划书的大方向：

- 促销的内容：只传达大方针
- 促销的实施：因为是没有先例的方案，所以为了防止失败，应

　　　　该分阶段实施
- **促销的效果：用具体数字进行详细预测**
　　　　向总经理彰显部长的业绩

现在，再加上分析"对方对我的看法"，制作策划书的方向性更加清晰了：

- **积极想出新创意**
- **用严密、详细的数字佐证新创意**
- **实施计划只写个概要即可**

战略顾问的工作现场

不同的人，对我们肯定有不同的看法。举例来说，我在顾问行业工作了 10 多年的时间。那么，刚工作 1 年的同事，肯定认为我是一个经验丰富的老手。但在工作 20 年以上的顾问专家看来，我只不过还在成长的道路上。另外，在我为客户公司提供经营管理战略咨询服务的时候，客户对我的看法又是什么样的呢？首先，客户不一定了解顾问工作，他们会认为我一直从事顾问工作，可能只懂经营管理战略，而不了解他们的事业，所以会怀疑我的顾问工作是否具有针对性。总而言之，别人对我们的看法有积极的，也有消极的，真可谓多种多样。所以，不管从事什么工作，我建议大家在制作 PPT 的时候，都要先分析一下传达对象对我们的看法，在此基础上确定 PPT 的方向就会更有针对性和说服力。

步骤（4）确定"要传达的内容"

用150字概括想要传达的内容

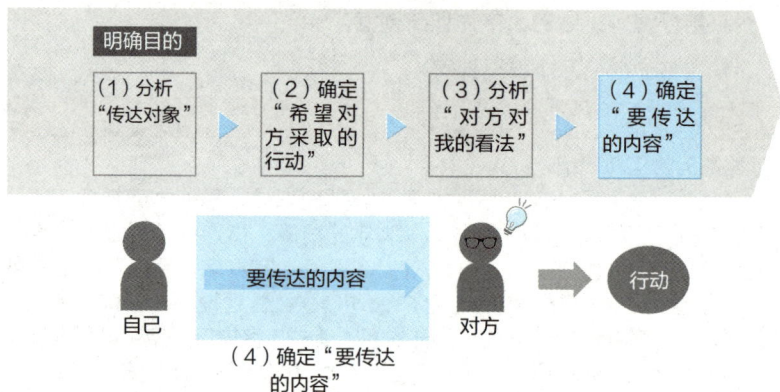

明确目的

（1）分析
"传达对象"
（2）确定
"希望对方采取的行动"
（3）分析
"对方对我的看法"
（4）确定
"要传达的内容"

自己　→　要传达的内容　→　对方　→　行动

（4）确定"要传达的内容"

在制作PPT之前，我们先要明确制作PPT的目的。为此，最后一个步骤是确定"要传达的内容"。在这里，**我建议大家用150字概括出自己想传达的内容。**在我们战略顾问行业，有一个词叫"电梯演示法"。因为客户一般都很忙，时间非常宝贵，所以，作为战略顾问，我们要拥有高度概括的技能。和客户一起搭乘电梯的过程中，在出电梯之前，就应该把自己的想法向客户表达清楚。制作PPT的时候，我们想传达的内容，也要高度精简和概括。另外，对传达的内容进行高度概括，更有利于保持PPT的一贯性。在制作PPT的过程中，当我们对添加或删除哪些内容感到迷惑时，再回归当初概括的内容，就能找到初心，不会迷路了。

◻ 分两步概括想要传达的内容

通过PPT要传达的内容，我们分两个步骤进行总结概括。

（1）要包含课题、解决方案、效果、行动等要素

作为概括"要传达的内容"的第一步，我们要意识到，概括的内容要包含课题、解决方案、效果、行动等要素。在此只对这几个要素做简要介绍，更详细的解说将放在第4章。

课题：在实现目标的道路上形成障碍的因素

解决方案：解决课题的具体方法

效果：实施解决方案带来的成果

行动：对方接受提案后，可能做出的行动

这里所讲的"行动"，大家可以参考"步骤（2）确定'希望对方采取的行动'"。

下面举一个例子，假设有一个主题游乐园，最近回头客的数量有下降趋势，于是"我"作为销售人员想针对老顾客实施打折优惠等促销措施。在这个案例中，各种要素具体如下：

课题：回头客减少

解决方案：针对老顾客实施打折优惠措施

效果：预计游客数量将增加一成

行动：希望管理者批准这个促销方案

下面，我们就用一段文字来概括一下"要传达的内容"。

本主题游乐园最近回头客数量有下降趋势。如果针对老顾客实施打折优惠措施，预计游客数量将增加一成左右。最后，希望领导批准这一促销方案。

（2）根据"分析'传达对象'"和"分析'对方对我的看法'"，在要传达的内容中加入一些暗示性内容

通过这一步，可以得到一些隐性的结论。我们要把这些隐性的结

论，以暗示性的语言，写入"要传达的内容"。在前面那个主题游乐园的案例中，通过"分析'传达对象'"，"我"发现对方实现销售目标的愿望非常强烈。于是，"我"会在PPT中暗示对方："如果实施我制订的促销方案，实现销售目标的可能性就很大。"接下来，通过"分析'对方对我的看法'"，"我"发现对方认为"我缺乏搞促销活动的经验，在这方面不太可靠"。鉴于此，"我"会在PPT中以谦虚的态度向他征求促销工作的意见和建议。于是，在第一步的基础上，"我"又加入了以下内容。

本主题游乐园最近回头客数量有下降趋势。如果针对老顾客实施打折优惠措施，预计游客数量将增加一成左右。**这样下去的结果将是本期销售目标实现在望。另外，希望您从整体促销工作的角度，给我的方案提出宝贵的意见和建议。**最后，希望领导批准这一促销方案。

像这样，把分析的结果以暗示性的语言加入想要传达的内容，就可能制作出打动对方的PPT。

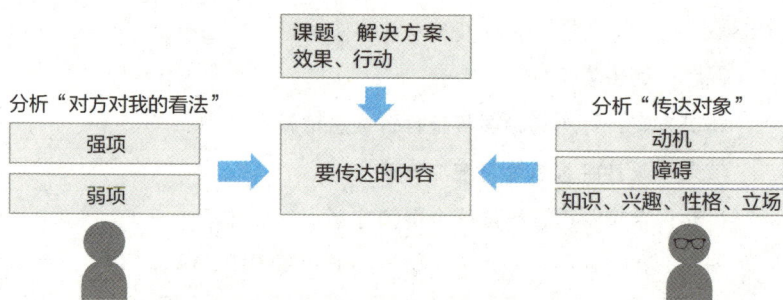

课题、解决方案、效果、行动

分析"对方对我的看法"　　　　　　　　　　　　　分析"传达对象"

| 强项 |
| 弱项 |

要传达的内容

| 动机 |
| 障碍 |
| 知识、兴趣、性格、立场 |

▼健身中心案例：确定"要传达的内容"

为了把"要传达的内容"编写到最完美的状态，我们首先应该梳理一下课题、解决方案、效果、行动等要素。

课题：新增会员人数减少

解决方案：开设免费私人教练健身体验课

　　　　　　　　为什么精英都是 PPT 控

效果：吸引顾客的效果好于其他促销方法

行动：希望部长批准这一促销方案

于是，"我"将"要传达的内容"概括如下：

> 本健身中心最近出现新增会员减少的趋势，调查发现，参与体验的顾客减少是主要原因。开设免费私人教练健身体验课，吸引顾客的效果好于其他促销方法。希望部长批准实施这一促销方案。

另外，根据"分析'传达对象'"和"分析'对方对我的看法'"，"我"把分析结果总结如下：

◎步骤（1）分析"传达对象"

- 促销的内容：只传达大方针
- 促销的实施：因为是没有先例的方案，所以为了防止失败，应该分阶段实施
- 促销的效果：用具体数字进行详细预测
  向总经理彰显部长的业绩

◎步骤（3）分析"对方对我的看法"

- 积极想出新创意
- 用严密、详细的数字佐证新创意
- 实施计划只写个概要即可

综合上述分析，"我"应该向部长传达的内容有：促销方案是开设免费私人教练健身体验课；方案不用写得太具体；要让部长明白，这种没有先例的促销方案可以向总经理彰显部长的工作能力。

另外，要用具体数字展示新促销方案的效果，比如"该促销方案比其他方法的效果好20%"。关于实施方法，可以分为"试验性发放宣传单"和分阶段实施。

加入上述要素，对"要传达的内容"就可以进行如下完善：

本健身中心最近出现新增会员减少的趋势，调查发现，参与体验的顾客减少是主要原因。开设免费私人教练健身体验课，吸引顾客的效果要比其他促销方法好20%，而且，这个全新的促销方案可以向总经理彰显部长的工作能力。不过，这是一种没有先例的促销手段，所以建议先进行小规模试验性活动。希望部长批准实施试验性促销方案。

课题、解决方案、效果、行动

课题：新增会员人数减少
解决方案：开设免费私人教练健身体验课
效果：吸引顾客的效果好于其他促销方法
行动：希望部长批准这一促销方案

分析"对方对我的看法"　　　　确定"要传达的内容"　　　　分析"传达对象"

强项
• 被评价为"点子王"。
• 喜欢的事情，会全神贯注地投入。
• 一旦开始，就会坚持到底，值得信赖。

弱项
• 不擅长量化结果，不擅长用字数表示。

本健身中心最近出现新增会员减少的趋势，调查发现，参与体验的顾客减少是主要原因。
开设免费私人教练健身体验课，吸引顾客的效果要比其他促销方法好20%，而且，这个全新的促销方案可以向总经理彰显部长的工作能力。
不过，这是一种没有先例的促销手段，所以建议先进行小规模试验性活动。希望部长批准实施试验性促销方案。

动机
• 向总经理展现自己的工作业绩

障碍
• 讨厌没有先例的方案

知识、兴趣、性格、立场
• 对数字感兴趣
• 销售知识和经验不太丰富

　　到这里，PPT中的"要传达的内容"就已经敲定了。在下一章中，我将教朋友们如何把"要传达的内容"落实到幻灯片的制作中去。

本章总结

☐ 在开始制作PPT之前，首先明确制作这份PPT的目的非常重要。弄清楚"希望对方采取的行动"，才能明确制作这份PPT的大方针。从结果来看，这样才能高效率地制作PPT。

☐ 通过以下四个步骤，设定"驱动他人"的目的。

步骤（1）分析"传达对象"

▶ 在某些情况下，我们制作的PPT所针对的对象并不是一群人，而是其中某个人。所以首先要找出一群人中拥有决定权的那个人，把他锁定为"传达对象"。

▶ 将传达对象的"动机""障碍""知识、兴趣、性格、立场"进行透彻分析，据此确定PPT要传达的信息。

步骤（2）确定"希望对方采取的行动"

▶ 首先明确自己希望对方采取哪些行动。

▶ 先确定对方"立刻就可以采取的行动"。弄清楚谁、何时、如何、做什么，即3W1H，最为重要。

步骤（3）分析"对方对我的看法"

▶ 根据自身的知识、经验，分析在对方眼中，自己有哪些强项，又有哪些弱项。

步骤（4）确定"要传达的内容"

▶ 用150字概括想要"传达的内容"。

▶ "传达的内容"应该包括课题、解决方案、效果、行动。

▶ 通过对自己和对对方的分析，把获得的启示加入"传达的内容"。

4

设计框架的大原则

明确了PPT的"目的"，又确定了"要传达的内容"之后，就该开始为PPT"设计框架"了。所谓为PPT"设计框架"，就是根据"要传达的内容"，设计幻灯片结构、幻灯片标题、幻灯片副标题、幻灯片样式。

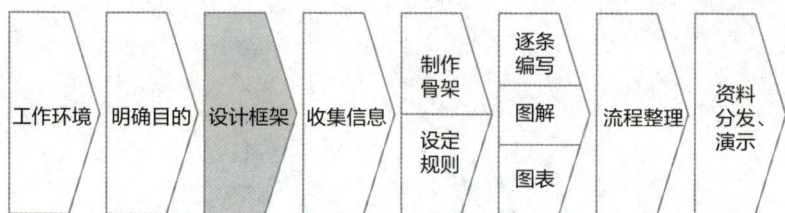

我所接触到的战略顾问中达到经理级别的老手，在制作PPT的过程中，一定会为PPT设计框架。在我成为战略顾问的第三年，上司交给我一个任务，让我制作一份年终报告的PPT草稿。对于我制作好的草稿，前辈们给我提出了很多反馈意见，而大多数是围绕PPT框架的，可见"框架"的重要性。

为PPT设计框架，具体可以按照以下三个步骤进行。

（1）确定幻灯片结构

（2）确定幻灯片标题和副标题

（3）确定幻灯片样式

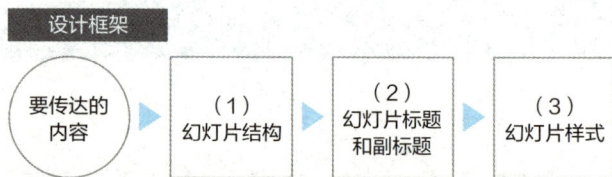

（1）确定"幻灯片结构"，是根据"要传达的内容"确定用多少页幻灯片来演示、如何搭配组合这些幻灯片。

（2）确定"幻灯片标题和副标题"，即确定每一页幻灯片的标题和下一级标题。幻灯片的标题，是放在每一页幻灯片最上端的大标

为什么精英都是 PPT 控

题，也是对本页所有内容的高度概括。副标题则是置于大标题之下的内容，用于表明自己的主张。

（3）确定"幻灯片样式"，就是指每一页幻灯片用什么样式的条目、图解、图表把所要传达的内容表现出来。

（1）确定"幻灯片结构"

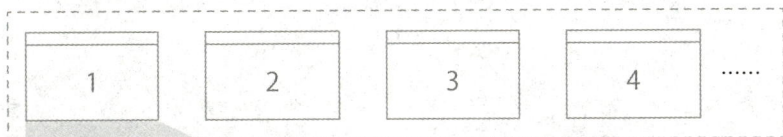

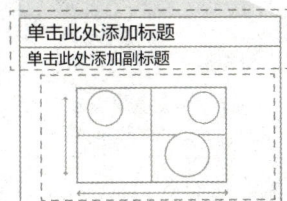

（2）确定"幻灯片标题和副标题"

单击此处添加标题
单击此处添加副标题

（3）确定"幻灯片样式"

我们暂时控制一下马上打开PowerPoint的欲望，先在Excel或记事本中设计PPT的框架。

大 原 则

步骤（1）
确定"幻灯片结构"

在为PPT设计大纲的时候，首先要确定的是幻灯片的结构。在第3章中，我们确定了"要传达的内容"，在这里，我们先把"要传达的内容"细分成若干要素，分配给每一页幻灯片。我推荐大家把"要传达的内容"分解成以下四要素。

（1）背景

（2）课题

（3）解决方案

（4）效果

在"背景"中，我们要交代提案产生的过程、现状及目标，借此让传达对象了解PPT的重要性。在"课题"中，分析实现目标的障碍及其原因，让对方明确我们应该解决什么问题。在"解决方案"中，说明解决问题的方法。在"效果"中，介绍实施解决方案后可以期待的成果，以及需要付出的成本、实施的计划等。

这四个要素使PPT的结构变得非常简单，但也正因为简单，才更便于传达对象理解，更有说服力。另外，关于以上四个要素，我们要确定每个要素需要用几页幻灯片进行说明，然后就可以大体设计出幻灯片的结构。下面我们就一起学习"确定'幻灯片结构'"的方法。

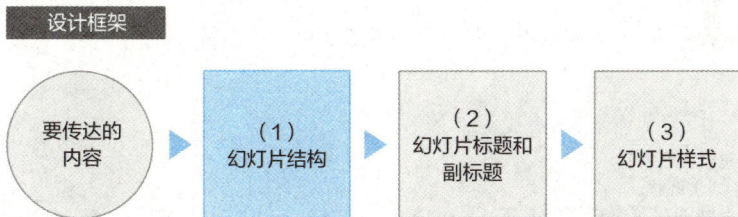

设计框架

要传达的内容 ▶ （1）幻灯片结构 ▶ （2）幻灯片标题和副标题 ▶ （3）幻灯片样式

"背景"提示 PPT 的重要性

☐ 交代制作PPT的"背景"

我们的客户、上司、同事和我们一样，每天都要处理很多工作，时间都非常宝贵。为了让他们抽出宝贵的时间，阅读我们制作的PPT，首先要让他们意识到这份PPT的重要性。在让别人看出这份PPT的重要性之前，我们自己首先要理解它的重要性。尤其是当传达对象的地位比我们高的时候，就更需在短时间内让他们意识到这份PPT的重要性。为此，把PPT的"背景"交代清楚尤为重要。**在一份PPT当中，一定要为"背景"分配足够的幻灯片页面，以便把提案产生的过程交代清楚。**

举例来说，我要制作一份提高销售额的提案PPT，那么作为"背景"，我必须把公司销售额下降的现状说清楚。如果不能把销售额下降的状况说清楚，对方就无法充分意识到这个提案的重要性。把这个"背景"解说得越紧迫，对方就越重视。

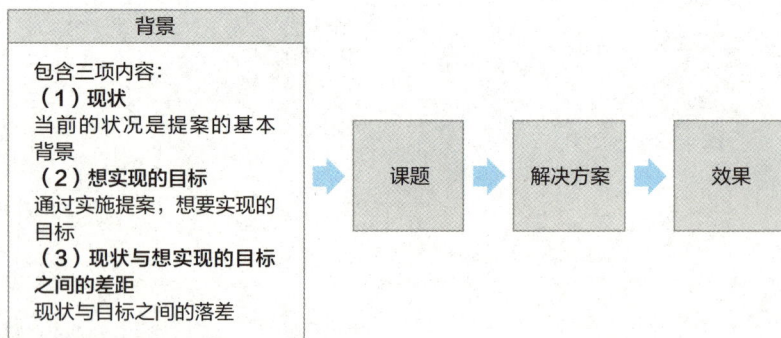

背景
包含三项内容： （1）现状 当前的状况是提案的基本背景 （2）想实现的目标 通过实施提案，想要实现的目标 （3）现状与想实现的目标之间的差距 现状与目标之间的落差

课题 → 解决方案 → 效果

■ 在"背景"中应说明现状、目标和差距

显示PPT重要性的"背景",包含以下三个要素:

（1）现状

（2）想实现的目标

（3）现状与想实现的目标之间的差距

下面对这三个要素分别进行详细讲解。

（1）现状

我们为什么要进行提案?肯定是因为公司内外的环境发生了变化,我们需要采取某种对策来应对变化。制作PPT的时候,首先要在"背景"中把现状交代清楚。现状,不仅仅是当前静态的状况,还指从过去发展到现在的一个变化过程。"过去5年间,公司的销售额不断下降""其他公司同种类型的新产品不断上市,抢占了我们的市场份额""最近顾客购买我公司商品的意愿有所下降"等,都是典型的内外变化。

（2）想实现的目标

试想一下,谁会提出一份没有任何目的的提案?所以,只要是提案,必然有它的目的、目标。从大方面看,目标可以分为两种:一种是可以用具体数字显示的目标,如销售额、利润额等,这种叫作"定量目标";另一种是无法用具体数字显示的,比如企业文化、组织结构建设等,这种叫作"定性目标"。

（3）现状与想实现的目标之间的差距

在"背景"中提示了现状和目标之后,还要对现状与目标之间的差距加以说明。要让传达对象意识到,这份PPT所提出的方案就是用来填补这个差距的。接下来我举一个具体的案例,让我们在实际案例中学习"背景"的梳理方法。"（1）现状"是"过去5年间,公司的销售额不断下降,已经降到了1000亿日元"。"（2）想实现的目标"是

"让销售额达到1100亿日元"。那么，"（3）现状与想实现的目标之间的差距"就是"100亿日元"。所以，必须使销售额再提高100亿日元。

把上述"背景"用文字总结起来，就应该是"本公司在过去5年间销售额不断下降，目前年销售额只有1000亿日元。鉴于现状，我把未来一年的销售额目标设定为1100亿日元。为此，本公司在未来一年中必须将销售额再提高100亿日元"。

在公司或部门会议中，很多情况下，不同出席者对于"目标"的具体定义存在较大差异。**即使大家的目标能统一，现状和目标的差距在每个人心中也是不同的，这样一来，讨论就难以得出一致的结果。所以，我们必须在PPT的开头就明确提出目标。让所有人达成统一目标非常重要。**

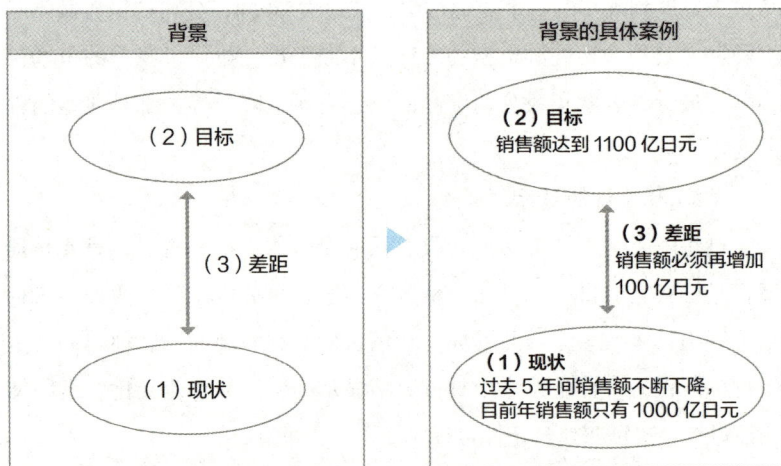

▼健身中心案例："背景"的梳理

"我"为了扭转健身中心新增会员人数减少的颓势，准备向销售部部长提出一个促销方案。为此，在上一章中"我"分析了部长，又分析了部长对"我"的看法，确定了希望部长采取的行动，并构思了PPT想传达的内容。

在制作促销方案PPT的时候，"我"首先要让部长明白，要想增加新进会员人数，必须举行一些促销活动。于是，我必须在PPT的开头，即"背景"的部分，把"现状""目标"及"差距"交代清楚。

（1）**现状：新增会员人数减少**

（2）**目标：确保与头一年相当的新增会员人数**

（3）**差距：新增会员人数不够**

首先，在"现状"中说明新增会员人数减少的事实。接下来在"目标"中指明招募会员的具体人数目标。最后在"差距"中讲清楚目标新增会员人数与现状的差距。这样一来，就可以让部长意识到问题的严重性，必须采取一些对策才行。

战略顾问的工作现场

我在从事战略顾问工作的时候，经常有同事问我："你现在所做的工作到底为了什么？"确实，当我们埋头于琐碎的具体工作时，容易忘记最初的、根本的目的和目标。所以，我们在工作中埋头苦干的同时，还要经常反思，想一想最初的、根本的目的和目标是什么，正所谓"不忘初心，方得始终"。当我们在工作中遇到阻力的时候，一定要问问自己或同事："最初，我们要实现什么？"保证会有新的发现。

"课题"提示问题点

◻ 在"课题"中阐明"问题到底在哪儿"

在"背景""课题""解决方案"和"效果"中，我们战略顾问最重视的就要数"课题"了。也许有朋友凭直觉会认为"解决方案"才是最重要的，但是在我们看来，如果不能准确定位"课题"的话，再高明的"解决方案"也无法解决根本问题。

在日常工作环境中，我们常说的"课题"，多指现在应该着手解决的问题，比如说"这个课题要在下次开会之前解决掉"。但是，我在这里所说的"课题"是指造成现状与目标之间产生差距的"问题点"。下面为您举例说明。

- **销售额没有实现目标（背景）→销售员不足（课题）**
- **海外市场占有率比去年有所下降（背景）→产品质量下降（课题）**

从"背景"中寻找"课题"的时候，要分两步走：（1）深入分析差距；（2）设定最优先解决的问题。

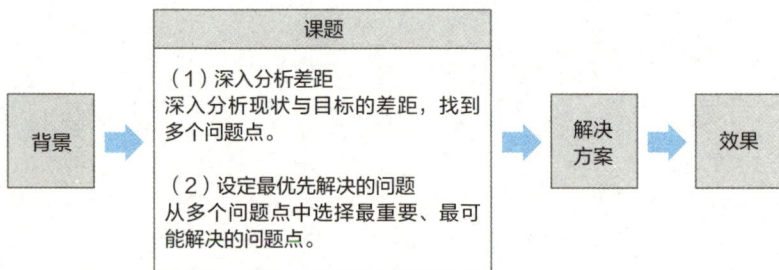

课题

（1）深入分析差距
深入分析现状与目标的差距，找到多个问题点。

（2）设定最优先解决的问题
从多个问题点中选择最重要、最可能解决的问题点。

背景　➡　解决方案　➡　效果

（1）深入分析差距

要想在"背景"中找出"课题"，首先要深入挖掘现状与目标之间的差距。深入分析现状与目标之间出现差距的原因，我们可能发现问题点不止一个。在这个过程中，**重要的是反复问"Why？"。下面举个例子。**

□ **背景：现状是销售额没有达到目标→Why？**

→**课题（1）：因为市场上同类商品的价格下降了，所以本公司也下调了商品价格**

→**课题（2）：因为新商品上市时间推迟了，所以销售量不够**

→**课题（3）：因为其他公司的同类新商品上市了，所以本公司商品销售量下降**

通过反复问为什么，在差距之中深入挖掘问题点，一定要做到不漏掉任何一个问题。这就是逻辑思维中的MECE（不遗漏、不重复）概念（请参考第85页专栏）。而且，不遗漏比不重复更为重要。

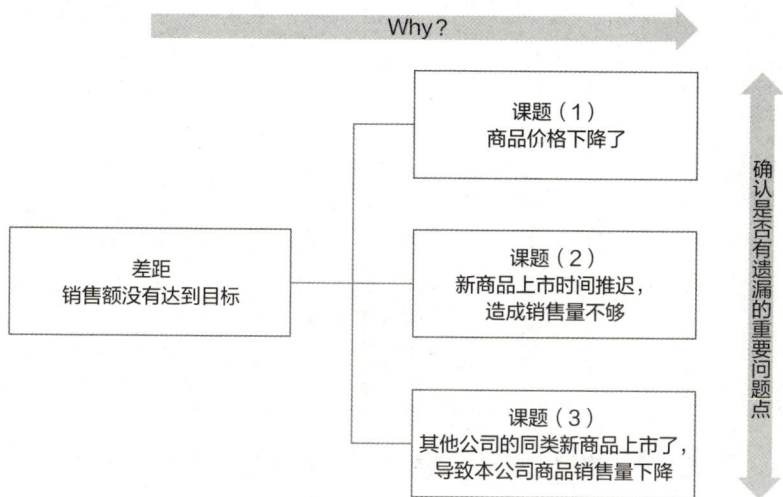

Why？

| 差距 销售额没有达到目标 | 课题（1） 商品价格下降了 |
| 课题（2） 新商品上市时间推迟， 造成销售量不够 |
| 课题（3） 其他公司的同类新商品上市了， 导致本公司商品销售量下降 |

确认是否有遗漏的重要问题点

（2）设定最优先解决的问题

发现多个问题点之后，我们要做的是找出其中应该最优先处理的问题。**在众多问题中，那个"最有可能得到解决"且"最重要、最紧迫"的问题，就是最该优先处理的问题。**我会把所有问题放在下图的坐标系中，结果一眼就能看出哪个问题"最有可能得到解决"且"最重要、最紧迫"。

在前面的例子中，课题（1）商品价格下降，是根据市场行情做出的调整，公司自己难以控制，所以解决这个问题的可能性很低。另外，课题（3）其他公司发售了同类新商品，也是本公司无法控制的，而且现在才去想对策也来不及了，所以解决的可能性也很低。由此可见，现在采取措施还可以挽救且最重要、最紧迫的问题就是：

课题（2）新商品上市时间推迟，造成销售量不够。

所以，我们应该把课题（2）设定为应该最优先解决的问题。

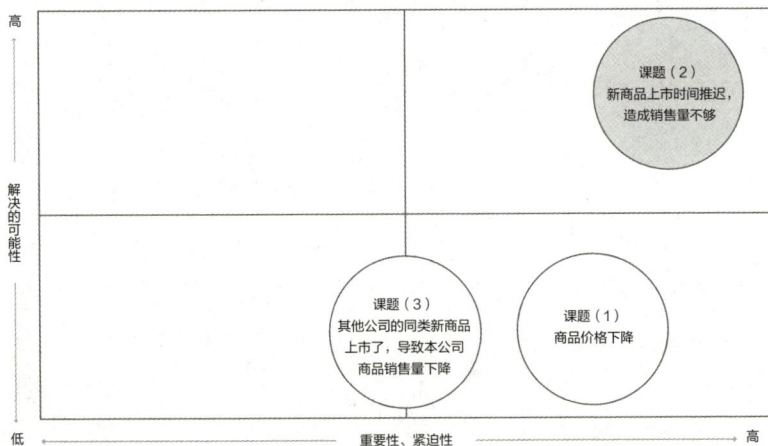

▼健身中心案例：锁定"课题"

"我"在"背景"中已经阐明"新增会员人数与去年同月相比下降了5%"。"为什么"会出现这种情况，是需要深入分析的。首先

"我"梳理了一下会员入会的一般流程："（1）知道本健身中心的人""（2）通过体验""（3）正式入会"。在三个要素中，"我"分别找出一个问题点。

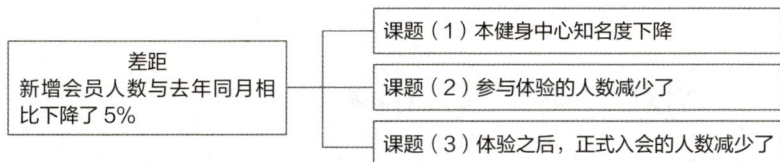

差距 新增会员人数与去年同月相比下降了 5%	课题（1）本健身中心知名度下降
	课题（2）参与体验的人数减少了
	课题（3）体验之后，正式入会的人数减少了

我们用"重要性、紧迫性""解决的可能性"对上述课题进行评价。结果发现：

课题（2）参与体验的人数减少了。

它是最重要、最紧迫且最有可能解决的问题，因此把它锁定为"最优先解决的问题"。

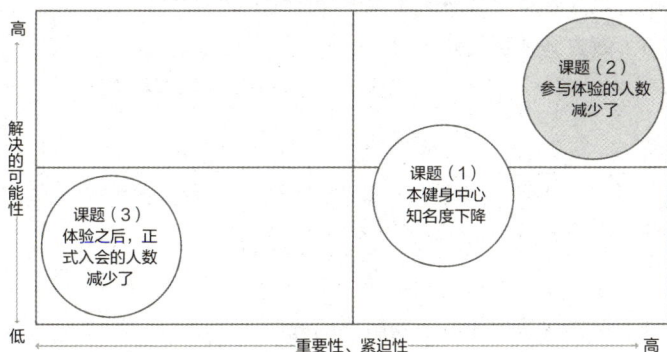

023 用"解决方案"应对"课题"

❑ 针对"课题",提出具体"解决方案"

锁定好"背景"和"课题"之后,就该思考"解决方案"了。所谓"解决方案",就是填补现状与目标之间的差距的方法。例如,针对"新商品上市时间推迟,造成销售量不够"这个问题,我们思考该如何解决它,解决的办法就是"解决方案"。在制订解决方案的时候,要注意以下三个要点:

(1)该方案是否能够正确解决问题?

(2)该方案是不是从多个方案中选择出来的?

(3)该方案是否具体可行?

		解决方案		
		要注意三个要点: (1)该方案是否能够正确解决问题? (2)该方案是不是从多个方案中选择出来的? (3)该方案是否具体可行?		
背景	课题			效果

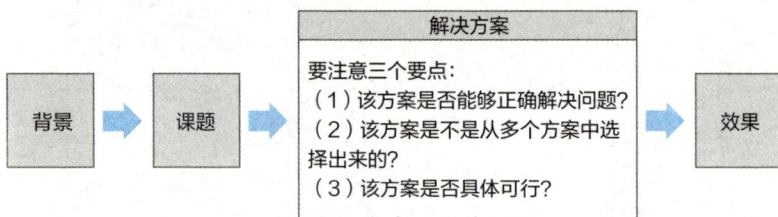

(1)该方案是否能够正确解决问题?

解决方案,必须能够正确解决问题,如果不能解决问题,那要这个方案有什么用呢?举例来说,针对"新商品上市时间推迟,造成销售量不够"这个问题,我提出的解决方案是"增加销售人员,加强向顾客的宣传推广"。大家一眼就能看出来,这个方案完全搞错了方向,对解决问题没有帮助。只有"和商品开发部门进行协商,加快商品开发速度",才能正确解决那个问题。

课题		解决方案

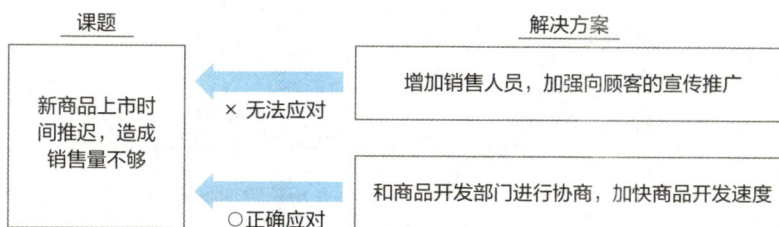

（2）该方案是不是从多个方案中选择出来的？

在PPT中提出解决方案的时候，一定要向传达对象展示多种解决方案。在其中选择一种预期效果最佳、实现可能性最大的方案作为定案，才更有说服力。**如果在PPT中只提供了一种解决方案，PPT的读者难免会提出一系列疑问，如为什么要选择这种解决方案、这个方案真能奏效吗。**所以，我们必须在提供多种解决方案的前提下，从中选出自己认为最佳的方案。

（3）该方案是否具体可行？

解决问题的方案，必须具体、可行，否则就是空话，根本没有进一步实施的可能性。举例来说，针对"新商品上市时间推迟，造成销售量不够"这个课题，假如我提出的解决方案是"商品开发部门应该倾尽全力开发新商品"，就显得太空洞了，因为别人看了这个方案，也不知从何下手，怎么做才算倾尽全力。正确的方法是阐明具体的实施方法，比如"增加新商品开发人员""开拓新的商品开发合作伙伴"等。

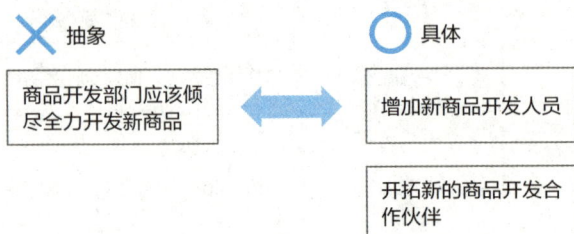

❌ 抽象

商品开发部门应该倾尽全力开发新商品

⭕ 具体

增加新商品开发人员

开拓新的商品开发合作伙伴

▼ **健身中心案例：制订"解决方案"**

"我"在提案PPT中，将"最优先解决的问题"锁定为"参与体验的人数减少了"。然后，"我"根据自身的经验，针对这个问题梳理出三个解决方案。

（1）在健身中心周边，向适合健身的年龄段的人分发免费体验宣传单。

（2）实施私人教练健身课免费体验活动。

（3）仅限会员的朋友可以参与免费体验活动。

经过分析和比较，"我"认为在三个方案中预期效果最好、实现可能性最大的方案是：

（2）实施私人教练健身课免费体验活动。

于是，我把方案（2）确定为最终的解决方案。这个方案首先可以正确解决问题，其次还是从多个方案中选出来的最佳方案，所以说服力非常强，而且十分具体。可以说方案（2）具备了优秀"解决方案"的各种必要条件。

解决方案	实现可能性	效果
（1）在健身中心周边，向适合健身的年龄段的人分发免费体验宣传单。	○	×
（2）实施私人教练健身课免费体验活动。	○	○
（3）仅限会员的朋友可以参与免费体验活动。	○	△

为什么精英都是 PPT 控

"效果"显示"解决方案"的结果

☐ "效果"需要定量显示

实施"解决方案"之后，会收到什么样的"效果"呢？这也是PPT中必须阐明的。在阐述预期效果的时候，不能只说成果，还要把成本说清楚。只有当"性价比"最佳时，才是最好的方案。所以，**我们要把效果、必要的资源、行动计划这三点讲明白。**

（1）效果，最好以数字的形式进行定量显示，但也有很多时候难以用数字显示，这种情况下，定性表述是一种方法。我先举一个定量显示的例子："通过增加开发人员，可以将新商品开发周期缩短4个月，这样一来，预计年度销售额可以增加10亿日元。"再举一个定性描述效果的例子："通过寻找新的商品开发合作伙伴，本公司可以将一部分开发流程外包出去，从而缩短开发周期。"

（2）必要的资源，需要阐明实施解决方案所需的人员、技术、工具、费用等。

（3）行动计划，就是实施解决方案的具体计划，要把不同时期的不同行动说清楚。

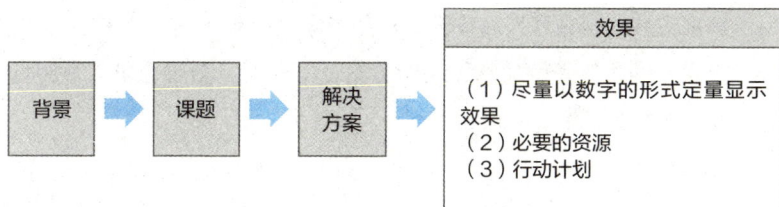

背景	→	课题	→	解决方案	→	效果
						（1）尽量以数字的形式定量显示效果 （2）必要的资源 （3）行动计划

▼健身中心案例：预测“效果”

"我"把"实施私人教练健身课免费体验活动"作为最终"解决方案"。因为销售部部长不喜欢没有先例的方案，所以"我"在PPT中阐述该方案的预期"效果"时，在"行动计划"这一环节，建议分段实施该方案，一开始先在小范围内试验性实施。另外，因为部长对数字很敏感，所以"我"会用数字量化显示预期"效果"。

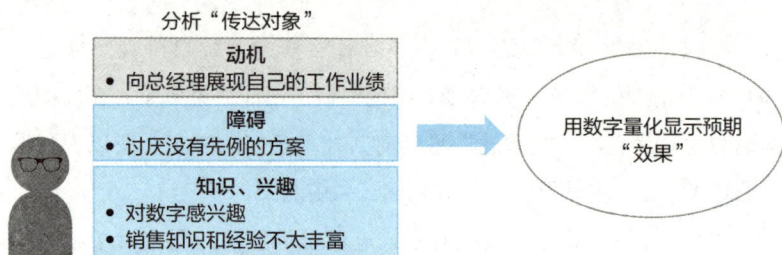

分析"传达对象"

动机
• 向总经理展现自己的工作业绩

障碍
• 讨厌没有先例的方案

知识、兴趣
• 对数字感兴趣
• 销售知识和经验不太丰富

用数字量化显示预期"效果"

于是，"我"用Excel软件对"实施私人教练健身课免费体验活动"的预期效果进行了测算。得到的结果是：

通过阶段性实施该促销方案，平均每月新增会员人数将增加15人（新增会员增加30%）。

另外，实施该解决方案所需要的资源也要交代清楚。

综上所述，"背景""课题""解决方案""效果"四要素可以总结如下：

背景：新增会员人数与去年同月相比下降了5%。

课题：参与体验的人数减少了。

解决方案：实施私人教练健身课免费体验活动。

效果：通过阶段性实施该促销方案，平均每月新增会员人数将增加15人（新增会员增加30%）。

根据背景、课题、解决方案、效果四要素设计幻灯片的结构

☐ 四要素的关系

我对"背景""课题""解决方案""效果"这四个要素进行了整理，发现它们之间存在如下关系。"背景"中所显示的"现状与想实现的目标之间的差距"的原因，正是应该解决的"课题"。解决这个"课题"的方法便是"解决方案"。实施"解决方案"之后，自然会显示"效果"。而"效果"就是对之前的"现状"的影响。

举例来说，"背景"为"实际销售额（现状）与销售额目标之间存在一定差距"，在这个"背景"之下，"课题"是"销售人员数量不够"。为了解决这一问题，"解决方案"是"增加销售人员"。实施"解决方案"的"效果"是"达成销售额目标"。

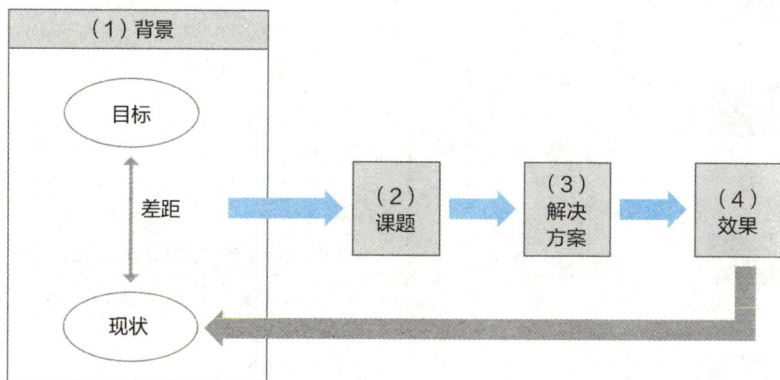

聚焦点的不同，将影响幻灯片的结构

　　背景、课题、解决方案、效果这四要素，在PPT中可以分别用一页幻灯片进行演示，也**可以根据聚焦点的不同，对某个或某几个要素用多页幻灯片进行演示**。也就是说，聚焦点的不同，将影响整个幻灯片的结构。比较常见的情况是将聚焦点放在"课题"上，因为要对课题进行深入分析，并在罗列众多问题点的基础上找到应该"最优先解决的问题"，所以光"课题"就需要好几页幻灯片。另外，"解决方案"也需要先提出好几个方案，然后从中选择最佳的，因此很多情况下"解决方案"只用一页幻灯片演示是不够的。

　　背景、课题、解决方案、效果这四要素，说到底就是设计提案的四个流程。有的时候，会根据需要，只针对"课题"做一份PPT，也有的时候只需针对"解决方案"做一份PPT。换句话说，一份PPT不一定非要包含所有四个要素，这个要根据实际情况而定。

	4 页的情况	以"课题"为焦点	以"解决方案"为焦点	只有"解决方案"
背景	（1）背景	（1）背景	（1）背景	
课题	（2）课题	（2）课题的概要 （3）课题的详细内容1 （4）课题的详细内容2	（2）课题	
解决方案	（3）解决方案	（5）解决方案	（3）解决方案的概要 （4）解决方案的详细内容1 （5）解决方案的详细内容2	（1）解决方案的概要 （2）解决方案的详细内容1 （3）解决方案的详细内容2
效果	（4）效果	（6）效果	（6）效果	
幻灯片页数	4 页	6 页	6 页	3 页

为什么精英都是 PPT 控

▼健身中心案例：确定幻灯片的结构

到了这个阶段，"我"开始设计幻灯片的结构。通过前期的准备工作，关于"背景""课题""解决方案""效果"这四个要素，"我"决定分别传达以下内容：

背景：新增会员人数与去年同月相比下降了5%。

课题：参与体验的人数减少了。

解决方案：实施私人教练健身课免费体验活动。

效果：通过阶段性实施该促销方案，平均每月新增会员人数将增加15人（新增会员增加30%）。

这次，在向销售部部长提交方案PPT时，考虑到各要素的平衡，"我"决定每个要素用一页幻灯片演示。

	内容	幻灯片页数
背景	（1）新增会员人数与去年同月相比下降了5%	1页
课题	（2）参与体验的人数减少了	1页
解决方案	（3）实施私人教练健身课免费体验活动	1页
效果	（4）通过阶段性实施该促销方案，平均每月新增会员人数将增加15人（新增会员增加30%）	1页
		合计4页

专栏　不遗漏、不重复的内容

在设计幻灯片结构时，要检查内容是否有遗漏、是否有重复（即MECE分析法，Mutually Exclusive Collectively Exhaustive，通俗地讲就是不遗漏、不重复）。

"MECE结构"是指"要传达的内容"不遗漏、不重复，而且有理有据。前面一直在讲的"背景""课题""解决方案""效果"四要素，就是MECE结构的一个典型例子。下面的例子，分别展示了MECE结构、有遗漏的情况、有重复的情况。

要传达的内容

> 因为广告投放不足，导致新商品销售情况不佳。需要加强促销。追加 2 亿日元投资，预计可以将销售额提高 10%。

	MECE 结构	有遗漏的情况	有重复的情况
背景	新商品销售情况不佳	新商品销售情况不佳	广告投放不足，新商品销售情况不佳
课题	本公司广告投放不足		本公司广告投放不足，需要加强促销
解决方案	需要加强促销	需要加强促销	需要加强促销
效果	追加 2 亿日元投资，销售额提高 10%	追加 2 亿日元投资，销售额提高 10%	追加 2 亿日元投资，销售额提高 10%
		因为遗漏了课题，所以解决方案就显得很唐突	背景和课题、课题和解决方案中的内容有重复

在MECE分析法中，不遗漏比不重复更加重要。如果有重复内容的话，无非是让内容变得复杂，思路比较混乱而已。但如果有内容遗漏的话，就是致命性的缺陷了。

我们要明白一点，所谓"重要信息"是站在传达对象的角度看起来"重要的信息"。PPT是一种交流的手段，所以必须考虑对方的想法，也就是换位思考。所以在收集信息的时候，并不是机械性地网罗所有信息，而是有选择地寻找那些对对方重要的信息。

为什么精英都是 PPT 控

开头有"摘要"，
最后加"结论"

☐ "标题""摘要""目录""结论"

在PPT中，有四个幻灯片页面是必不可少的，那就是"标题""摘要""目录"和"结论"。这四个要素，每一个都需要单独一页幻灯片。

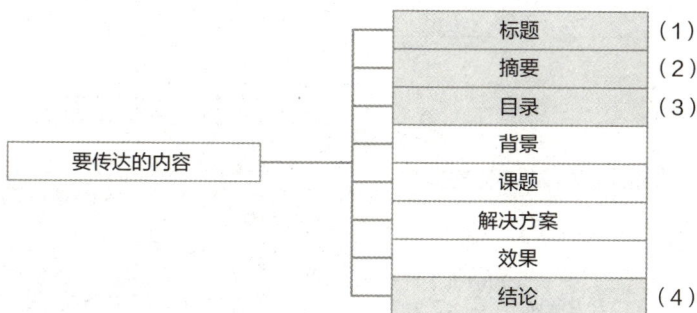

	标题	（1）
	摘要	（2）
	目录	（3）
要传达的内容	背景	
	课题	
	解决方案	
	效果	
	结论	（4）

（1）标题

在标题页，除了有整个PPT的大标题之外，还要注明版本、日期、作者等信息。大家都知道标题的重要性，因为标题写得不好，对方可能都不愿意打开看。

（2）摘要

摘要页面，主要是对PPT内容进行简洁的概括。看了这一页，读者就可以把握整个PPT的主要内容和中心思想。可是，在实际工作中，我经常遇到没有摘要的PPT，这一点大家一定要注意，不要遗忘了摘要。

（3）目录

目录大家很熟悉，看了目录，就能够从整体上把握PPT的脉络，以及各项内容的顺序。

（4）结论

在结论页，要对PPT进行总结，具体指出自己要采取的行动及希望对方采取的行动。在结论页，读者可以整体回顾PPT的内容，作者在帮助读者进一步理解PPT内容的基础上，还可以促成其采取行动。

标题、摘要、目录、结论的幻灯片页面的实际制作方法，我将在第6章为大家详细介绍。

标题

> Ver.8
>
> **强化新产品开发体制的提案**
>
> 2018 年 8 月 10 日
> 经营策划部　中路真太郎

摘要

- 受到经营企业和产品升级的影响，本公司的销售额在过去 5 年间出现减少的趋势
- 特别是本公司新商品开发缓慢，造成新商品上市慢人一步，结果对销量造成消极影响
- 提议增加新商品开发人员，加快开发速度，争取让新商品以最快的速度上市
- 人员增加之后，可以让新商品提早 4 个月上市，预计年度销售额可以增加 10 亿日元

目录

1. 背景：本公司的销售额与竞争动向

2. 课题：本公司新商品开发现状

3. 解决方案：增加新商品开发人员

4. 效果：新商品上市时间与销售额预测

结论

- 本公司新商品开发缓慢，造成新商品上市慢人一步，结果对销量造成消极影响
- 提议增加新商品开发人员
- 人员增加之后，可以让新商品提早 4 个月上市，预计年度销售额可以增加 10 亿日元
- 关于新增人员的预算，请允许我制作详细提案

步骤（2）
确定"幻灯片标题"
和"幻灯片副标题"

设计好幻灯片的结构之后，就该确定幻灯片的"标题"和"副标题"了。标题设置得当的话，可以让读者对这一页幻灯片的内容一目了然。副标题写得好的话，则可以让幻灯片的内容深入读者心里。**具体、易懂的标题和副标题，是制作"无须说明"的PPT的第一步。**

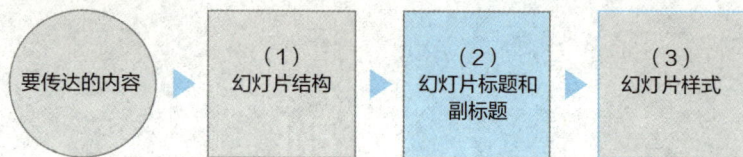

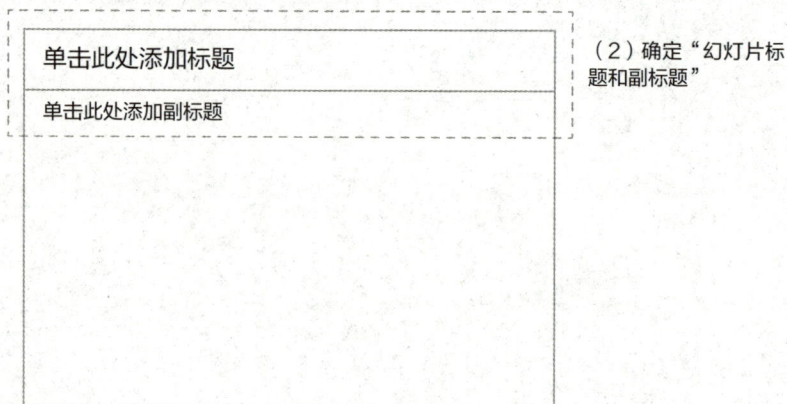

（2）确定"幻灯片标题和副标题"

幻灯片标题需要"简洁"且"不谈主张"

☐ 编写标题的四个要点

"幻灯片标题"一般设置在一页幻灯片的最上端，将本页幻灯片的内容以最简洁的语言传达给读者。在编写标题的时候，我们要把握以下四个要点：

（1）简短。

（2）不谈主张。

（3）尽量以名词结尾。

（4）主语要明确。

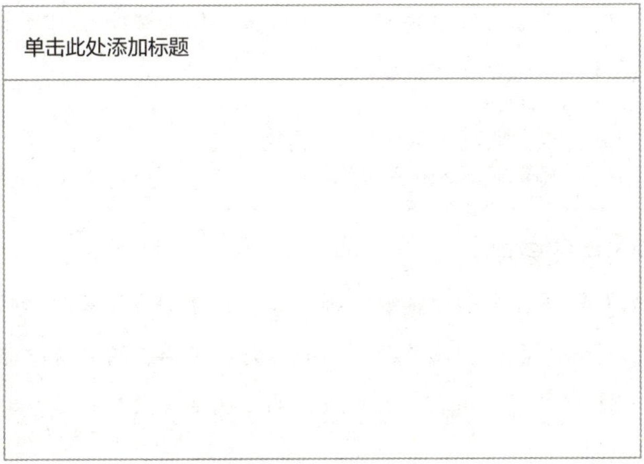

单击此处添加标题

（1）简短

幻灯片的标题切忌冗长，而是最好用简短的词语或词组，读者只需看一眼，就能大体把握这页幻灯片的基本内容。详细内容，就交给页面中的其他位置去实现。在下面这个例子中，把"统计时段"（2018年1月—12月）放在标题中，就显得冗长了。

×错误例子：本公司商品销售情况（2018年1月—12月）
○正确例子：本公司商品销售情况

（2）不谈主张

幻灯片标题中，不要加入带有倾向性的主张。在下面的例子中，"下降"就是具有倾向性的主张，所以不适合放在标题中。"情况"这个词不含倾向，显得更加客观。

×错误例子：本公司商品销售下降
○正确例子：本公司商品销售情况

（3）尽量以名词结尾

幻灯片标题，尽量以名词结尾。因为以名词结尾，可以让标题显得简洁、易懂。在下面的例子中，虽然"对销售额下降的三个原因进行说明"更加详细，但显得冗长，不好读。但如果换成"销售额下降的三个原因"，就清晰了很多。

×错误例子：对销售额下降的三个原因进行说明
○正确例子：销售额下降的三个原因

（4）主语要明确

幻灯片标题，主语一定要明确。而且，在幻灯片的内容里，主语也应明确，才不容易让读者误解。但标题带主语之后，就没那么简洁了。为了保持简洁，如果主语一致，那么在第二页之后，就可以不用带主语了。

如果中途出现了不同的主语，那么标题中一定要注明新主语。如果出现不同主语，而标题中不带主语的话，就容易让读者产生误解。

为什么精英都是 PPT 控

× 错误例子：

（幻灯片1）本公司商品销售情况

（幻灯片2）本公司商品销售额下降的三个原因←主语"本公司商品"
可以省略

（幻灯片3）购买行为的改变　　　　←此处省略主语，就不
知道是谁的购买行
为了

○ 正确例子：

（幻灯片1）本公司商品销售情况

（幻灯片2）销售额下降的三个原因←主语"本公司商品"可以省略

（幻灯片3）顾客购买行为的改变　　←增加"顾客"这一
主语

▼健身中心案例：确定"幻灯片标题"

"我"参考编写标题的四个要点——简短、不谈主张、尽量以名词结尾、主语要明确，为健身中心促销策划书拟订了幻灯片标题。

在"背景"中，"我"要阐明新增会员人数减少的现状，所以标题拟为"新增会员情况"。"课题"的标题拟为"新增会员减少的原因"。"解决方案"就是实施促销方案，标题拟为"增加新增会员的促销方案"。"效果"就是预测促销活动的效果，标题拟为"促销活动的效果"。回过头来看一看，每一个标题都满足简短、无主张、名词结尾、主语明确的特点。

	幻灯片标题
背景	新增会员情况
课题	新增会员减少的原因
解决方案	增加新增会员的促销方案
效果	促销活动的效果

028

幻灯片副标题尽量在 50 字以内且表明"主张"

☐ 幻灯片副标题的一句话原则

"幻灯片标题"拟好之后，就该开始编写"幻灯片副标题"了。幻灯片副标题，配置在标题之下，是对本页幻灯片的内容进行简要概括的文字。副标题有个原则，就是一页幻灯片只需一句话副标题，很少有两句以上的情况。在实际工作中，我发现有不少企业制作的PPT喜欢不写副标题，但在我们战略顾问领域，制作PPT一定要配副标题。

特别是经常被读者质疑"你的PPT到底要说些什么"的朋友，我强烈建议您为每页幻灯片配一句副标题。把一页幻灯片的内容以一句话副标题的形式概括出来，对方就能清晰地理解了。另外，编写幻灯片副标题，也是对自己的概括能力的一种锻炼。

单击此处添加标题
单击此处添加副标题

为什么精英都是 PPT 控

在编写幻灯片副标题的时候，要注意以下三点：

（1）内含主张

前面讲过，在幻灯片标题中不能谈及主张，但在副标题中，就要包含主张了。这里所说的主张，并不是主观性的观点，而是以事实为基础，想要传达给对方的内容。例如："销售额出现下降，新商品上市慢是原因之一。"

（2）用句子表达

标题多用词语或词组，但副标题应该用完整的句子进行表达。因为句子可以把时态、准确性等表达出来。例如，"销售额下降"这一情况，有可能是"未来销售额有下降的可能性""销售额已经下降了"或"销售额在持续下降"，所以，一定要用完整的句子说清楚，这样才能表达明确的主张。

（3）控制在50字以内

幻灯片的副标题，就是对这一页幻灯片要传达的内容以简洁的语言加以介绍，所以不需要太长的句子，最好控制在50字以内。

幻灯片标题	本公司商品销售情况
幻灯片副标题	◯ 与5年前相比，本公司商品的销量下降了10% ✕ 过去5年间，本公司商品的销售情况如下所示←没有主张 ✕ 与5年前相比，本公司商品的销量出现了10%的下降←以名词结尾 ✕ 通过对过去5年的销售数据进行分析，我们对本公司商品的销售情况进行了总结，结果发现，当前的销量与5年前相比，下降了10%←超过50字

🔲 幻灯片内容要显示"比较对象"和"差"

幻灯片的副标题，一定要表明作者的主张。而为了让作者的主张更具说服力，副标题中最好要显示"比较对象"和"差"。

人们凭什么判断一个主张是否正确或妥当？我想，大部分成熟的商务人士肯定会根据客观事实进行评价。举个例子，"本公司商品的销量有所下降"缺乏客观依据，所以这个主张的说服力不是很强，让人感觉是作者主观的想法。那我稍微改动一下，添加一个比较对象，"与5年前相比，本公司商品的销量有所下降"，这样感觉如何呢？仅仅是添加了"5年前"这个比较对象，就使该主张的客观性提升了，说服力也更强了。

但是，究竟下降了多少呢？"差"的部分还没有明确表明。所以，我再用具体数字把"差"显示出来，"与5年前相比，本公司商品的销量下降了10%"。这样一来，该主张的说服力就进一步提升了。关于"比较对象"和"差"的详细介绍，大家可以参考三谷宏治的著书《将重要主张瞬间传达给别人的技术》（KANKI出版社，2011年）。

表达不充分的例子	正确例子
本店本年度的预算有所增加	本店本年度的预算与上年度相比增加了 5%
本店的性价比非常高	本店与竞争对手 B 店对比，虽然提供的服务相同，但会费比 B 便宜 10%
本店 20 多岁的女性会员较多	在本店的会员中，与 30 多岁的女性会员相比，20 多岁的女性会员要多出 10%

▼健身中心案例：确定"幻灯片副标题"

"我"已经确定了幻灯片标题，现在要开始编写副标题。副标题一定是包含主张的句子，另外要控制在50字以内，还要有意识地显示"比较对象"和"差"。

特别是在"背景""课题"的幻灯片中，因为要表明本健身中心的现状，所以"我"会用具体数字显示本月与去年同月的比较差值。

为什么精英都是 PPT 控

另外，考虑到销售部部长对数字很敏感这一特点，关于"效果"，"我"也会用数字进行定量显示。这样一来，促销策划案的幻灯片标题和副标题就完成了。

	幻灯片标题	幻灯片副标题
背景	新增会员情况	新增会员人数与去年同月相比下降了 5%
课题	新增会员减少的原因	参与体验的人数与去年同月相比下降了 5%
解决方案	增加新增会员的促销方案	我认为实施私人教练健身课免费体验活动的促销方案从成本和效果的对比结果来看是最合适的
效果	促销活动的效果	阶段性实施促销方案，预计每月能够增加 15 名会员

大原则

步骤（3）
确定"幻灯片样式"

确定好"幻灯片标题"和"幻灯片副标题"之后，就该设计"幻灯片样式"了。

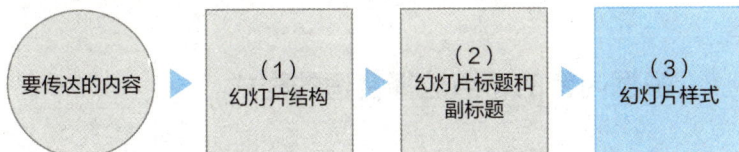

幻灯片样式主要有三种："逐条编写""图解"和"图表"。我们首先要了解各种样式的特点，然后再根据每页幻灯片的内容，选择合适的样式。

逐条编写

- Xxxxxxxxxxxxxxxxx
- Xxxxxxxxxxxxxxxxx
- Xxxxxxxxxxxxxxxxx
- Xxxxxxxxxxxxxxxxx

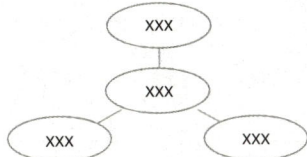

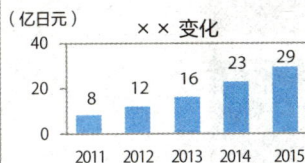

本书第8、9、10章将分别为您详细介绍逐条编写、图解和图表的具体制作方法，这一小节只教您选择样式的方法。

029

幻灯片的样式从
"逐条编写""图解""图表"
中选择即可

☐ 根据内容的特点选择合适的样式

常用的幻灯片样式的类型主要有"逐条编写""图解""图表"三种。"逐条编写",就是将内容分成若干条目,每条用句子或短语来表现的方法。"图解",是把文字或数字用形状分解开来进行表现的方法。"图表",是将数值、数据用可视化的图表表现的方法。在制作幻灯片的时候,我们应该根据内容的特点,选择合适的样式。一般来说,**"背景""课题""解决方案""效果"的幻灯片,我会按照下列方法选择样式。**

"背景"页，可以使用"逐条编写""图解""图表"中的任何一种样式，只要根据内容的特点进行选择就行了。

背景　销售额下降

竞争对手的增加、消费者购买欲望的减弱、本公司销售员的减少，导致销售额下降

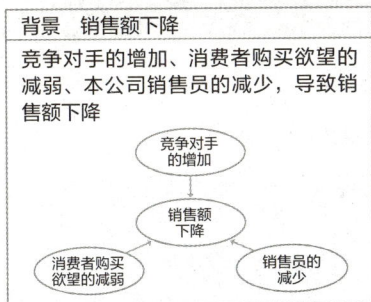

背景　销售额下降

过去 5 年销售额呈逐年下降趋势

　　"课题"页，在不需要显示数值、数据的情况下，适合使用"图解"；需要显示数值、数据，则适合使用"图表"。例如，"促销活动质量不高"这个课题，不需要显示数值、数据，就可以使用"图解"的样式。另一方面，"销售员减少"这个课题，如果用数字阐明会更有说服力，所以适合使用"图表"的形式。

　　当"课题"页不需要显示数值、数据的时候，一般采用"图解"的样式，但这种情况也可以使用"逐条编写"的样式。只不过"图解"的样式更加浅显易懂、一目了然，所以应该尽量采用"图解"的样式。

课题　促销活动质量不高

在销售额下降的背景下，主要问题有销售员知识、经验不足，管理不到位等

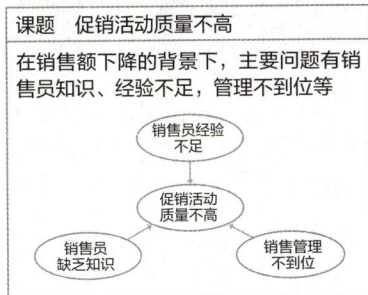

课题　销售员减少

销售额下降的原因在于销售员人数的减少

"解决方案"页，通常使用"图解"样式，因为解决方案一般不会用到数值、数据。虽然"解决方案"也可以用"逐条编写"的样式来做，但我还是推荐使用"图解"，因为"图解"更直观一些。

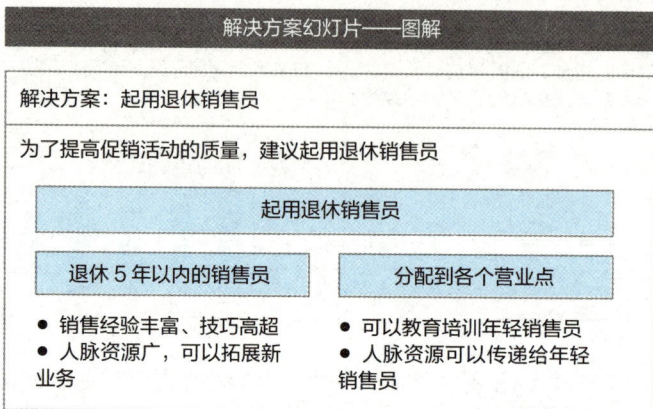

解决方案幻灯片——图解

解决方案：起用退休销售员

为了提高促销活动的质量，建议起用退休销售员

起用退休销售员

退休 5 年以内的销售员　　　分配到各个营业点

- 销售经验丰富、技巧高超
- 人脉资源广，可以拓展新业务

- 可以教育培训年轻销售员
- 人脉资源可以传递给年轻销售员

"效果"尽量使用数值、数据进行展示，所以"效果"页大多采用"图表"的样式。而定性的"效果"，需要使用"图解"的形式。

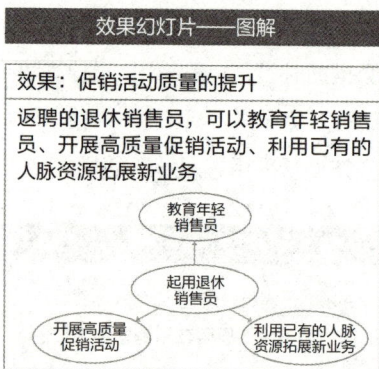

效果幻灯片——图解

效果：促销活动质量的提升

返聘的退休销售员，可以教育年轻销售员、开展高质量促销活动、利用已有的人脉资源拓展新业务

教育年轻销售员

起用退休销售员

开展高质量促销活动　　利用已有的人脉资源拓展新业务

效果幻灯片——图表

效果：销售员人数增加

通过返聘退休销售员，预计未来 5 年本公司销售员的人数会逐年增加

（人）　　销售员人数

2016	2017	2018	2019	2020
23	27	31	35	37

还有些情况，会在一页幻灯片里同时使用多种样式（如"图解"和"图表"并用）。举例来说，在一页幻灯片中，左侧用"图解"，右侧用"图表"。在下面的例子中，从定性和定量两方面阐述了效果，所以采用了"图解"和"图表"两种形式。

为什么精英都是 PPT 控

效果：提升促销活动质量与增加销售员人数

通过返聘退休销售员，可以提升促销活动的质量，并确保销售员人数的逐步增加

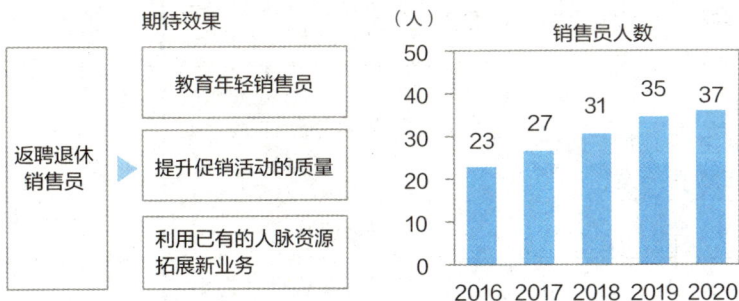

期待效果

返聘退休销售员 ▶

教育年轻销售员

提升促销活动的质量

利用已有的人脉资源拓展新业务

（人）　销售员人数

年份	人数
2016	23
2017	27
2018	31
2019	35
2020	37

最后，"摘要""目录""结论"一般情况下都是用文字展示的，所以常用"逐条编写"的样式。

▼健身中心案例：确定"幻灯片样式"

前面，"我"已经确定了"幻灯片标题"和"幻灯片副标题"，接下来，"我"要在整理每页幻灯片所需的数据的同时，设计幻灯片的样式。

在"背景"页中，"我"需要向读者表明新增会员人数不断下降，没有达到目标的现状，且使用数字说明，所以选择采用"图表"的形式。在"课题"页，分析新增会员减少的原因是参与体验的人数减少了，也会用到数字，因此同样采用"图表"形式。在"解决方案"页，"我"觉得用"图解"形式展示促销活动方案最合适。在最后的"效果"页中，促销活动方案的效果用数字显示最直观，所以采用"图表"形式。

	幻灯片标题	幻灯片副标题	幻灯片样式
背景	新增会员情况	新增会员人数与去年同月相比下降了 5%	图表
课题	新增会员减少的原因	参与体验的人数与去年同月相比下降了 5%	图表
解决方案	增加新增会员的促销方案	我认为实施私人教练健身课免费体验活动的促销方案从成本和效果的对比结果来看是最合适的	图解
效果	促销活动的效果	阶段性实施促销方案，预计每月能够增加 15 名会员	图表

专栏　先在笔记本上打草稿

确定了幻灯片样式之后，也许您就会迫不及待地打开电脑，点开 PowerPoint，准备开始动手制作PPT了。但我要告诉您："先别着急！还有准备工作需要做。"那就是在笔记本上打草稿。一般我会准备一个A4大小的笔记本，把之前确定的内容，包括样式，都写下来，并具体到每一页幻灯片。

每一页幻灯片的标题、副标题，以及所采用的样式，都写出来。至于图解、图表等图形化的内容，我会画一个草图，但并不需要多么精美。

通过这份草稿，我可以再次确认幻灯片整体的结构、内容。也许有朋友认为这样做浪费时间，但根据我的实际工作经验，直接打开 PowerPoint，对着电脑边思考边做PPT，花费的时间更多。

新增会员情况

新增会员人数与去年同月相比下降了 5%

去年同月新增会员情况

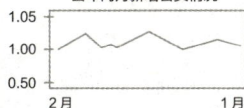

新增会员减少的原因

参与体验的人数与去年同月相比下降了 5%

参与体验人数　　体验后的入会率

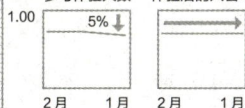

增加新增会员的促销方案

我认为实施私人教练健身课免费体验活动的促销方案从成本和效果的对比结果来看是最合适的

	宣传单招募的体验者	会员推荐朋友来体验
费用	设计、印刷、分发宣传单的费用	只有制作海报的费用
付出劳动	由私人教练负责	本健身中心工作人员负责接待
效果	有可能转化成正式会员	有可能止步于免费体验

促销活动的效果

阶段性实施促销方案，预计每月能够增加 15 名会员

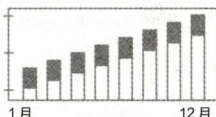

本章总结

为PPT设计框架，需要三个步骤。

☐ 步骤（1）确定"幻灯片结构"。

▶ 按照"背景""课题""解决方案""效果"四要素，确定幻灯片的结构。

▶ 前有"标题""摘要"和"目录"，最后还要加上"结论"。

☐ 步骤（2）确定"幻灯片标题"和"幻灯片副标题"。

▶ 根据"简短""不谈主张""尽量以名词结尾""主语要明确"四个要点设置标题。

▶ 一页幻灯片，只需一句"幻灯片副标题"。

▶ 根据"内含主张""用句子表达""控制在50字以内"三个要点编写副标题。

▶ 幻灯片副标题内载明"比较对象"和"差"，这样会使PPT的客观性大大提升。

☐ 步骤（3）确定"幻灯片样式"。

▶ 幻灯片样式有"逐条编写""图解""图表"三种。

▶ "逐条编写"是将内容分成若干条目，每条用句子或短语来表现的方法。

▶ "图解"是把文字或数字用形状分解开来进行表现的方法。

▶ "图表"是将数值、数据用可视化的图表表现的方法。

▶ 设计好PPT框架之后，要在笔记本上打草稿。

收集信息的大原则

在第3章中我们明确了制作PPT的目的。在第4章中，为了把自己的目的传达给读者，我们为PPT设计了框架，包括幻灯片结构、幻灯片标题、幻灯片副标题和幻灯片样式。在这一章中，为了给PPT的内容提供扎实有力的根据，我们一起学习收集信息的方法。

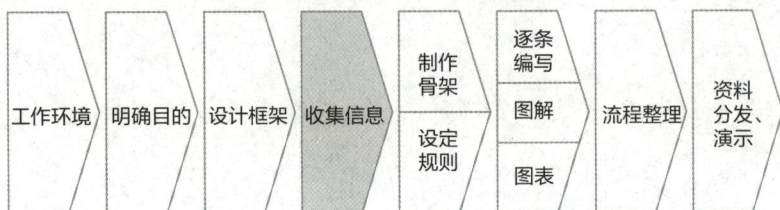

在本章中，我们收集的信息，最终会以逐条编写（第8章）、图解（第9章）、图表（第10章）的形式，呈现在幻灯片里。

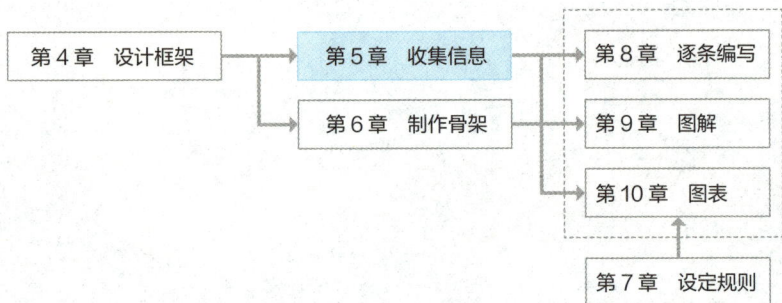

收集的信息，是为了让PPT的读者理解幻灯片副标题必不可少的信息。在这里，我把这些信息称为"幻灯片信息"。在开始收集"幻灯片信息"之前，我们应该首先设定一个假说，即收集哪些信息。**在这个假说的基础上收集信息，效率高，省时间。**

幻灯片副标题	
（1）设定幻灯片 信息假说	使用框架分析，时间轴，加法、乘法等方法设定 幻灯片信息假说。
（2）收集信息	以幻灯片信息假说为基础，通过网络检索、倾听、 查找文献等途径收集、整理信息。

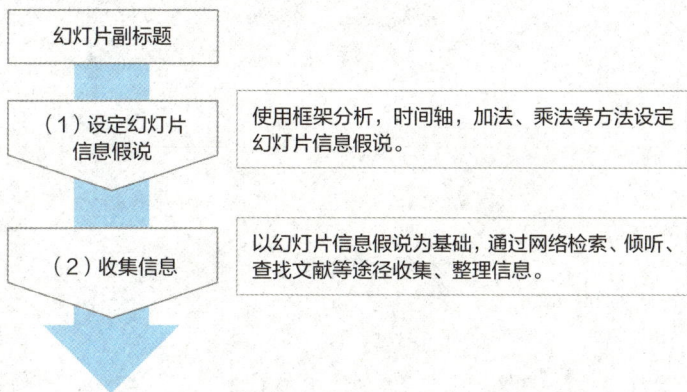

　　需要引起注意的是，在某些情况下，我们以最初设定的假说为出发点，无论如何也收集不到想要的数据，这时，就需要对假说加以修正，收集其他数据，或者修改幻灯片副标题。

　　另外，没有注明数据出处的PPT，可信度低，也缺乏说服力。所以，我们在用到数据时，一定要注明数据的出处。

大 原 则

为了收集信息，
需要先设定"假说"

在开始收集信息之前，我们有必要来了解一下"幻灯片信息"的种类，因为这是收集信息的一个前提。实际上，"幻灯片信息"可以分为两种：一种是对幻灯片副标题进行详细说明时所要使用的"详细型"信息；另一种是为副标题内容提供根据的"根据型"信息。

了解了幻灯片信息的分类之后，我们就要着手设定假说了。但是，为各页幻灯片信息设定合适的假说，并没有那么简单。**为设定幻灯片信息假说，我推荐大家使用"框架分析"**。什么是"框架分析"呢？就是"思维方式的框架"。学会利用框架分析来设定假说，就可以高效地收集到合适的信息。

设定假说的好方法除了框架分析之外，还有使用加法或乘法对幻灯片的主题加以分解的方法，不过难度稍微大一点，是高水平战略顾问常用的技巧。大家如果也能学会这个方法的话，对制作PPT将有极大帮助。

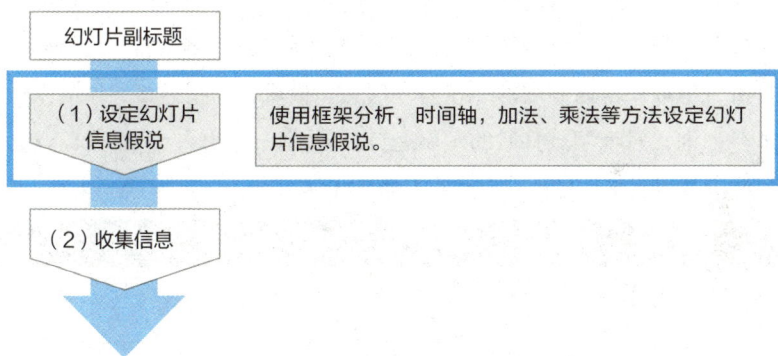

幻灯片副标题

（1）设定幻灯片信息假说　　使用框架分析，时间轴，加法、乘法等方法设定幻灯片信息假说。

（2）收集信息

030 阅读入门书籍，为设定假说做准备

☐ 面对一个新领域时，我们要丰富相关知识，加深对该领域的理解

我们在工作中常会遇到自己不熟悉的领域，如果我们在制作PPT的时候，对该领域没有多少了解的话，肯定不敢轻易动手制作。就拿收集幻灯片信息的时候要设立假说来说吧，不了解这个领域的话，可能连假说我们都想不出来。在我们战略顾问行业，当工作中遇到新领域时，我们会按照如下流程掌握该领域的相关知识。

最初，我会去书店购买相关领域的入门书籍来阅读。再看证券公司的分析报告，了解该领域所在行业的发展趋势。然后向有经验的人打听，争取获得该领域的一些内部信息。最后，向精通该领域的人士进行咨询，对该领域日后的发展趋势形成更深的理解。到这个时候，我已经算得上该领域的一个"小专家"了。

方法	内容	例子
（1）阅读入门书籍	多读几本相关领域的入门书，加深对该领域的了解	《五分钟读懂××！》
（2）分析报告	看证券公司的分析报告，了解行业情况	东京证券交易所的分析报告
（3）咨询有经验的人	向该领域有业务经验或项目经验的人进行咨询	同事 同事的朋友等
（4）咨询专家	向精通该领域的专家、内行进行咨询	行业杂志的主编 大学教授 研究所的研究员 行业分析师

☐ 不必读专业书籍，几本入门书就能帮我们掌握大体情况

在前面介绍的四种方法中，通常来说"咨询专家"实现的难度是比较大的，而"阅读入门书籍"和"咨询有经验的人"相对来说比较容易实现。在开始研究一个新领域的时候，很多朋友喜欢找深奥的专业书籍来读，但我觉得一开始只要读浅显易懂的入门书籍就行了。最近市面上用漫画的形式来讲解专业知识的入门书籍很流行，我特别推荐这种书。要了解一个新领域，我建议先读三本入门书，而且没必要读得太细致，三本书并行阅读就行。因为每一本介绍的内容都差不多，同时阅读就等于把其中的知识点反复熟悉，有利于理解和记忆。

通过这些方法首先对相关领域建立一个大致的理解，并储备一定的知识，然后再进入设定幻灯片信息假说的阶段。

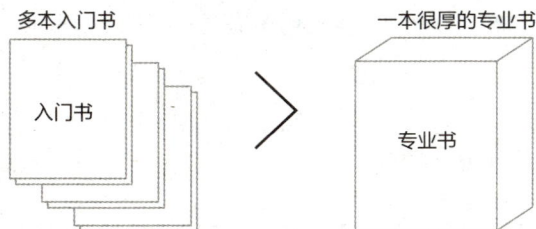

战略顾问的工作现场
在这里我为大家介绍向专家咨询的方法。"见到专家"是第一个难点。即使我们的人际关系再广，也不可能认识所有领域的专家。当遇到一个新领域，需要向专家咨询的时候，我们一般会在网上查询相关领域的专家，找到他们的工作地点、联系电话。但即使查到了专家的联系方法，冒昧地打电话过去要求见面，恐怕也会给对方造成很大的困扰，而且多半会被拒接。另外，由于我们战略顾问工作的特殊性，还要向专家隐瞒我们的职业身份，而且不能把客户的信息透露给专家，那就更加难以赢得专家的信任了。所以，如何获得与专家见面的机会，是非常困难的一件事情。就像唐僧师徒西天取经一样，虽然过程艰辛无比，但取得的真经非常有价值。专家给我们的信息，将会给我们带来极大的帮助。不过最近我发现有一些中介机构可以提供预约专家的服务。只要我们提供专家的名字，他们就可以帮我们预约和专家见面。不得不感叹，现在真是一个方便的时代。

幻灯片信息可分为"详细型"和"根据型"

■ "详细型"与"根据型"幻灯片信息

　　所谓幻灯片信息，就是在每一页幻灯片中，配置在幻灯片副标题之下，占大部分面积的"主体"内容。加入"主体"的幻灯片信息，前面也提到过，分为两种类型：一种是对幻灯片副标题进行详细说明时所要使用的"详细型"信息，另一种是为副标题内容提供根据的"根据型"信息。

　　像计划书、报告书这种用于说明的PPT，多使用"详细型"信息。而像策划书、提案书之类的用于提案的PPT，多使用"根据型"信息。

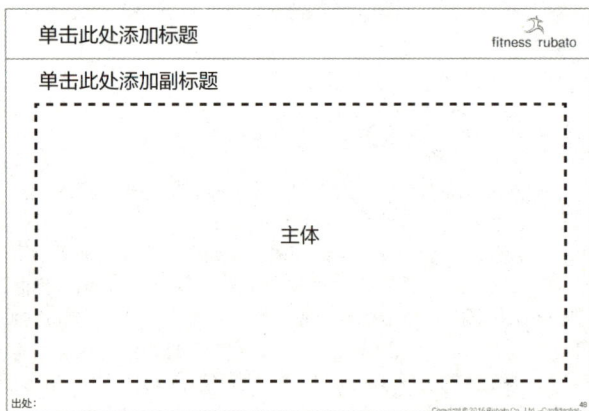

（1）"详细型"幻灯片信息

"详细型"幻灯片信息，是为了详细说明幻灯片副标题而收集的信息。假设一页幻灯片的副标题是"本促销活动按照计划期、准备期、实施期三个阶段进行"，那么，在主体部分的幻灯片信息中就要分别详细阐述"计划期""准备期""实施期"三个阶段的内容。

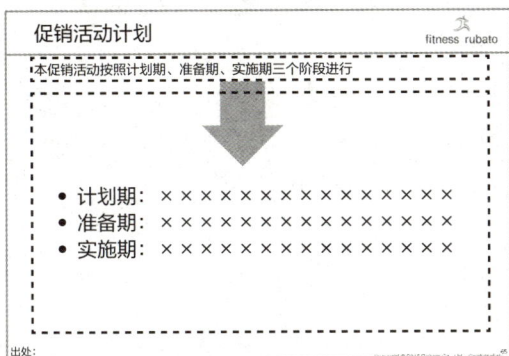

（2）"根据型"幻灯片信息

"根据型"幻灯片信息，是为幻灯片副标题提供根据而收集的信息。假设一页幻灯片的副标题是"我认为免费体验私人教练健身课是效果最好的促销方案"，那么，主体的幻灯片信息中，就应该论述"免费体验私人教练健身课"与其他促销方案的比较结果。

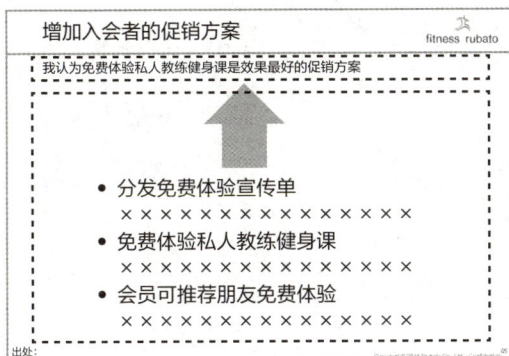

使用"逻辑树"来理解幻灯片信息

◻ "详细型"与"根据型"的逻辑树

在收集信息的时候，我喜欢用树状结构分析整理信息与各个幻灯片副标题之间的关系。这种树状结构被称为"逻辑树"。幻灯片信息可以分为"详细型"和"根据型"，两种类型的信息都可以用逻辑树进行分析。

（1）"详细型"幻灯片信息

在详细型信息中，幻灯片副标题并不包含在逻辑树内，逻辑树只对信息进行整理。假设一页幻灯片的副标题为"次贷危机给各个领域都带来严重影响"，用逻辑树对次贷危机的影响的相关信息进行整理时，次贷危机会被置于逻辑树的顶点，"（1）消费者的消费意愿减弱""（2）大量中小企业破产""（3）银行放贷收紧"则被置于第二层。

幻灯片副标题

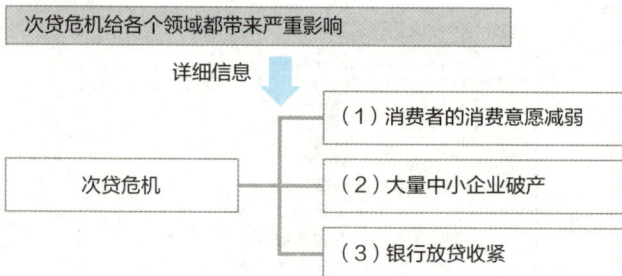

次贷危机给各个领域都带来严重影响

详细信息

次贷危机 ── （1）消费者的消费意愿减弱

（2）大量中小企业破产

（3）银行放贷收紧

为什么精英都是 PPT 控

（2）"根据型"幻灯片信息

在根据型信息中，幻灯片副标题包含在逻辑树中。幻灯片副标题位于逻辑树的第一层，第二层的信息都是副标题的根据。举例来说，一页幻灯片的副标题为"少子老龄化问题突显，且日趋严峻"，那么，"（1）少子化""（2）老龄化""（3）未来趋势"这三个信息则是副标题的根据。

在整理根据型信息的逻辑树时，我们必须确保第二层的信息能对第一层的副标题提供有力支撑。如果遗漏了重要的根据，则会使副标题显得苍白，缺乏说服力。

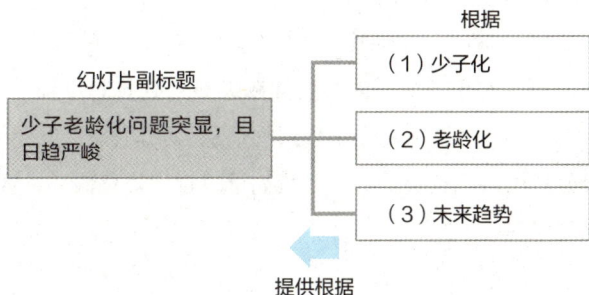

根据

幻灯片副标题

少子老龄化问题突显，且日趋严峻

（1）少子化

（2）老龄化

（3）未来趋势

提供根据

战略顾问的工作现场

在我刚刚成为一名战略顾问时，接到的第一个工作就是整理客户企业的基本资料。当时，一位前辈给了我一份他认为重要的信息清单，其中有20多项内容（例如过去5年的销售额、利润变化情况、经营的商品、主要客户、股东成分、主要竞争企业等）。我就按照这20多个项目去收集信息。结果，在短短数小时内，我就非常高效地收集到了相当可观的信息。这成绩令我自己都吃惊不已。那位前辈给我的信息清单，是他在多年的顾问工作中总结出来的"信息假说"，这是了解客户企业必不可少的。有他的"信息假说"作为基础，我才能如此高效地收集到有用的信息。

利用"框架分析"来设定信息假说

☐ 利用"框架分析"确定切入点

使用逻辑树设定信息假说的时候，从哪个点切入建立逻辑树非常重要。这时，"框架分析"可以成为我们的强力武器。所谓"框架分析"，就是世人经常使用的"思维方式的框架"。拥有"框架分析"这个武器，即使是缺乏经验的新人，也能比较轻松地设定"幻灯片信息假说"。

举例来说，对于"少子老龄化问题突显，且日趋严峻"这样一个副标题，为了收集能够为之提供根据的信息，我们选择"现状+未来"这个框架分析模型比较合适。于是我们可以设定信息假说，现状（1）"少子化"，现状（2）"老龄化"，未来"未来趋势"。

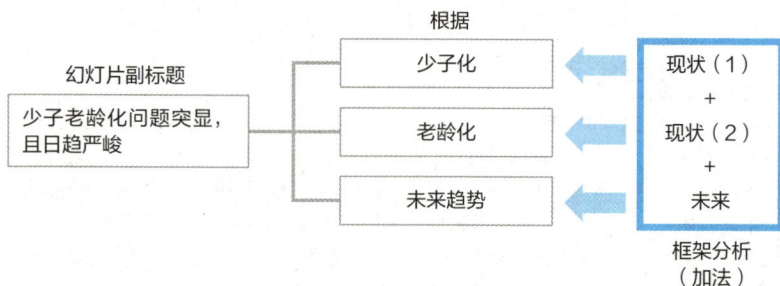

```
                          根据
                      ┌─────────┐        ┌─────────┐
幻灯片副标题            │  少子化  │  ◀──   │ 现状（1）│
┌────────────┐        └─────────┘        │    +    │
│少子老龄化问题突显, │─┤  ┌─────────┐        │ 现状（2）│
│且日趋严峻        │  │  │  老龄化  │  ◀──   │    +    │
└────────────┘     └──└─────────┘        │   未来   │
                      ┌─────────┐        └─────────┘
                      │ 未来趋势 │  ◀──    框架分析
                      └─────────┘        （加法）
```

☐ 利用框架分析设定MECE假说

在设定假说的时候我为什么喜欢用框架分析？因为在很多情况下，框架分析就是MECE分析（请参见第85页专栏）。

在收集信息的时候，如果头脑中没有MECE的意识，就有可能遗漏重要的信息，或者重复收集某方面的信息，这两样都会使PPT的说服力大打折扣。不过，MECE分析法也并不是马上就能熟练掌握的，需要坚持不断地训练。所以，在本书中，我推荐大家使用相对简单一点的框架分析法。

举例来说，围绕"本公司的现状"这一主题收集信息的时候，我们可以使用框架分析中的"3C分析"来设定信息假说。使用"3C分析"，可以帮我们不遗漏、不重复地设定信息假说。在这里要提醒大家一句，框架分析的方法并不能做到十全十美，过度依赖这种方法也会出现问题。但是，一开始用框架分析的模式思考，对收集信息来说肯定是最合适的选择。

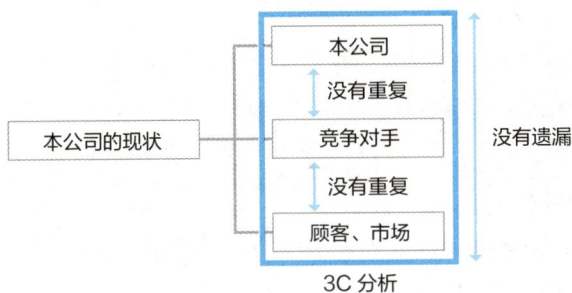

3C 分析

034

设定信息假说
（1）商业框架分析

在利用框架分析设定幻灯片信息假说的时候，如果需要收集的主要是商业信息，那么就该采取"商业框架分析"。有名的商业框架分析有"3C分析""市场营销的4P""波特五力分析（Michael Porter's Five Force Model）""PEST分析""价值链分析""购买行为分析""QCD"[1]等。

在"背景"页进行行业分析、自家公司分析的时候，适合宏观信息整理的有"PEST分析""波特五力分析"和"3C分析"。在"课题"页分析自家公司存在的问题时，需要对公司和消费者的情况进行细分，我建议使用"价值链分析""组织的7S""购买行为分析"。"解决方案"需要收集的信息，主要用来解说实施方案，所以适合使用"市场营销的4P"。

另外，商业框架分析模型的使用，要根据具体问题进行具体分析。假如我制作的是一份分析公司内部问题的PPT，那么在"背景"页也可以使用"价值链分析"。各种商业框架分析模型的使用情况，请参考下表。

	常用的商业框架分析模型
"背景"页	PEST 分析、波特五力分析、3C 分析
"课题"页	价值链分析、组织的 7S、购买行为分析
"解决方案"页	市场营销的 4P

1　即Quality，Cost，Delivery的缩写，指质量、成本、交付期分析。

▢ "背景"幻灯片常用的商业框架分析模型

PPT的"背景"页常用的商业框架分析模型主要有以下几种。

● **PEST分析**

PEST分析模型，是市场营销领域非常著名的科特勒提出的，主要从政治（Politics）、经济（Economy）、社会（Society）、技术（Technology）四个方面来分析行业的外部宏观环境。在PPT的"背景"页，收集影响行业的外部环境信息时，非常适合使用PEST分析模型。

● **波特五力分析**

波特五力分析，是在战略论研究方面颇有建树的哈佛商学院的迈克尔·波特提出的，是一种梳理行业特征的框架分析模型，主要从"购买者的议价能力""供应商的议价能力""新进入者的威胁""替代品的威胁""同业竞争者的竞争程度"五个方面来分析行业情况。在PPT的"背景"中，收集行业内部环境的信息时，特别适合使用波特五力分析模型。

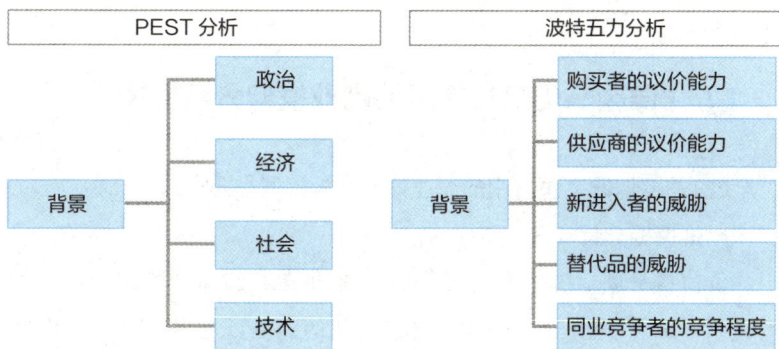

PEST 分析		波特五力分析	
	政治		购买者的议价能力
	经济		供应商的议价能力
背景	社会	背景	新进入者的威胁
	技术		替代品的威胁
			同业竞争者的竞争程度

● **3C分析**

为"背景"收集信息的时候，常会用到"3C分析"：把商业活动的参与者分为"顾客、市场"（Customer）、"竞争对手"（Competitor）、"本公司"（Company），借此分析自家公司现状的一种框架分析模型。举例来说，我要制作一份说明自家公司所处的市场状况的PPT，就可以使用"3C分析"，从"顾客、市场""竞争对手""本公司"三个角度来收集信息。

实际上，对战略顾问来说，在为公司制定经营战略的项目中，一般不会使用商业框架分析模型。但其中的一个例外就是"3C分析"，这是一个常用的分析模型。有的时候，我们还会增加一个"渠道"（Channel），使"3C"变成"4C"。

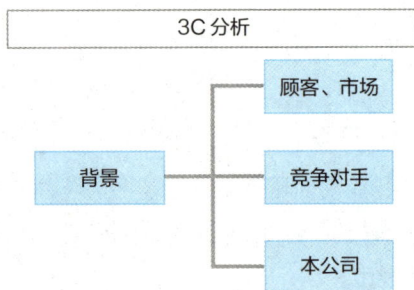

□ "课题"幻灯片常用的商业框架分析模型

PPT的"课题"页常用的商业框架分析模型主要有以下几种：

● 价值链分析

价值链分析，是在战略论研究方面非常有建树的哈佛商学院的迈克尔·波特提出的，在针对自家公司的商品或服务存在的问题收集信息的时候，适合使用这种分析模型。假设本公司商品的利润率偏低，为了查明其中的原因，我要从"采购物流""制造""出货物流""销售、市场营销""服务"等方面收集信息。另外，针对与商品制造、销售间接相关的部门存在的问题，我会从"整体管理""人事、劳务管理""技术开发""调度"等方面收集信息。

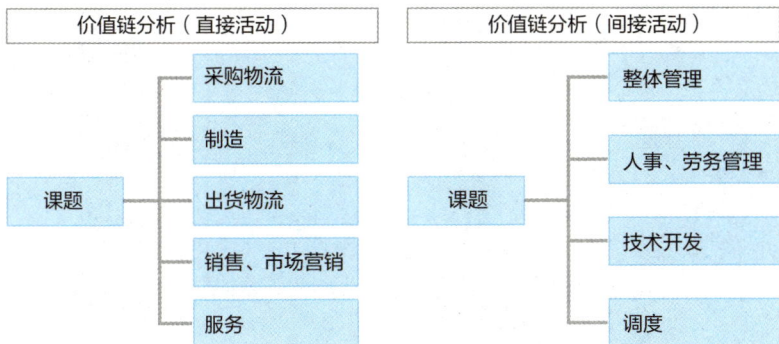

价值链分析（直接活动）

课题	采购物流
	制造
	出货物流
	销售、市场营销
	服务

价值链分析（间接活动）

课题	整体管理
	人事、劳务管理
	技术开发
	调度

- **组织的**7S

"组织的7S"，是经营管理战略顾问领域的知名公司麦肯锡设计的框架分析模型，用于整理组织结构。在PPT的"课题"中，如果有涉及组织的问题，就可以使用这种分析模型。

- **购买行为分析**

"购买行为分析"，顾名思义，是分析消费者购买行为的模型，适合在"课题"中收集消费者购买行为的信息时使用。举例来说，为了找出某种商品销量不佳的原因，我们需要分析消费者的购买行为，此时就可以利用这一分析模型。按照"认知""信息收集""来店""购买""评价"几个阶段对消费者的行为进行分析，从中找出商品销量不佳的原因。

组织的 7S		购买行为分析	
	战略		认知
	组织		信息收集
	系统		来店
课题	价值观	课题	购买
	技能		评价
	人才		
	形式		

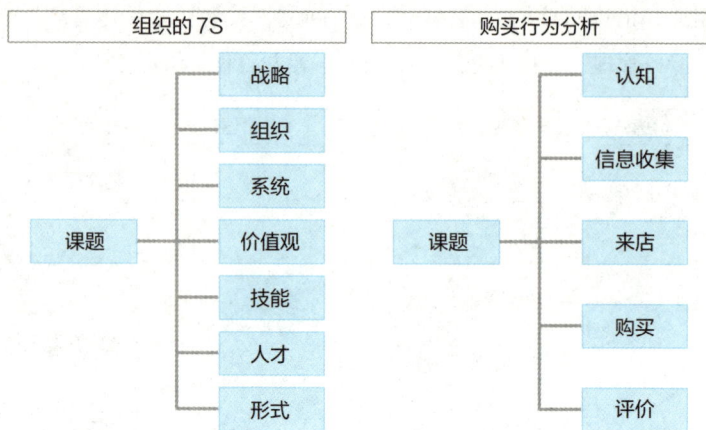

□ "解决方案"幻灯片常用的商业框架分析模型

PPT的"解决方案"页常用的商业框架分析模型主要有以下几种：

● 市场营销的4P

"解决方案"页常用的"市场营销的4P"，是从"商品"（Product）、"价格"（Price）、"渠道、场所"（Place）、"促销"（Promotion）四个方面对商品的营销进行分析的模型。在为新商品、新服务制作PPT、收集资料时，适合使用该分析模型。假设我在制作一份新商品的市场营销方案，就应该从"商品的特征或亮点""价格""销售渠道、销售场所""促销活动"四个方面来收集、整理信息。

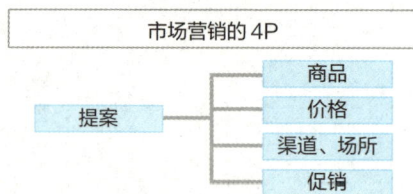

市场营销的 4P	
	商品
	价格
提案	渠道、场所
	促销

我把前面介绍的各种框架分析模型之间的关系总结如下：

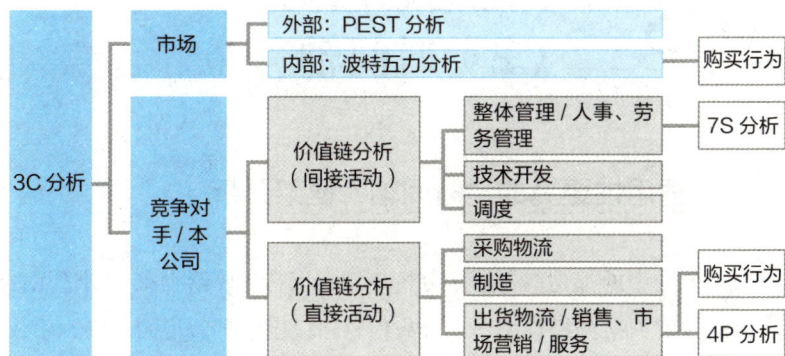

	市场	外部：PEST 分析		
		内部：波特五力分析		购买行为
3C 分析		价值链分析（间接活动）	整体管理 / 人事、劳务管理	7S 分析
	竞争对手 / 本公司		技术开发	
			调度	
		价值链分析（直接活动）	采购物流	
			制造	购买行为
			出货物流 / 销售、市场营销 / 服务	4P 分析

设定信息假说
（2）时间轴

☐ 适用性更高的"时间轴"框架分析

前面介绍的都是商业框架分析模型，现在我要给大家介绍适用性更高的一般框架分析模型。在收集信息、设定信息假说的时候，不仅会用到商业框架分析模型，还会用到一般框架分析模型。一般框架分析模型有"人、物、钱、信息""心、技、体"等。其适用性高，所以各种PPT都可以使用。

在一般框架分析模型中，我最为推荐的就是"时间轴"，因为它在商业性PPT中使用的频率非常高。按照时间流程收集整理信息，不容易遗漏，也不容易重复，所以在设定信息假说时，"时间轴"的分析模型非常有利。而且，按照时间流程制作的PPT，有一个完整的情节发展过程，更加便于读者阅读和理解。举例来说，我在为销售中的问题收集信息，就可以将销售分为"计划""准备""实施""回顾"四个时间阶段，然后按阶段收集信息。这样一来，不仅收集信息的效率很高，还便于整理。

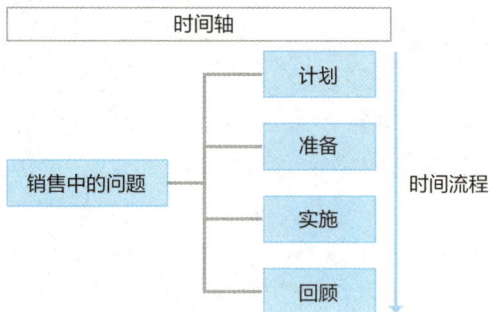

```
                 ┌──────────────────────┐
                 │        时间轴         │
                 └──────────────────────┘
                              ┌─────────┐
                          ┌───│  计划   │
                          │   └─────────┘
                          │   ┌─────────┐
                          ├───│  准备   │
            ┌──────────┐  │   └─────────┘    时间流程
            │销售中的问题│──┤   ┌─────────┐
            └──────────┘  ├───│  实施   │
                          │   └─────────┘
                          │   ┌─────────┐
                          └───│  回顾   │
                              └─────────┘
```

□ 分"前""后"进行整理

在"时间轴"框架分析模型中，一个简单有效的方法就是分"前""后"。例如新职员业务培训中的问题，我们可以分"入职前"和"入职后"两个时间段来收集信息。

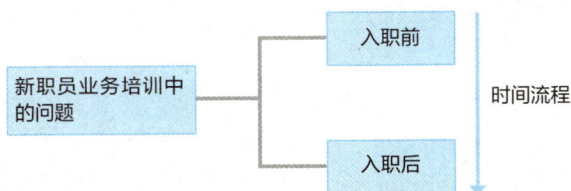

```
新职员业务培训中        ┌──── 入职前
的问题          ──────┤                    时间流程
                      └──── 入职后
```

在针对特定解决方案收集、整理信息的时候，比如我想在PPT中展示一个案例——将该解决方案导入某公司后产生的效果，此时，我就可以按"导入前"和"导入后"收集、整理信息。通过"前""后"对比，就可以让读者更加清晰地看到这种解决方案的效果，从而更加容易接受这种方案。

```
                      ┌──── 导入解决方案前
公司的状况      ──────┤                    时间流程
                      └──── 导入解决方案后
```

从"前""后"分段法，还可以引申出"前""中""后"分段法。例如，在整理导入解决方案所需的信息时，可以分"导入前""导入中""导入后"三个时间段来收集信息。这样，我们自己和读者都更容易理清在什么时间点需要什么信息。

036

设定信息假说
（3）加法、乘法

☐ 用加法进行分解

之前给大家介绍了商业框架分析模型和时间轴框架分析模型。**实际上，不管哪种分析模型，都是使用加法或乘法把对象物进行分解的模型。**拿3C分析来说，"本公司的现状"可以分解为"顾客、市场"+"竞争对手"+"本公司"，这就是加法分解呀！再看时间轴分析模型，"销售中的问题"可以分解为"计划"+"准备"+"实施"+"回顾"四个时间阶段。

在"背景"幻灯片里设定信息假说的时候，加法模型很有用。举例来说，将销售额用加法分解："A店销售额+B店销售额……""A商品销售额+B商品销售额……"或"新顾客销售额+回头客销售额"等。进行上述分解之后，收集信息就更有针对性了，也不容易遗漏或重复。

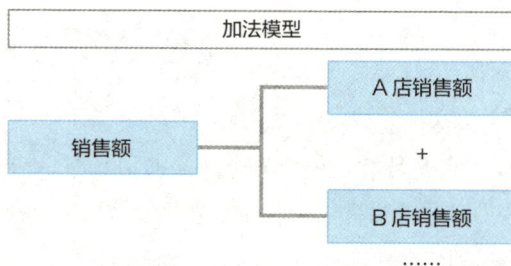

加法模型

销售额

A店销售额

+

B店销售额

……

❑ 用乘法分解的时候，"量×质"是基本模型

"加法"适用于"背景"页，而"乘法"更适用于"课题"页。商务工作中的很多问题，都可以按照"量×质"的模型进行分解。例如，我们用乘法分解销售额，可以得到"数量（量）×价格（质）""顾客人数（量）×人均消费额（质）""店员人数（量）×人均营业额（质）""店铺数量（量）×单店平均销售额（质）"等。

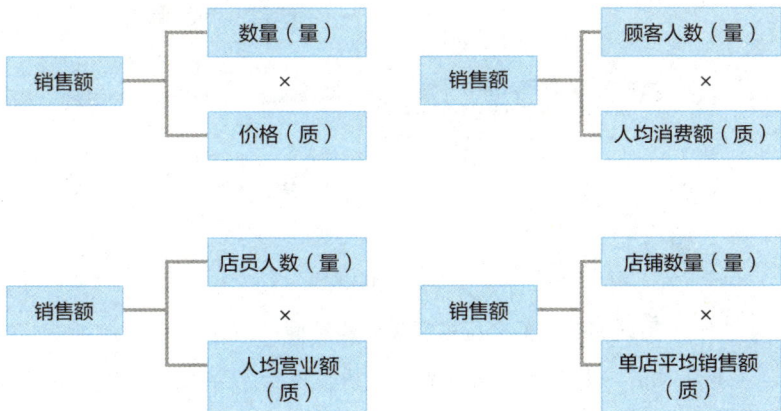

```
销售额 ── 数量（量）
              ×
           价格（质）

销售额 ── 顾客人数（量）
              ×
           人均消费额（质）

销售额 ── 店员人数（量）
              ×
           人均营业额（质）

销售额 ── 店铺数量（量）
              ×
           单店平均销售额（质）
```

"加法"和"乘法"分解是非常方便的分析模型，但一上来就用还是有些困难的。我建议大家先熟练掌握前面介绍的那些框架分析模型，然后在此基础之上，再挑战"加法"和"乘法"分解。

▼健身中心案例：设定幻灯片信息假说

在健身中心促销活动的策划案中，"背景"幻灯片的副标题是"新增会员人数与去年同月相比下降了5%"。为这个背景收集信息，"我"要先设定信息假说。为了进行比较，"我"分别用商业框架分析模型、时间轴框架分析模型和乘法设定了信息假说。

（1）用商业框架分析模型设定信息假说

"我"预想销售部部长也很想知道新入会人数减少的原因，因此

"我"决定使用便于整理"顾客、市场""竞争对手""本公司"状况的3C分析模型来设定信息假说。收集的信息要为副标题的内容提供根据，于是形成了"根据型"（请参考原则031）逻辑树。

"我"会从3C的三方面预想新会员减少因素的信息。其中，自家公司方面的原因是"设备老旧化"；竞争对手方面的原因是"新建健身中心增多"；顾客、市场方面的原因是"地区人口减少"。设定这三个信息假说之后，"我"就可以更有针对性、更高效地收集信息了。

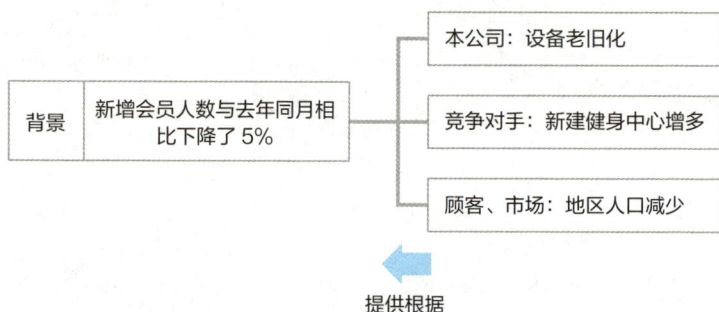

背景	新增会员人数与去年同月相比下降了5%	本公司：设备老旧化
		竞争对手：新建健身中心增多
		顾客、市场：地区人口减少

提供根据

（2）用时间轴框架分析模型设定信息假说

接下来，"我"按照时间流程分析整理新入会人数变化的情况，考虑以季度为单位表现入会人数的变化情况。这样可以让会员人数的变化更加直观，也可以让读者看到入会人数减少的详细情况。也就是说，第二层信息是第一层信息的详细信息，因此形成了"详细型"逻辑树结构。为此，"我"只需收集今年第一季度、第二季度、第三季度的新入会人数即可。

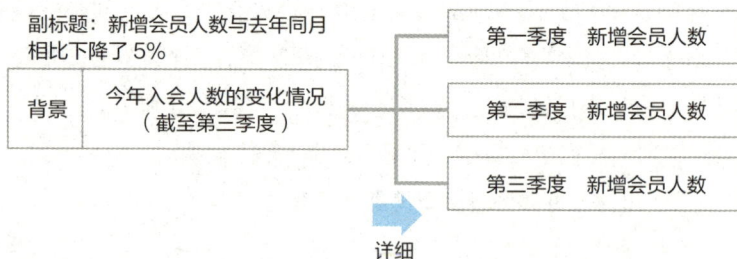

副标题：新增会员人数与去年同月相比下降了5%		第一季度　新增会员人数
背景	今年入会人数的变化情况（截至第三季度）	第二季度　新增会员人数
		第三季度　新增会员人数

详细

　　　　　　　　为什么精英都是 PPT 控

（3）用乘法设定信息假说

最后，"我"又用乘法对新入会人数减少的情况进行了解析。"我"把入会人数分解成以下三个要素："当地居民的年龄段""每个年龄段的平均人数"和"当地居民的入会率"。这是一个"根据型"逻辑树。通过收集各个因素的信息，并将其用数字显示，就可以传达本健身中心新入会人数减少的具体情况。

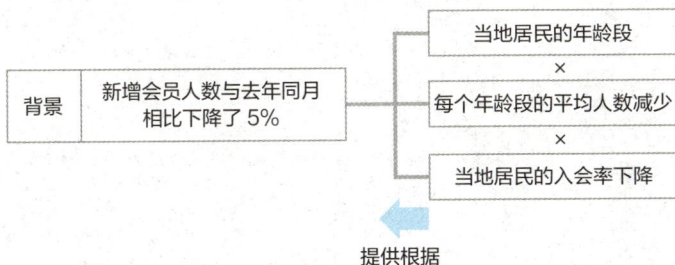

最后，"我"认为3C分析模型最适合显示本健身中心的现状和所处的环境，于是使用3C分析模型设定信息假说，开始收集信息。

大原则

抓住要点，"高效"
收集信息

幻灯片信息假说设定好之后，我们就可以根据假说来收集信息了。关于具体该如何收集信息，本书只介绍一个大概，但这并不等于说收集信息不重要。实际上，收集信息的能力，将直接影响PPT制作的速度和质量。我们战略顾问，每天都在绞尽脑汁、想方设法地提高收集信息的效率。

为了高效、高质地收集信息，我们首先应该了解都有哪些收集信息的方法。我们战略顾问会采用访问、查找文献、翻阅资料、网络检索、问卷调查等方法来收集信息。而且，在实际开始收集信息之前，**一定会制订一个信息收集计划**。如果不做计划就开始收集信息，那么大多数情况下，为了收集到更好的信息，会花费大量的时间，而且在信息收集完成之后，还要确认这些信息和幻灯片内容是否匹配。

现在很少有公司会培训职员收集信息的技巧。也正因为如此，大部分人都不了解收集信息的技巧。此时，您如果掌握了这些技巧，肯定能在工作中先人一步。下面我就按照顺序教您收集信息的知识和经验。

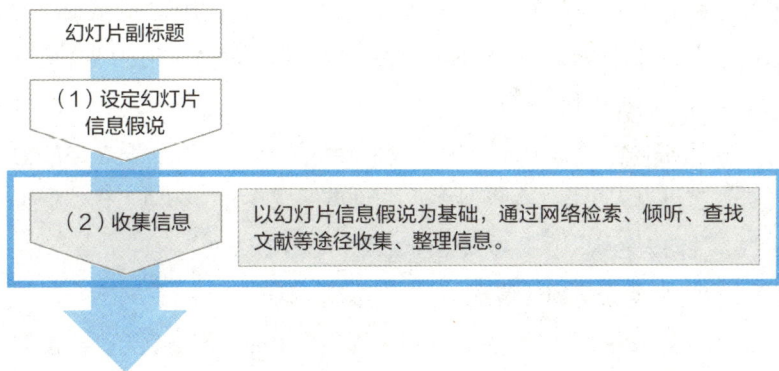

幻灯片副标题

（1）设定幻灯片
信息假说

（2）收集信息　　以幻灯片信息假说为基础，通过网络检索、倾听、查找文献等途径收集、整理信息。

收集信息从"问"开始

☐ 收集信息有三种方法

要想高效又准确地收集信息，最应该避免的情况就是毫无计划、毫无方法地像没头苍蝇一样胡乱收集一通。首先，我们应该弄清楚收集信息都有什么方法，然后根据实际情况选择合适的收集方法最为重要。可以说，收集信息的方法有很多种，在这里我把它们分成三大类。

（1）向人咨询（问）

在各种信息的收集方法中，我们最先应该考虑的是"问人"。首先，我们应该环顾一下公司里的上司、同级、部下，看有没有人了解或知道我们想要的信息。如果有人曾经收集过和我们所需的信息相类似的信息，那他应该知道查阅哪些书、浏览哪些网站有用，或许他还会直接给我们提供相关信息。

在战略顾问的日常工作中，我们经常会在公司群里发这样的消息："有没有人了解××行业？""谁有朋友在××公司工作？"可以说，**"向人咨询"，是收集信息的第一个基本动作。**

（2）收集公司外部信息

在"向人咨询"之后，如果还需要进一步的详细信息，那么就进入了收集信息的真正阶段。从大的方面看，信息收集可以分为公司外部信息收集和公司内部信息收集。公司外部信息，主要指竞争对手的信息和市场信息。在收集公司外部信息时，常用的方法有网络检索、查阅报道、利用民间信息服务机构等。

种类	概要	对象
网络检索	网络检索，就是使用搜索引擎进行检索。如果在检索的时候限定文件格式，比如 PDF 或 Excel 等，还能获得更高质量的信息（请参考原则 039）	竞争对手、市场
企业官网检索	顾名思义，就是在企业的官方网站寻找有用的信息。如果要查询企业的基本情况，可以在企业概要中找到；如果想看企业的财务状况，可以在 IR 信息（投资者关系信息）页面找到	竞争对手
查找文献	就是从书籍中获得信息。图书馆中有各种各样的书可供查阅，非常方便	竞争对手、市场
查阅报道	查阅新闻报道。尤其是经济类报刊，刊载了大量翔实信息	竞争对手
查阅统计数据	官方统计数据有大量关于市场的宏观数据。统计局的官网就很方便	市场
利用民间信息服务机构	民间有很多收费的信息服务机构，可以帮我们获得竞争对手或市场的信息。在日本，SPEEDA 就是一家非常受欢迎的信息服务机构，而非上市公司的信息，可以找帝国数据银行这家机构	竞争对手、市场
咨询专家	通过相关专家或专业人士，可以获得竞争对手和市场的具体信息。我一般会向行业报刊的记者或证券分析师进行咨询	竞争对手、市场
消费者定量调查	通过网络问卷调查，获得消费者数据。社会上有很多调查公司，可以与他们合作	消费者
消费者定性调查	通过走访消费者获得消费者数据。定性调查所获得的详细信息是定量调查无法获得的	消费者

（3）收集公司内部信息

自家公司的内部信息也需要收集，比如财务数据、商品和服务信息、客户信息等。方法主要有以下几种：

种类	概要
财务数据收集	查阅自家公司的财务报表
公司内部资料分析	从公司内部资料中收集信息。可以从各个部门获得经营策划、市场调查、开发、营销等各种相关资料
咨询调查	向公司内各相关人士进行咨询
公司内定量调查	对公司内员工进行问卷调查

收集信息，先制订"计划"再"实施"

☐ 制订信息收集计划

在收集信息的时候，如果想到哪里就收集到哪里，那无疑会被淹没在浩瀚的信息海洋中，要花费漫长的时间才能获得自己想要的信息。为了避免这种低效率情况的发生，我们应该在开始行动之前制订一个信息收集计划。在制订计划的时候，确定信息的收集方法和收集时间非常重要。

（1）确定信息收集方法

收集信息之前，首先应该根据收集信息的内容确定收集方法。前一页我介绍了多种常用收集方法，您可以从中选择合适的方法。

（2）确定信息收集时间

确定信息的收集方法之后，还要确定每种信息收集的时间限制。如果没有时间限制的话，人容易懈怠，从而造成拖延。

	计划
☐ 网络检索	13：00—13：30
☐ 查阅报道	13：30—14：00
☐ 咨询专家（电话咨询）	14：00—15：00

☐ 实施信息收集计划

开始收集信息之后，我们容易因为太过专注而忽视了时间。我建议大家在收集信息的时候使用计时器（或闹钟）来控制时间。话虽如此，我们也不能因为时间到了却没收集完信息而就此罢手。遇到这种情况的话，我们应该及时调整计划。

既然制订了计划，如果中途多次调整的话，那制订计划也就没什么意义了。所以，我建议大家在实施计划的过程中，只给自己一次调整的机会。**"再给我一会儿，就能收集到精准的信息了"，预先把截止时间设定在这样的"节骨眼"上很有效。**因为这样可以让我们充分感到紧迫，会更加专注，结果往往会提前一点完成任务。

对新手来说，一开始制订的计划都不会太精确，所以在实施计划时，我建议您把每一项实际所花时间记录在计划旁边，以便完成任务后回过头来反思，看实际比计划多花了多长时间。这样可以提高我们预估时间的能力，下次制订计划时，精确度一定能大大提升。

	计划	实际花费时间
□网络检索	13：00—13：30	40分钟
□查阅报道	13：30—14：00	20分钟
□咨询专家（电话咨询）	14：00—15：00	80分钟

为什么精英都是 PPT 控

在网络检索中，
"指定文件格式"

☐ 使用 "filetype:" 搜索指定格式的文件

在收集公司外部信息的时候，最常用的方法是网络检索。虽说SPEEDA之类的有偿信息服务非常方便，但只要掌握技巧，自己通过搜索引擎也能找到高质量的信息。大家都知道，上网搜索一般用百度、谷歌之类的搜索引擎，但是输入关键词之后，优先显示的都是新闻报道、博客文章等不太专业或可信度不太高的信息。制作商业PPT时，这些信息只能作为参考，不适合直接引用。

为了在搜索引擎中高效地检索到高质量的信息，我们可以指定文件格式进行检索。 我为大家推荐一种指定文件格式的检索方法，那就是使用指令 "filetype:"。在搜索引擎中输入这一指令，并在后面输入指定文件的扩展名，再加上检索关键词，即可搜索到这类格式的文件。

指令	Filetype:
使用方法	Filetype: + 指定文件格式的扩展名 + 检索关键词
举例	Filetype: pdf 电子书市场规模

如果想搜索PDF文件，只需键入 "filetype: pdf"；如果想搜索PPT文件，只需键入 "filetype: pptx"；如果想搜索Excel文件，只需键入 "filetype: xlsx"。后面再加上想要检索的关键词，点击搜索，就可以显示相关的指定格式文件。

□ 根据目的选择检索不同的文件格式

在各种格式的文件之中，PDF文件的准确性、可信度比较高。亲自检索一下您就会发现，PDF文件多是专家的报告、论文。与PDF文件相比，PPT文件内容的准确性、可信度就要差一些。一般在参考PPT的结构、样式时，才会搜索PPT文件。

Excel文件的特点是数据比较丰富。举例来说，您搜索"少子老龄化"的Excel文件，大多能获得人口现状和人口预测的数据。把这些数据用图表显示，可以直接放在我们的PPT中。所以，想获取数据信息的时候，搜索Excel格式的文件很有帮助。

最后，我们要把网上检索到的信息总结在下表中，在表格最后还要注明出处。这样的整理工作不仅有利于此次制作PPT，以后再搜索同类信息的时候，也能用上。

幻灯片标题	幻灯片副标题	幻灯片样式	幻灯片信息假说	获得的信息	出处
电子书市场动向	电子书的市场规模将进一步扩大	图表	电子书市场已经很大	2015年度到2016年度增长了24.7%	http://www.impress.co.jp/newsrelease/pdf/20170727-01.pdf
			今后，电子书市场还会进一步扩大	预计2021年度将是2016年度的1.6倍	同上

▼健身中心案例：信息收集

前面，"我"通过3C分析模型设定了幻灯片信息假说，然后以此为基础为"背景"收集信息。"我"先归纳了一个表格，如下：

为什么精英都是 PPT 控

	幻灯片标题	幻灯片副标题	幻灯片样式	幻灯片信息假说
背景	新增会员情况	新增会员人数与去年同月相比下降了5%	图解	本健身中心：设备老旧化 竞争对手：新建健身中心增多 顾客、市场：地区人口减少

正式收集信息之初，"我"先去咨询部门中以前从事过促销策划的前辈。结果，前辈给了"我"一份公司内部情况的汇总资料。接下来，剩余的信息"我"会通过以下方法收集。

（1）为了获得本健身中心设备的现状信息，"我"去咨询管理部门的同事（1小时）。

（2）为了获得当地竞争对手的情况，"我"上网进行搜索（1小时）。

（3）为了获得当地人口数据，"我"上网进行搜索（1小时）。

尤其是（2）和（3）的网络搜索，为了防止拖延时间，"我"分别给它们设定了1小时的时间限制。"我"按照计划进行调查之后，收集到的信息如下。（1）关于本健身中心的设备："内部装修是从前一家健身中心延续下来的，已经有15年历史""空调也是继续使用前一家健身中心的，已经有20年历史""动感单车也已经使用了7年时间"。（2）关于竞争对手的信息："在同一商圈内，24小时健身中心又新开了2家""高温瑜伽中心新开了3家"。（3）关于当地人口的信息："从其他地区迁移来的居民每年减少0.5%""少子化问题比其他地区更加严重"。

最后，"我"对收集到的信息进行了整理，并注明出处。"我"用Excel表格总结如下：

	幻灯片标题	幻灯片副标题	幻灯片样式	幻灯片信息假说	获得的信息	出处
背景	新增会员情况	新增会员人数与去年同月相比下降了5%	图解	本健身中心：设备老旧化	• 内部装修是从前一家健身中心延续下来的，已经有15年历史 • 空调也是继续使用前一家健身中心的，已经有20年历史 • 动感单车也已经使用了7年时间	健身中心内部信息
				竞争对手：新建健身中心增多	• 在同一商圈内，24小时健身中心又新开了2家 • 高温瑜伽中心新开了3家	本健身中心的调查（2016年10月）
				顾客、市场：地区人口减少	• 从其他地区迁移来的居民每年减少0.5% • 少子化问题比其他地区更加严重	世田谷区政府网站（www.×××××××××××××）

本章总结

☐ 设定幻灯片信息假说

▶ 在为不熟悉的领域设定信息假说的时候，可以阅读几本该领域的入门书。

▶ 幻灯片信息分为两种，一种是"详细型"，一种是"根据型"。"详细型"信息是为幻灯片副标题进行详细说明的信息；"根据型"信息则是为幻灯片副标题提供根据的信息。

▶ 设定幻灯片信息假说时，要做到不遗漏、不重复（MECE）。

▶ 设定幻灯片信息假说常用：商业框架分析，时间轴框架分析，加法、乘法。

（1）商业框架分析：3C分析、市场营销的4P等模型，在制作商业PPT时经常用到。

（2）时间轴框架分析：按照时间流程整理信息，更便于读者理解。

（3）加法、乘法：常用加法或乘法对主题进行分解。用乘法分解时，"量×质"是基本模型。

☐ 收集信息

▶ 要想高效率地收集信息，一定要向熟悉该领域的人咨询，然后从收集公司内部信息入手，接着才是收集公司之外的信息。

▶ 在收集信息的过程中，我们常会拖延，导致浪费时间。所以，在动手收集信息之前，一定要做好计划，管理好时间。

▶ 在上网检索的时候，可以使用"filetype:"指令检索指定格式的文件。

▶ 最后，要将收集到的信息整理到Excel表格中，并记得注明出处。

制作骨架的大原则

在第4章中，我们为PPT设计了框架；第5章，我们以设计好的框架为基础，收集了PPT所需的信息。在本章中，我们将以第4章设计的框架为基础，为PPT制作骨架。所谓骨架，简单地说就是"只写了标题和副标题的多页幻灯片"。先打开PowerPoint，把第4章设计好的幻灯片标题和副标题填入各页幻灯片，再制作整个PPT的"标题""摘要""目录""结论"幻灯片，就完成了PPT的骨架制作。也就是说，从本章开始，我们终于要正式使用PowerPoint了。

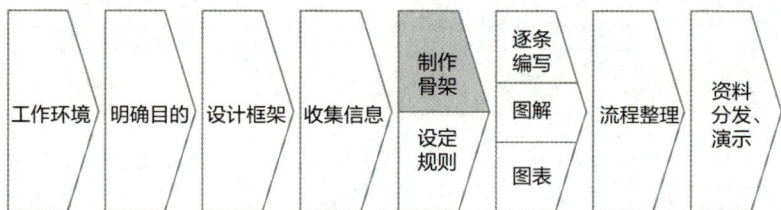

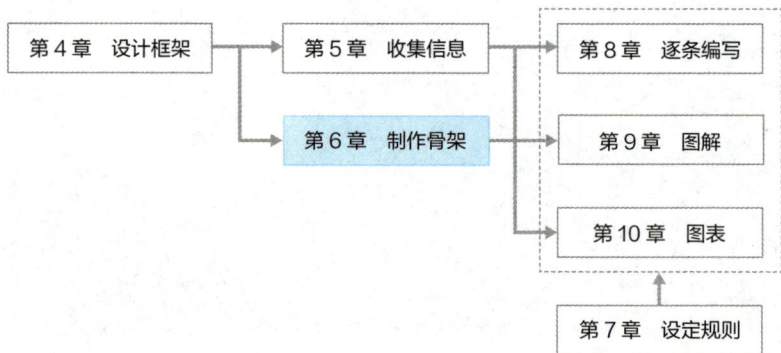

作为战略顾问，在制作PPT的时候，我们不会一上来就打开PowerPoint制作图解或图表，而是先为PPT制作骨架。骨架也被称为"留白幻灯片"，它在我们战略顾问的工作中发挥着相当重要的作用。

当我还是一个新手的时候，上司常会交给我一份每页只有标题和副标题的PPT的骨架，让我为每一页幻灯片补充内容。有了骨架之后，我就可以对整个PPT的结构和框架一目了然，从而不会浪费时间东一头西一脚地乱打乱撞，结果，很快就能把一份PPT制作完成。下面，我们就来学习为PPT制作骨架的方法。

	幻灯片标题	幻灯片副标题
标题	增加入会者的促销策划书	
摘要	摘要	
目录	目录	
背景	新增会员情况	新增会员人数与去年同月相比下降了 5%
课题	新增会员减少的原因	参与体验的人数与去年同月相比下降了 5%
解决方案	增加新增会员的促销方案	我认为实施私人教练健身课免费体验活动的促销方案从成本和效果的对比结果来看是最合适的
效果	促销活动的效果	阶段性实施促销方案，预计每月能够增加 15 名会员
结论	结论	

填入 PPT 骨架

大原则

制作骨架时，
"幻灯片母版"
是个好帮手

在为PPT制作骨架的时候，应该先为幻灯片设计版式。所谓版式，就是所有幻灯片页面统一显示的要素（logo、幻灯片编号等），包括幻灯片标题和副标题的位置、样式（字体、字号等），这些都要预先设置好。我们可以通过PowerPoint自带的"幻灯片母版"功能实现。

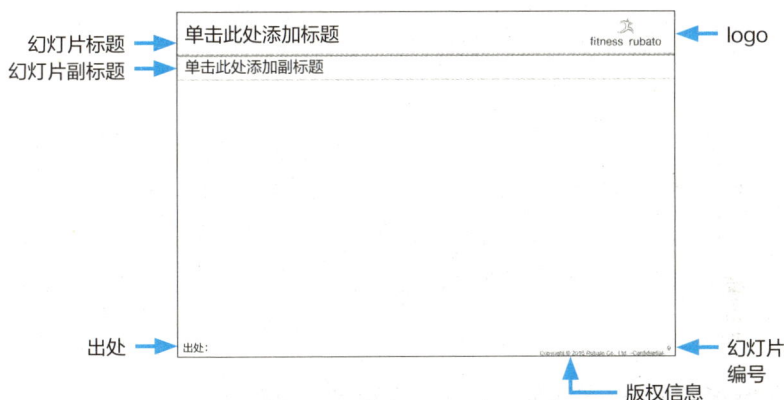

预先设置好幻灯片版式有三个好处。第一，**可以帮助读者更快理解幻灯片内容**。统一版式之后，读者就可以清楚地知道标题在哪里、副标题在哪里，从而更容易理解PPT的内容。第二，**提高制作PPT的速度**。预先设置好幻灯片版式，我们就知道什么地方应写什么内容，不会为此浪费时间，所以可以提高制作PPT的速度。第三，**使PPT的整合、共享更加方便**。假如一份PPT是我们和其他人共同制作的，比如我做前半部分，其他人做后半部分，那么事先不统一版式的话，前后两部分资料整合到一起的时候，就会出现很多麻烦。为了提高团队协作的工作效率，我们在制作PPT之前，应该设置统一的排版格式。为了享受这些好处，我们应该学会"幻灯片母版"功能的使用方法，先把幻灯片的版式确定好。

"幻灯片版式"只需
保留两页

□ 准备"幻灯片版式"

首先，我们学习使用"幻灯片母版"功能，进行最低限度的必要设置。启动PowerPoint，点击工具栏中的"视图"，然后点击"幻灯片母版"，就打开了"幻灯片母版"画面。有一点要提醒大家，在设置完成，即将关闭幻灯片母版画面时，需要点击"关闭母版视图"才能关闭。

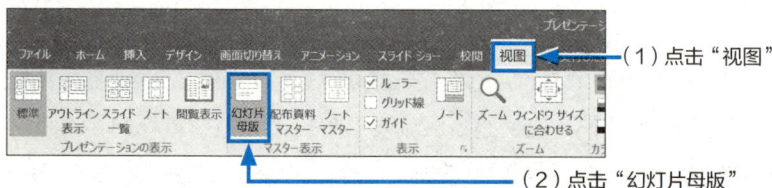

（1）点击"视图"

（2）点击"幻灯片母版"

打开"幻灯片母版"视图后，我们可以看到，在画面的左上方有一页最大的幻灯片，这页就是"幻灯片母版"，修改这一页的设置，可以通用于其他所有幻灯片页。

在"幻灯片母版"之下还有很多相对小一点的幻灯片页面，这些页面叫作"幻灯片版式"，是软件为我们预设的各种版式模板。但是，一般情况下，我们不会使用软件预设的版式模板，所以只需保留前两页"幻灯片版式"，其他的全部删除。单击需要删除的"幻灯片版式"页，然后按Delete键，即可删除这一页。

为什么精英都是 PPT 控

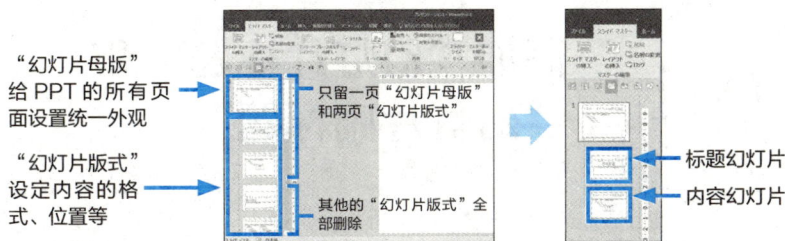

"幻灯片母版"
给 PPT 的所有页
面设置统一外观

"幻灯片版式"
设定内容的格
式、位置等

只留一页"幻灯片母版"
和两页"幻灯片版式"

其他的"幻灯片版式"全
部删除

标题幻灯片

内容幻灯片

这样一来，就只剩下一页"幻灯片母版"和两页"幻灯片版式"。我把留下来的第一页"幻灯片版式"称为"标题幻灯片"，第二页"幻灯片版式"称为"内容幻灯片"。"标题幻灯片"只有在制作整个PPT的大标题页时，才会使用。而"内容幻灯片"则是除了大标题页之外的所有页面，都会通用这一页的版式。

我们只要在PPT操作页面，新建一页幻灯片，然后在新建页点击右键，在弹出的对话框中选择"版式"，就可以看到之前留下的两页"幻灯片版式"了。左键点击其中一种版式，新建页就会变成那个版式。

☐ 将幻灯片尺寸设置为A4

接下来我们设置幻灯片尺寸。关于幻灯片的尺寸，如果用于演示，一般会选择"标准（4∶3）"或"宽屏（16∶9）"。但如果需要打印出来分发给读者的话，就适合用A4纸打印，所以最好将页面设置成A4大小。

（1）点击"设计"　　　　　　（2）点击"页面设置"　　　　　　（5）点击"确定"

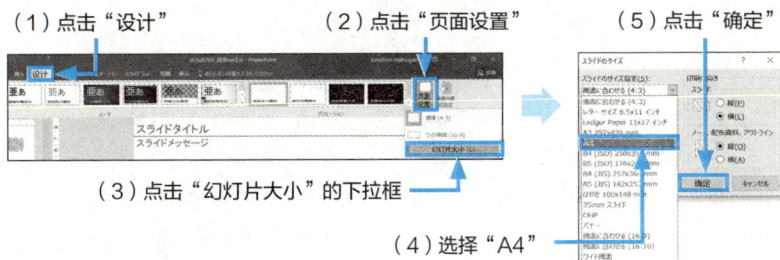

（3）点击"幻灯片大小"的下拉框

（4）选择"A4"

添加"幻灯片标题"和"幻灯片副标题"

☐ 三个步骤制作"幻灯片标题"栏和"幻灯片副标题"栏

现在我要介绍"幻灯片标题"和"幻灯片副标题"的版式设计。我们先来复习一下幻灯片标题和副标题的定义。"幻灯片标题"是对本页幻灯片内容进行高度概括的一个提示语，在战略顾问的日常工作中，我们将其简称为"T1"。"幻灯片副标题"是对本页内容进行说明并表明主张的一句话，我们称之为"T2"。我们举例来看：

- 幻灯片标题（T1）：**鲁伯特健身中心的事业拓展计划→内容**
- 幻灯片副标题（T2）：**鲁伯特健身中心计划在东京新开6家分店**→主张

关于"幻灯片标题"和"幻灯片副标题"的设定，我们已经做好了准备（请参考第4章第二条大原则）。现在我们要来为它们进行版式设计。我们使用"幻灯片母版"的"内容幻灯片"页进行排版，一共需要三个步骤。

（1）制作"幻灯片标题"栏

↓

（2）插入分隔线

↓

（3）制作"幻灯片副标题"栏

（1）制作"幻灯片标题"栏

在"幻灯片母版"页面，从左侧留下的两页"幻灯片版式"中选择第二页"内容幻灯片"。选择已有的"单击此处编辑母版标题样式"文本框，为文本框中的文字设置合适的字体、字号。文本框中文字位置选择"文本左对齐""底端对齐"。然后，将标题文本框的左端、右端、上端都移动到幻灯片的边缘。文本框下端，移动到参考线（请参考原则043）7.0的位置。

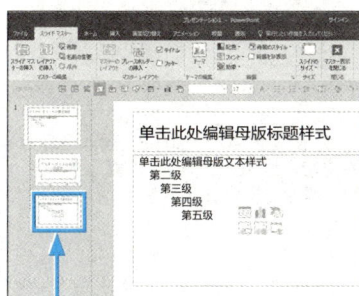

（1）选择"内容幻灯片"

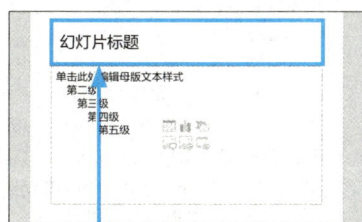

（2）设置合适的字体
　　　设置合适的字号
　　　位置：文本左对齐、底端对齐
　　　文字：输入设定好的"幻灯片标题"

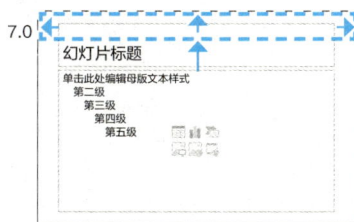

（3）将标题文本框的左端、右端、上端都移动到幻灯片的边缘。文本框下端，移动到参考线7.0的位置

（4）"幻灯片标题"栏设置完成

（2）插入分隔线

接下来，我们在"幻灯片标题"和"幻灯片副标题"之间插入一条分隔线。点击"插入"，从"形状"中选择"线条"，选用其中的"直线"即可。将这条"直线"插入参考线7.0的位置（"幻灯片标题"下方）。分隔线的左端和右端分别延伸到幻灯片的最左端和最右端。分隔线的粗细设置为2.25磅，颜色和该PPT的基本色保持一致。

在插入"直线"的时候，只要按住Shift键并拖拽，就可以插入一条和幻灯片底边平行的直线。

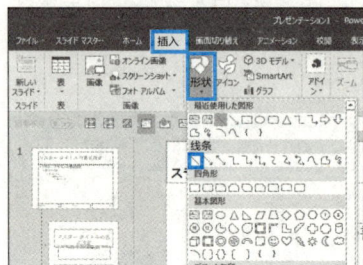

（1）点击"插入"，从"形状"中选择"线条"，选用其中的"直线"即可

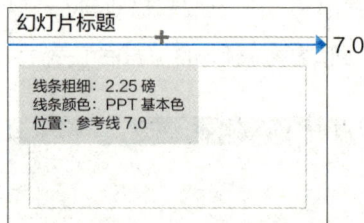

（2）使用参考线，将直线插入 7.0 的位置。线条颜色与 PPT 基本色一致，粗细设置为 2.25 磅

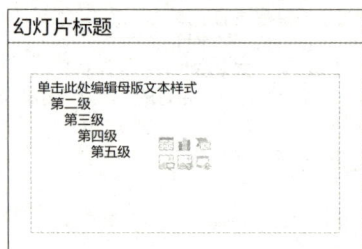

（3）分隔线插入完成

（3）制作"幻灯片副标题"栏

最后，我们来制作"幻灯片副标题"栏。"幻灯片副标题"栏用文本框来做。

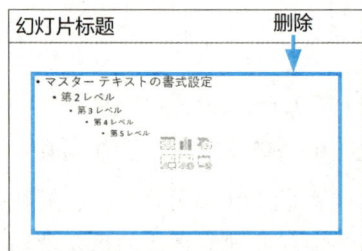

（1）在"内容幻灯片"中，删除上图中的默认文本框

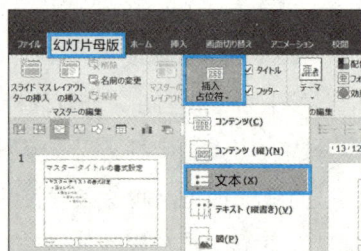

（2）依次选择"幻灯片母版""插入占位符""文本"

为什么精英都是 PPT 控

幻灯片标题	幻灯片标题
单击此处编辑母版文本样式 　第二级 　　第三级 　　　第四级 　　　　第五级	幻灯片副标题

（3）将文本框插入分隔线下方。设置合适的字体和字号，文字为左对齐和顶端对齐。将文本框左右两端分别拉伸至幻灯片的最左端和最右端。上端拉伸至参考线 7.0 的位置，下端拉伸至参考线 5.8 的位置

（4）删除"单击此处编辑母版文本样式……第五级"，输入之前编写好的"幻灯片副标题"文字就完成了

战略顾问的工作现场

在工作中，我发现有些公司，甚至是战略顾问同行制作的 PPT 只有"幻灯片标题"或"幻灯片副标题"中的一个。不过，为了把幻灯片内容阐述得更加清晰，在这本书中，我推荐大家在制作 PPT 的时候，每页幻灯片既要有"幻灯片标题"，又要有"幻灯片副标题"。

另外，我还遇到过一些人在制作 PPT 的时候，喜欢把"幻灯片副标题"放在页面的最下方。但我推荐把"幻灯片副标题"和"幻灯片标题"放在一起，两者都放在页面的最上方，可以让读者一下就看清这页幻灯片的主题和主张。

添加"logo""出处""幻灯片编号"

◻ "logo""出处""幻灯片编号"让PPT更容易理解

在"内容幻灯片"中，除了主要信息之外，还要添加企业logo、信息出处等次要信息。在这一小节，我教大家添加企业"logo"和信息"出处"。另外，为了便于读者阅读和查询，还要添加"幻灯片编号"。

插入"logo"

（1）在"幻灯片母版"页面，选择"内容幻灯片"

（2）点击"插入"，选择"图片"

（3）选择logo图片文件，点击"插入"

（4）将插入的图片调整到合适的大小，放在页面右上角的位置

插入"出处"

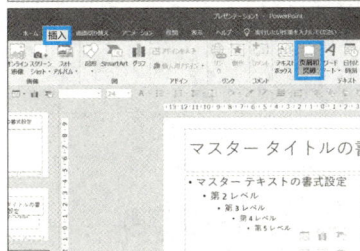

（1）点击"插入"，选择"页眉和页脚"

（2）在弹出的对话框中，勾选"页脚"，然后点击"全部应用"

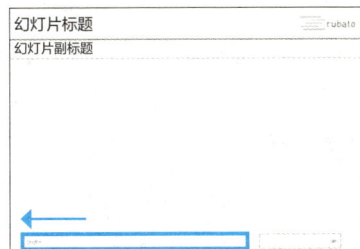

（3）将插入的页脚文本框调整到合适的大小，拉到页面左端。为页脚文本框中的文字设置合适的字体和字号

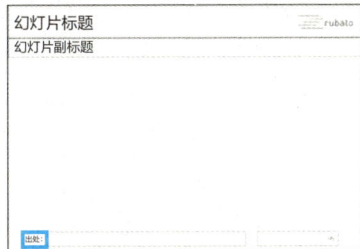

（4）在页脚文本框中输入"出处："，就完成了

插入"幻灯片编号"

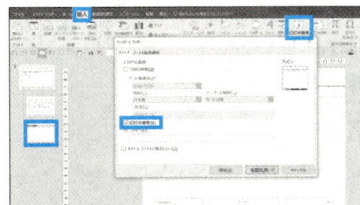

（1）点击"插入"，选择"幻灯片编号"。在弹出的对话框中勾选"幻灯片编号"，然后点击"全部应用"

（2）输入幻灯片编号即可

活用"参考线"，明确幻灯片的使用范围

☐ 利用"参考线"，确定幻灯片的使用范围

　　我在为企业客户提供战略顾问服务的时候，见过各种各样的PPT。我发现很多PPT制作不规范，即使是同一份PPT，各个页面的图片、文本左端或右端也没有对齐。在我们战略顾问领域，**如果在一份PPT中各页图片、文本一端的位置偏差超过1毫米，上司都会责令我们重新修改PPT格式。**虽说对一般企业而言，没有必要对PPT格式要求这么严格，但如果能让每页幻灯片的四边都保持一致的话，起码会让这份PPT看起来更整洁，让这家公司看起来更专业，对公司形象有很大的提升作用。为了让各页幻灯片中的要素统一、整齐，我们应该预先统一设置各页幻灯片的使用范围。

　　在PowerPoint中，统一各页幻灯片使用范围的工具叫作"参考线"。预先使用"参考线"对各页幻灯片的使用范围进行统一设置之后，每页插入的形状、文本位置就不会杂乱无章了。其基本原则是，图形的左端与最左端的"参考线"对齐，图形的右端与最右端的"参考线"对齐。

　　一开始，幻灯片页面中只会显示横竖各一条"参考线"，但我们可以复制出新的"参考线"。我们在幻灯片页面中单击鼠标右键，在弹出的对话框中点击"网格线和参考线"，在弹出的下一级对话框中勾选"屏幕上显示绘图参考线"，然后点击"确定"，页面中就会显示横竖各一条"参考线"。"参考线"可以用鼠标任意拖动。另外，在按住Ctrl键的同时拖动"参考线"，就可以复制出新的"参考线"。

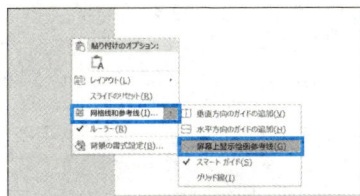

（1）在幻灯片页面中单击鼠标右键，在弹出的对话框中点击"网格线和参考线"，在弹出的下一级对话框中勾选"屏幕上显示绘图参考线"，然后点击"确定"

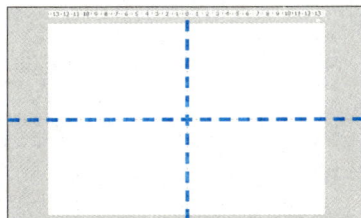

（2）页面中会显示横竖各一条"参考线"

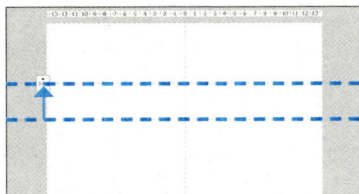

（3）在按住 Ctrl 键的同时拖动"参考线"，就可以复制出新的"参考线"

（4）把"参考线"拖动到幻灯片的最边缘，"参考线"就会被删除

　　在拖动"参考线"的同时，会有数字显示，我们可以根据数字，并参考页面左边或上边的"标尺"调整"参考线"的位置。如果幻灯片的尺寸设定为A4的话，那么左右两端的"参考线"应设置在12.4，上端设置在5.0，下端设置在8.0。我们就在"参考线"框起来的这个区域内添加形状、图表、文本。

　　接下来，我们要用"参考线"来找到使用范围的中心。找到中心点，对于我们上下左右均匀地插入形状、图表非常有用。我们再纵向复制一条"参考线"，将其设置在0.0位置；横向复制一条"参考线"，设置在1.5位置。这两条"参考线"的交点，就是幻灯片使用范围的中心点。

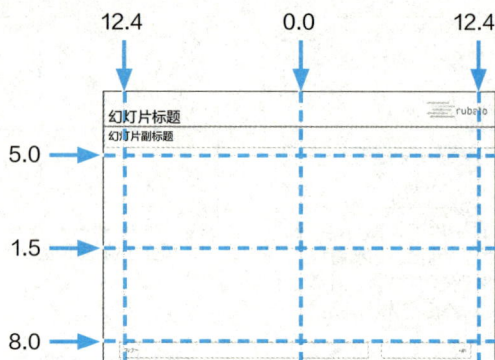

幻灯片标题

幻灯片副标题

为什么精英都是 PPT 控

用"大纲"功能添加
Word 中的内容

☐ 用"大纲"功能添加在Word中写好的内容

在前一小节中，内容幻灯片的版式已经完成了。接下来，我们要把在第4章中为幻灯片编写的框架（"幻灯片标题"和"幻灯片副标题"）添加到PPT中来。**PowerPoint带有支持添加Word内容的"大纲"功能。**使用"大纲"功能，就可以把第4章编写的内容轻松添加到PPT中。

	幻灯片标题	幻灯片副标题	幻灯片样式
背景	新增会员情况	新增会员人数与去年同月相比下降了 5%	图表
课题	新增会员减少的原因	参与体验的人数与去年同月相比下降了 5%	图表
解决方案	增加新增会员的促销方案	我认为实施私人教练健身课免费体验活动的促销方案从成本和效果的对比结果来看是最合适的	图解
效果	促销活动的效果	阶段性实施促销方案，预计每月能够增加 15 名会员	图表

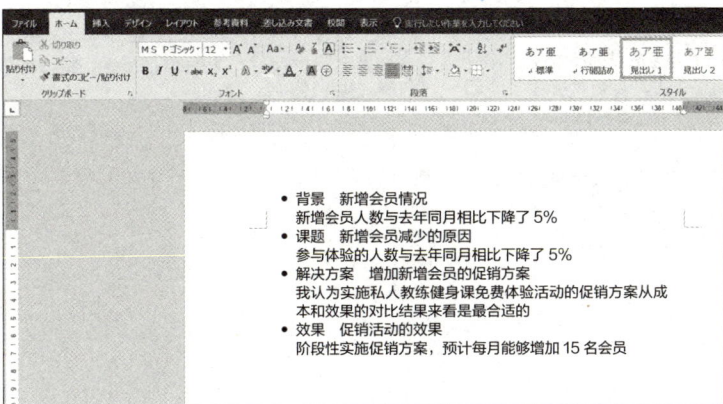

- 背景　新增会员情况
  新增会员人数与去年同月相比下降了 5%
- 课题　新增会员减少的原因
  参与体验的人数与去年同月相比下降了 5%
- 解决方案　增加新增会员的促销方案
  我认为实施私人教练健身课免费体验活动的促销方案从成本和效果的对比结果来看是最合适的
- 效果　促销活动的效果
  阶段性实施促销方案，预计每月能够增加 15 名会员

（1）将编写的框架复制到Word中

如果您之前编写PPT框架（"幻灯片标题"和"幻灯片副标题"）的时候使用的是Excel或记事本软件，那就需要把内容复制到Word软件中。记得"幻灯片标题"和"幻灯片副标题"要换行。然后使用Word中"引用"的"添加文字"功能，把"幻灯片标题"设置为"1级"，把"幻灯片副标题"设置为"2级"。最后，还要把Word中文字的字体设置成与PPT中一致的字体，然后保存文档。

（1）将 Excel 表格中的"幻灯片标题"和"幻灯片副标题"进行复制

（2）对 Excel 中的内容进行复制之后，打开 Word 文件，点击"开始""粘贴""选择性粘贴""无格式文本"，将文字粘贴到 Word 文件中

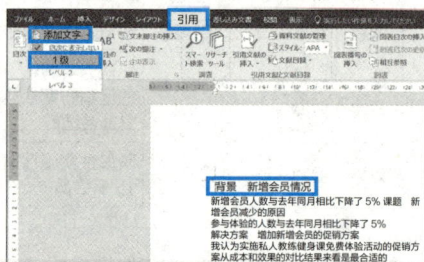

（3）对复制过来的无格式文本，要调整格式，"幻灯片标题"和"幻灯片副标题"要换行显示

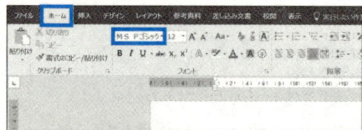

（4）选择"幻灯片标题"的文字，点击"引用""添加文字""1级"。按同样的步骤，将"幻灯片副标题"设置为"2级"

（5）把 Word 中的文字设置成与 PPT 一致的字体，然后保存文档

为什么精英都是 PPT 控

（2）用PowerPoint打开Word文件

Word文档保存之后，打开PowerPoint，依次点击"开始""新建幻灯片""幻灯片（从大纲）"，选择之前保存的Word文件，然后点击"插入"，您就会看到"幻灯片标题"和"幻灯片副标题"插入幻灯片了。接下来用鼠标右键单击幻灯片页面，在弹出的对话框中选择"版式"，然后选择其中的"内容幻灯片"，该页面就变成了"内容幻灯片"的版式。对于PPT的大标题页，也可以用同样的方法变成"标题幻灯片"的版式。

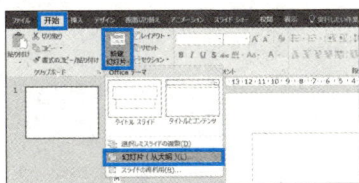

（1）依次点击"开始""新建幻灯片""幻灯片（从大纲）"

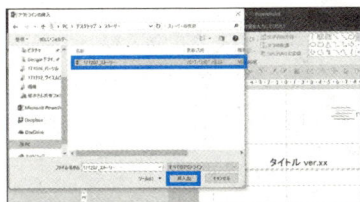

（2）选择编写了"幻灯片标题"和"幻灯片副标题"的Word文件

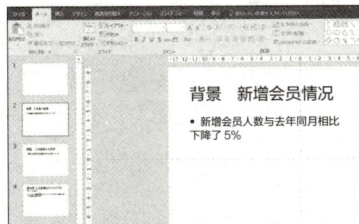

（3）点击"插入"，就把之前编辑好的"幻灯片标题"和"幻灯片副标题"插入PPT页面了

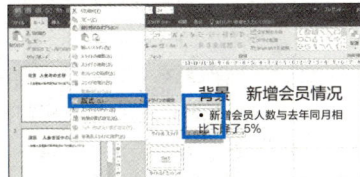

（4）用鼠标右键单击幻灯片页面，在弹出的对话框中选择"版式"，然后选择其中的"标题和内容"（在本书中称为"内容幻灯片"）

（5）这一页幻灯片的版式就变成了之前设计好的版式

此时，我们点击"视图"，选择"大纲视图"，就会显示下图中的画面，可以检查"幻灯片标题"和"幻灯片副标题"是否已经正确插入。

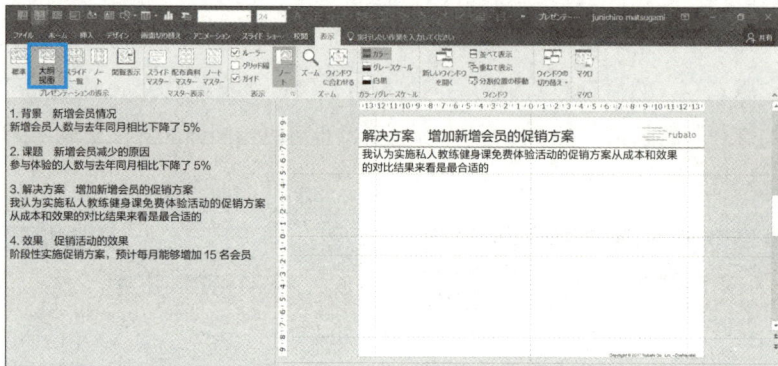

战略顾问的工作现场

在制作 PPT 的时候，使用"大纲视图"功能，可以对之前编辑的框架进行再次确认。有一次，我和公司的一位董事一同去客户公司商谈业务。结果他在出租车中，才打开要给客户演示的 PPT 审阅。要知道，这份 PPT 是助理给他制作的，之前他都没看过。他在去客户公司的路上才开始看，我心里有点担心，怕他无法熟悉 PPT 内容，没法很好地跟客户沟通。但我发现他在看 PPT 的时候，打开了"大纲视图"，把 PPT 的整体框架一览无余，所有标题和副标题都显示在大纲中。结果，他很快就熟悉了 PPT，在和客户商谈的过程中也能侃侃而谈。由此可见，PowerPoint 的"大纲视图"功能，对我们了解整个 PPT 的框架非常有帮助。

为什么精英都是 PPT 控

制作 PPT 的
"标题" "摘要"
"目录" 和 "结论"

将"幻灯片标题"和"幻灯片副标题"插入PPT后，我们基本上就可以看到整个PPT的骨架了。但从PPT的大结构来看，还缺少"标题""摘要""目录"和"结论"页面。现在我们就来做这些页面。

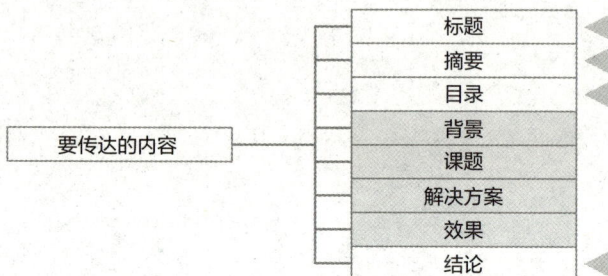

在用PPT与别人分享信息的时候，"标题""摘要""目录"和"结论"这四个页面是非常重要的。就某些类型的PPT来说，在尚未彻底完工的时候，就需要交给上司进行确认。已经添加"幻灯片标题""幻灯片副标题"，并制作好"标题""摘要""目录"和"结论"四个幻灯片页面之后，是交给上司进行审阅的最佳时机。这个时候交给上司审阅，如果上司对PPT的结构、结论提出意见或建议，我们就可以尽早进行修改。PPT完成之后再给上司看，如果需要修改的话，那可就是大工程了。

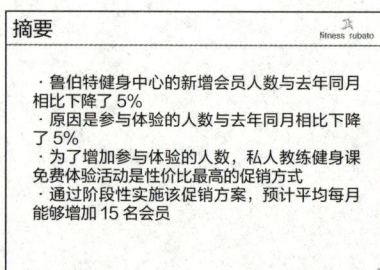

　　　　　　　　　　　为什么精英都是 PPT 控

目录

结论

- 鲁伯特健身中心新增会员减少的原因在于参与体验的人数比去年同月少了 5%
- 为了增加参与体验的人数，私人教练健身课免费体验活动是性价比最高的促销方式
- 通过阶段性实施该促销方案，预计平均每月能够增加 15 名会员
- 因为该促销方案没有先例，所以建议先在限定区域内试行
- 希望部长在 2 月 22 日前，对本策划书做出判断

第 6 章 —— 制作骨架的大原则　　　　　　　　167

制作"标题"和"目录"幻灯片

☐ "目录"让读者对整个PPT的结构一目了然

首先，我们来做"标题"和"目录"幻灯片。

（1）标题幻灯片

这里所说的"标题"不同于"幻灯片标题"，后者是每页幻灯片的标题，而前者是整个PPT的大标题。"标题"页一般要有公司logo、PPT大标题、作者、日期、项目信息/部门信息、文件管理信息、PPT版本等。排版的时候，我们选择母版中的"标题幻灯片"，具体格式请参考下图。

关于日期，应该填入PPT使用日的日期，而不是开始制作PPT的日期。这样可以让我们看清楚从开始制作日到使用日的准备时间有多长。另外，PPT用完，日后再回头查阅的时候，也能知道在什么时候用了这份PPT。日期的字体和文本的字体保持一致。

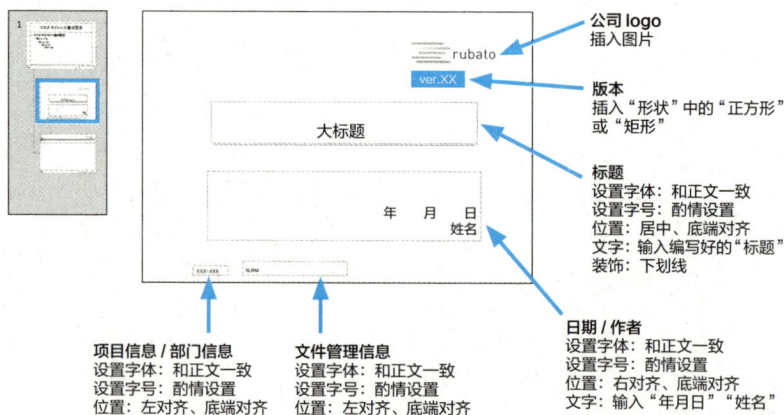

公司 logo
插入图片

版本
插入"形状"中的"正方形"或"矩形"

标题
设置字体：和正文一致
设置字号：酌情设置
位置：居中、底端对齐
文字：输入编写好的"标题"
装饰：下划线

日期 / 作者
设置字体：和正文一致
设置字号：酌情设置
位置：右对齐、底端对齐
文字：输入"年月日""姓名"

项目信息 / 部门信息
设置字体：和正文一致
设置字号：酌情设置
位置：左对齐、底端对齐

文件管理信息
设置字体：和正文一致
设置字号：酌情设置
位置：左对齐、底端对齐

为什么精英都是 PPT 控

如果公司要求制作PPT时注明项目信息和部门信息，则应该在左下方添加这些内容。另外，如果该PPT只在本部门或公司内公开，还应该在项目信息和部门信息右侧添加"部门外保密"或"公司外保密"之类的文件管理信息。

PPT的版本，在普通视图模式下，在标题的右上方比较醒目的位置插入形状"正方形"或"矩形"，然后输入版本号即可。

（2）目录幻灯片

目录幻灯片，使用"标题和内容"版式来制作。**通过制作目录幻灯片，可以让读者对PPT的结构一目了然。**具体制作方法请参考下图。

如果PPT的篇幅很长，那么不仅要在PPT的开头设置目录页，在PPT中间，每章的开头，最好也设置一个目录页。这样一来，读者不管读到了PPT中间的哪一部分，都能把握自己所读的进度。这种情况下，为了让读者知道自己所在的位置，在章节开头的目录中，最好把相应章节的背景色突出。背景色可以插入形状"正方形"或"矩形"，然后用"形状填充"填入较浅的颜色，再在"形状轮廓"中选择"无轮廓"，并在"排列"中选择"置于底层"。

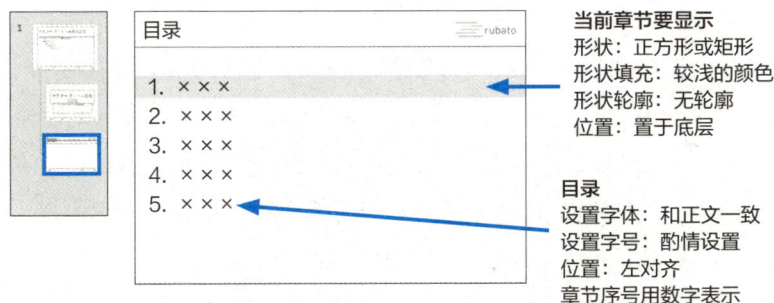

当前章节要显示
形状：正方形或矩形
形状填充：较浅的颜色
形状轮廓：无轮廓
位置：置于底层

目录
设置字体：和正文一致
设置字号：酌情设置
位置：左对齐
章节序号用数字表示

046 制作"摘要"和"结论"幻灯片

☐ "摘要"是过去和现在，"结论"是现在和未来

摘要幻灯片和结论幻灯片，采取逐条编写的形式来制作。表面上看起来这两页幻灯片比较朴实直白，只有文字条目，没有花哨的图表、图解，但它们的作用很重要，因为它们连接了过去和现在、现在和未来。具体来讲，"摘要"整理了PPT制作的缘由（过去），并展示PPT的概述（现在）。而"结论"是对整个PPT的总结（现在），并提出今后应采取的行动（未来）。

（1）摘要幻灯片

摘要幻灯片使用"标题和内容"版式来制作。**"摘要"担负着连接过去与现在的重要作用**。摘要幻灯片主要展示制作PPT的缘由（过去），以及对PPT整体内容的概述（现在）。"摘要"的内容对PPT来说非常重要，它可以让读者明确PPT的定位、概述，读者只要看了这一页，心里就清楚这份PPT有没有读下去的必要。审阅提案书、策划书的人，一般都很忙，他们每天可能要看很多份PPT，所以如果我们制作的PPT有清晰明了的"摘要"，就可以帮审阅者减少很多工作量。有些制作PPT的人不太喜欢把"结论"放在最前面，但至少PPT的开头应该有"摘要"，这样可以帮助读者在较短时间内了解这份PPT的大体内容。欧美企业的演示PPT一般喜欢把"结论"放在最前面，可以说这是一种效率非常高的工作方式。但在日本企业中，大家更习惯把"结论"放在PPT的最后。这样一来，我们就有必要在PPT开头加入一页摘要幻灯片。PPT新手在编写摘要幻灯片的内容时，常常不得要领，但只要练习

几次，就能锻炼出条理性的思维方式和概括的能力。

摘要

- 在上次全公司的经营会议上，我们分析了去年中期事业计划没有实现的原因，总经理指示事业部重新制订一份中期事业计划。

制作 PPT 的缘由（过去）

- 在去年的中期事业计划中，我们把战略重心放在了对自家公司的分析上，从而造成对市场环境、竞争策略了解不够。结果，公司实际业绩远远没有达到目标。
- 吸取了这个教训，我们在新的中期事业计划中，提议为分析市场环境、竞争策略划拨更多的资金和时间。
- 由此，我们便可以制订出更加精准的计划。

对 PPT 整体内容的概述（现在）

（2）结论幻灯片

结论幻灯片，也使用"标题和内容"版式来制作。**结论幻灯片担负着统合现在与未来的重任。**在结论幻灯片中，不仅要总结整个PPT的内容（现在），还要提出今后要采取的行动（未来）。对PPT内容的总结和前面摘要幻灯片的内容基本一致。回顾一下，我们演示PPT的目的是什么？是"驱动他人"。结论幻灯片中提出的行动方案极其重要，因为它要驱动他人采取行动。因此，在这一页中，首先要写明期待读者采取的行动，同时还要写明自己要采取的具体行动。

结论

- 在去年的中期事业计划中，我们把战略重心放在了对自家公司的分析上，从而造成对市场环境、竞争策略了解不够。结果，公司实际业绩远远没有达到目标。
- 我们在新的中期事业计划中，提议为分析市场环境、竞争策略划拨更多的资金和时间。
由此，我们便可以制订出更加精准的计划。

对 PPT 整体内容的概述（现在）

- 为了进行市场调查，希望公司批准我们使用外部资源。
- 在下次会议上，我们将分享调查计划和评估结果。

今后的行动（未来）

▼健身中心案例：制作骨架

"我"准备好的幻灯片标题和副标题已经利用Word插入PPT了，接下来要制作"标题""摘要""目录"和"结论"的幻灯片。至此，提案书的骨架就制作完成了。

	幻灯片标题	幻灯片副标题
PPT 大标题	增加入会者的促销策划书	
摘要	摘要	
目录	目录	
背景	新增会员情况	新增会员人数与去年同月相比下降了 5%
课题	新增会员减少的原因	参与体验的人数与去年同月相比下降了 5%
解决方案	增加新增会员的促销方案	我认为实施私人教练健身课免费体验活动的促销方案从成本和效果的对比结果来看是最合适的
效果	促销活动的效果	阶段性实施促销方案，预计每月能够增加 15 名会员
结论	结论	

填入 PPT 骨架中

为什么精英都是 PPT 控

新增会员情况   *fitness rubato*

新增会员人数与去年同月相比下降了 5%

新增会员减少的原因   *fitness rubato*

参与体验的人数与去年同月相比下降了 5%

：
：

结论   *fitness rubato*

- 鲁伯特健身中心新增会员减少的原因在于参与体验的人数比去年同月少了 5%
- 为了增加参与体验的人数，私人教练健身课免费体验活动是性价比最高的促销方式
- 通过阶段性实施该促销方案，预计平均每月能够增加 15 名会员
- 因为该促销方案没有先例，所以建议先在限定区域内试行
- 希望部长在 2 月 22 日前，对本策划书做出判断

第 6 章 ━━ 制作骨架的大原则   173

本章总结

☐ 制作幻灯片版式

▶ 使用PowerPoint的"幻灯片母版"功能,为自己将要制作的PPT设计版式。通过母版功能,预先将幻灯片标题、幻灯片副标题、logo、幻灯片编号等项目的版式设置好。

☐ 将内容添加到PPT中

▶ 使用PowerPoint的"大纲"功能,将事先写好的内容(幻灯片标题、幻灯片副标题)添加到PPT中。

▶ 事先将内容写在Word中,再导入PPT,会方便很多。

☐ 制作标题、摘要、目录、结论幻灯片

▶ 在标题幻灯片中,除了要有醒目的大标题之外,还要添加日期、版本等信息,以便于文件的管理。

▶ 摘要幻灯片和结论幻灯片非常重要。因为"摘要"展示的是制作PPT的缘由(过去)和PPT整体内容的概述(现在);而"结论"是对PPT内容的总结(现在)和今后应该采取的行动(未来)。

▶ 标题、摘要、目录幻灯片一般放在PPT的最前面,结论幻灯片则安排在PPT的结尾。

设定规则的大原则

在第6章中，我们为PPT搭建好了骨架。大多数朋友可能认为，有了骨架，我们就该把第5章收集到的信息填充进去了。但是我要告诉大家，还没到时候。我们还要预先设定一些规则，这样在填充内容的时候效率更高。本章的内容——设定规则——依然是填充PPT内容之前的准备工作。定好规则之后，第8章的逐条编写、第9章的图解、第10章的图表，就都可以按照这些规则进行制作了。

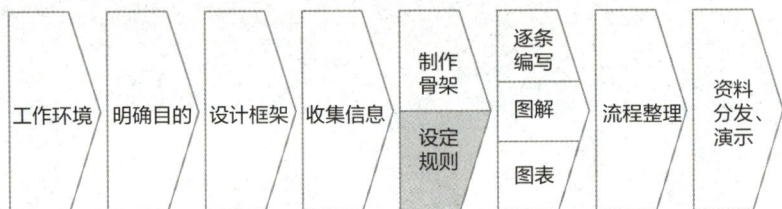

我工作的外资战略顾问公司，对PPT中使用的文字、箭头、形状、配色等都有明确的规则要求。我们做好PPT，在提交给客户之前，都必须对PPT进行严格检查，查看各个方面是否符合公司的规则要求。换句话说，公司绝对禁止把违反规则的PPT提交给客户。**在战略顾问行业，各家公司对PPT的规则要求都很高，一定要保证客户在第一眼看到PPT的时候，就能认出是哪家公司提交的**。在本章中，我将从"排版""文字""箭头""形状""配色"这些要素入手，讲一讲制作PPT的规则。

我之所以建议大家为PPT设定规则，从个人角度来说，是因为这样能让自己制作的PPT保持格式、排版的前后统一。**对部门、公司等来说，就更应该设定统一的规则了，因为有了统一的规则，大家协同制**

　　　　　　　　　为什么精英都是 PPT 控

作PPT的时候，风格才会更加一致、兼容。如果每个人制作的PPT都用不同的字体、字号、配色，那么最后在整合这些PPT的时候，就要花大量时间进行统一。把时间花在这种没有任何创造性的工作上真是划不来。如果事先大家都按照统一的规则制作PPT，最后整合到一起的时候就会省去很多时间。另外，统一风格的PPT，也有助于提高一家公司的品牌价值。

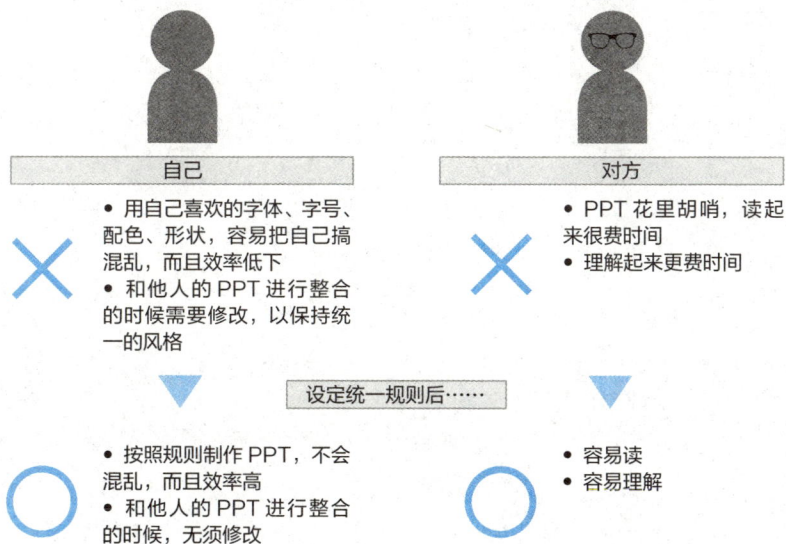

自己	对方
✕ • 用自己喜欢的字体、字号、配色、形状，容易把自己搞混乱，而且效率低下 • 和他人的 PPT 进行整合的时候需要修改，以保持统一的风格	✕ • PPT 花里胡哨，读起来很费时间 • 理解起来更费时间

设定统一规则后……

○ • 按照规则制作 PPT，不会混乱，而且效率高 • 和他人的 PPT 进行整合的时候，无须修改	○ • 容易读 • 容易理解

大原则

理解排版的"法则"

在为PPT设定规则的时候，首先必须理解幻灯片排版的基本思维方式。在一页幻灯片中，如果有多个图表、图解、图片的话，那么该怎么排版？谁先谁后？谁上谁下？这令很多PPT新手烦恼不已。我想，很多朋友都是凭感觉来排版的。但实际上，**排版也有自己的"法则"。**

我们排版时，有一个重要的依据，那就是人眼移动的路线。读者在读一页幻灯片的时候，通常情况下，眼睛移动的路线是从左上至右上，再由右上转至左下，然后由左下至右下，即Z字形路线。根据这一规律，我们在安排幻灯片内容的时候，应该按照由左至右、从上到下的顺序。接下来我们就看一下具体的幻灯片排版法则。

人"由左至右""从上到下"
读幻灯片

☐ 由左至右、从上到下，Z字形配置内容

　　读者在读一页幻灯片的时候，视线移动的路线一般是由左至右、从上到下，呈Z字形。因此，我们应该按照这个路线来安排形状、图表等内容。如下图所示，这页幻灯片中出现了两个图表，采取了左右并列的方式。读者一般先看左边的图表，再看右边的图表。于是，根据内容的重要性，以及最想传达给读者的信息，我们应该把最重要的图表配置在左侧，次重要的安排在右侧。

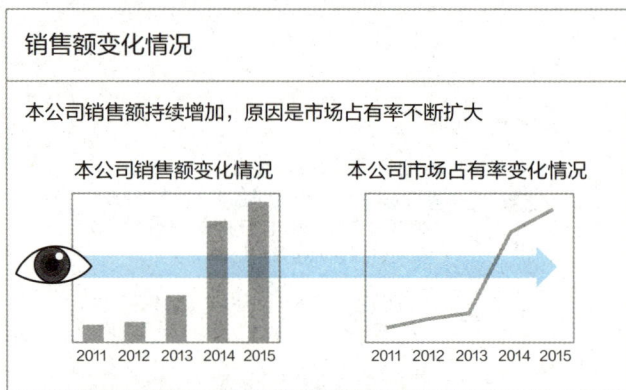

销售额变化情况

本公司销售额持续增加，原因是市场占有率不断扩大

本公司销售额变化情况　　　　本公司市场占有率变化情况

2011 2012 2013 2014 2015　　　2011 2012 2013 2014 2015

　　在下一页幻灯片中，我们假设读者是从上到下看的，所以在配置信息的时候是上下排列。

本公司的特征

本公司历史悠久，在长期经营发展中建立了广泛的网络，能为客户提供
多样化服务

历史悠久 • 本公司创建于明治十年，有 100 多年的经营历史

拥有广泛网络
• 传承高精尖技术，坚持制造最高质量的产品
• 在全世界 15 个国家设有分公司
• 建立了 150 多家子公司

多样化服务 • 无论面对消费者还是面对企业，我们都可以提供
多样化服务

那么，如果一页幻灯片中既有文字又有图表、图解等内容，该怎
么安排呢？我们依然根据视线的 Z 字形移动路线，把幻灯片分成四个
部分——左上、右上、左下、右下，然后按照这个顺序安排内容就可
以了。

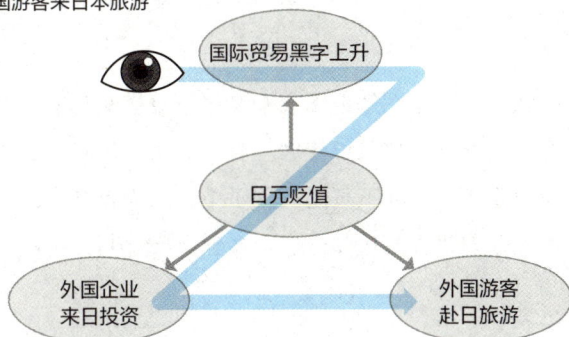

日元贬值的影响

日元贬值给日本带来国际贸易黑字，吸引更多外国企业来日本投资、更
多外国游客来日本旅游

国际贸易黑字上升

日元贬值

外国企业
来日投资

外国游客
赴日旅游

048

将一页幻灯片进行"二分"或"四分"

☐ 通过"二分法"，将信息左右排列

当一页幻灯片要显示多项信息的时候，我们可以对这些幻灯片进行分割排版。最典型的分割方式就是"左右二分法"。前面讲过，读者一般会从左至右阅读信息，所以，相对重要的信息应该放在左边。

举例来说，我想用两张图表来为幻灯片副标题提供依据，那么，我就会左右排列这两张图表。请参看下图的例子，首先，我会在左边放销售额上升的图表，右边再放销售额升高的原因——市场占有率的扩大。

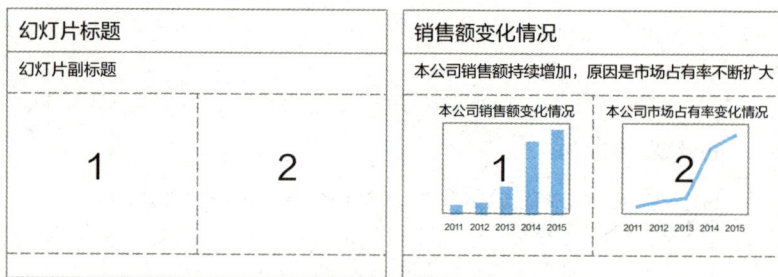

幻灯片标题	销售额变化情况
幻灯片副标题	本公司销售额持续增加，原因是市场占有率不断扩大

有的时候，需要把图解或图表和文字条目搭配起来显示在一页幻灯片中。这种情况下，也可以使用左右二分法，按照需要左右配置图解或图表及文字条目。在下页图的例子中，因为我希望读者先看到图表，所以把图表安排在左边；然后再看到文字说明，所以把文字条目放在右边。

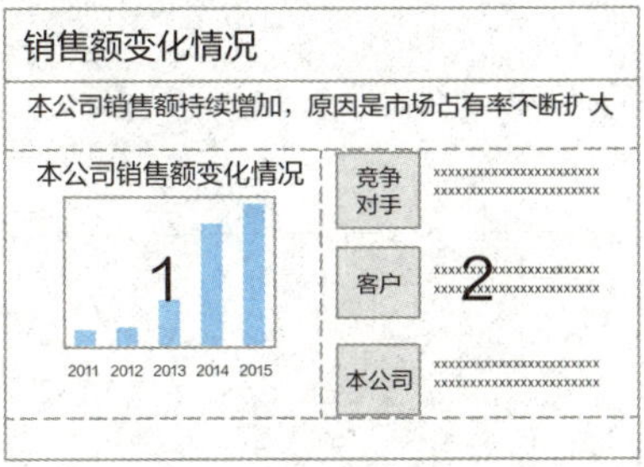

幻灯片标题	销售额变化情况
幻灯片副标题	本公司销售额持续增加，原因是市场占有率不断扩大

☐ 通过"四分法"，将信息Z字形排列

请看下图，有的时候，一页幻灯片还可能分成四部分。这种情况下，信息的排列也有学问。读者视线的移动线路是Z字形，所以我们应该根据信息内容的重要性，按照1，2，3，4的顺序安排。但是，这样一来，一页幻灯片内显示的信息量太大，不利于读者阅读、理解。所以，我建议大家尽量避免使用"四分法"。

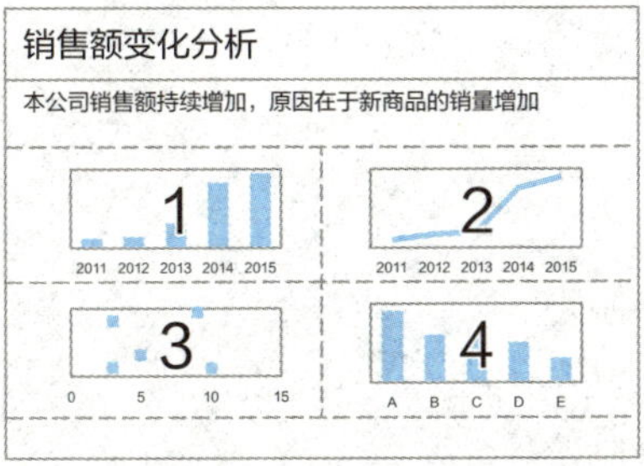

大原则

文字"清晰易读"是王道，不需要装饰

我曾经为企业举办PPT制作的专项培训班，帮企业培训员工制作PPT的技能。在培训中，我曾听学员说过："我想，制作PPT一定很有趣，可以使用各种字体和颜色，肯定很漂亮！"他们喜欢制作PPT的心情非常值得肯定，但是，PPT说到底是一种交流、沟通的工具，不需要花里胡哨。对读者来说，越简洁易懂越好。

文字的格式，包括字体、字号、颜色等多种因素。我希望大家记住一点：在一份PPT中，如果连文字格式都无法做到统一，那PPT内容的可信度也就非常低了。因此，我们制作PPT的时候，一定要事先设定好文字的规则，然后按照规则去制作。

在设定文字规则的时候，我们头脑中时刻要有一个概念：我制作的PPT到底是给谁看的。基本上，PPT的文字应该以清晰易读为原则，不需要过多的装饰。

规则

| 排版 | 文字 | 箭头 | 形状 | 配色 |

进修培训服务

本公司的进修培训服务具有三个特征

定制化	根据客户需求量身定制培训课程，可以更有针对性地帮客户培养人才
可视化	培训过程中会对学员进行技能测评，并以分级的形式呈现，使培训成果可视化
低价格	**可根据客户的预算制定相应的培训课程，保持最高性价比**

字体、字号不统一，显得凌乱

进修培训服务

本公司的进修培训服务具有三个特征

定制化	根据客户需求量身定制培训课程，可以更有针对性地帮客户培养人才
可视化	培训过程中会对学员进行技能测评，并以分级的形式呈现，使培训成果可视化
低价格	可根据客户的预算制定相应的培训课程，保持最高性价比

字体、字号统一，整齐划一

对于字体的选择

☐ 不同字体，给人不同的印象

PowerPoint的字库中有很多种字体，每种字体都有自己的特点，给读者的印象也不一样。我们应该了解几种常用字体的特点及其给人的印象，并在此基础上根据PPT的内容选择合适的字体。举例来说，"微软雅黑"和"黑体"比较正式，而"隶书"和"幼圆"看起来就比较圆润，相对轻松一些。（以上四种字体是译者根据中文常用字体改编的。原书中列举的是四种日文字体。——译者注）

- 比较正式的字体

微软雅黑

进修培训服务	
本公司的进修培训服务具有三个特征	
定制化	根据客户需求量身定制培训课程，可以更有针对性地帮客户培养人才
可视化	培训过程中会对学员进行技能测评，并以分级的形式呈现，使培训成果可视化
低价格	可根据客户的预算制定相应的培训课程，保持最高性价比

黑体

本公司的融资制度	
本公司的融资制度具有三个特征	
针对中小企业	本公司专门为中小企业提供融资服务
审查速度快	由专业人士对融资公司进行财务分析，迅速给出审查结果
无须担保	本公司会根据商业模型判断融资风险，所以融资企业不需要担保

- 相对轻松的字体

隶书

网页制作	
本公司的网页制作具有三个特征	
案例多	我们已经为1000多家企业制作网页，其中既有中小企业，也有大企业
领域广	我们的服务范围从公共团体、医院、IT企业到服务行业，领域非常广
品质高	本公司拥有专职网页设计师和程序员，可以确保高品质的服务

幼圆

咖啡馆特色	
本咖啡馆具有三个特色	
咖啡味美	店主从300多种咖啡豆中精选最满意的极品咖啡豆，为顾客现磨、烹煮美味咖啡
环境舒适	本店选择知名家具厂商的高级产品，为顾客打造一个优雅、舒适的环境
藏书丰富	本店藏书丰富，从古籍经典、文学名著到科普科幻、经管励志、名人传记，应有尽有

我对几种常用字体的特点和适合的PPT类型进行了简单总结，请看下表。

	特点	适合的资料类型
微软雅黑	适合标题。有种正式感	商务演示资料
黑体	适合正文。给读者比较正式的印象	小册子、指南之类的演示资料
隶书	适合正文。给读者比较轻松的感觉	适合气氛比较轻松的演示资料
幼圆	适合正文。给读者比较轻松的感觉	

□ 微软雅黑，算是一种万能字体

在制作PPT的时候，我建议大家尽量选择微软雅黑。因为不管制作什么类型的PPT，也不管对象是谁，微软雅黑都可以算是一种万能字体，不会出大纰漏。虽然幼圆字体很可爱，看起来也很舒服，但如果我们面向的对象所处行业非常严谨，那幼圆字体会让我们显得有些幼稚。所以，**不管在什么情况下，建议使用微软雅黑字体，这样比较安全。** 据我所知，也有不少朋友喜欢用宋体字，但我觉得宋体字更适合长篇文章，所以更适合用在Word中，而不是PPT中。

□ 英语建议使用Arial字体

另外，关于PPT中出现的英语，建议使用Arial字体。和中文的微软雅黑一样，英语的Arial字体是商务PPT中的万能字体。当一段文字中既有中文又有英语的时候，不要通用一种字体，而是分别使用不同的字体。

中文和英语字体的设置，方法如下。

（1）点击"视图"，再点击"幻灯片母版"

（2）点击"字体"，再点击下拉菜单最下方的"自定义字体"

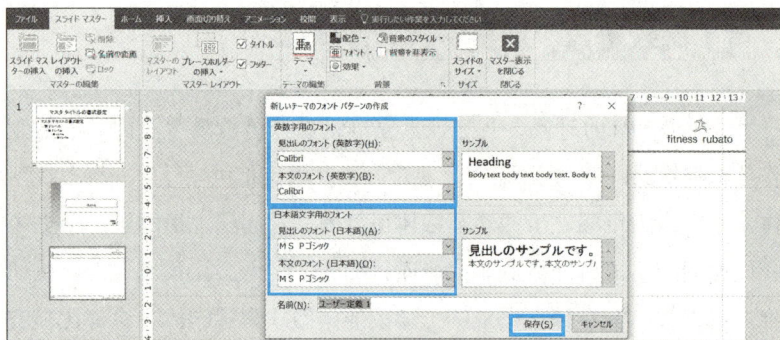

（3）在西文中选择 Arial 字体，中文中选择微软雅黑字体，点击"保存"即可

为什么精英都是 PPT 控

050　文字颜色建议使用"深灰色"

☐ 深灰色文字看起来最舒服

在商务文件中，字体颜色一般选择黑色。不过，如果是对外演示的PPT，想展现公司谦逊、柔和的一面，那我建议文字颜色选用深灰色。**深灰色文字不仅能让读者感受到沉稳大气又谦逊柔和的氛围，还不会给读者的眼睛造成负担。**

深灰色的文字，还特别适合针对消费者制作的商品、服务介绍的PPT。但是，像金融机构、公共团体等需要营造正式、严谨氛围的行业，制作PPT的时候最好选用黑色文字，深灰色并不合适。

黑色文字的感觉	深灰色文字的感觉
进修培训服务 本公司的进修培训服务具有三个特征 **定制化**　根据客户需求量身定制培训课程，可以更有针对性地帮客户培养人才 **可视化**　培训过程中会对学员进行技能测评，并以分级的形式呈现，使培训成果可视化 **低价格**　可根据客户的预算制定相应的培训课程，保持最高性价比	**进修培训服务** 本公司的进修培训服务具有三个特征 **定制化**　根据客户需求量身定制培训课程，可以更有针对性地帮客户培养人才 **可视化**　培训过程中会对学员进行技能测评，并以分级的形式呈现，使培训成果可视化 **低价格**　可根据客户的预算制定相应的培训课程，保持最高性价比
黑色文字比较强势	深灰色文字比较柔和
△	○

051

选择合适的字号

☐ 用来分发的PPT，正文字号不小于14磅

幻灯片中使用的字号，要根据不同的要素使用不同的字号。标题、副标题、正文的字号不应该一样大。我推荐的字号，如下所示：

- 幻灯片标题：24磅
- 幻灯片副标题：20磅
- 小标题：18磅
- 正文：14磅

以上字号，是会议上要分发到与会者手中的PPT适合使用的字号。**与会者直接看PPT的打印件，或者用自己的电脑看PPT，所以字号要比演示PPT的字号稍微小一点。**

标题24磅
副标题20磅
小标题18磅

促销活动的实施计划　　fitness rubato

先在限定区域内试验性实施促销计划，随后检验其效果，然后再开展正式的促销活动

1. 试验性实施　　2. 验证效果　　3. 正式实施

- 在现有宣传单分发区域的10%的区域内，向适龄健身人群分发免费健身体验宣传单
- 在其余的90%的区域内，继续分发传统的1000日元体验健身宣传单

- 按照传统宣传单和新宣传单的分发数量，分别计算两种宣传单招揽顾客的比例
- 比较两种宣传单招揽来的顾客体验之后正式入会的比例
- 预测在100%区域内分发新宣传单的预客效果

- 确保健身教练的人数
- 分三阶段扩大宣传区域
- 如果中途出现健身教练人手不足的情况，则需要调整扩大宣传区域的时机

正文14磅

出处：

❏ 用于演示的PPT，正文字号不小于20磅

　　用于演示的PPT，是在会议室中用投影仪投影在幕布上，给众人演示时使用的PPT。因此，演示PPT的正文字号要大一点。当然，具体的字号还要根据会议室和幕布的大小来定。假设会议室比较大，又没给与会者分发PPT打印件，正文字号最小也要在20磅左右。我推荐的字号，如下所示：

- 幻灯片标题：36磅
- 幻灯片副标题：32磅
- 小标题：28磅
- 正文：20磅

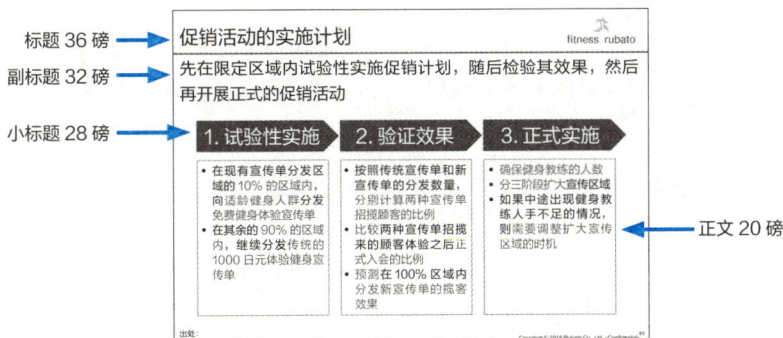

标题 36 磅 → 促销活动的实施计划　　fitness rubato

副标题 32 磅 → 先在限定区域内试验性实施促销计划，随后检验其效果，然后再开展正式的促销活动

小标题 28 磅 → 1. 试验性实施　　2. 验证效果　　3. 正式实施

正文 20 磅

小妙招

将分发用的 PPT 改成演示用的 PPT 时，需要把 PPT 中的所有字号都改变。这种情况下，我有小妙招可以让您瞬间改变所有文字的字号，而且，原本大小不同的文字，依然保持原来的大小比例。首先，使用快捷键组合"Ctrl+A"，选中 PPT 中所有内容，然后再用"Ctrl+]"对字号进行放大。使用这种方法改变字号，可以使原本大小不同的文字同时放大，保持原有比例。

052

"下划线" "矩形" 是
标注小标题的两种常用形式

☐ 图表中的小标题，要加"下划线"并"加粗"

图表、图解中的标题，我们称为小标题，是比副标题低一级的标题。在下面图例中的幻灯片中，"对促销活动的投入"就是图表的小标题。为了让小标题区别于正文，使其更醒目，我们需要对其进行一定的装饰。但根据小标题的类型，进行装饰时也要遵守一定的规则。

比如图表中的小标题，就需要将文字加粗，再加上下划线。我们使用文本框输入小标题文字，然后将文本框的框线清除，再把文字加粗。将文字的位置调整为左右居中（Ctrl+E）、上下居中。再通过"插入""形状""直线"，在文本框下方插入直线。按住Shift键拖动鼠标，就可画出水平的直线。

文本框、加粗、
下划线

对促销活动的投入

从 2011 年到 2015 年，对促销活动的投入大幅增加

对促销活动进行投入的情况

| 2011 | 2012 | 2013 | 2014 | 2015 |

为什么精英都是 PPT 控

❑ 逐条编写的小标题，要用矩形框起来

如果某一页幻灯片是以逐条编写的形式呈现内容的，为了突出小标题，我们一般用矩形把小标题框起来。具体方法是：点击"插入""形状""矩形"，然后用鼠标将其拖动到合适的位置，调整好大小；在矩形内直接输入小标题文字，然后把字体加粗，文字的位置也调整为左右居中、上下居中。

为了让小标题更加醒目，我们一般会在矩形中填充颜色。填充颜色的时候，要注意让边框颜色和内部填充颜色保持一致，或者干脆删除边框线。如果边框线和内部填充颜色不一致的话，从设计角度来看，就不美观了。

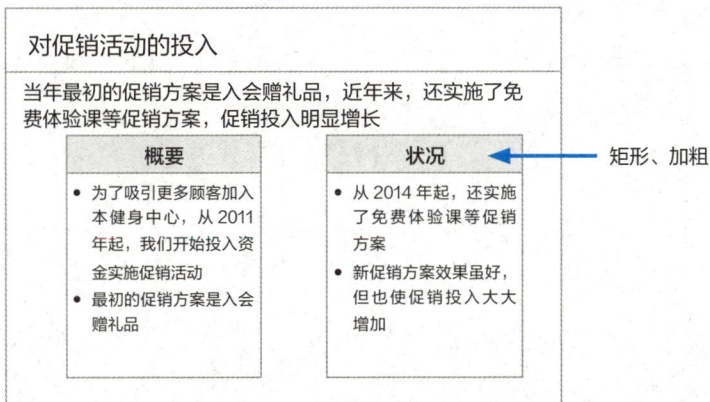

对促销活动的投入		
当年最初的促销方案是入会赠礼品，近年来，还实施了免费体验课等促销方案，促销投入明显增长		
概要		**状况**
• 为了吸引更多顾客加入本健身中心，从 2011 年起，我们开始投入资金实施促销活动 • 最初的促销方案是入会赠礼品		• 从 2014 年起，还实施了免费体验课等促销方案 • 新促销方案效果虽好，但也使促销投入大大增加

矩形、加粗

大原则

用箭头控制
读者的视线

读者在阅读一份PPT的时候，一般都喜欢挑选自己喜欢的部分阅读。但是从PPT编写者的角度来看，读者按照编写者设定好的顺序来读，可能更利于读者理解整个PPT的内容和思想。作为PPT编写者，我们不能强制读者先读哪一部分再读哪一部分，但**我们可以引导读者按照我们设定好的顺序来读。这时，"箭头"就发挥了很大的作用，因为箭头可以控制读者的眼睛移动的路线。**

在PPT中，箭头具有强调和指示流程的作用。箭头用好了，一份PPT也许不需要做过多的语言说明，也能让读者一目了然。箭头的种类很多，比如线条箭头、三角形箭头等。不过，在PPT中使用箭头之前，我们要制定一个规则，没有规则的话，就容易出乱子。如果一页幻灯片中出现多种箭头形式，那样不仅起不到引导读者的作用，还会把读者搞得晕头转向。接下来我将结合我在外资战略顾问公司里的工作经验，为您介绍一些箭头的使用规则。记得当时，如果我们在制作PPT的时候用错了箭头，就会被上司狠狠地批评一通。

下面就为您详细介绍在什么情况下使用什么形式的箭头，箭头的颜色、粗细、角度等具体规则。

规则

| 排版 | ▶ | 文字 | ▶ | 箭头 | ▶ | 形状 | ▶ | 配色 |

053   "肘形箭头"的使用方法

▢ 箭头的尖端用"▶"，颜色为灰色，直角转弯

首先，我们来确定箭头的形式。先设置好箭头的尖端形状、颜色、角度，整份PPT都要按照这个规则使用箭头。

（1）箭头的尖端

箭头的尖端不要用"＞"，而应该用"▶"。因为"▶"看起来更加简洁，而且即使PPT其他页面会用到三角形箭头（见第198页），"▶"和三角形箭头的风格也并不冲突。

（2）箭头的颜色

箭头的颜色统一使用灰色。虽然我们偶尔也会见到有人用蓝色或红色的箭头，但我觉得箭头的作用是引导视线和强调正文内容，箭头本身并不需要太显眼。

（3）箭头的角度

当箭头需要转弯的时候，一定要使用直角转弯的箭头，即PowerPoint中的"肘形箭头"。当指的方向需要转弯时，如果使用线条箭头，那么势必要让箭头倾斜。倾斜的箭头，第一是浪费空间，第二是如果倾斜箭头很多的话，会令页面很混乱，不利于读者阅读。

错误案例	正确案例
倾斜箭头占用更多空间	肘形箭头 尖端用"▶"
黑色箭头过于醒目，喧宾夺主	灰色箭头，突出正文
✕	◯

幻灯片箭头使用方法的对比如下：

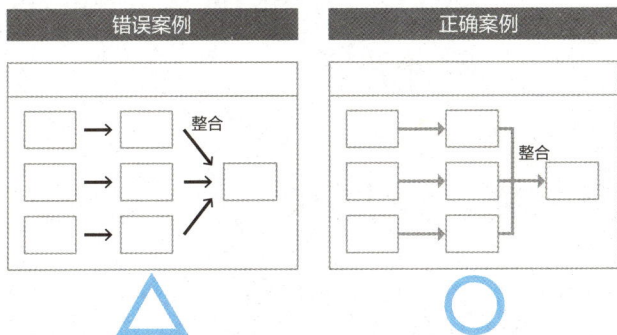

具体操作方法如下所示：

（1）"插入""形状""线条""连接符：
肘形箭头"。按住鼠标左键在义本框中
拖动，即可插入箭头

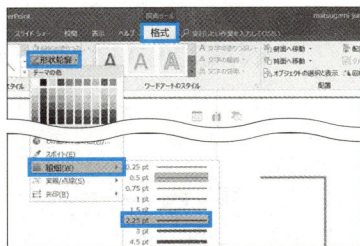

（2）用鼠标选中肘形箭头，点击"格
式""形状轮廓""粗细""2.25 磅"
即可

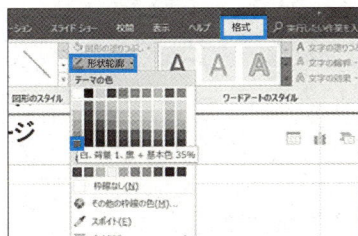

（3）再点"格式""形状轮廓"，然后
在颜色中选择合适的灰色

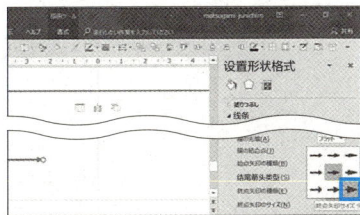

（4）用鼠标右键点击箭头，然后左键点
击"设置形状格式""线条""结尾箭
头类型"，选择合适的箭头尖端形状

用"三角形箭头"显示整体流程

▢ 三角形箭头显示大方向

与通常的箭头不太一样，三角形箭头主要显示大方向。我所说的三角形箭头，是通过插入形状，在幻灯片页面绘制一个三角形，将其作为箭头使用。三角形箭头的使用情况有两种，一种是作为在页面内引导读者的视线从左向右或从上到下移动的大方向性的指引。

引导视线从左向右移动的案例	引导视线从上到下移动的案例

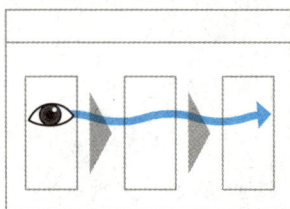

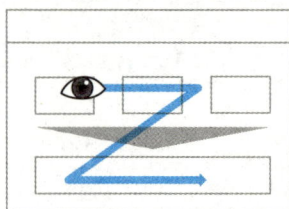

第二种是用在将多个要素整合到一起的时候，因为三角形本身就是一种从底边向顶点集中的图形。

一般箭头的案例	三角形箭头的案例

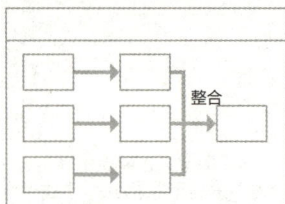

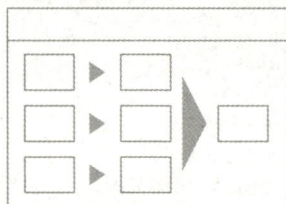

要强调具体的"点"时，适合使用这种箭头

要强调整合的概念或过程的时候，适合使用三角形箭头

☐ 使用等腰三角形来绘制三角形箭头

下面给您介绍三角形箭头的绘制方法。首先，在幻灯片页面内插入一个等腰三角形。然后旋转三角形，并将其拖至合适的位置。将三角形涂成灰色，把轮廓取消。注意，较大的三角形箭头，要绘制成比较扁的钝角等腰三角形。

（1）点击"插入""形状""等腰三角形"

（2）插入三角形后，旋转到合适的角度，再拖动到合适的位置

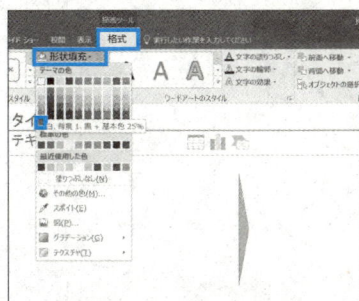

（3）单击鼠标左键，选中插入的三角形，然后点击"格式""形状填充"，选择灰色

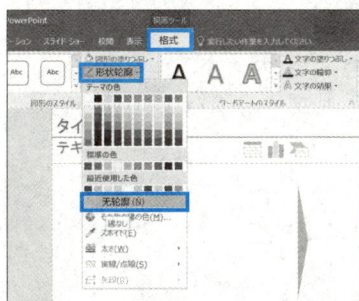

（4）单击鼠标左键，选中插入的三角形，然后点击"格式""形状轮廓"，选择"无轮廓"

形状是"简单显示"信息和意图的利器

在制作PPT的时候，"形状"是很常用的一个工具。但是，据我观察，大多数人不太理解形状的正确用法，经常随意使用形状，造成页面非常混乱。比如，同一份PPT中，有些页面的小标题用椭圆形框起来，而有些页面的小标题又用矩形框起来。形状的使用缺乏一贯性，就会给读者一种混乱的感觉，让人觉得作者的思路不清晰。

其实，每种形状都有自己特殊的性质和特征。在制作PPT的时候，如果使用形状没有规则，根据心情来随意使用的话，就会让自己想表达的意思和形状本身的性质产生偏差。这个偏差，就像一种"噪声"，会极大影响读者对PPT内容的理解，让读者在直观上对这份PPT产生一种微妙的厌恶感。

所以，在使用形状的时候，不能看心情，不能太随意。我们首先应该了解各种常用形状自身的性质和特征，在使用形状的时候，做到心中有数，比如，这里应该使用矩形，那里应该使用椭圆形……这样才能制作出前后一致、思路清晰、易于阅读的PPT。

规则					
排版	文字	箭头	形状	配色

055

具体内容用"矩形"，
抽象内容用"椭圆形"

◻ 理解形状的性质和特征

在制作PPT的时候，使用最多的形状应该是矩形（以及正方形）。**矩形适合用来表示"具体的内容、有实体的事物"**，例如公司名称、会议名称、部门名称等。另一方面，同样常用的形状还有**圆形、椭圆形，这两种形状适合用来表示"抽象的内容、概念性的事物"**，例如愿景、问题、创意等。

矩形的使用案例

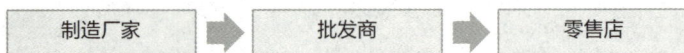

制造厂家	⇒	批发商	⇒	零售店

圆形、椭圆形的使用案例

目标 ⇔ 现状

除了上述两类形状之外，常用的形状还有五边形箭头、对话气泡等。五边形箭头，可以让人清晰地看出内容的"流向"。比如，日程表、步骤表就适合用五边形箭头。对话气泡适用于插入对话。

五边形箭头的使用案例

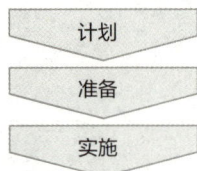

计划
准备
实施

对话气泡的使用案例

希望稳定性进一步加强。
希望颜色更丰富一些。
应该再便宜一点！

关于各种形状的具体使用方法、使用场景，我总结了一张表供大家参考。了解了各种形状的性质、特征，就能帮我们制作出更加清晰易懂的PPT。

形状名称	形状	使用方法
常规矩形、圆角矩形	□ ▢	用于表示物体、组织等具体的事物。另外，还可以用于长文章的边框。注意，两种矩形不要并用
椭圆形	⬭	用于表示抽象、概念性的事物
五边形箭头、V形箭头	▷ ❯	五边形箭头、V形箭头与其他箭头具有同样的功能，可以表示流程、方向。但因为五边形箭头、V形箭头内包含文字，所以可以用于表示步骤、操作工序等内容
对话气泡	🗨 🗨 💬 💬	对话气泡用于插入画外音、对话、注释等内容
笔记、流程图	🗋 🗏	用形状显示笔记内容，主要用于补充说明、修订内容等
星形	☆	主要用于显示注意点、强调的内容等

出处：www.ppt119.com/lesson/autoshape/autoshape1.html

另外，在要强调某些内容的时候，有些朋友喜欢使用"爆炸形"，但从外观上看比较幼稚，我不建议大家使用。要强调的内容，加一个"星形"即可。

用爆炸形强调的案例

进修培训服务

本公司的进修培训服务具有三个特征

定制化	根据客户需求量身定制培训课程，可以更有针对性地帮客户培养人才。	针对性强
可视化	培训过程中会对学员进行技能测评，并以分级的形式呈现，使培训成果可视化。	效果明确
低价格	可根据客户的预算制定相应的培训课程，保持最高性价比。	性价比高

用星形强调的案例

进修培训服务

本公司的进修培训服务具有三个特征，其中，低价格更是我们的优势

定制化	根据客户需求量身定制培训课程，可以更有针对性地帮客户培养人才。
可视化	培训过程中会对学员进行技能测评，并以分级的形式呈现，使培训成果可视化。
低价格	可根据客户的预算制定相应的培训课程，保持最高性价比。

056 硬核资料要用"常规矩形"，
温和资料要用"圆角矩形"

☐ 一份PPT中，常规矩形和圆角矩形不能混用

　　同一种形状，也会根据细节的不同而表现出不同的性格。比如，常规矩形就给人"严肃、认真"的印象，而圆角矩形给人的印象就比较"柔和、缓和"。我们要在理解这些细节特征的基础上，有意识地配合PPT内容使用恰当的形状。

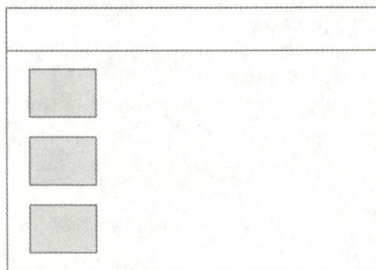

　　具有"严肃、认真"印象的常规矩形适用于制作"严肃、正式的资料"。比较"柔和、缓和"的圆角矩形则比较适合"休闲、时尚"的行业制作PPT。举例来说，政府部门、金融机构等必须一丝不苟的组织、企业在制作PPT的时候就应该使用常规矩形；而像时装、服务行业的企业，在制作PPT的时候就适合使用圆角矩形。值得注意的一点是，虽然都是矩形，但常规矩形和圆角矩形给人的印象差异很大，所以，在同一份PPT中，最好不要混用两种形状。

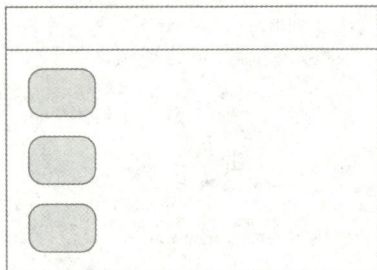

常规矩形	圆角矩形
严肃、正式的资料	相对休闲、时尚的资料

☐ 常规矩形中使用微软雅黑或黑体字体，圆角矩形中使用隶书字体

我们了解了形状的性质之后，如果再配上合适的字体，就能让PPT更具统一的风格。常规矩形彰显严肃、正式，应该配同样正式的微软雅黑或黑体字。而圆角矩形比较轻松，最好选择隶书等比较圆润的字体。

常规矩形

微软雅黑

本事业部的问题

开发	• 开发人员不足
市场调研	• 信息分析的经验不足 • 和营销人员配合不够
营销	• 尚存在未覆盖区域 • 与合作企业沟通不畅

黑体

本事业部的问题

开发	• 开发人员不足
市场调研	• 信息分析的经验不足 • 和营销人员配合不够
营销	• 尚存在未覆盖区域 • 与合作企业沟通不畅

圆角矩形

隶书

本美甲沙龙的特点

快速	• 与其他同行相比，我们的美甲时间平均短 25%
低价	• 与其他同行相比，我们的收费低 25%
技艺精湛	• 我们掌握最新的美甲技术 • 我们的美甲技师都拥有 5 年以上美甲工作经验

现将形状和字体的搭配总结如下：

	形状	字体
严肃、认真、正式	常规矩形	微软雅黑
		黑体
柔和、休闲、时尚	圆角矩形	隶书

☐ 圆角的弧度必须保持一致

在使用圆角矩形的时候，有一点我要提醒大家注意。在PPT中，当我们调整圆角矩形的大小时，其圆角的弧度也会发生变化。圆角矩形越大，圆角越圆润；圆角矩形越小，圆角越尖锐，看上去越接近直角。如果一份PPT中，我们要用到大小不同的圆角矩形，但圆角的弧度各不相同的话，就会显得杂乱无章。所以，我们一定要学会调整圆角的弧度，让不同大小的圆角矩形保持统一的圆角弧度。

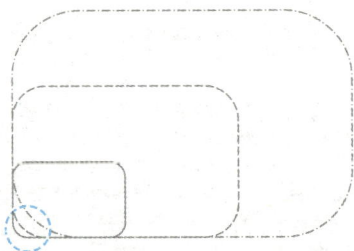

调整圆角的弧度

不同大小的圆角矩形，圆角的弧度各不相同。如果使用不同大小的圆角矩形，一定要调整圆角的弧度，让它们保持一致

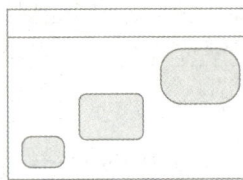

圆角弧度不统一的案例	圆角弧度统一的案例

本美甲沙龙的特点

快速	• 与其他同行相比，我们的美甲时间平均短 25%
低价	• 与其他同行相比，我们的收费低 25%
技艺精湛	• 我们掌握最新的美甲技术 • 我们的美甲技师都拥有 5 年以上美甲工作经验

本美甲沙龙的特点

快速	• 与其他同行相比，我们的美甲时间平均短 25%
低价	• 与其他同行相比，我们的收费低 25%
技艺精湛	• 我们掌握最新的美甲技术 • 我们的美甲技师都拥有 5 年以上美甲工作经验

✕　　　　　　○

❏ 用橘色“〇”来调整圆角的弧度

下面给大家介绍在PPT中调整圆角弧度的方法。首先，插入一个圆角矩形。这时您会发现，插入的圆角矩形的圆角处，有一个橘色的小“〇”。用鼠标拖动这个橘色小“〇”，就可以调整圆角弧度了。

让圆角更圆润

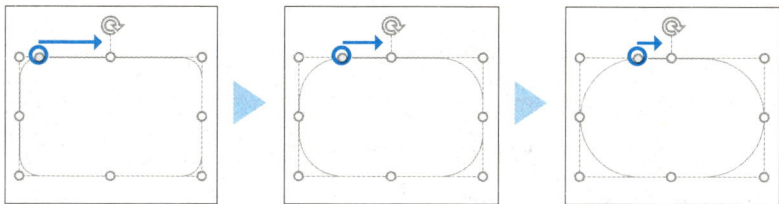

让圆角更尖锐

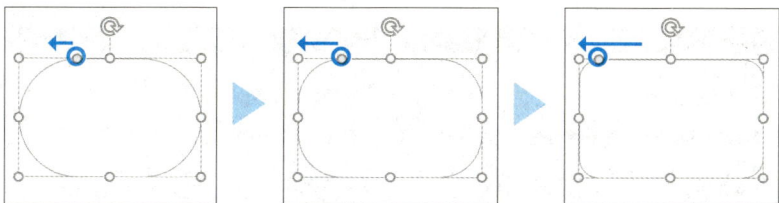

如果一页幻灯片中用到了多个大小不同的圆角矩形，要一一调整圆角的弧度就比较麻烦，而且要把弧度调整一致，需要一定时间的训练。如果在一页幻灯片中所用的圆角矩形都是一样大的，用复制、粘贴的方法会比较便捷，而且圆角弧度一致。

形状不要带"阴影"

☐ 形状要用平面的

我看过很多PPT，很多朋友在PPT中用到形状的时候，喜欢给形状加一个阴影，让其看起来更具立体感。他们的目的可能是让形状更加醒目，以为这样可以让内容更加清晰。但实际上，**立体化的形状，反而会让PPT显得混乱，影响内容的易读性**。简单明了的PPT，不需要过度的修饰、装饰。所以，建议大家不要花时间将形状立体化。

形状立体化的案例	平面形状的案例
进修培训服务	**进修培训服务**
本公司的进修培训服务具有三个特征	本公司的进修培训服务具有三个特征
定制化 根据客户需求量身定制培训课程，可以更有针对性地帮客户培养人才。	**定制化** 根据客户需求量身定制培训课程，可以更有针对性地帮客户培养人才。
可视化 培训过程中会对学员进行技能测评，并以分级的形式呈现，使培训成果可视化。	**可视化** 培训过程中会对学员进行技能测评，并以分级的形式呈现，使培训成果可视化。
低价格 可根据客户的预算制定相应的培训课程，保持最高性价比。	**低价格** 可根据客户的预算制定相应的培训课程，保持最高性价比。
✕	◯

说到设计，现在比较倾向于平面的、简洁的设计。具体到PPT中，一般是用平面的、没有轮廓线的、纯色填充的形状。这样简洁大方的设计和后面介绍的插图（请参见原则105）更加相称，能体现PPT整体风格的统一性。

带光泽的立体形状

带映像的立体形状

平面的、没有轮廓线的、纯色填充的形状

带轮廓线的形状

带阴影的形状

　　对有阴影的形状，我们该如何消除阴影呢？方法很简单，选中形状后，用鼠标左键点击"格式""形状效果""阴影""无阴影"即可。要想消除形状的其他效果的话，在"形状效果"中同样可以实现。

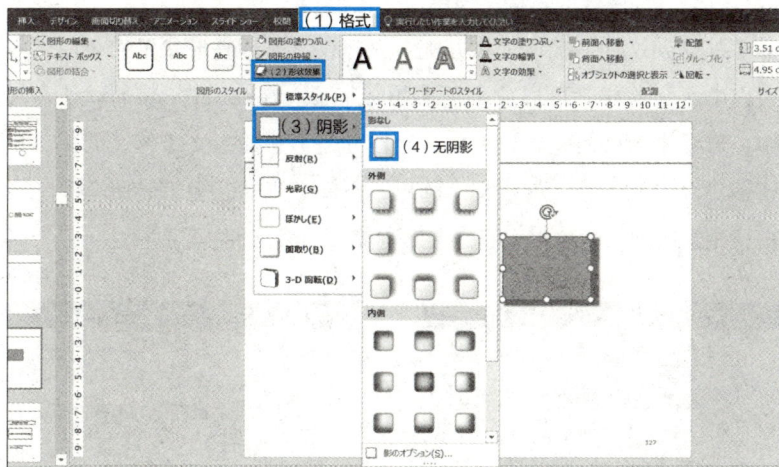

058 将形状的余白"最小化"

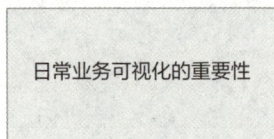

■ 将形状的余白最小化，可以插入更多的文字

在形状中插入文字的时候，如果文字太多，形状中放不下，您会怎么处理？大多数朋友会将文字的字号缩小，或者在形状中再插入文本框，然后在文本框中输入文字。可是，如果将形状中文字字号缩小的话，读者读起来就没那么方便了。而且，和同级别其他文字的字号不统一，PPT也会显得杂乱无章。另外，**如果在形状中再重叠文本框的话，就会打乱形状的结构，也不便于读者阅读。**

那遇到这种情况该怎么办呢？我建议大家调整形状里的余白，将余白缩小，这样就可以放下更多的文字了。在PowerPoint的默认设置中，形状中的余白是比较大的，余白处是无法插入文字的。因此，只要缩小余白的空间，就给文字腾出了空间。当然，也不能完全消除余白，用文字把形状填得太满，会影响美观和易读性。

默认余白设置	将余白最小化
日常业务可视化的重要性	日常业务可视化的重要性

0.25 厘米　　　　　0.25 厘米

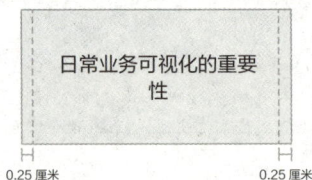

因为默认的左右余白分别为 0.25 厘米，所以这些字就无法在一行显示完整

如果把左右余白都设置为 0.01 厘米，同样的字只需一行就可以显示完整

□ 在形状的格式设定中调整余白

在PowerPoint中，默认的形状中左右余白都是0.25厘米，我一般会把左右余白量改为0.01厘米。具体方法是，用鼠标右键单击插入的形状，在弹出的对话框中选择"设置形状格式""文本框""左边距""右边距"，就可以调整左右余白的量了。

（1）用鼠标右键单击插入的形状，在弹出的对话框中选择"设置形状格式"

（2）用鼠标左键单击"文本框"

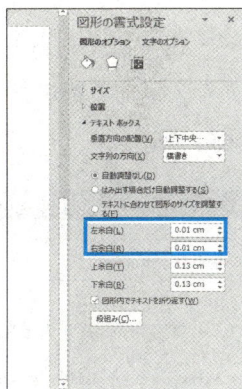

（3）在"左边距""右边距"中调整左右余白的量。我一般会设置为 0.01 厘米

前面讲的是插入的形状内部的余白，其实，对表格中的各个单元格，也可以通过缩小余白的量来输入更多的文字。表格内余白的设置方法和形状相似，用鼠标右键单击插入的表格，在弹出的对话框中选择"设置形状格式""文本框""左边距""右边距"，就可以调整左右余白的量了。

059

形状的"横向""纵向"都要对齐

☐ 利用辅助线，将形状"横向""纵向"对齐

在一页幻灯片中配置多个形状的时候，一定要将形状的"横向""纵向"都对齐。横向、纵向都对齐的形状，才能给人整齐、清晰的印象。

没对齐的案例	对齐的案例

本事业部的问题

开发	• 开发人员不足
市场调研	• 信息分析的经验不足 • 和营销人员配合不够
营销	• 尚存在未覆盖区域 • 与合作企业沟通不畅

本事业部的问题

开发	• 开发人员不足
市场调研	• 信息分析的经验不足 • 和营销人员配合不够
营销	• 尚存在未覆盖区域 • 与合作企业沟通不畅

本美甲沙龙的特点

快速	低价	技艺精湛
• 与其他同行相比，我们的美甲时间平均短25%	• 与其他同行相比，我们的收费低25%	• 我们掌握最新的美甲技术 • 我们的美甲技师都拥有5年以上美甲工作经验

本美甲沙龙的特点

快速	低价	技艺精湛
• 与其他同行相比，我们的美甲时间平均短25%	• 与其他同行相比，我们的收费低25%	• 我们掌握最新的美甲技术 • 我们的美甲技师都拥有5年以上美甲工作经验

PowerPoint从2016版开始，在同一页面中移动一个形状时，为了便于和其他形状对齐，就会自动出现一条辅助线。利用这条辅助线，我们就可以轻松地将各个形状对齐。

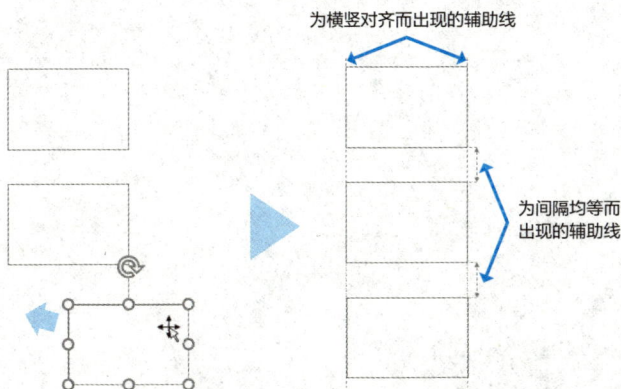

为横竖对齐而出现的辅助线

为间隔均等而
出现的辅助线

☐ 将对齐功能添加到快速访问工具栏中

其实，PowerPoint为我们准备了快速对齐形状的命令。要想将多个形状纵向对齐排列的时候，可以按照如下步骤操作：（1）选中想要纵向排列的多个形状；（2）"开始"；（3）"排列"；（4）"对齐"；（5）"左对齐""纵向分布"。横向对齐排列形状和纵向对齐排列的前四步都一样，只是第五步变为"顶端对齐""横向分布"。"对齐"命令隐藏在比较深的菜单中，每次用起来都比较麻烦。为方便起见，我们可以用第28页介绍的方法将"左对齐""顶端对齐""横向分布""纵向分布"添加到快速访问工具栏中。

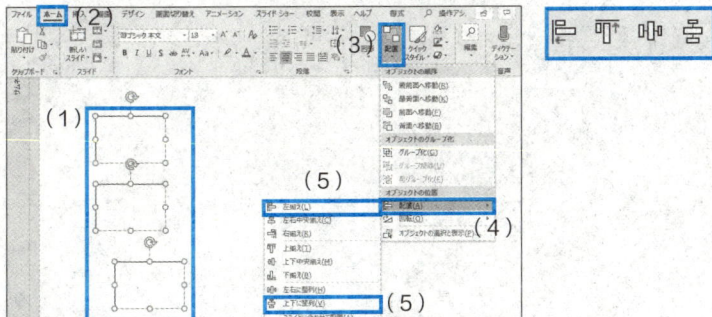

直觉不可靠！配色要按照"规则"来

PPT中使用的颜色搭配不当，是导致PPT外观不佳、内容混乱的一个重要原因。在对各大企业的员工进行培训的过程中，我发现大多数人制作PPT的时候，使用颜色非常随意，没有一定之规。有时我会问他们："你们为什么要使用这么多花里胡哨的颜色呢？"有人回答说："这样随心所欲地使用颜色，让制作PPT的过程没那么枯燥。"像这样全凭直觉和心情使用颜色的方法，真的会拉低PPT的档次，还会让读者看得头晕眼花。

规则

| 排版 | 文字 | 箭头 | 形状 | 配色 |

在我们战略顾问工作的时候，为了防止PPT因为颜色使用不当而变得凌乱，我们一定会事先制定一套使用颜色的规则。一家经营管理战略顾问公司设定了PPT颜色使用规则后，就会要求全体员工按这套规则使用颜色。谁如果使用了规定之外的颜色，一定会受到上司的严厉批评，并要求马上纠正。所以，我们也建议大家一定要先制定规则，再使用颜色。**尤其是一个团队合作制作一份PPT的时候，必须先制定好统一的用色规则。**

话虽如此，但我发现很多朋友不善于制定使用颜色的规则，因为他们对颜色缺乏必要的了解。很多人认为颜色的使用主要依靠个人的审美水平，但实际上，PPT中的用色是有迹可循的。只要按照这个规则来，没有美术基础的人也能制作出配色漂亮的PPT。接下来，我们先来了解一下颜色的特性，然后借助"色相环"来决定配色的规则。

060 借助"色相环"决定配色

□ 借助"色相环"确定"基础色"和"重点色"

确定配色，是制作PPT中最令人头疼的环节之一。如果颜色使用不当，会让PPT显得不够美观，甚至还会影响内容的易读性，这无疑会给客户或上司留下不好的印象。造成这种情况的原因基本是"用色过度"或"选色不当"。

制作PPT的过程中，为防止"用色过度"和"选色不当"，我们应该先确定两种颜色。**一种是资料中从头到尾、一以贯之使用的"基础色"，另一种是强调某个内容时使用的"重点色"**。基础色和重点色得通过色相环来确定。

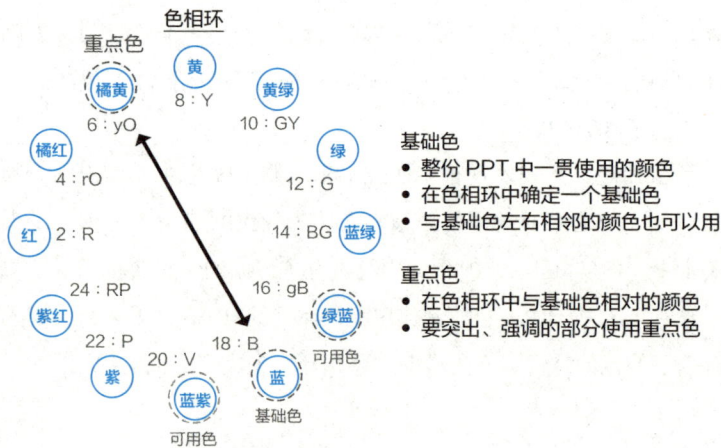

色相环

重点色

| 橘黄 | 黄 | 黄绿 |
| 6：yO | 8：Y | 10：GY |

橘红 4：rO

绿 12：G

红 2：R

蓝绿 14：BG

紫红 24：RP

16：gB

紫 22：P

绿蓝 18：B 可用色

蓝紫 20：V

蓝 基础色

可用色

基础色
- 整份 PPT 中一贯使用的颜色
- 在色相环中确定一个基础色
- 与基础色左右相邻的颜色也可以用

重点色
- 在色相环中与基础色相对的颜色
- 要突出、强调的部分使用重点色

为什么精英都是 PPT 控

我们首先确定基础色。在色相环中，与基础色左右相邻的两种颜色也可以用在PPT中，一般不会造成强烈的违和感，因为它们是基础色的相似色。

确定了基础色，重点色也就确定了。在色相环中，与基础色相对的颜色就是重点色。不过，如果这时您发现这个重点色不太醒目（比如黄色），也可以选择与之相邻的颜色（比如橘黄或黄绿）。至此，我们一共确定了四种颜色：基础色、与基础色左右相邻的两种颜色、重点色。一份PPT中只用这四种颜色就足够了。

◻ 一页幻灯片中不要用色过度

在一页幻灯片中，如果使用很多种颜色，就会令人眼花缭乱，不知该看哪里好。下面左侧的图例，就是用色过度的案例，看起来缺乏统一感。右侧图例就是按照配色规则制作出来的，看起来就清爽多了，重点也很突出。

进修培训服务	
本公司的进修培训服务具有三个特征	
定制化	根据客户需求量身定制培训课程，可以更有针对性地帮客户培养人才。
可视化	培训过程中会对学员进行技能测评，并以分级的形式呈现，使培训成果可视化。
低价格	可根据客户的预算制定相应的培训课程，保持最高性价比。

考虑"企业形象"，
确定配色

☐ 以企业色彩作为"基础色"

在为PPT选择配色的时候，基础色用什么颜色，常常令人拿不定主意。这种情况下，我建议大家选择能够代表企业形象的颜色。下面是"鲁伯特健身中心"的一份PPT。该健身中心的整体形象用的就是蓝色，所以PPT也选用了蓝色作为基础色。

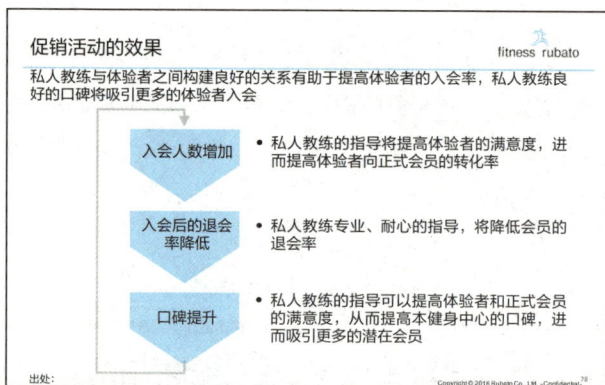

假设您所在的公司尚没有能够体现企业色彩的颜色，那可以考虑适合自家公司的颜色作为基础色。举例来说，红色代表活力、激情，能够促进人的食欲，所以适合服务业、餐饮业、外卖行业作为PPT的基础色。可口可乐、麦当劳等餐饮企业就用红色作为自己的企业色彩。黄色代表刺激、醒目，所以适合零售连锁企业使用，比如Yellow Hat（黄帽子）、松本清等。绿色代表自然、放松，适合绿色食品企业使用，比如伊藤园、摩斯汉堡等。蓝色代表理性、冷静，适合IT企业使用，比如IBM、戴尔等。

为什么精英都是 PPT 控

红色	● 活力、激情 ● 促进食欲	● 服务业 ● 餐饮业
黄色	● 刺激 ● 醒目	● 零售连锁行业
绿色	● 自然 ● 放松	● 绿色食品企业
蓝色	● 理性 ● 冷静	● IT业

❏ 使用取色器"盗取"logo的颜色

　　logo是一家企业的形象代表，所以logo使用的颜色，肯定是符合该企业特质的。如果我在为公司做一份PPT，想用公司logo的颜色作为这份PPT的基础色，该怎么办呢？PowerPoint有一个取色器功能，用这个取色器，可以"盗取"logo中的颜色，用在PPT中。

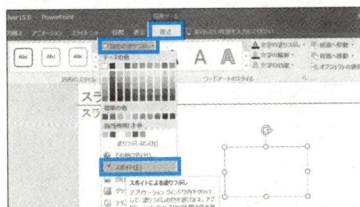

（1）选中想要涂色的形状，然后依次点击"格式""形状填充""取色器"

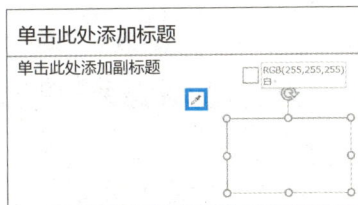

（2）这时，页面中就出现一个"取色器"。如果在本幻灯片内选取颜色，只需用取色器点击目标颜色即可

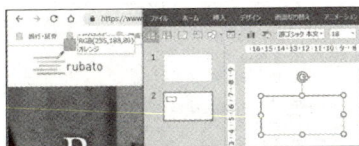

（3）如果需要在其他窗口选取颜色，先将幻灯片窗口叠加在目标窗口之上，然后将取色器拖动到目标颜色区域，用取色器点击目标颜色

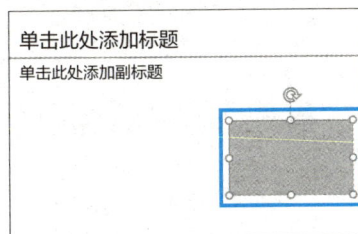

（4）这时，就可以用取色器选择的颜色为形状涂色了

062　背景一定要用"白色"

□ 幻灯片背景用白色，文字用黑色或灰色

我们经常看到背景有颜色的PPT。乍看上去，这样的PPT能给我们一种华丽的印象，但细看下去我们就会发现，PPT的内容并不容易看清楚。从易读性出发，**PPT的背景一定要用白色，**万万不能追求表面的华丽。而且，PPT背景设置为白色，在打印的时候，速度也会快很多，还能节约很多彩色墨。

另外，PPT中的文字使用花里胡哨颜色的例子也屡见不鲜。在讲PPT常用文字颜色（请参见第189页）的时候，我就提到过，最好选择黑色或灰色。尤其是商务文件，有颜色的文字，会使文件的说服力大打折扣。

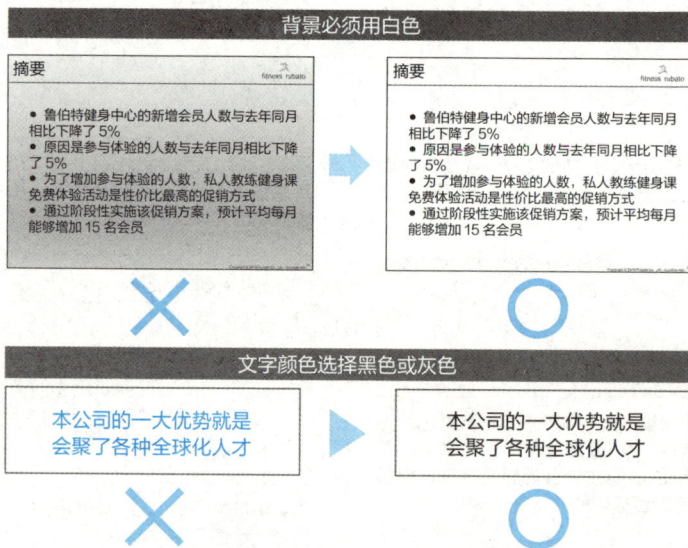

为什么精英都是 PPT 控

063 形状中不要使用"原色"

☐ PPT中不要使用"原色"

在PPT中，我们常会把小标题或需要强调的内容插入形状，而很多朋友喜欢给形状涂色，而且用的是红、黄、蓝"三原色"。可是您知道吗？原色是非常强烈的颜色，不建议使用在PPT中。应该使用亮度比较低的颜色，易读性更强。

使用原色的案例	亮度较低的案例
进修培训服务 本公司的进修培训服务具有三个特征 **定制化** 根据客户需求量身定制培训课程，可以更有针对性地帮客户培养人才。 **可视化** 培训过程中会对学员进行技能测评，并以分级的形式呈现，使培训成果可视化。 **低价格** 可根据客户的预算制定相应的培训课程，保持最高性价比。	**进修培训服务** 本公司的进修培训服务具有三个特征 **定制化** 根据客户需求量身定制培训课程，可以更有针对性地帮客户培养人才。 **可视化** 培训过程中会对学员进行技能测评，并以分级的形式呈现，使培训成果可视化。 **低价格** 可根据客户的预算制定相应的培训课程，保持最高性价比。
✕	◯

大原则

将规则应用在 PPT 中

到此为止，我们已经制定了排版、文字、箭头、形状、配色的规则。接下来要做的，就是把这些规则应用到PPT中。

在下图的案例中，左侧是没应用规则的案例，右侧是应用规则的案例。我们可以看到，左侧的两页幻灯片中，字体、字号、形状的种类和大小、配色都不统一，而且，形状的排列也不规则，因此看上去就给人一种杂乱无章的印象。右侧的两页幻灯片则正好相反，字体、字号、形状、配色都有统一的规则，排列非常整齐，自然会给读者留下一个清晰、易读的好印象。总而言之，按照统一规则制作的PPT，才更容易吸引读者的眼球。

要想把制定好的各种规则通通应用于PPT中，我们还有两个方便的工具，那就是"规则表"和"默认形状设置功能"。下面我将为大家具体讲解这两个工具的使用方法。

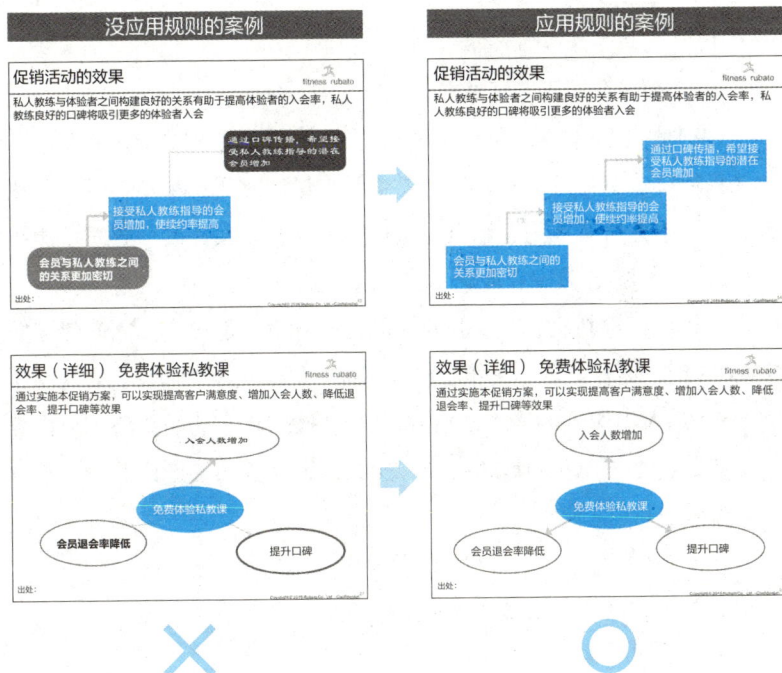

064

预先制作"规则表"，
可以大大提高工作效率

□ 规则表有利于同事之间共享规则

虽然制定了规则，但烦恼依然存在，比如"制定规则，却没人遵守""规则太多，总会漏掉几条"……其背后的原因是遵守规则确实有点麻烦，规则本身也容易被忘记。所以，我建议大家把制作PPT的所有规则总结在一张"规则表"上。制作规则表，有以下三个好处：

（1）便于查询、参考。

（2）可以用来复制形状。

（3）便于和同事共享规则。

特别是"（3）便于和同事共享规则"，在工作中是非常重要的。如果只通过口头传达规则，第一要花费大量的时间，第二还容易传达错误。如果把所有规则总结在一张规则表上，以文件的形式发给团队里的每一位同事，效率和准确率就会高很多。

制作好的规则表，在全公司或部门内分享，那么，团队同伴在合作制作PPT的时候，就不用担心格式不统一的问题了。而且，因为制作的所有PPT都有统一的格式，在借鉴以前的PPT时，也可以将部分内容直接拷贝过来，而无须修改格式。这无疑大大提高了工作效率，节省了制作PPT的时间。

❑ 规则表要可供复制

如下图所示，规则表要具备条目（请参见第8章）、字体、形状、箭头、颜色、标题等要素，而且要总结在一页幻灯片里。尤其是条目、字体、形状、箭头，要能直接复制使用。在制作一份PPT的时候，我们要把规则表也打开，保证随时调用。另外，形状填充的颜色会根据PPT的不同而变化，所以，在制作一份新PPT之前，要把规则表中相应的颜色换成新PPT所需的颜色。

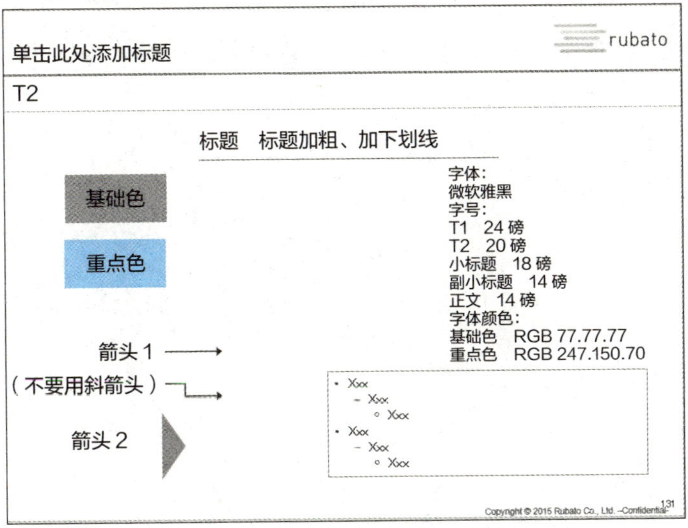

使用"默认格式"
自动设置格式

☐ 为文本框、形状、线条设置"默认格式"

制作好规则表之后，如果我们不遵守，那之前设定的规则就失去了意义。我们可以把规则表中的格式预先在PPT中设置为默认格式，在制作新PPT的时候，默认格式就可以直接使用了。默认格式主要有以下三种：

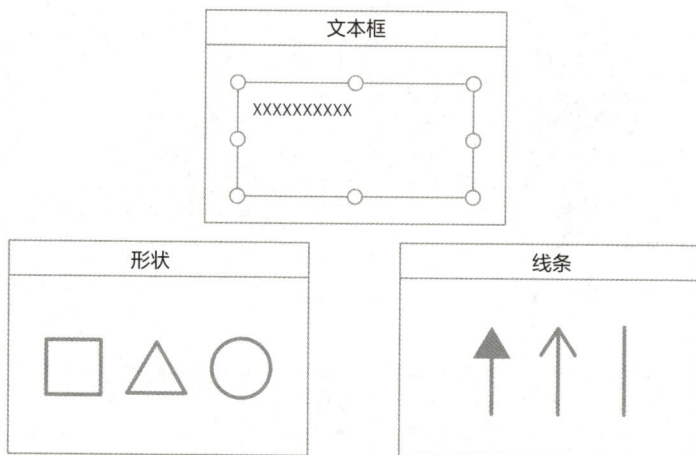

接下来，我将以形状为例为大家讲解默认格式的设置方法，文本框、线条的默认格式设置方法和形状相同，大家可以举一反三。

为什么精英都是 PPT 控

□ 用鼠标右键点击形状，将其"设置为默认形状"

在设置默认形状之前，先要按照之前制定的规则制作一个形状。这一形状的填充颜色、轮廓、阴影、边距，文字的颜色、字体、字号、装饰、位置等，都要按照规则来设置。

范例形状制作好之后，用鼠标右键单击这个范例形状，在弹出的对话框中选择"设置为默认形状"。这样一来，可以反映既定规则的默认形状就设置好了。最后还要验证一下，点击"插入""形状"，选择合适的形状插入，看插入的新形状是不是符合预先设置好的默认形状。

另外，设定为默认形状的格式，适用于任何形状，所以不需要为矩形、三角形、圆形等分别设置默认格式。而且，默认形状的设置只对当前文件有效，关闭这个文件，再打开一个PPT文件的时候，之前设置的默认形状就无效了，需要重新设置。

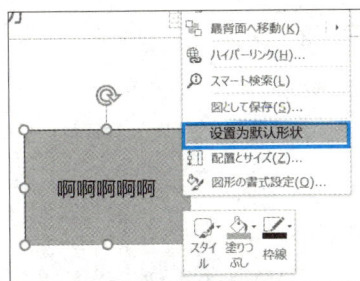

（1）用鼠标右键单击选中的形状，在弹出的对话框中选择"设置为默认形状"

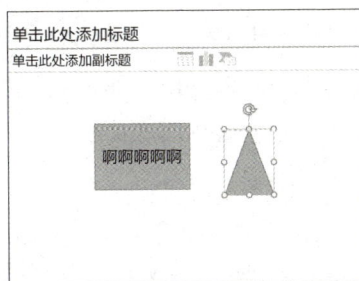

（2）插入一个新形状，检查它的格式是否符合之前设置的默认格式

本章总结

☐ 在制作一份PPT的时候，为了保持风格统一，更便于读者阅读，我们需要事先为幻灯片的排版、文字、箭头、形状、配色等设定规则。

☐ 阅读时，人的视线一般按照左上、右上、左下、右下的顺序移动，所以，一页幻灯片的排版应该按照从左至右、由上到下的顺序安排。

☐ PPT中的文字要突出易读性，中文的字体常用微软雅黑、隶书等，英语字体常用Arial。

☐ 箭头具有指示方向、强调的作用，箭头使用得当的话，可以让PPT更加清晰易读。使用线条箭头的话，箭头尖端不要用"＞"，而应该使用"▶"，箭头颜色统一设置为灰色。在表示大的流程、步骤时，适合使用三角形箭头。

☐ 形状也是PPT常用的要素，但形状的使用也要符合规则。例如，公司名称、部门名称、会议名称等具体的事物，常用矩形框起来。愿景、问题、创意等抽象性的内容，常用椭圆形、圆形表示。另外，常规矩形给人严肃、认真、正式的印象，圆角矩形则显得柔和、温和。

☐ 一份PPT的配色，需要使用色相环来确定基础色和重点色。

☐ 设定好的规则，应该总结到一页规则表中，自己用起来方便，共享给同事更可以使其高效配合。

为什么精英都是 PPT 控

PPT控的清单

- [ ]
- [ ]
- [ ]
- [ ]
- [ ]
- [ ]
- [ ]
- [ ]
- [ ]
- [ ]
- [ ]
- [ ]
- [ ]
- [ ]
- [ ]
- [ ]
- [ ]
- [ ]
- [ ]
- [ ]

PPT控的清单

- [ ]
- [ ]
- [ ]
- [ ]
- [ ]
- [ ]
- [ ]
- [ ]
- [ ]
- [ ]
- [ ]
- [ ]
- [ ]
- [ ]
- [ ]
- [ ]
- [ ]
- [ ]
- [ ]
- [ ]

为 什 么
精英都是
PPT控 下

PowerPoint資料作成　プロフェッショナルの大原則

［日］松上纯一郎◎著　郭 勇◎译

湖南文艺出版社
HUNAN LITERATURE AND ART PUBLISHING HOUSE

博集天卷
CS-BOOKY

逐条编写的大原则

从现在开始，我们将按照第7章制定的规则，实际制作PPT了。要说PPT的表现方法，主要有逐条编写、图解、图表三种。其中，**逐条编写是最基本的表现方法**。尤其是"摘要"和"结论"幻灯片，一般只能用逐条编写的形式来表现。

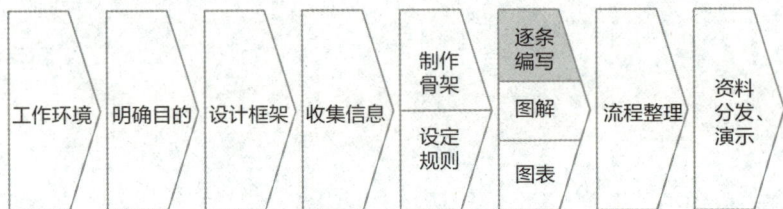

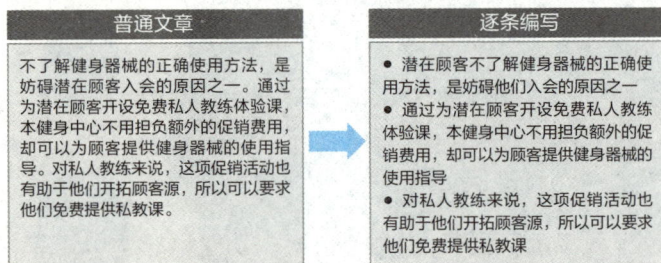

普通文章	逐条编写
不了解健身器械的正确使用方法，是妨碍潜在顾客入会的原因之一。通过为潜在顾客开设免费私人教练体验课，本健身中心不用担负额外的促销费用，却可以为顾客提供健身器械的使用指导。对私人教练来说，这项促销活动也有助于他们开拓顾客源，所以可以要求他们免费提供私教课。	● 潜在顾客不了解健身器械的正确使用方法，是妨碍他们入会的原因之一 ● 通过为潜在顾客开设免费私人教练体验课，本健身中心不用担负额外的促销费用，却可以为顾客提供健身器械的使用指导 ● 对私人教练来说，这项促销活动也有助于他们开拓顾客源，所以可以要求他们免费提供私教课

作者	● 想说什么，自己都没有一个清晰的思路	● 分条表述，要点明确
读者	● 文章太长，读起来很吃力 ● 读完之后，也无法深入理解	● 读起来轻松，也容易理解

逐条编写，对读者来说，更易读、更易懂；对作者来说，先在头脑中对自己想表达的内容进行整理，理出要点，有助于思路清晰地表达。

从读者的角度来看，读一篇较长的文章，需要自己整理要点，把握内容，最终才能达到理解文章内容的目的。这种情况下，对文章内容的理解程度，很大程度上受到读者整理能力、理解能力的左右。但如果作者能够预先对文章的内容进行整理，理出要点，并逐条表述的话，就更有助于读者理解自己想表达的意思，受读者整理能力、理解能力的影响就小很多。

逐条编写这么好用，现实中却有很多朋友不善于甚至不会使用这种表现方法，真是太遗憾了。逐条编写，也有自己的规则，只要掌握这些规则，您也能将其变成自己的武器，制作出条理清晰、易读易懂的PPT。逐条编写有三个步骤：

（1）对文章进行分解
（2）分层
（3）制作

（1）对文章进行分解	▶	（2）分层	▶	（3）制作

我们将按照第6章制作的骨架，把第5章收集的信息以逐条编写的形式表现出来。

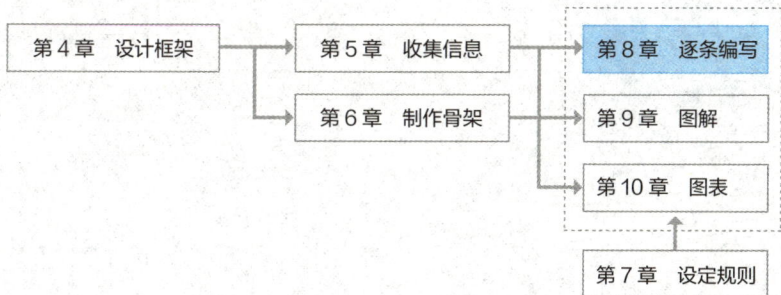

第4章 设计框架	→	第5章 收集信息	→	第8章 逐条编写
		第6章 制作骨架	→	第9章 图解
			→	第10章 图表
				第7章 设定规则

大原则

逐条编写从"分解"开始

因为工作的关系，这么多年来我看过无数的PPT，结果，我深深地感到，大部分人都不善于使用逐条编写的方式来展现自己想要表达的内容。有的人完全不分条目，把长篇文章直接放在一页幻灯片里；有的人虽然分了条目，但条目与条目之间毫无层次感，等级关系也混乱不堪；还有的人，不该分条的地方却强制分了条目。总而言之，就是因为不懂逐条编写的规则，才会出现各种各样的错误。

虽然现实中很多朋友不太会逐条编写，但实际上，只要按照一定的规则、步骤来做，逐条编写并不难。对于不善于逐条编写的朋友，我建议你们不要听我一说，马上就开始逐条编写，还是先把常规文章写好。常规文章，是逐条编写的基础。

常规文章写好后，我们先把它分解。分解很简单，就是拆成单个句子，单句是构成文章的最小单位。然后再把每个单句的结尾形式进行统一。再给单句加上数字、修饰语等，让其表达的内容更加具体。

接下来，对分解的单句进行整合，最多不超过三个条目。如果条目超过三个，读者理解起来就没那么容易了。然后按照重要性由高到低排列这些条目。到此，逐条编写就完成了，就这么简单。

（1）
对文章
进行分解
▶
（2）
分层
▶
（3）
制作

066 逐条编写从"分解"开始

☐ 先把内容写好，再将文章分解为单句

一上来就按照条目来写文章，对很多朋友来说可能比较难。说到底，逐条编写只是一种表现形式，一开始先不要拘泥于这种形式，而是着力把文章写好，把内容表达清楚。

所以，**一开始我们先把想要表达的内容用常规文章的形式写出来。**在这一阶段，我们倒没有必要强求自己写出理论性很强、思维非常缜密的文章，先把想要表达的内容及其根据写清楚就行了。

文章写好之后，把它分解成若干单句。**方法也很简单，按照文章中的标点符号分解就可以。**分解过程不必过度深入思考。

（1）常规文章

不了解健身器械的正确使用方法，是妨碍潜在顾客入会的原因之一。通过为潜在顾客开设免费私人教练体验课，本健身中心不用担负额外的促销费用，却可以为顾客提供健身器械的使用指导。对私人教练来说，这项促销活动也有助于他们开拓顾客源，所以可以要求他们免费提供私教课。

（2）按标点符号分解成单句

不了解健身器械的正确使用方法，是妨碍潜在顾客入会的原因之一。

通过为潜在顾客开设免费私人教练体验课，本健身中心不用担负额外的促销费用，

却可以为顾客提供健身器械的使用指导。

对私人教练来说，这项促销活动也有助于他们开拓顾客源，所以可以要求他们免费提供私教课。

■ 合并意思相近的单句

　　将文章分解成单句之后，接下来要做的就是**合并**那些**意思相近的单句**。一开始写文章的时候，并没有要求大家深思熟虑，因此难免会出现相同或相似内容。这个时候，我们就要删除那些内容重复的单句，合并那些意思相近的单句。对于精简后的单句，每句前面加一个"·"。

　　接下来，要**检查每个单句是否有主语，没有主语的加上主语**。因为是从文章中分解出来的单句，有些单句可能没有主语，所以我们要给单句加上主语。在下面的例子中，"不了解健身器械的正确使用方法"，主语就不明确，因此我们要加上主语"潜在顾客"。主语明确后，还要检查主语和谓语是否对应。

　　上述分解、合并、加主语的操作，一开始也许您还不太适应，反复练习几次就习惯了。要想掌握逐条编写，这是必不可少的练习。

（3）合并意思相近的单句

不了解健身器械的正确使用方法，是妨碍潜在顾客入会的原因之一。

通过为潜在顾客开设免费私人教练体验课，本健身中心不用担负额外的促销费用，却可以为顾客提供健身器械的使用指导。

对私人教练来说，这项促销活动也有助于他们开拓顾客源，所以可以要求他们免费提供私教课。

（4）在每个条目前加"·"

● 不了解健身器械的正确使用方法，是妨碍潜在顾客入会的原因之一。

● 通过为潜在顾客开设免费私人教练体验课，本健身中心不用担负额外的促销费用，却可以为顾客提供健身器械的使用指导。

● 对私人教练来说，这项促销活动也有助于他们开拓顾客源，所以可以要求他们免费提供私教课。

（5）明确主语

● 潜在顾客不了解健身器械的正确使用方法，是妨碍他们入会的原因之一。

● 通过为潜在顾客开设免费私人教练体验课，本健身中心不用担负额外的促销费用，却可以为顾客提供健身器械的使用指导。

● 对私人教练来说，这项促销活动也有助于他们开拓顾客源，所以可以要求他们免费提供私教课。

逐条编写中的每个条目只需"一句话"，并且"不超过40字"

☐ 每个条目只需"一句话"

在逐条编写的时候，每个"·"后面的一个条目只需一句话，出现两个句号就算失败了。如果一个条目有两句话，就说明有两个独立的内容，会给读者造成混乱。遇到这种情况的时候，就给第二句单独列一个条目。总而言之，**一个条目一句话**。

在下面的例子中，第一个条目中有两句话："对新进员工实施岗前业务培训"和"老员工对新员工进行一对一单独指导"。两句话放在一个条目里，读者要动脑筋理解、分析，便会觉得不方便。这种情况，我们应该分成两个条目来表达。

一个条目一句话

营业部的措施	营业部的措施
• 对新进员工实施岗前业务培训。老员工对新员工进行一对一单独指导。 • 聘用经验丰富的人才。	• 对新进员工实施岗前业务培训。 • 老员工对新员工进行一对一单独指导。 • 聘用经验丰富的人才。
✕	◯

▣ 一句话不超过40字

一句话，我们尽量控制在40个字以内。逐条编写，要比常规文章更加言简意赅，这也是它的价值所在。如果一句话超过40字，那就和普通文章没什么区别了，会给读者造成阅读负担。读者感觉到负担，恐怕就不愿意再读下去了。PPT一定要做到"惜字如金"，所以，一句话最好不要超过40个字。

缩写句子有一个妙招，就是合并或删除详细信息。在下面的例子中，说明销售额下降的原因时写的是"生产线有异物混入，导致产品质量出现问题，不得不召回所有批发商、零售商的存货"，这样的表达方式就过于详细、具体了。删除其中过度详细的内容，就让整个句子简洁了很多，但读者一样能够读懂，一样能抓住要点。

但是大家要注意，对于摘要和结论幻灯片，因为它们的作用是对全部内容进行归纳和概括，所以，每个条目的字数可以超过40。

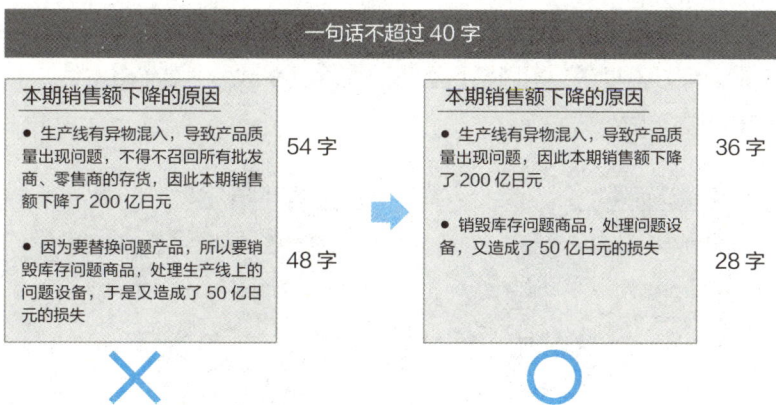

一句话不超过 40 字	

本期销售额下降的原因

● 生产线有异物混入，导致产品质量出现问题，不得不召回所有批发商、零售商的存货，因此本期销售额下降了 200 亿日元 —— 54 字

● 因为要替换问题产品，所以要销毁库存问题商品，处理生产线上的问题设备，于是又造成了 50 亿日元的损失 —— 48 字

✕

本期销售额下降的原因

● 生产线有异物混入，导致产品质量出现问题，因此本期销售额下降了 200 亿日元 —— 36 字

● 销毁库存问题商品，处理问题设备，又造成了 50 亿日元的损失 —— 28 字

○

068 每句的关键词尽量统一

□ 三个要点助您编写出简洁易懂的条目

要想编写出简洁易懂的条目，需要注意以下三个要点：

（1）统一主语

（2）统一关键词

（3）避免重复

下面我就逐一为您讲解这三个要点该如何用于实践。

（1）统一主语

使用逐条编写的形式表达内容的时候，每一个条目的主语尽量统一。每一条的主语都一样，表达的内容就更清晰，读者读起来也更轻松。如果万不得已，不同条目有不同主语，那至少不能省略主语，要把主语表达清楚。

下季度销售额预测
● 因为有新商品上市，预计**销售额**将增加 30 亿日元
● 随着新激励政策的实施，**代理商（主语不同）**将大力推销商品，预计多卖 20 亿日元
● 与合作企业的合作效应将发挥出来，预计**销售额** +10 亿日元

下季度销售额预测
● 因为有新商品上市，预计**销售额**将增加 30 亿日元
● 将对代理商实施新激励政策，预计**销售额**将提高 20 亿日元
● 与合作企业的合作效应将发挥出来，预计**销售额** +10 亿日元

（2）统一关键词

逐条编写的时候，每一个条目的关键词最好统一。大家可能都有体会，当并列的几个条目关键词一样时，读起来更容易理解和记忆。

在下面左侧的例子中，三个条目的关键词就不统一，有"增加""提高"，还有"+"，显得比较凌乱。如果我们都换成"增加"，看起来就舒服多了。

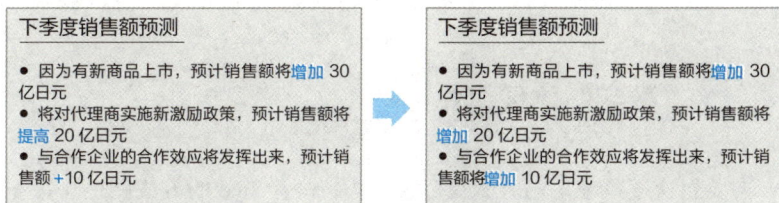

下季度销售额预测	下季度销售额预测
• 因为有新商品上市，预计销售额将增加 30 亿日元 • 将对代理商实施新激励政策，预计销售额将提高 20 亿日元 • 与合作企业的合作效应将发挥出来，预计销售额 +10 亿日元	• 因为有新商品上市，预计销售额将增加 30 亿日元 • 将对代理商实施新激励政策，预计销售额将增加 20 亿日元 • 与合作企业的合作效应将发挥出来，预计销售额将增加 10 亿日元

（3）避免重复

逐条编写内容的时候，如果条目之间出现重复词语，我建议大家在不影响读者理解的前提下，删减重复词语。这样可以避免重复，使句子变得更简练。在下面左侧的例子中，"销售额"一词反复出现。我建议只保留第一条中的"销售额"，后两条中的可以省略。省略之后，读者也不会产生误解。

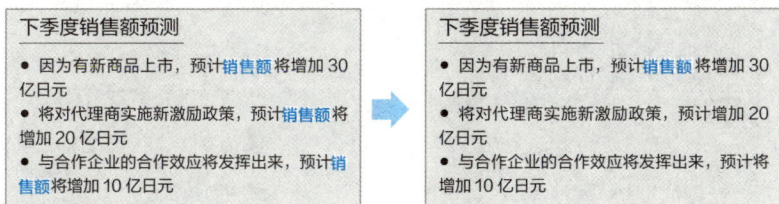

下季度销售额预测	下季度销售额预测
• 因为有新商品上市，预计销售额将增加 30 亿日元 • 将对代理商实施新激励政策，预计销售额将增加 20 亿日元 • 与合作企业的合作效应将发挥出来，预计销售额将增加 10 亿日元	• 因为有新商品上市，预计销售额将增加 30 亿日元 • 将对代理商实施新激励政策，预计增加 20 亿日元 • 与合作企业的合作效应将发挥出来，预计将增加 10 亿日元

069 用"数字"提高条目的说服力

□ "数字"体现具体性

　　要想让逐条编写的方式更具说服力，一个有效的方法就是让每一个条目的内容都更具体。而使用真实、准确的数字，就可以突出内容的具体性和真实性。使用数字之后，会让内容显得更客观，而不是作者主观臆断的，自然可以提高内容的说服力。另外，如果您事先确实做了充分的调查，那得到的数字一定要积极地用在PPT中。

使用具体的数字

问卷调查结果

- 现场观众中有 **数百人** 填写了问卷调查表
  - ——业内人士占 **一半以上**
  - ——还包含 **一部分** 本公司的客户
- 本公司的新产品受到 **大多数** 受访者的支持
  - ——尤其是该商品的功能，获得 **很高** 评价
  - ——对价格的接受度也 **很高**

✕

问卷调查结果

- 现场观众中有 **525 人** 填写了问卷调查表
  - ——业内人士占 **62%**
  - ——本公司的客户占 **12%**
- 本公司的新产品受到 **72%** 受访者的支持
  - ——满分为 5 分，该商品功能获得 **4.5 分**
  - ——价格得到 **4.2 分**

○

□ 修饰语的使用方法

　　（1）修饰语与被修饰语尽量放在一起。

　　（2）短修饰语靠近被修饰语，长修饰语远离被修饰语。

要控制在"三条"左右

☐ 逐条编写，五条太多

　　虽说分条目表达，思路更加清晰，更便于读者理解，但如果条目过多，反而会影响读者阅读的意愿，也不利于理解、记忆。所以，我建议大家把条目控制在三条左右。为什么是三条，而不是四条或五条？因为三条内容最便于读者理解、记忆。如果三条实在无法说明全部内容，最多可以"扩容"到四条，但四条是上限。

　　也有人说，逐条编写的条目数最好是一只手手指的数量——**五条。但现实中，五条的话，读者一般很难一下子理解、吸收。**下面我举个例子大家感受一下，在市场调查中有一种方法叫"4P"（请参考第124页），还有一种叫"五焦点"，即行业内现有的竞争对手的威胁、新进竞争对手的威胁、替代品的威胁、卖家的议价能力、买家的议价能力。相比之下，前者"4P"就好记一些，而后者"五焦点"，要把五个焦点全部记下来，还是要花点时间才行。

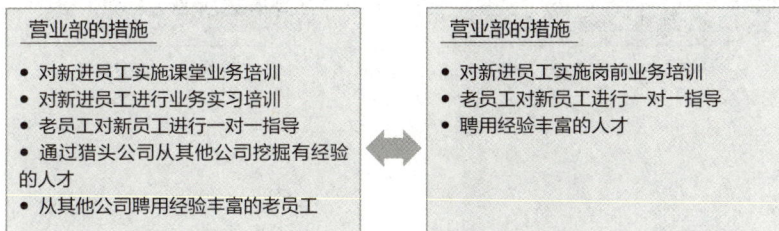

营业部的措施

- 对新进员工实施课堂业务培训
- 对新进员工进行业务实习培训
- 老员工对新员工进行一对一指导
- 通过猎头公司从其他公司挖掘有经验的人才
- 从其他公司聘用经验丰富的老员工

营业部的措施

- 对新进员工实施岗前业务培训
- 老员工对新员工进行一对一指导
- 聘用经验丰富的人才

五个条目，不利于理解、记忆　　　　三个条目，清晰易懂

✕　　　　　　　　　　　　　　　○

▢ 对意思相近的条目进行整合，减少条目数量

遇到四五个条目的时候，我们可以在其中寻找意思相近的条目，通过整合，将条目数量控制在三条左右。在下面的例子中，营业部所采取的措施中，"对新进员工实施课堂业务培训"和"对新进员工进行业务实习培训"，其实都是对新进员工进行岗前培训，因此这两个条目完全可以总结为一个条目。

另外，"通过猎头公司从其他公司挖掘有经验的人才"和"从其他公司聘用经验丰富的老员工"，也都是聘用人才的意思，所以可以整合为一个条目——聘用经验丰富的人才。

这样一来，条目减少了，读者读起来没有负担，也更容易记忆。

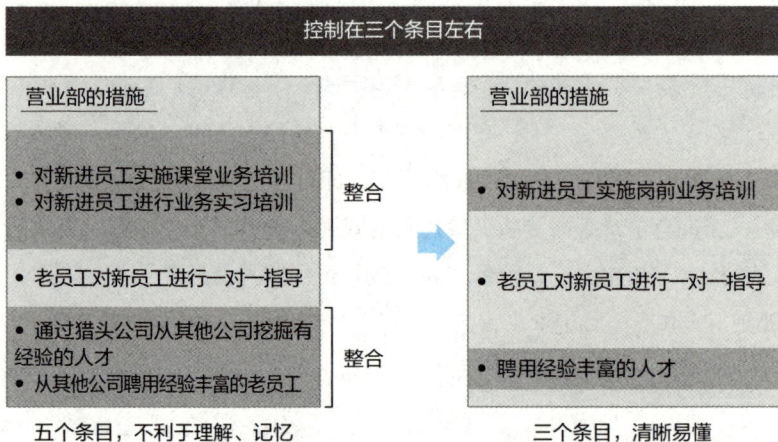

控制在三个条目左右

营业部的措施		营业部的措施
• 对新进员工实施课堂业务培训 • 对新进员工进行业务实习培训　整合	▶	• 对新进员工实施岗前业务培训
• 老员工对新员工进行一对一指导		• 老员工对新员工进行一对一指导
• 通过猎头公司从其他公司挖掘有经验的人才 • 从其他公司聘用经验丰富的老员工　整合		• 聘用经验丰富的人才
五个条目，不利于理解、记忆		三个条目，清晰易懂

为什么精英都是 PPT 控

原则

071　条目的排序规则

◆ 条目排序有三个规则

逐条编写，哪个条目放前面，哪个条目放后面呢？其实，条目的排序不是随意的，应该按照规则来。按照规则排列的条目，能给逐条编写的内容赋予更加明确的意义，更利于读者理解作者的意图。条目排序，一般要遵循以下三个规则：

（1）重要性。

（2）时间。

（3）种类。

（1）重要性

重要性，主要是指金额的多少、影响的大小、读者的关注点等。下面的例子主要说明的是销售额下降的原因，三个条目的顺序就是按照金额大小来排的。

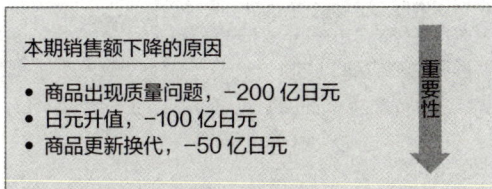

本期销售额下降的原因	
• 商品出现质量问题，−200 亿日元 • 日元升值，−100 亿日元 • 商品更新换代，−50 亿日元	重要性 ↓

（2）时间

时间顺序很好理解，就是按照时间的先后来排序。按时间排序，主要强调先后顺序，所以有的时候会用数字序号替代条目前面的

"·"。下面的案例，主要说明的是本期削减成本的具体措施。按照时间顺序，把1月的措施放在最前面，然后是5月、8月的措施。

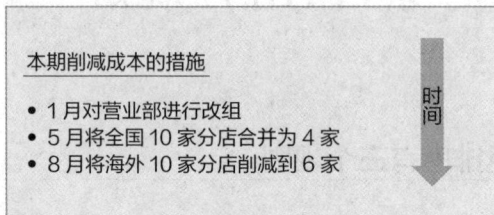

本期削减成本的措施

- 1 月对营业部进行改组
- 5 月将全国 10 家分店合并为 4 家
- 8 月将海外 10 家分店削减到 6 家

时间

（3）种类

按种类排序，就是按照内容的不同来排序。按照种类对条目排序后，通常还会对同种类的条目按照重要性或时间顺序进行二次排序。下面的案例主要讲述的是营业部加强人才培养和引进的措施。"对新进员工实施岗前业务培训"和"老员工对新员工进行一对一指导"属于同一种类——培养人才，因此一起放在前面。而其中"对新进员工实施岗前业务培训"，从时间上说应该先于"老员工对新员工进行一对一指导"实施，所以放在第一位。"聘用经验丰富的人才"则属于引进人才的措施，不同于前两条内容，因此单独放在最后。

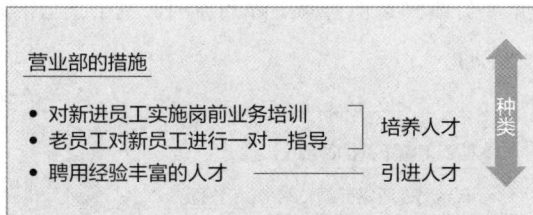

营业部的措施

- 对新进员工实施岗前业务培训
- 老员工对新员工进行一对一指导
- 聘用经验丰富的人才

培养人才

引进人才

种类

为什么精英都是 PPT 控

逐条编写，"分层"很重要

逐条编写从大的方面说可以分为两种，一种是各个条目都处于同一层面，另一种是条目下面还有一层条目的。**我们战略顾问多用分层的逐条编写方式。**分层的条目比平层的条目更加详细，也更容易理解。

在逐条编写的过程中，对条目进行分层之前，我们应该首先了解分层的模式。另外，"逻辑树"也是分层编写条目的利器。下面就为您介绍分层编写条目的一些要点。

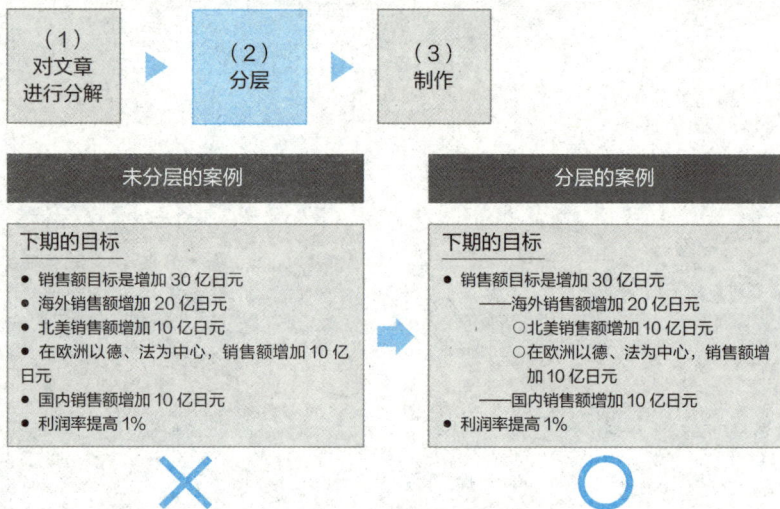

（1） 对文章 进行分解	▶	（2） 分层	▶	（3） 制作

未分层的案例	分层的案例
下期的目标 • 销售额目标是增加 30 亿日元 • 海外销售额增加 20 亿日元 • 北美销售额增加 10 亿日元 • 在欧洲以德、法为中心，销售额增加 10 亿日元 • 国内销售额增加 10 亿日元 • 利润率提高 1%	**下期的目标** • 销售额目标是增加 30 亿日元 　——海外销售额增加 20 亿日元 　　○北美销售额增加 10 亿日元 　　○在欧洲以德、法为中心，销售额增加 10 亿日元 　——国内销售额增加 10 亿日元 • 利润率提高 1%
✕	○

072 要控制在"三层"以内

☐ 最多分三层

在条目需要分层的时候，并不是层数越多越好。也许您觉得层数越多越详细，但那样也会使结构变得过于复杂，让读者摸不着头脑。所以，最多分三层。**多于三层虽然展示的信息量更多，但从读者的角度来说，不一定想看那么多信息。**在下面的案例中，以分层的形式显示了下期销售额目标。左边的案例，将欧洲增加10亿日元的目标进行了进一步细分——"德国5亿日元"和"法国、英国3亿日元"。虽然更详细，但也要求读者记忆更多的信息，反而容易让读者的阅读意愿下降。所以，我们应该把这两条整合为一条——在欧洲以德、法、英为中心，销售额增加10亿日元。

如果您想在一页幻灯片中展示更多、更详细的信息，建议不要用逐条编写的表现形式，可以用我将在后面介绍的"小标题"形式（请参见原则080）。另外，逐条编写的分层结构，还有简便制作方法，具体方法请参见第258页。

最多分三层

分层	下期的目标
1	● 销售额目标是增加 30 亿日元
2	● 海外销售额增加 20 亿日元
3	■ 北美销售额增加 10 亿日元
3	● 欧洲销售额增加 10 亿日元
4	● 德国 5 亿日元
4	● 法国、英国 3 亿日元
2	● 国内销售额增加 10 亿日元
1	● 利润率提高 1%

分层	下期的目标
1	● 销售额目标是增加 30 亿日元
2	● 海外销售额增加 20 亿日元
3	■ 北美销售额增加 10 亿日元
3	● 在欧洲以德、法、英为中心，销售额增加 10 亿日元
2	● 国内销售额增加 10 亿日元
1	● 利润率提高 1%

◻ 各层条目前的符号要有所区别

　　分层编写条目的时候，各层条目前的符号要有所区别，以防止层与层之间发生混淆。我推荐的符号是：第一层用"·"，第二层用"——"，第三层用"○"。当然，这只是我的个人习惯，您可以根据自己的习惯为各层条目设置不同的符号。在一份PPT中，符号的使用只要前后统一就行了。具体设定方法我会在原则077中介绍。

　　在下面的案例中，左图虽然分了层，但每一层条目前都用"·"表示，导致分层结构不够清晰，容易让读者产生误解。右图的案例就采用了不同的符号，看起来每个层级都很清晰，读者不会搞错。

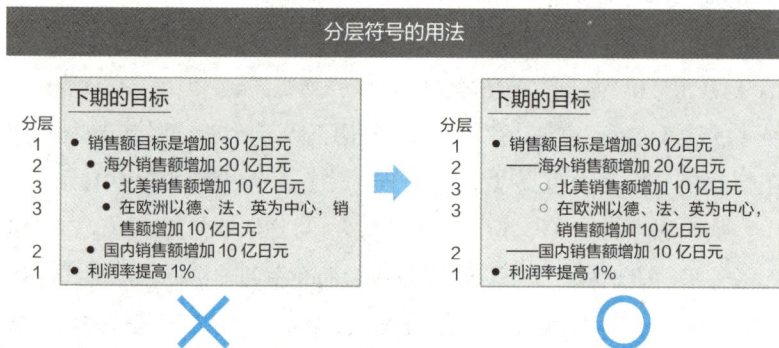

分层符号的用法

下期的目标

分层	
1	· 销售额目标是增加 30 亿日元
2	· 海外销售额增加 20 亿日元
3	· 北美销售额增加 10 亿日元
3	· 在欧洲以德、法、英为中心，销售额增加 10 亿日元
2	· 国内销售额增加 10 亿日元
1	· 利润率提高 1%

✕

下期的目标

分层	
1	· 销售额目标是增加 30 亿日元
2	—— 海外销售额增加 20 亿日元
3	○ 北美销售额增加 10 亿日元
3	○ 在欧洲以德、法、英为中心，销售额增加 10 亿日元
2	—— 国内销售额增加 10 亿日元
1	· 利润率提高 1%

○

分层有三种类型：
因果型、详解型、举例型

☐ 我们可以按三种类型来分层

在逐条编写时，您可能觉得分层这个步骤最难，实际上，分层也有一些规则，只要按照规则来其实也挺简单。分层主要有三种类型：因果型、详解型和举例型。在分层之前，您先看看自己手中的内容符合哪种分层类型，确定类型之后再分层，就不难了。

（1）因果型

因果型分层法，第一层展示事实或主张，第二层阐述原因或理由，适合**一个事实或主张背后有多个原因或理由的情况**使用。在下面的案例中，第一层条目"本年度销售额增加了10%"是在阐述事实，第二层的两个条目则是说明销售额增加的原因。

> • 本年度销售额增加了 10% ——————— 事实
> —— 国家整体经济走强，市场扩大 ——————— 原因
> —— 公司新产品上市，销量喜人 ——————— 原因

（2）详解型

详解型，第一层展示事实或主张的概要，第二层**展示该事实或主张的详细内容**。有些情况下，如果把一个事实或主张的详细内容只用一个条目显示的话，句子会很长，不利于阅读。这时，我们就可以对其进行分层表述。第一层表述概要，第二层用多个条目来展示详细信息。有一点需要注意的是，第二层一定要讲全面，不要遗漏事项。我们来看下面的案例。第一层展示的是一个事实的概要；第二层在介绍

详细内容的时候，就不仅要讲下半年销售额增加的具体情况，还要说明一下上半年的销售额情况。

> - 本年度中，下半年销售额大幅增加 —————— 概要
>   ——— 上半年销售额与去年同期持平 ————— 详情
>   ——— 下半年销售额比去年同期增长了 20% ——— 详情

（3）举例型

举例型，**第一层展示一个事实或主张，第二层举出若干具体事例来说明那个事实或主张**。举出具体事例，可以大大提高说服力。举例型和详解型有相似的地方，但不同之处在于，详解型第二层进行详细说明的时候，一定要讲全面。举例型则不必举出全部事例，只选取有代表性的事例就可以了。在下面的案例中，第一层讲本年度欧洲事业的销售额增长了，第二层举出了德国、法国两个具有代表性的国家的销售额增长情况。德、法两国的情况并不能代表整个欧洲事业的情况，但它们具有一定的代表性，能向读者证明欧洲事业的良好状况。

> - 本年度欧洲事业的销售额增长 20% —————— 事实
>   ——— 在德国，销售额增长 30% ————————— 事例
>   ——— 在法国，销售额增长 20% ————————— 事例

为什么精英都是 PPT 控

074　下一层要有多个条目

■ 下一层如果只有一个条目，就没有意义了

逐条编写的时候，如果分层的话，下一层一定要有多个条目，这样才能把上一层条目讲解得更加详细，说服力更强。如果下一层条目您只能列举出一条的话，我教您两个处理方法，一种是拆分法，另一种是合并法。

（1）将单个条目拆分

在下面的案例中，左侧图中只列举出"固定成本"这一个下层条目。"固定成本"这个表达方式相对比较抽象，我们不如把它拆分成具体的项目——"人工费用"和"房租"。这样一来，不就可以拆分成两个条目了吗?

下期的目标
● 力争将利润率提高 1%
——着重削减固定成本

→

下期的目标
● 力争将利润率提高 1%
——人工费用削减 5%
——房租压缩 10%

（2）将单个下层条目与上层条目合并

在下面的案例中，下层条目只有一条，单独列出来没什么意义，而且，从内容上看也完全可以和上一层条目合并。

宣传方案
● 以电视广告作为主要宣传方式
——请 30 岁女性喜欢的明星出演广告
● 以杂志广告作为辅助宣传方式

→

宣传方案
● 请 30 岁女性喜欢的明星出演电视广告，并以此作为主要宣传方式
● 以杂志广告作为辅助宣传方式

▼健身中心案例：逐条编写

"我"在为健身中心制作促销活动策划书，决定在"背景"页以逐条编写的形式说明入会者的情况。"我"并不太擅长使用逐条编写的形式，无法一下就把各个条目整理出来，所以，"我"先用文章的形式把入会者情况表述出来。

文章写好后，"我"先把文章拆分成短句，每个短句控制在40字以内。尽量把翔实的数字加入其中。条目总数控制在了四条。按照时间顺序排列这些条目，从三轩茶屋分店开业一直讲述到近期入会人数的减少。这些内容没有必要进行分层说明，所以只有一层。最后，"我"做出来的"背景"页如下所示。

新增会员情况   fitness rubato

新增会员人数与去年同月相比下降了 5%

- 三轩茶屋分店开业两年来入会人数不断增加，以往的促销流程是分发宣传单、体验、入会

- 但是，与去年同月相比，本月的入会人数下降了 5%

- 竞争对手并无大改变，因此入会者减少的原因可能是区域内潜在顾客减少

- 有消息称，本区域内有新的健身馆要开业，竞争对手可能增加，我们要及早准备对策

     为什么精英都是 PPT 控

用逐条编写显示
"理论构成"

☐ 逐条编写和逻辑树是对应关系

前面，您已经见过逐条编写的分层构造，敏锐的您可能已经发现，实际上逐条编写的各个层级和逻辑树是相对应的。逻辑树，是将上一级信息不遗漏、不重复（MECE）地分解，一级一级以树状形式显示的方式。我们制作PPT的时候也会用到逻辑树的思维方式。首先，我们会对最高级别的主张用充分的根据进行说明，然后再对每一个根据用翔实的事实依据进行说明。

要在PPT中使用逻辑树的表达方式不太现实，因为逻辑树占用的篇幅太大，小小的幻灯片页面容纳不下。但是，**我们可以只运用逻辑树的思维方式，然后用逐条编写的形式将其表现出来，因为逐条编写不会占太多空间。**

我们可以在头脑中用逻辑树的思维方式对幻灯片需要的内容进行不遗漏、不重复的整理，然后用逐条编写的形式表现在幻灯片中。可以说，逐条编写就是精简后的逻辑树。这样一来，读者就可以轻松读懂幻灯片的内容和作者的思路。

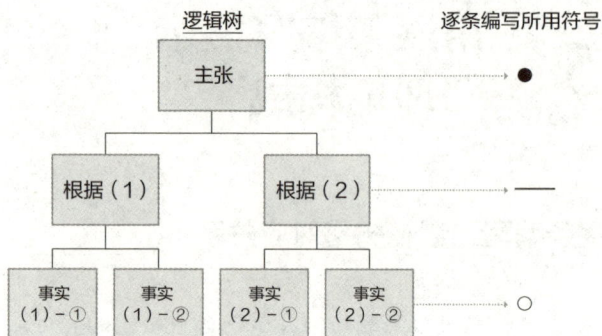

逻辑树　　　　　　　　　　　逐条编写所用符号

相同的层级使用相同的符号

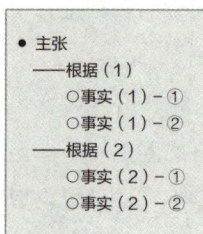

逐条编写

- 主张
  ——根据（1）
  　○事实（1）-①
  　○事实（1）-②
  ——根据（2）
  　○事实（2）-①
  　○事实（2）-②

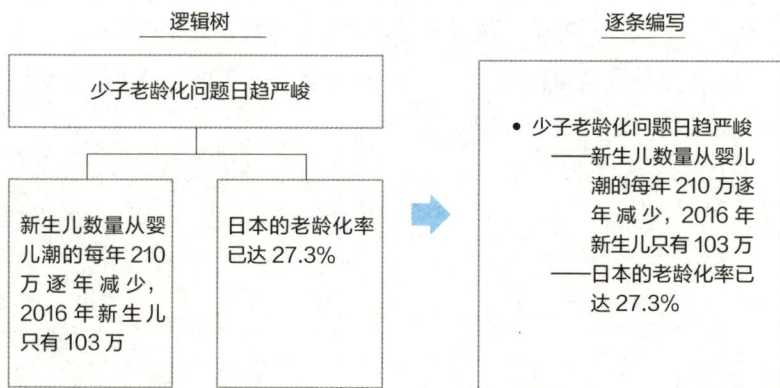

逻辑树　　　　　　　　　　　　　　逐条编写

少子老龄化问题日趋严峻

新生儿数量从婴儿潮的每年 210 万逐年减少，2016 年新生儿只有 103 万

日本的老龄化率已达 27.3%

- 少子老龄化问题日趋严峻
  ——新生儿数量从婴儿潮的每年 210 万逐年减少，2016 年新生儿只有 103 万
  ——日本的老龄化率已达 27.3%

逐条编写，有自己的
"制作方法"

在本章的最后，我要给大家介绍逐条编写在制作过程中的一些小方法、小窍门。在逐条编写的时候，每个条目前面的符号不要手动输入，要自动生成。否则的话，一个条目在换行之后，第二行的文字就会和第一行的符号对齐。另外，我还发现有的朋友在逐条编写的时候，条目开头的位置没有对齐，显得不够整齐。其实，PowerPoint为我们准备了很多方便又实用的指令，熟练掌握这些指令的使用方法，逐条编写将非常轻松。

在逐条编写的时候，我们还要学会发挥"小标题"的作用。给每个条目编写一个小标题，可以让读者一眼就看清各个条目的大致内容，从而极大地减轻了读者的阅读负担。

（1）对文章进行分解	▶	（2）分层	▶	（3）制作

手动输入条目符号时，会出现如下情况

←文字没法对齐

- 潜在顾客不了解健身器械的正确使用方法，是妨碍他们入会的原因之一。
- 通过为潜在顾客开设免费私人教练体验课，本健身中心不用担负额外的促销费用，却可以为顾客提供健身器械的使用指导。
- 对私人教练来说，这项促销活动也有助于他们开拓顾客源，所以可以要求他们免费提供私教课。

↑第二行文字的开头和上一行的符号对齐了

✕

利用PPT自带功能自动生成符号

- 潜在顾客不了解健身器械的正确使用方法，是妨碍他们入会的原因之一。
- 通过为潜在顾客开设免费私人教练体验课，本健身中心不用担负额外的促销费用，却可以为顾客提供健身器械的使用指导。
- 对私人教练来说，这项促销活动也有助于他们开拓顾客源，所以可以要求他们免费提供私教课。

◯

076　条目符号自动生成

☐ 文本框+"项目符号"指令

　　使用逐条编写的方式，先从插入文本框开始。插入文本框之后，**点击"开始"菜单中的"项目符号"**，文本框就变成了逐条编写模式。在逐条编写模式下，只要我们在文本框中输入文字，文字前面就会自动出现一个符号，没有必要手动输入了。

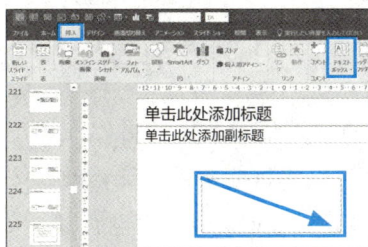

（1）点击"插入""文本框"。拖动鼠标，在幻灯片的合适位置插入文本框

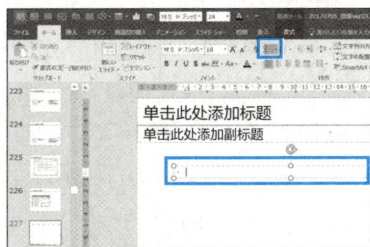

（2）选中文本框，点击"开始""项目符号"。这时，文本框就处于逐条编写的状态了

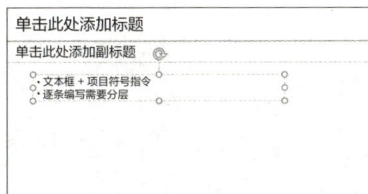

（3）我们在文本框中输入文字的时候，文字前面就会自动出现项目符号。一个条目输入完，点击 Enter 的话，就会在下一行自动出现项目符号

用Tab键进行分层

接下来我教您快速为条目分层。通过鼠标点击"开始""提高列表级别"可以制作下一层条目，但是我教您的是另一种便捷方法——使用Tab键。一开始，我们先不管分层，只把所有层级的条目都平行地输入进去。全部条目都输入完之后，我们把光标放在需要缩进的下层条目最前面，如果有多个条目的话，可拖动光标选中这几个条目。然后点击Tab键，即可实现下层条目向右缩进。反过来，选中条目，然后按Shift+Tab，就可以实现条目向左缩进，即上升一个层级。

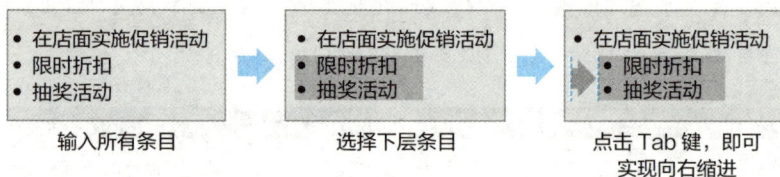

• 在店面实施促销活动 • 限时折扣 • 抽奖活动	• 在店面实施促销活动 • 限时折扣 • 抽奖活动	• 在店面实施促销活动 　• 限时折扣 　• 抽奖活动
输入所有条目	选择下层条目	点击 Tab 键，即可 实现向右缩进

所有条目都输入之后，如果想调整条目的顺序，可以先选中目标条目，然后按Alt+Shift+↓，就可以将目标条目向下移动；按Alt+Shift+↑，则向上移动。这些组合快捷键在Word软件中也通用，所以记住这些组合快捷键的用法，将给我们的工作带来极大的便利。

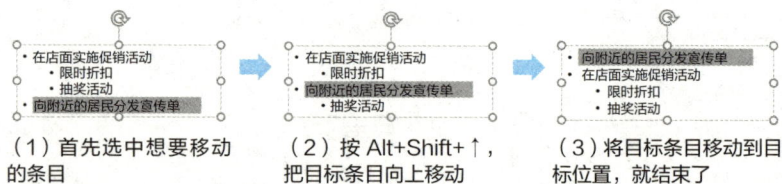

• 在店面实施促销活动 　• 限时折扣 　• 抽奖活动 • 向附近的居民分发宣传单	• 在店面实施促销活动 　• 限时折扣 • 向附近的居民分发宣传单 　• 抽奖活动	• 向附近的居民分发宣传单 • 在店面实施促销活动 　• 限时折扣 　• 抽奖活动
（1）首先选中想要移动的条目	（2）按 Alt+Shift+↑，把目标条目向上移动	（3）将目标条目移动到目标位置，就结束了

为什么精英都是 PPT 控

077

设定"项目符号"

☐ 使用自定义，设定个性化项目符号

在为条目分层的时候，我们可以通过自定义，设定个性化的项目符号。通过项目符号和缩进区分条目的层级，能让读者对内容的分层一目了然。

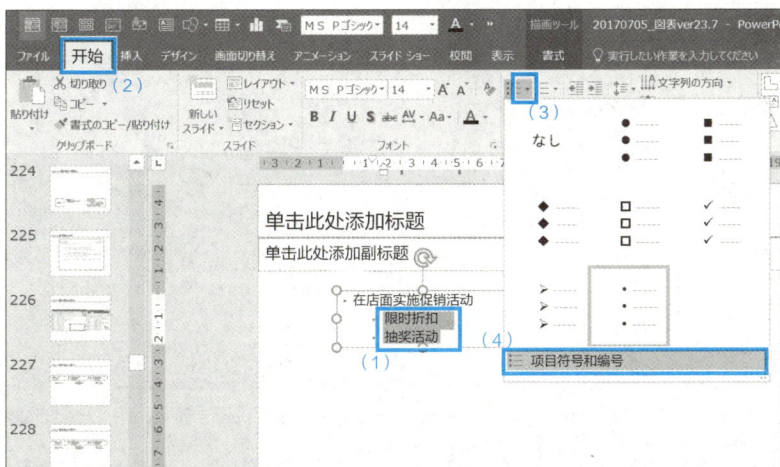

（1）首先选中想要变更项目符号的条目；（2）点击"开始"；（3）点击"项目符号"旁的下拉菜单；（4）在下拉菜单中点击"项目符号和编号"

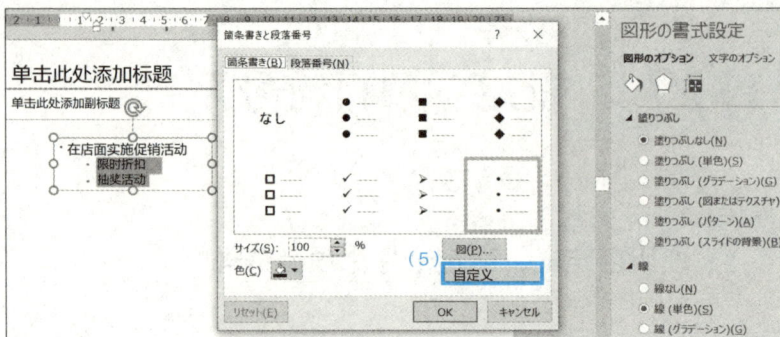

（5）点击"自定义"

　　在这个界面就可以选择自己想用的项目符号，但如果要使用我推荐的那套项目符号（请参见第248页）的话，需要进行如下设定。

（6）在"字符代码"中输入想要的符号的代码。第二层条目的符号如果使用"—"的话，需要输入"2014"。第三层条目的符号如果使用"○"的话，请输入"25E6"（因为第一层的项目符号"·"是默认的，所以在这里不需要进行设置）；（7）最后点击"确定"就设定完毕了

为什么精英都是 PPT 控

使用"标尺"调整
条目的位置

☐ 使用"标尺"确定条目的位置

使用PowerPoint中的标尺功能，可以调整项目符号的位置、句首的位置等。另外，各个层级缩进多少距离，也可以通过"标尺"功能统一设定。

下期的目标
- 下期销售额目标为增加 30 亿日元
  —— 海外事业销售额增加 20 亿日元
  —— 国内事业销售额增加 10 亿日元

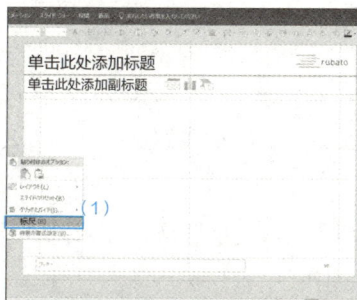

项目符号与句首之间的距离太近，
第二层条目缩进太少

下期的目标
- 下期销售额目标为增加 30 亿日元
  —— 海外事业销售额增加 20 亿日元
  —— 国内事业销售额增加 10 亿日元

单击此处添加标题
单击此处添加副标题

（1）

单击此处添加标题
单击此处添加副标题

（2）

（1）用鼠标右键单击幻灯片空白处。在弹出的菜单里点击"标尺"功能，让"标尺"前出现"√"

（2）"标尺"前出现"√"后，幻灯片页面上方就会出现一个标尺

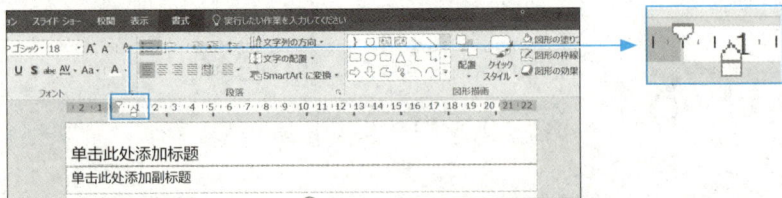

（3）点击已经输入条目的文本框，标尺上就会出现悬挂缩进符（两个相对的小三角形和下方的小矩形）。拖动小三角形，就可以调整项目符号、句首的位置

悬挂缩进符的使用方法

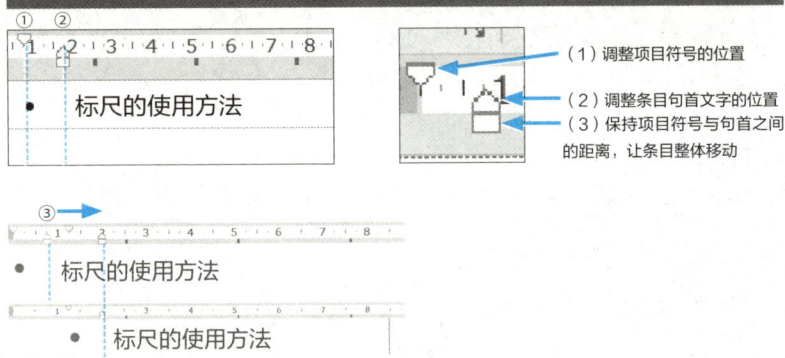

（1）调整项目符号的位置

（2）调整条目句首文字的位置

（3）保持项目符号与句首之间的距离，让条目整体移动

另外要说明一下，在这里设定的位置关系，不会带到新创建的文件中。但如果每次制作新PPT的时候都要重新设定位置关系的话，就太麻烦了。所以，我建议大家把逐条编写设定好的规则复制下来，以便新建文件的时候，直接粘贴过来使用。

再有，使用Tab键可以改变段落，但不能改变项目符号。所以，各段落的项目符号建议使用复制、粘贴来制作。

为什么精英都是 PPT 控

079   条目之间的行间距设定

☐ 文字块之间要留出适当的间距

  设置条目的间距也有一定的规则和技巧。**通过调整行间距，可以将条目内容加以区分，分出明显的"文字块"**。请看下面的案例，左图中，第一个文字块（第一层第一条目和第二层两个条目）与第二个文字块（第一层第二条目和第二层两个条目）之间的距离太近，不便于读者阅读理解。通过调整两个文字块的间距之后，得到右图效果，看起来是不是清晰多了？

  在调整行间距的时候，有的朋友喜欢使用换行的方式（按回车键），但空一行的距离，又显得太远了一点。所以，我建议用其他方法调整到合适的行间距。

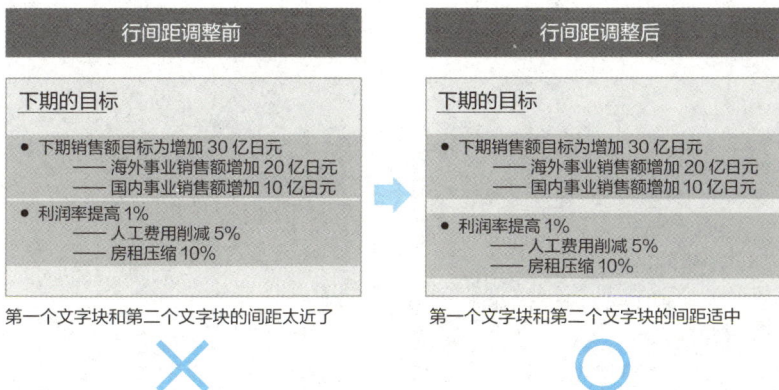

行间距调整前	行间距调整后
下期的目标 • 下期销售额目标为增加 30 亿日元 —— 海外事业销售额增加 20 亿日元 —— 国内事业销售额增加 10 亿日元 • 利润率提高 1% —— 人工费用削减 5% —— 房租压缩 10%	**下期的目标** • 下期销售额目标为增加 30 亿日元 —— 海外事业销售额增加 20 亿日元 —— 国内事业销售额增加 10 亿日元 • 利润率提高 1% —— 人工费用削减 5% —— 房租压缩 10%
第一个文字块和第二个文字块的间距太近了	第一个文字块和第二个文字块的间距适中
✕	〇

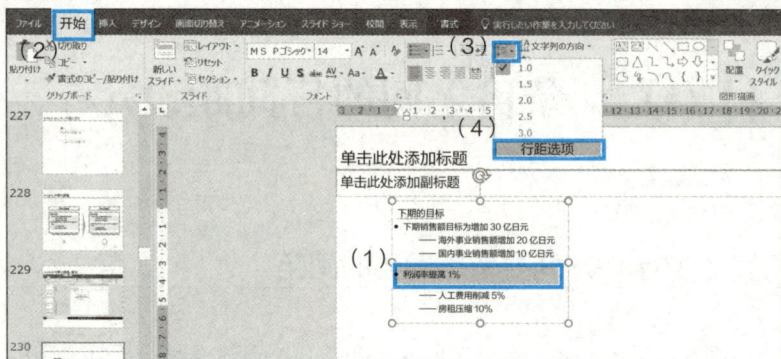

（1）选中想要调整行间距的文字；（2）点击"开始"；（3）点击"行距"；（4）点击"行距选项"

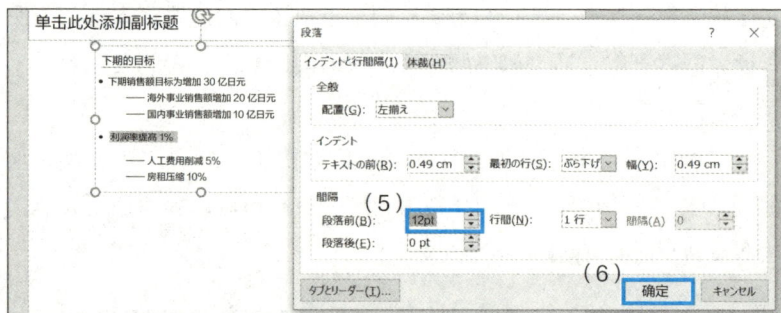

（5）将"段前"选项框中的数字设置成"6磅"或"12磅"；（6）点击"确定"就设置好了

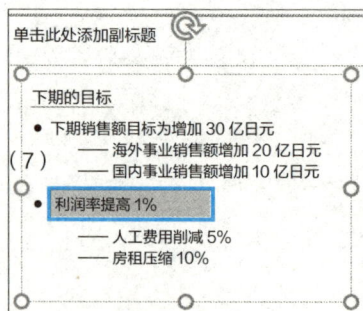

（7）确认行间距是否设置成功

为什么精英都是 PPT 控

用"小标题"弥补
逐条编写的弱点

☐ 小标题让条目看起来更简洁易懂

使用逐条编写的方式，每个条目已经是单句，与长文章相比更好读、好懂。但再短的句子也是句子，还是需要花时间阅读的。为了克服逐条编写的这个弱点，我们可以把每个条目概括成一个小标题，那样就可以真正做到一目了然了。

这里所说的小标题，就相当于每个条目的高度概括。**条目有了小标题之后，读者就可以迅速理解各个条目的大致内容。**看到小标题之后，读者如果觉得这个条目可以进一步阅读，自然会看后面的内容；如果读者判断这个条目没必要阅读，也就不会花时间看后面的内容了。这样一来，就大大减轻了读者阅读PPT的负担，使阅读更有针对性。

请看下面的案例，在左侧的幻灯片中，使用常规的逐条编写，说明了本期销售额降低的原因。而右侧的例子为每一个条目总结出了一个小标题，让读者一眼就看出销售额减少的原因。

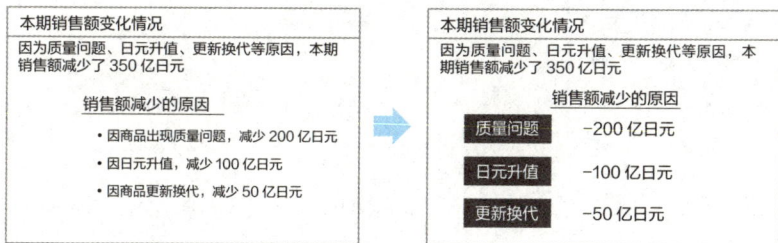

本期销售额变化情况
因为质量问题、日元升值、更新换代等原因，本期销售额减少了 350 亿日元
销售额减少的原因
• 因商品出现质量问题，减少 200 亿日元
• 因日元升值，减少 100 亿日元
• 因商品更新换代，减少 50 亿日元

➡

本期销售额变化情况	
因为质量问题、日元升值、更新换代等原因，本期销售额减少了 350 亿日元	
销售额减少的原因	
质量问题	-200 亿日元
日元升值	-100 亿日元
更新换代	-50 亿日元

在前面的案例中，每一个条目都是由"原因"和"数字"构成，我们把原因单独拿出来，作为条目的小标题。以第一个条目为例，"质量问题"是原因，"减少200亿日元"是数字，所以把"质量问题"作为小标题，"-200亿日元"作为内容。

■ 用形状将小标题框起来

在制作小标题的时候，我们还需要插入形状。在这个案例中我们选择使用常规矩形，其他PPT可以根据内容需要使用圆角矩形。

（1）点击"插入""形状""矩形"

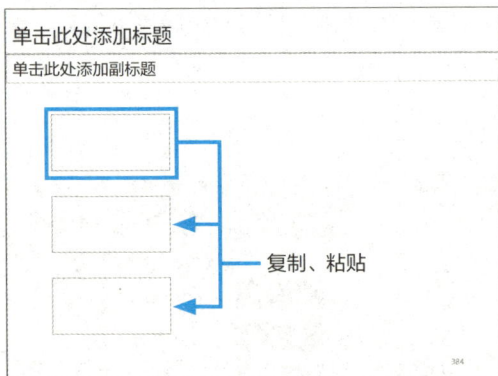

复制、粘贴

（2）插入适合小标题的矩形。然后用复制、粘贴功能，纵向粘贴多个矩形。再将这几个矩形对齐、平均分布

为什么精英都是 PPT 控

（3）为输入文字，我们插入文本框。点击"插入""文本框"，选择"绘制横排文本框"

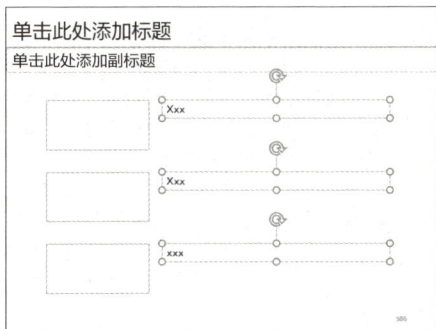

（4）拖动鼠标，在合适位置插入大小合适的文本框。然后用复制、粘贴功能，纵向粘贴多个文本框，并将文本框对齐、平均分布

接下来就在矩形和文本框中分别输入相应的内容。在矩形中输入文字的时候，不必再插入文本框，直接输入即可。矩形中还要填充颜色，以使其更加醒目。关于颜色的选择方法，请参考原则060。

▼健身中心案例：小标题与逐条编写

"我"在制作促销策划书的时候，想出了三个促销方案。"我"要把这三个方案放入"解决方案"幻灯片，并决定使用逐条编写的方式。一开始，"我"用常规的逐条编写方式，以单句的形式输入三个方案："分发免费体验宣传单""免费私人教练体验课""会员的朋友可享受免费体验"。

通过逐条编写制作完成之后，"我"发现每个条目都是文字，读起来还是要花些时间，而从看到一堆文字开始，阅读意愿就明显下降了。这份PPT是写给部长看的，部长十分忙碌，没有太多时间仔细阅读，所以必须让PPT变得更加简洁易读。于是，"我"决定用小标题概括每一个条目。"我"把方案的名称当作小标题，放在矩形中，后面的内容是对方案名称的简要说明。这样一来，先用小标题吸引部长的目光，他觉得方案可行，自然就会看后面的详细介绍。

本章总结

☐ 只要按照分解、分层、制作的顺序，逐条编写制作PPT就变得很简单。

☐ 在逐条编写之前，先把想要表达的内容写成文章，然后根据标点符号将文章分解成若干单句。

☐ "一句话"控制在"40字"以内。

☐ 关键词注意统一。

☐ 各个条目按照重要性、时间、种类进行排序。

☐ 为条目分层的时候，一定要避免下一层只有一个条目的情况。如果下一层只有一个条目，有两个办法可以解决：（1）将这个条目分解成多个条目；（2）将这个条目和上一级条目合并。

☐ 一页幻灯片的条目整体控制在"三层"以内，每层的条目控制在"三条"左右。

☐ 条目层级之间的关系分为"因果型""详解型""举例型"三种。

☐ 使用"项目符号"指令制作条目，用"标尺"调整距离。

☐ 用"小标题"概括条目，让读者一目了然。

图解的大原则

第6章，我教大家为PPT制作了骨架，为这个骨架填满"血肉"的表现形式有三种：逐条编写、图解和图表。在这三种表现形式中，最令人感到头疼的恐怕就是图解了。但是，图解在PPT中可以发挥不可替代的强大作用：

- **读者通过图解可以瞬间把握PPT的内容**
- **可以帮读者凭感觉理解理论**

可以说，要"快速制作出能够驱动他人、无须说明的PPT"，图解这种表现形式是必不可少的。

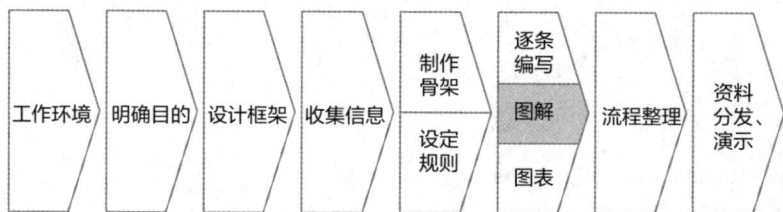

我刚走上工作岗位，制作PPT的时候，感觉最难把握的正是"图解"这种表现形式。当初，我把制作打印好的PPT交给前辈审阅之后，前辈都会用红笔在资料的图解部分画上很多圈，纠正我不正确的图解用法。在那个过程中，我从前辈那里学到了很多关于图解的用法，需要什么样的要素，要怎样表达，该怎么在幻灯片中排版……至今，当时的记忆仍历历在目。

经过很长时间的磨炼，我终于掌握了图解用法的精髓，之后，在和上司、客户沟通的过程中，图解成了我的一个重要"武器"。我曾多次亲身感受到，在沟通的时候，很多用语言都解释不清的问题，只要我展示带图解的PPT，对方瞬间就明白了。另外，在和外国客户沟通的过程中，带图解的PPT更是能发挥巨大的作用。毫不夸张地说，我就是凭借着图解这个技能，顺利地完成了多个海外项目。

为什么那么多朋友都对制作图解感到十分头疼？我了解了一下，大多数人的理由是："不知道该怎么合理使用图解，也不太清楚如何制作图解。"在本章中，我将会按照**"选择图解类型""制作图解""强调""增加表现力"**的顺序为大家讲解到底该"如何使用图解、制作图解"。

（1）选择图解类型 ▶ （2）制作图解 ▶ （3）强调 ▶ （4）增加表现力

先请大家看一个例子，下面第一张幻灯片是我们用逐条编写的形式表达的内容，第二张则用图解的形式表达了相同的内容。哪一种更清晰、更容易理解，相信您比较之后就有答案了吧。

图解的六种基本类型

在PPT中正确使用图解，应该从确定图解的类型开始。在这里，我选取六种最基本的图解类型，为大家深入讲解它们各自的特点、适用场合及制作方法等。

| （1）选择图解类型 | ▶ | （2）制作图解 | ▶ | （3）强调 | ▶ | （4）增加表现力 |

我要给大家介绍的六种基本图解类型分别是"列举型""背景型""扩散型""合成型""流程型""循环型"。当然，除此之外还有很多种图解类型，但我建议大家先熟练掌握这六种基本类型，这样第一是可以应对一般PPT的编写工作，第二也为学习更高级的图解类型打好基础。另外，关于六种基本图解类型的名称，我参考了竹岛慎一郎先生的《Office高效办公演示通——PowerPoint高效办公应用演示通》。

列举型

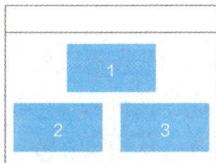

列举出多个独立要素的类型

扩散型

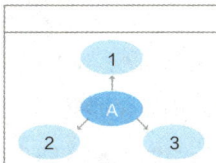

一个要素扩散成多个要素的类型

流程型

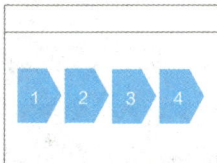

要素按照时间顺序排列的类型

背景型

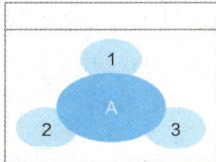

多个要素作为一个要素的背景的类型

合成型

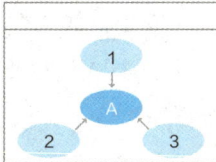

多个要素合成一个要素的类型

循环型

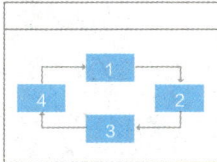

要素按时间顺序循环的类型

将逻辑树用图解的形式表现

☐ 将幻灯片信息的逻辑树变成图表

在第5章中，我们一起学习了将幻灯片信息整理成逻辑树的方法。为了解释、说明已经确定的幻灯片副标题，我们首先要使用框架分析等方法来设定信息假说，接下来，在信息假说的基础上收集信息，效率就会高很多。

在设定信息假说时，所使用的框架分析类型主要有三种。第一种是3C、4P之类的商业框架分析；第二种是时间轴框架分析；第三种是加法、乘法框架分析。使用这些框架分析的方法，我们想要的信息一般不会逃出我们的手心。

接下来，我们按照设定的信息假说去收集信息。在收集信息的时候，最怕毫无计划、毫无章法，那样不但拖延时间，还找不到想要的信息。所以，我们应该按照假说的方向去寻找，做好计划，并设定时限。

到本章，我们姑且已经收集到了所需的信息，并为每一页幻灯片制作好了信息逻辑树。在这一章中，我就教大家把逻辑树变成图解的方法。首先，观察信息逻辑树各个要素之间的关系，随后，根据它们的关系，选择合适的图解类型。

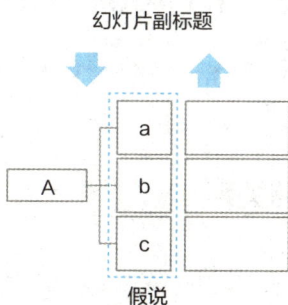

- 为了解释、说明已经确定的幻灯片副标题，先设定信息假说
- 三种框架分析是设定信息假说的利器
  ——3C、4P 等商业框架分析
  ——时间轴框架分析
  ——加法、乘法框架分析

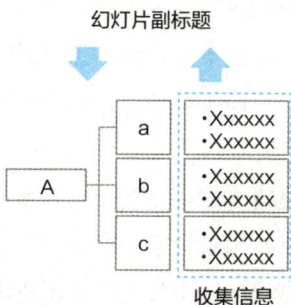

- 根据信息假说去收集信息
- 做好计划、设好时限，高效收集信息

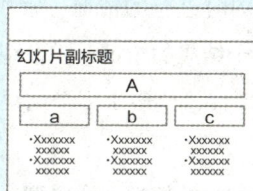

- 将逻辑树用图解的形式表达，让枯燥的理论形状化、可视化，更便于读者理解

观察"时间流"和"因果关系"，选择图解类型

☐ 把握信息之间的关系

根据设定好的信息假说，我们收集到了想要的信息，并用逻辑树形式对信息进行了分析，至此，我们该把这些信息用图解的形式表现在PPT中了。那该如何用图解的形式来表现呢？首先，我们要观察逻辑树中各个信息之间的关系。找关系的时候，我们可以从"时间流"和"因果关系"两个方面着眼。确定关系后，再从六种基本图解类型中选择合适的类型。

（1）同层信息之间没有因果关系的情况：列举型

当发现同层信息之间没有因果关系的时候，就说明同层信息是相互独立的，适合使用列举型图解。比如展示自家公司的多种特点时，就适合使用列举型图解。

（2）一个结果有多个原因的情况：背景型

当一个结果的背后，有多个要素是该结果的原因时，就适合使用背景型图解。原因和结果同时进行的情况，常用背景型图解。

（3）一个原因会导致多个结果的情况：扩散型

一个原因，随着时间的推移，会产生多个结果的情况，适合使用扩散型图解。

（4）多个原因形成一个结果的情况：合成型

多个原因，随着时间的推移，会造成一个结果的情况，适合使用合成型图解。

（5）要素之间按时间流排列的情况：流程型

要素之间按时间顺序排列的情况，适合使用流程型图解。

（6）要素之间是循环流程的情况：循环型

要素之间是循环流程的情况，适合使用循环型图解。

请大家参考下面的图例，更直观一些。A、1、2、3，是已经收集到的各个信息要素。图中灰色部分，是需要用图解显示的。

（1）列举型

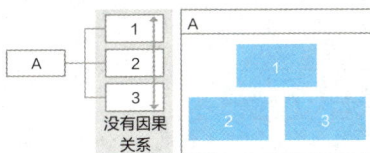

（2）背景型

（3）扩散型

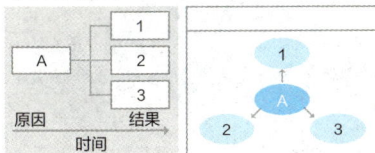

（4）合成型

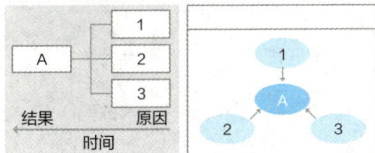

（5）流程型

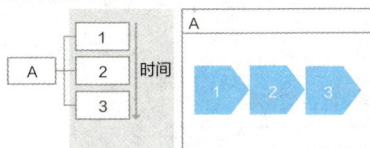

（6）循环型

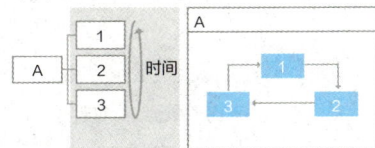

我再用具体例子来为大家展示信息的关系。我们先看背景型的例子，在信息逻辑树中，"新商品发售延迟""竞争商品降价""竞争对手发售新商品"是原因，"销售额下降"是结果。因为原因和结果是同时进行的，所以适合选择背景型图解。

（1）列举型

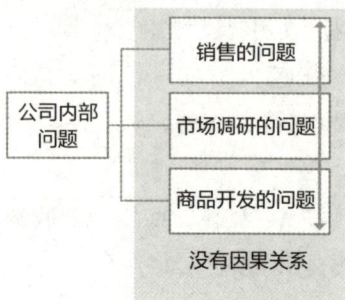

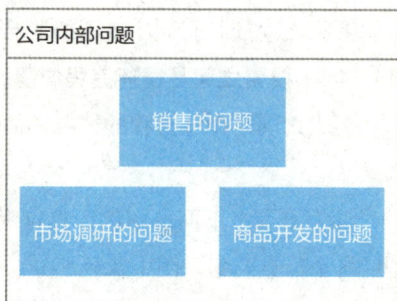

（2）背景型

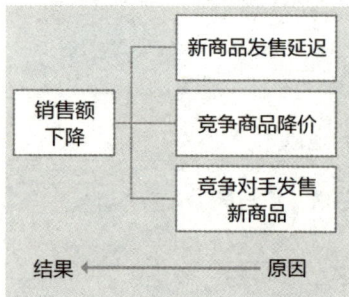

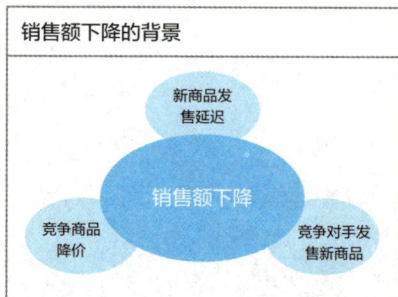

（3）扩散型

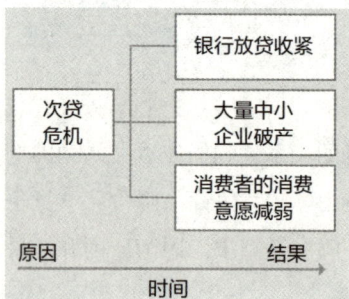

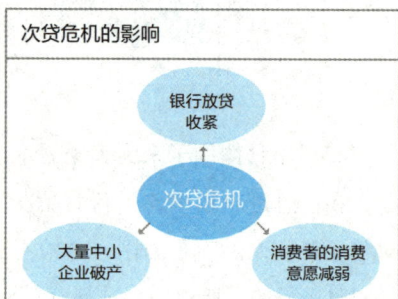

为什么精英都是 PPT 控

（4）合成型

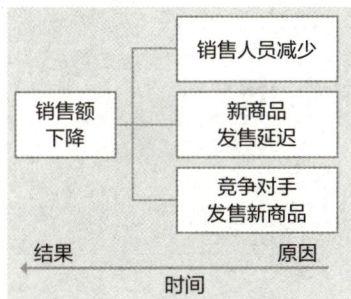

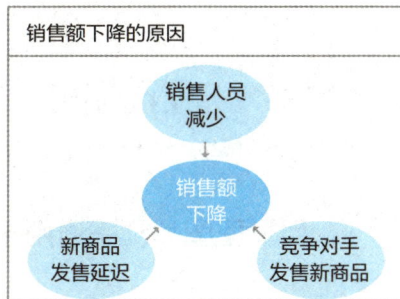

（5）流程型

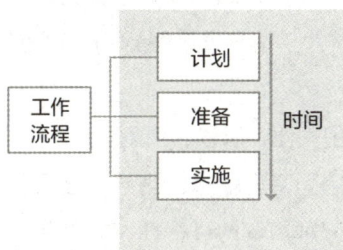

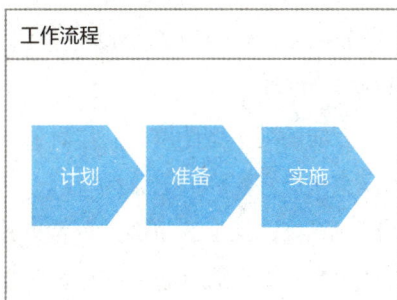

（6）循环型

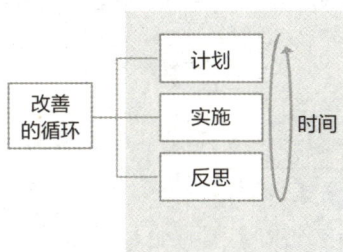

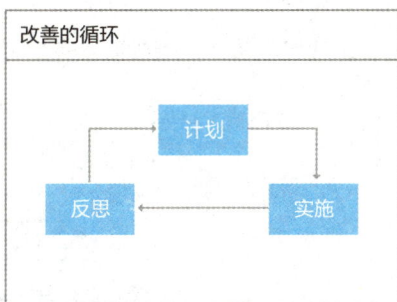

　　至此，我相信大家已经学会根据信息之间的关系选择图解类型的方法了。通过图解的形式显示信息，读者即使不用看逻辑树，也能直观地理解各个信息之间的关系。

基本图解（1）
万能的"列举型"

☐ 列举型图解几乎适用于所有情况

列举型图解，几乎适用于所有情况，可谓万能图解类型。只要各种要素相互独立，就可以用列举型图解。在逐条编写那章中，我举了一个使用小标题的例子，实际上那个幻灯片（请参见第265页）用的就是列举型图解。

万能的列举型图解，制作简单、使用方便，所以，**我制作PPT的时候，一旦遇到时间紧张的情况，就常用列举型图解。**当然，如果制作时间充裕的话，我也会充分考虑其他五种图解的可行性。如果其他五种类型的图解都不适用，列举型图解就成了我的终极武器。

在下图的例子中，"本公司的特点"可以举出"丰富的实绩""氛围宽松""成果主义"。三个特点之间没有因果关系，各自独立。这种情况下，用列举型图解最省心、省时。

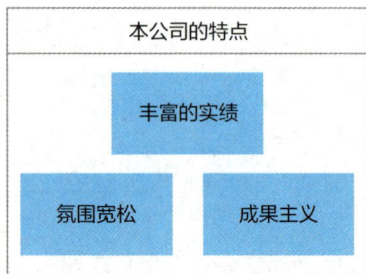

```
┌─────────────────────────────┐
│         本公司的特点          │
├─────────────────────────────┤
│         ┌───────────┐        │
│         │ 丰富的实绩 │        │
│         └───────────┘        │
│  ┌───────────┐ ┌───────────┐ │
│  │  氛围宽松  │ │  成果主义  │ │
│  └───────────┘ └───────────┘ │
└─────────────────────────────┘
```

◻ 列举型图解又可以分为三种形式

列举型图解，可以分为三种形式。列举型1无须详细说明，只列举出大概念即可。列举型2、3则需要详细说明。2与3的区别在于，当要素数量达到四个的时候，用2比较合适。从图中大家可以看出来，如果用列举型3展示四个以上要素，那么每个要素的详细说明就会显得又窄又长，不便于读者阅读，还显得凌乱。

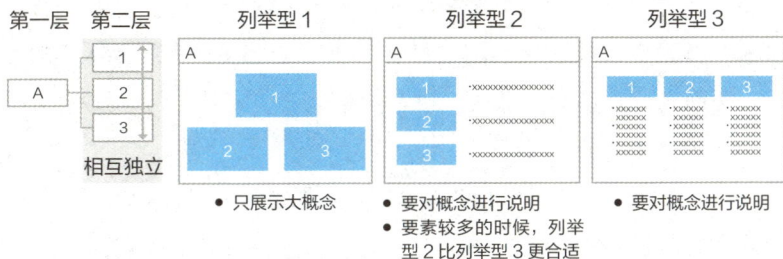

第一层 第二层	列举型 1	列举型 2	列举型 3

- 只展示大概念
- 要对概念进行说明
- 要素较多的时候，列举型2比列举型3更合适
- 要对概念进行说明

在下面的例子中，幻灯片的副标题是"销售、市场调研、商品开发环节存在问题"，为了对这个副标题进行说明，需要用逻辑树来对公司内部的问题进行分析、整理。第二层的各个要素之间并不存在时间关系、因果关系，相互是独立的，因此适合用列举型图解。因为要对问题加以详细说明，所以列举型2最合适。

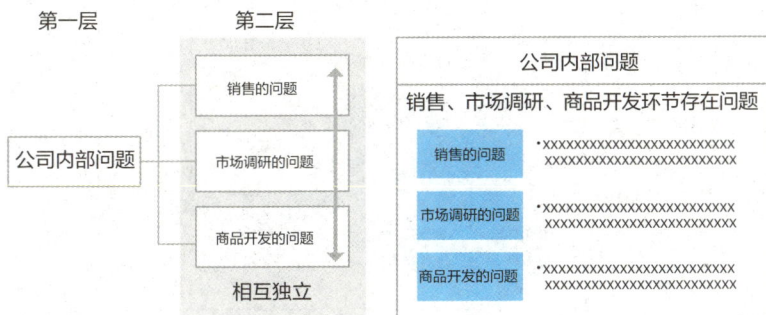

084

基本图解（2）
展示整体的"背景型"

☐ 要展示原因和结果的全貌，选择"背景型"

一个结果的背后有多个要素作为原因的时候，适合使用背景型图解。背景型和列举型有相似的地方，但**背景型更适合展示要素的全貌。**下面先给大家举个例子：

- **原因和结果**

  销售额下降（结果）←新商品发售延迟、竞争商品降价、竞争对手发售新商品（原因）

- **统辖关系**

  东京总部（统辖方）←上海分公司、首尔分公司、巴黎分公司（被统辖方）

- **品牌、商品的管理**

  路威酩轩（管理）←芬迪、路易威登、迪奥（品牌）

背景型

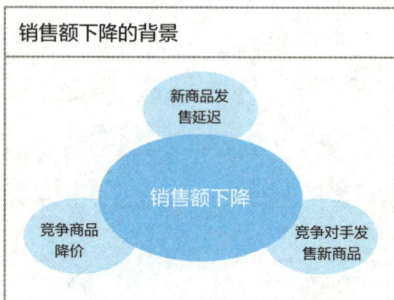

销售额下降的背景

新商品发售延迟

销售额下降

竞争商品降价

竞争对手发售新商品

☐ 背景型图解又可以分为三种形式

背景型图解，主要有三种形式。背景型1无须详细说明，只展示大概念即可。背景型2、3适合需要详细说明的情况。要素比较多的时候，应该选择背景型2。

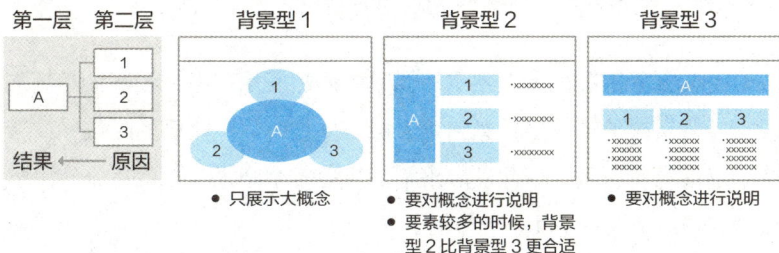

第一层 第二层	背景型1	背景型2	背景型3

- 只展示大概念
- 要对概念进行说明
- 要素较多的时候，背景型2比背景型3更合适
- 要对概念进行说明

下面的例子是一页以"离职者增多的背景"为标题的幻灯片，使用背景型3图解。这页幻灯片的副标题是"加班时间延长、工资减少、个人创业火热是离职者增多的背景"。为了说明这个副标题，先用逻辑树对信息进行分析、整理。逻辑树第二层的各个要素之间不存在时间关系、因果关系，相互独立，因此，我们判断适合使用背景型图解。逻辑树第一层的"离职者增多"也是一个重要的信息，需要展示在图解中。综合各种因素，我们决定选择背景型3。

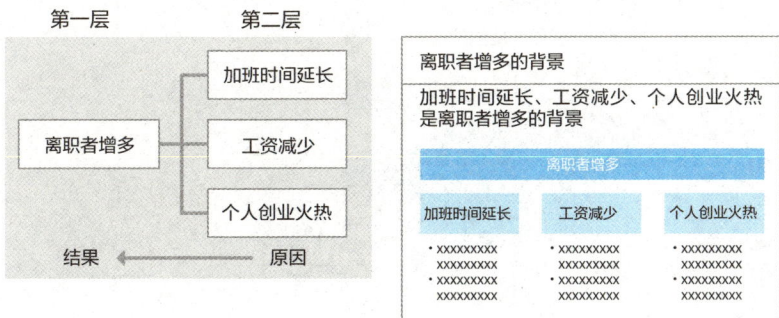

085

基本图解（3）
向外扩展的"扩散型"

☐ "扩散型"可以显示出波及效果

一个要素扩散出多个要素的情况，适合使用扩散型图解。举例来说，当逻辑树的第一层信息到第二层信息是时间流关系的时候，或者第一层信息是原因，由此发展出第二层的多个结果时，就适合使用扩散型图解。下面我举几个具体例子：

- **一个事件及其波及效果**

  日元贬值（原因）→贸易黑字增加、海外企业进军日本、来日本的外国游客增加（结果）

- **技术的发展**

  蒸汽机（基础技术）→蒸汽船、蒸汽火车、蒸汽泵（应用产品）

- **问题及其波及效果**

  工作量增加（原因）→加班时间延长、工作质量下降、离职者增多（结果）

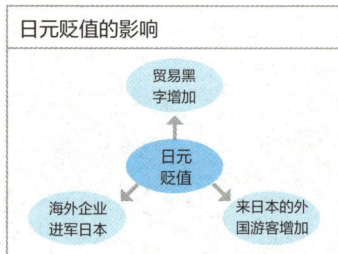

扩散型

日元贬值的影响

贸易黑字增加

日元贬值

海外企业进军日本

来日本的外国游客增加

为什么精英都是 PPT 控

🔲 扩散型图解又可以分为三种形式

扩散型图解，主要有三种形式。扩散型1无须详细说明，只展示大概念即可。扩散型2、3适合需要详细说明的情况。要素比较多的时候，应该选择扩散型2。

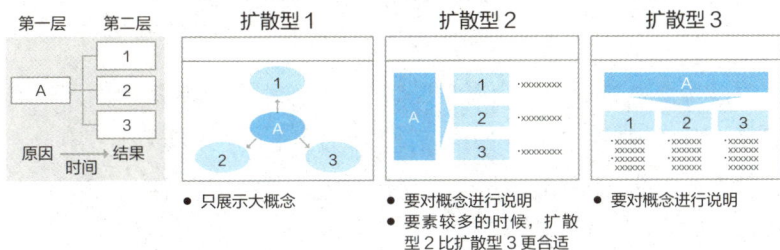

- 只展示大概念

- 要对概念进行说明
- 要素较多的时候，扩散型2比扩散型3更合适

- 要对概念进行说明

在下面的例子中，我们用扩散型2来制作标题为"次贷危机的影响"的幻灯片。幻灯片副标题为"受到次贷危机的影响，出现银行放贷收紧、大量中小企业破产、消费者的消费意愿减弱等状况"。为了说明这个副标题，我们先用逻辑树来分析、整理信息。逻辑树第一层的信息"次贷危机"是原因，第二层的各个信息是次贷危机造成的影响，或者说次贷危机带来的结果。第一层和第二层是因果关系，我们选择使用扩散型图解。再加上要对各个结果进行详细说明，所以最终决定采用扩散型2。

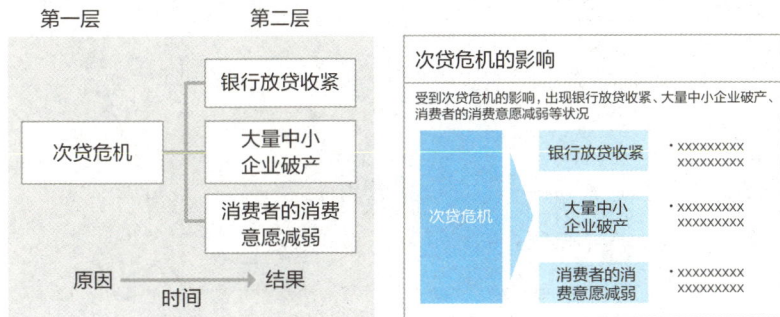

基本图解（4）
集中起来的"合成型"

☐ "合成型"显示因果关系、整合

多个要素整合为一个要素的时候，适合使用合成型图解。也就是说，**合成型和扩散型正好相反**。多个原因形成一个结果，或多个要素整合成一个要素的情况，适合使用合成型图解。下面给大家举几个例子：

- **多个原因及其结果**

订单流失（结果）←部门协作不力、客户需求把握不准、创新性不强（原因）

- **整合**

销售总部（整合后）←销售一部、销售二部、销售三部（整合前）

智能手机（整合后）←打电话、播放音乐、照相（整合前）

合成型

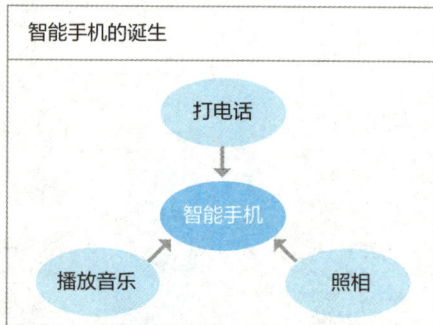

| 智能手机的诞生 |
| 打电话 |
| 智能手机 |
| 播放音乐   照相 |

❑ 合成型图解又可以分为三种形式

合成型图解，主要有三种形式。合成型1无须详细说明，只展示大概念即可。合成型2、3适合需要详细说明的情况。要素比较多的时候，应该选择合成型2。

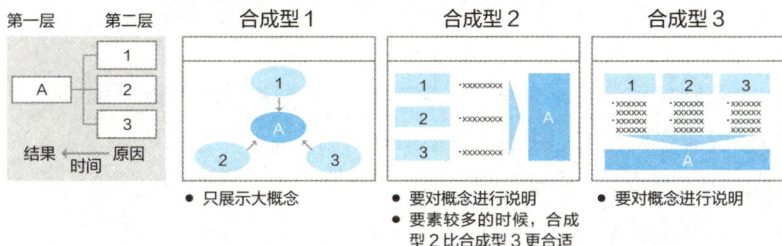

第一层 第二层	合成型1	合成型2	合成型3

- 只展示大概念
- 要对概念进行说明
- 要素较多的时候，合成型2比合成型3更合适
- 要对概念进行说明

下面的例子，是以"销售额下降的原因"为标题的一页幻灯片，用的就是合成型图解。这个幻灯片的副标题是"销售人员减少、新商品发售延迟、竞争对手发售新商品是造成销售额下降的原因"。为了说明这个副标题，我们先用逻辑树分析、整理信息。逻辑树第二层的各个信息是原因，第一层的信息是结果。两层信息之间是因果关系，我们选择使用合成型图解。因为需要详细说明，而且第二层信息没超过三条，所以这里我们选择合成型3。

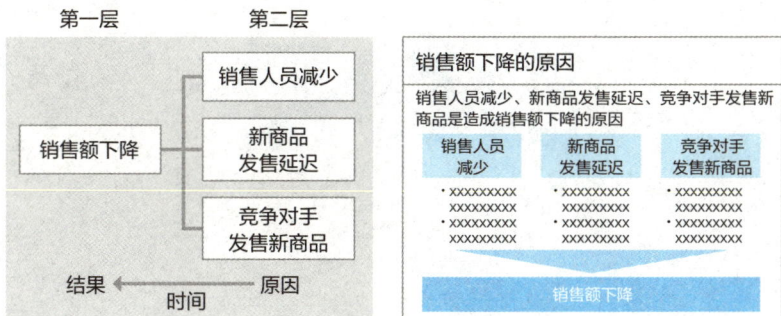

087

基本图解（5）
体现先后顺序的"流程型"

◻ "流程型"可以体现时间上的先后顺序

逻辑树第二层的各个要素之间存在时间先后顺序的情况，就可以使用流程型图解。使用流程型图解的例子有"工作流程""业务流程""申请流程"等。

- **工作流程**

计划、准备、实施、交付

- **业务流程**

接受订单、确认库存、制作订货确认单、发送订货确认单

- **申请流程**

填写申请资料、提交申请资料、审核

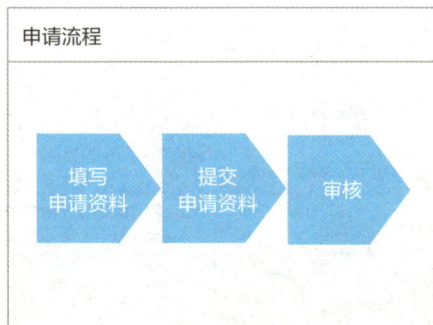

流程型

☐ 流程型图解又可以分为三种形式

流程型图解，主要有三种形式。概念流程型只需展示大概念。纵向流程型和横向流程型在需要详细说明概念的时候使用。需要说明的要素超过四个，则最好选用纵向流程型。

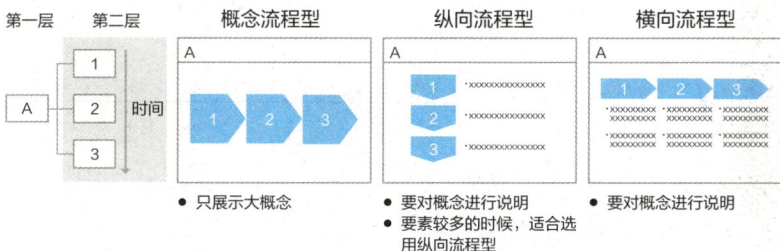

第一层　第二层　　　概念流程型　　　纵向流程型　　　横向流程型

● 只展示大概念　　● 要对概念进行说明　● 要对概念进行说明
　　　　　　　　● 要素较多的时候，适合选
　　　　　　　　　用纵向流程型

下面的例子，是以"工作流程"为标题的幻灯片，使用的就是流程型图解。该幻灯片的副标题是"工作应该按照计划、准备、实施的流程进行"。为了说明副标题，我们先用逻辑树对信息进行分析、整理。因为逻辑树第二层的信息是按时间顺序排列的，所以适合使用流程型图解。在这里，需要对各个要素进行详细说明，而要素只有三个，因此我们选择横向流程型图解。

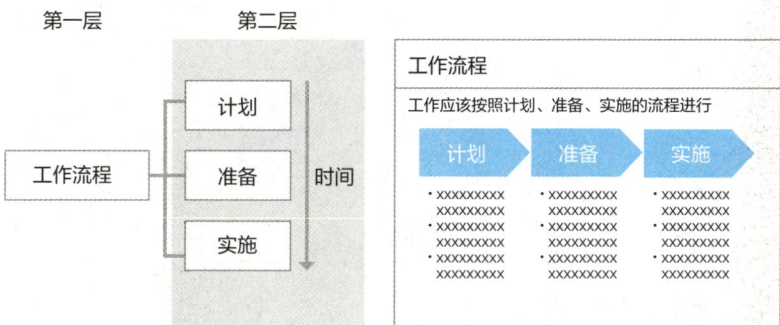

第一层　　　　　第二层

088

基本图解（6）
环形的"循环型"

◼ "循环型"，顾名思义，体现循环关系

当多个要素之间存在时间上的先后关系，**并且可以循环的时候，**
就适合使用循环型图解。"改善问题的正向循环""通货紧缩恶性循
环""容器回收再利用的流程"等就适合使用循环型图解。

- **改善问题的正向循环**

计划、实施、反思、计划……

- **通货紧缩恶性循环**

价格下降、利润减少、削减人工费用、消费紧缩、价格下降……

- **容器回收再利用的流程**

制造、销售、容器回收、制造……

循环型

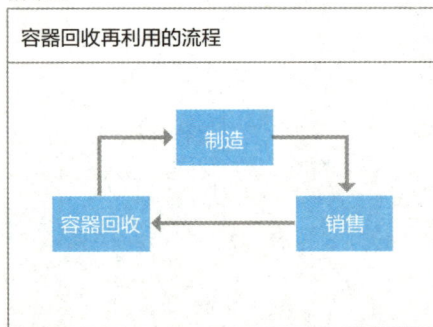

□ 循环型图解又可以分为三种形式

　　循环型图解，主要有三种形式。概念循环型只需展示大概念。纵向循环型和横向循环型在需要详细说明概念的时候使用。需要说明的要素超过四个，则最好选用纵向循环型。

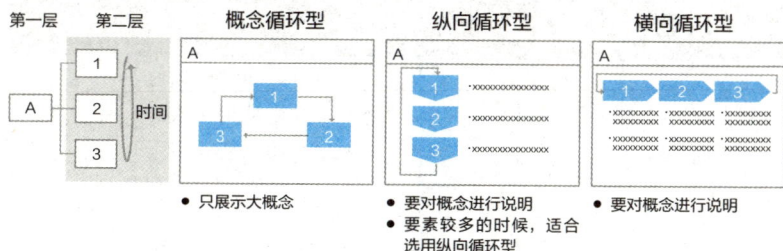

　　下面的例子是标题为"改善的循环"的幻灯片，是用纵向循环型图解制作的。该幻灯片副标题为"改善的循环，是计划、实施、反思的不断重复"。为了说明这个副标题，我们先用逻辑树对信息进行分析、整理。因为逻辑树第二层的各个要素存在时间先后关系，并且呈环形循环，所以适合使用循环型图解。

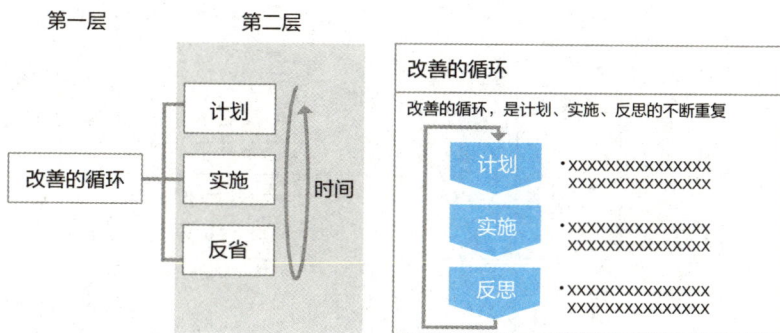

▼健身中心案例：图解类型的选择（1）

　　"我"在为健身中心制作PPT的时候，决定在"背景"幻灯片中对"营业利润下降"及其原因进行分析。因为有多个原因，"我"决定采用图解的形式来展示。"我"已经收集到所需的信息，整理如下：

	幻灯片标题	幻灯片副标题	幻灯片样式	幻灯片信息假说	获得的信息	出处
背景	新增会员情况	新增会员人数与去年同月相比下降了5%	图解	本健身中心：设备老旧化	• 内部装修是从前一家健身中心延续下来的，已经有15年历史 • 空调也是继续使用前一家健身中心的，已经有20年历史 • 动感单车也已经使用了7年时间	健身中心内部信息
				竞争对手：新建健身中心增多	• 在同一商圈内，24小时健身中心又新开了2家 • 高温瑜伽中心新开了3家	本健身中心的调查（2016年10月）
				顾客、市场：地区人口减少	• 从其他地区迁移来的居民每年减少0.5% • 少子化问题比其他地区更加严重	世田谷区政府网站（www.×××××××××××）

为什么精英都是PPT控

接下来，"我"用逻辑树对信息进行了分析、整理，观察各个要素之间的关系。

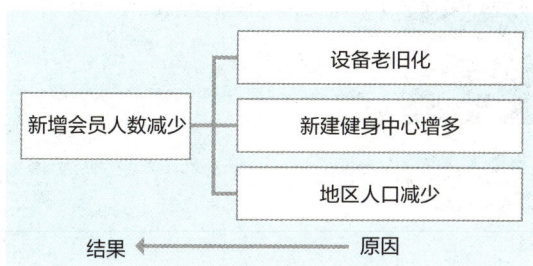

从逻辑树来看，"设备老旧化""新建健身中心增多""地区人口减少"是原因，"新增会员人数减少"是结果。鉴于各种要素之间的关系，"我"首先认为可以使用合成型图解。

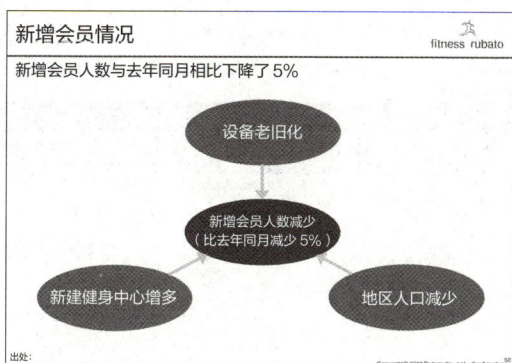

按照同样的程序，"我"制作了"解决方案"幻灯片，对三种促销方案进行了比较。"分发免费体验宣传单""免费私人教练体验课""会员的朋友可以享受免费体验"，这三个方案之间并没有时间关系、因果关系，是相互独立的。所以，"我"决定使用列举型图解来制作这页幻灯片。

增加新增会员的促销方案　fitness rubato

为吸引更多的入会者，建议采用以下三个方案：

分发免费体验宣传单	● 在周边区域分发免费体验宣传单
免费私人教练体验课	● 为有意愿的潜在顾客提供免费私人教练体验课
会员的朋友可以享受免费体验	● 本健身中心的正式会员可以推荐自己的朋友享受免费体验

出处：　Copyright © 2016 Rubato Co., Ltd. -Confidential- 19

随后，还是"解决方案"幻灯片，"我"要专门制作一页来详细展示"免费私人教练体验课"。"免费自由体验""免费私人教练体验课""无须增加额外成本"这三要素是"免费私人教练体验课"的背景，所以"我"决定采用背景型图解。

解决方案（详细）免费私人教练体验课　fitness rubato

免费自由体验、免费私人教练体验课，既可以提高体验者的好评度，又不会增加额外成本

免费私人教练体验课的促销活动

免费自由体验	免费私人教练体验课	无须增加额外成本
● 以前顾客体验一次需要缴纳1000日元，现在开放免费体验活动，顾客更踊跃 ——收取每位体验顾客1000日元，对销售额并没有多大贡献 ——通过免费体验，我们可以把握潜在顾客群	● 不会给我们造成经济负担，还能提高顾客的满意度 ——顾客不会使用健身器械，成为阻碍他们入会的重要原因 ——私人教练也愿意为顾客提供免费体验课，因为这会给他们带来更多的顾客 ——已经有多名私人教练表示愿意提供免费体验课 ——可以部分减轻销售人员的工作量	● 还是在往常的区域分发体验宣传单，所以不会造成额外成本，发单的效果也容易确认 ——需要对以往的宣传单加以修改，但变动不大 ——暂不去新区域发单，只在往常区域发单，这样效果更容易确认

出处：　Copyright © 2016 Rubato Co., Ltd. -Confidential- 20

关于"免费私人教练体验课"的效果，"我"也要做一页"效果"幻灯片。"免费私人教练体验课"是原因，结果是"入会人数增加""退会人数减少""口碑提升"。鉴于这些要素之间的关系，"我"觉得采用扩散型图解更合适。

296　　为什么精英都是 PPT 控

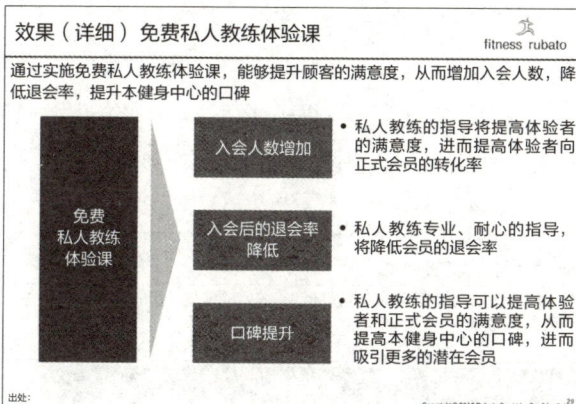

效果（详细）免费私人教练体验课 fitness rubato

通过实施免费私人教练体验课，能够提升顾客的满意度，从而增加入会人数，降低退会率，提升本健身中心的口碑

免费私人教练体验课

入会人数增加 —— 私人教练的指导将提高体验者的满意度，进而提高体验者向正式会员的转化率

入会后的退会率降低 —— 私人教练专业、耐心的指导，将降低会员的退会率

口碑提升 —— 私人教练的指导可以提高体验者和正式会员的满意度，从而提高本健身中心的口碑，进而吸引更多的潜在会员

紧接着免费私人教练体验课的"效果"，"我"还要制作一页显示其延伸"效果"的幻灯片。通过免费私人教练体验课，教练和顾客建立深入关系，提高入会率、续约率，同时扩大口碑影响，进而吸引更多的入会者。这是一个良性循环，因此"我"决定采用循环型图解。

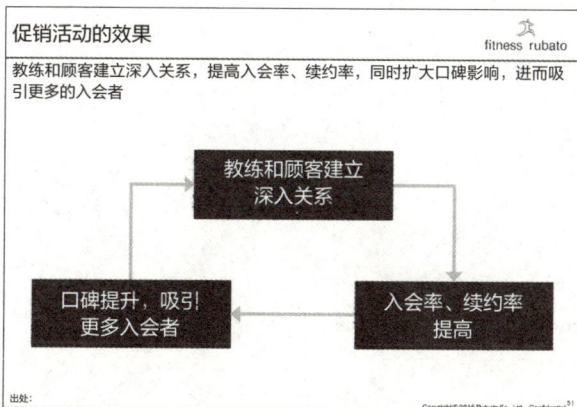

促销活动的效果 fitness rubato

教练和顾客建立深入关系，提高入会率、续约率，同时扩大口碑影响，进而吸引更多的入会者

教练和顾客建立深入关系

口碑提升，吸引更多入会者

入会率、续约率提高

最后，"我"还要制作一个"实施计划"幻灯片，为"免费私人教练体验课"提出具体实施办法。对于这一促销方案，"我"建议分阶段实施："试验性实施""效果验证""正式实施"。这明显是按时间顺序排列的，因此使用流程型图解不会有问题。

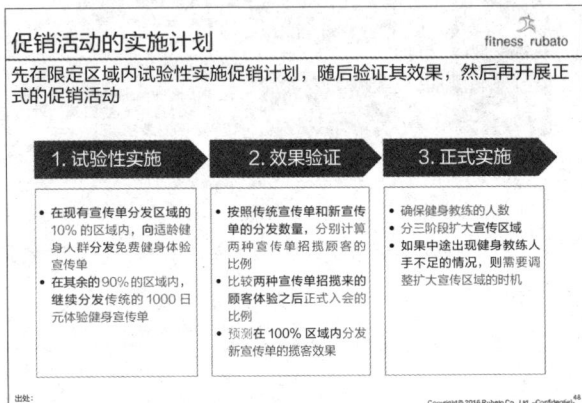

促销活动的实施计划　　　　　　　　　fitness rubato

先在限定区域内试验性实施促销计划，随后验证其效果，然后再开展正式的促销活动

1. 试验性实施

- 在现有宣传单分发区域的10%的区域内，向适龄健身人群分发免费健身体验宣传单
- 在其余的90%的区域内，继续分发传统的1000日元体验健身宣传单

2. 效果验证

- 按照传统宣传单和新宣传单的分发数量，分别计算两种宣传单招揽顾客的比例
- 比较两种宣传单招揽来的顾客体验之后正式入会的比例
- 预测在100%区域内分发新宣传单的揽客效果

3. 正式实施

- 确保健身教练的人数
- 分三阶段扩大宣传区域
- 如果中途出现健身教练人手不足的情况，则需要调整扩大宣传区域的时机

出处：　　　　　　　　　　　　　　　Copyright © 2016 Rubato Co., Ltd. -Confidential-

为什么精英都是 PPT 控

应用图解的六种类型

基本图解我们已经学完了，下面就来挑战一下应用图解。这一部分要给大家介绍的六种应用图解，都是在纵横两个方向的轴上解析信息，是我们战略顾问最常用的图解形式。熟练掌握应用图解，可以进一步提高PPT的表现力。

上升型

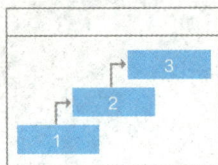

要素之间存在时间关系，由低到高上升

对比型

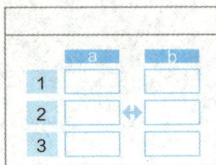

两种商品或服务进行比较

矩阵型

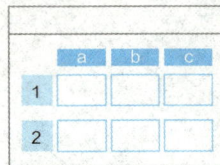

以分类或对比的形式，对要素的内容进行显示

表格型

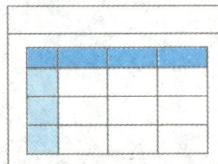

矩阵型的要素比较多时，就用表格型

四象限型

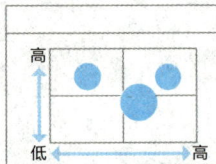

纵横两个坐标轴分隔出四个象限，主要用于比较

甘特图型

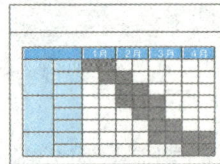

显示计划、工程的进度

上升型

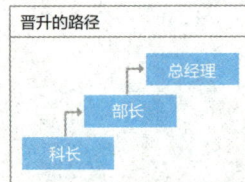

对比型

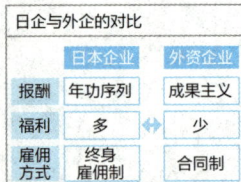

矩阵型

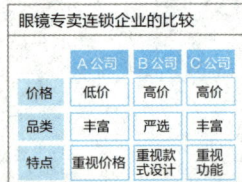

表格型

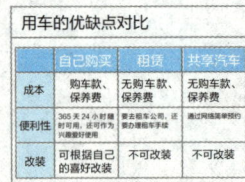

四象限型

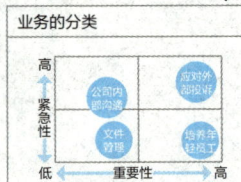

甘特图型

应用图解（1）表示改善、提高的"上升型"

❑ 随着时间流逝不断向上的"上升型"

上升型图解，**适合多个因素之间存在时间先后关系，并不断向上发展的情况。**在上升型图解中，横向是时间轴，纵向是发展轴。使用上升型图解的典型例子有"技能的逐步提高""企业的发展"等。

以"企业的发展"为例，假设分为"风险期""扩张期"和"稳定期"，这三个阶段是不断向上发展的，所以用上升型图解最合适。上升型可以体现一种向上的发展态势，所以特别适用于"效果"幻灯片。

在下面的案例中，公司职员晋升的路径由低到高依次是"科长""部长""总经理"。把这三个阶段用上升型图解的形式展现，就能让人直观地了解一名员工的成长路径。

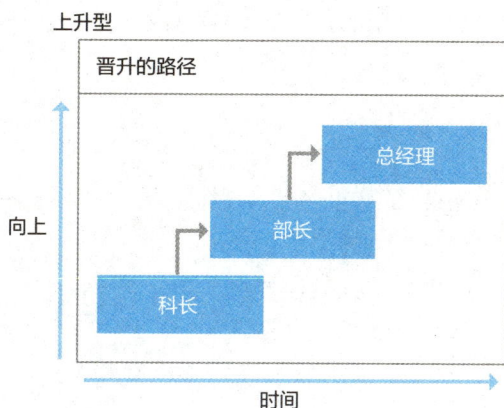

上升型

晋升的路径

向上 · 总经理 · 部长 · 科长 · 时间

上升型图解一般沿着时间轴的方向，由下向上以阶梯状的图形排列。如果沿着时间轴的方向，由上向下以阶梯状的图形排列，那就变成了"下降型"图解。公司经营状况不断恶化的情况，可以用下降型图解来表示。

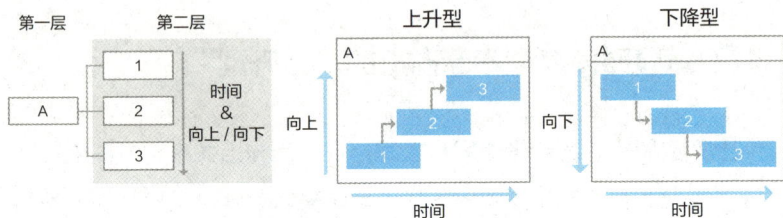

熟练掌握上升型和下降型图解

下面的案例是用上升型图解展示"企业的发展"这一主题的幻灯片。幻灯片副标题是"企业从风险期起步，经历了扩张期，现在已经发展到稳定期"。为了说明这一副标题，我们先用逻辑树对信息进行分析、整理。从逻辑树第二层来看，各个要素之间存在时间上的先后顺序，并且随着时间的推移，企业是在逐步向上发展的，因此判断适合使用上升型图解。使用上升型图解制作好的幻灯片，让读者对企业的发展过程一目了然。

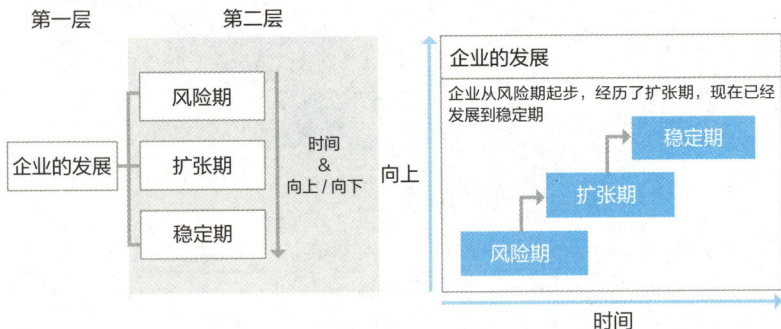

为什么精英都是 PPT 控

应用图解（2）
进行比较的"对比型"

◻ 对两种商品或服务进行比较的"对比型"

对两种商品或服务进行比较的时候，适合使用对比型图解。横向配置要进行对比的商品、服务或企业，纵向配置要比较的项目。"商品对比""商业模型对比"中，经常使用对比型图解。因为对比型图解展示的是比较的内容，所以适合用在"背景"幻灯片中与其他公司、其他商品进行比较，亦可用在"解决方案"或"效果"幻灯片中对多个方案进行比较。

下面的案例比较了日本企业和外资企业在员工待遇方面的差异。图解中，横向配置了比较的对象"日本企业"和"外资企业"，纵向配置了比较的项目"报酬""福利""雇佣方式"。

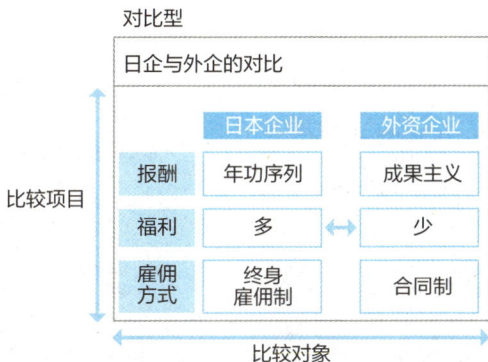

对比型

日企与外企的对比		
	日本企业	外资企业
报酬	年功序列	成果主义
福利	多	少
雇佣方式	终身雇佣制	合同制

比较项目

比较对象

对比型图解，基本上只有一种表现形式，就是横向配置两个比较的对象，纵向配置比较的项目。在比较对象中，一般情况下，自家公司的商品或服务放在左边，竞争对手的放在右边。

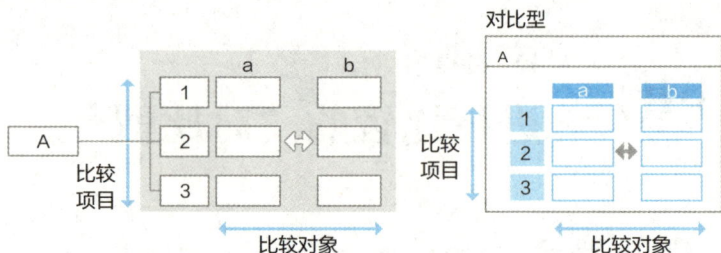

対比型

☐ 熟练掌握对比型图解

下面案例中的幻灯片对"摩斯汉堡"和"麦当劳"进行了比较。这页幻灯片的副标题是"摩斯汉堡与麦当劳相比，店面选址距离地铁站远一些，价格高一点，但食品更绿色健康"。为了说明这个副标题，我们先用逻辑树对信息进行分析、整理。从逻辑树我们可以看出，其主要从价格、选址、商品三个方面对两家公司进行了比较，因此适合使用对比型图解。只要把逻辑树中的各种信息填入对比型图解的模型中，就完成了这页幻灯片的制作。

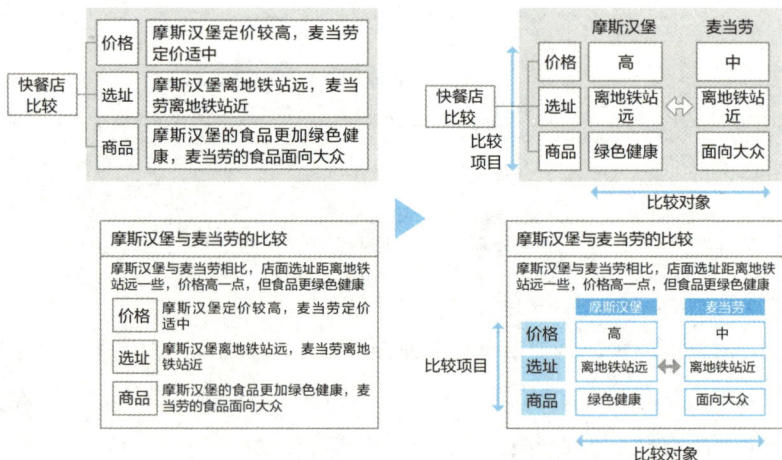

为什么精英都是 PPT 控

应用图解（3）
整理信息的"矩阵型"

❑ 信息一览的"矩阵型"图解

信息比较多，需要用表格展示的时候，就适合用矩阵型图解。我们战略顾问在**展示定性的信息时，常会使用矩阵型图解。**从形式上看，矩阵型和对比型很像，但对比型主要用于商品、服务的比较，而矩阵型并不一定用于比较。展示自家公司的多种商品、服务的时候，可以用矩阵型图解；展示多个竞争对手的特点时，也可以使用矩阵型图解。

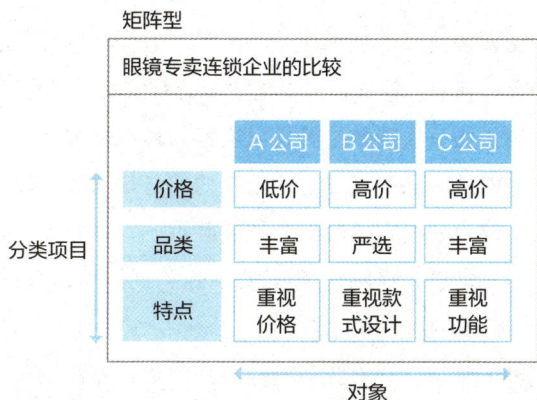

矩阵型

眼镜专卖连锁企业的比较			
	A公司	B公司	C公司
价格	低价	高价	高价
品类	丰富	严选	丰富
特点	重视价格	重视款式设计	重视功能

分类项目 ↕

对象 ↔

矩阵型也有一些细分类型，比如，由列举型发展而来的列举矩阵型，由流程型发展而来的流程矩阵型等。

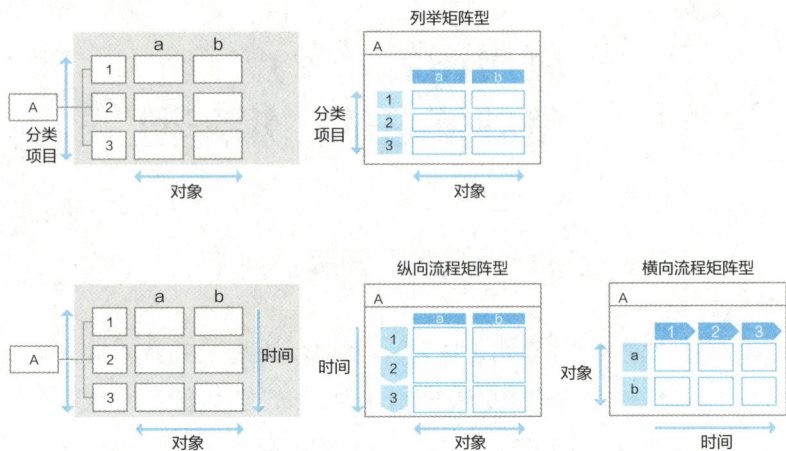

列举矩阵型

分类项目 / 对象

纵向流程矩阵型　横向流程矩阵型

时间 / 对象 / 对象 / 时间

☐ 熟练掌握列举矩阵型图解和流程矩阵型图解

由列举型发展而来的列举矩阵型图解，适合在整理信息的时候使用。例如"便利店的比较"，可以把比较的对象罗森、全家、711并列在横轴上，销售额、店铺数量等比较内容并列在纵轴上。再比如，我们在制作"关西地区旅游景点之比较"的幻灯片时，可以把比较对象京都、大阪、神户并列在横轴上，把名胜古迹、线路等比较内容并列在纵轴上。通过横轴、纵轴整理信息，进行分类比较，就能让读者对比较的结果一目了然。

如果横轴或纵轴上存在先后流程关系的话，就特别适合使用流程矩阵型图解。在展示"工作流程"的时候，最常用流程矩阵型图解。横轴上配置流程——计划、准备、实施，纵轴上配置目标、负责部门等。这样一来，每个阶段的目标和负责部门就很清晰了。流程矩阵型又可以分为纵向流程矩阵型和横向流程矩阵型。

为什么精英都是 PPT 控

❏ 用列举矩阵型对信息进行分类

对多种商品或服务进行比较的时候，如果我们用常规的列举型图解展示的话，那么一个项目中就不得不展示多个商品或服务，看起来比较混乱，对读者来说，很容易被弄晕。这种情况下，用列举矩阵型就会好很多，因为会分项目整理商品或服务的信息，所以看起来非常清晰、有条理。

下面举个例子，比较东南亚和非洲的市场。需要比较的项目有人口、成长性、竞争程度，我将它们配置在纵轴上。横轴上配置比较的对象，即东南亚和非洲。具体来说，比如在"人口"项目中，如果用列举型图解，我就得用文字进行说明："东南亚人口多，非洲人口少。"但如果用列举矩阵型，就只需展示"东南亚""多"、"非洲""少"就可以了。

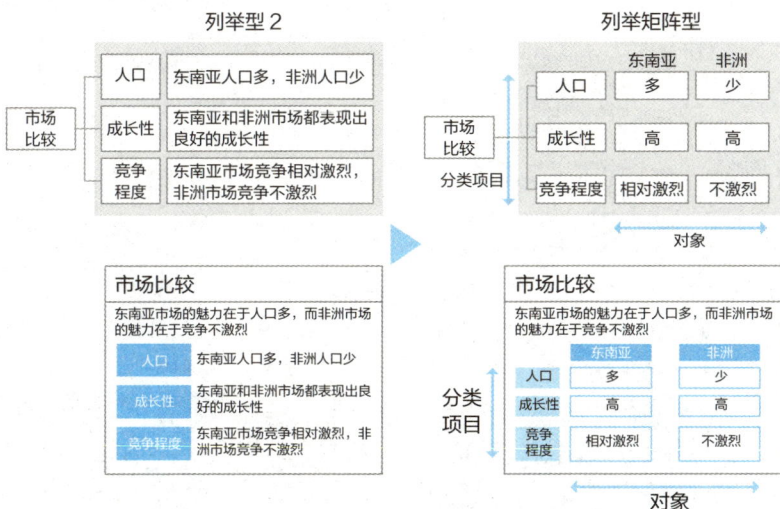

用流程矩阵型显示流程

将多个商品、服务或业务放在一个时间轴上进行比较的时候，如果使用流程型图解展示，那么在一个项目中必须说明多个商品、服务或业务，容易混乱，读者读起来也比较头疼。但如果采用流程矩阵型图解，就可以将比较对象分开来，然后进行逐项比较，要清晰得多。

在下面的例子中，我比较了不同渠道购买书籍的优缺点。如果使用常规的流程型图解，那么，在来店、选择、配送三个阶段中，我不得不同时说明亚马逊购书和书店购书的优缺点。读者要想直观地看到亚马逊和书店的差异，必须仔细地读说明文字。如果我能在制作逻辑树阶段，就把亚马逊和书店区分开来整理信息的话，就会发现，这个案例可以用流程矩阵型图解展示。实际制作出来的幻灯片效果，更便于读者阅读。

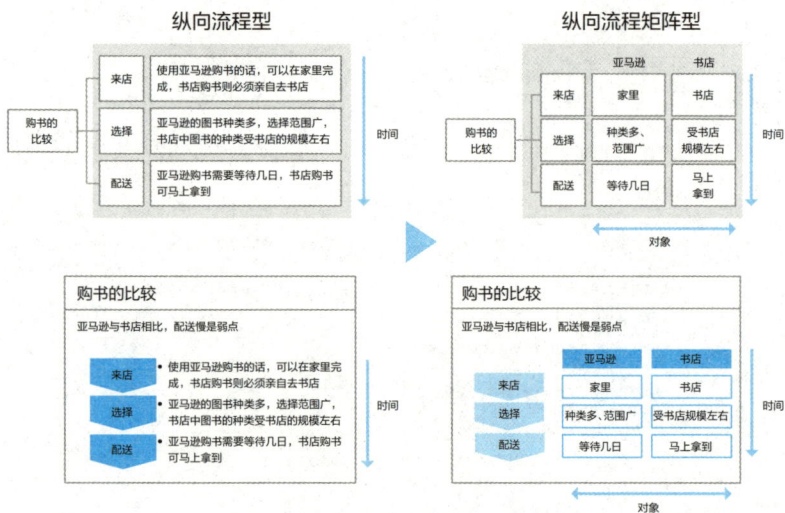

应用图解（4）
详细整理信息的"表格型"

◻ 对信息进行详细整理的时候，应用"表格型"图解

前一小节介绍的矩阵型图解，非常适合对多个对象进行比较时使用。但是，如果比较对象和比较内容很多的话，矩阵型图解就会变得非常复杂，读者读起来也比较困难。

如所有要素加在一起超过九个的话，我就推荐使用表格型图解。表格型图解的特点就是表格可以分得很细，可以更加详细地整理信息。

表格型

用车的优缺点对比

分类项目		自己购买	租赁	共享汽车
	成本	购车款、保养费	无购车款、保养费	无购车款、保养费
	便利性	365天24小时随时可用，还可作为兴趣爱好使用	要去租车公司，还要办理租车手续	通过网络简单预约
	改装	可根据自己的喜好改装	不可改装	不可改装

对象

表格型图解有三种代表形式：最常用的"常规表格型"，项目之间存在时间流关系的"纵向流程表格型"和"横向流程表格型"。如果项目较多的话，纵向流程表格型比横向流程表格型更适合。在制作表格型图解的时候，作为小标题的第一行表格和第一列表格，要填充颜色，这样更便于读者区分标题和内容。

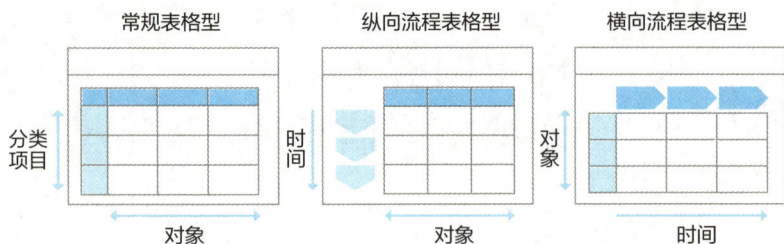

常规表格型	纵向流程表格型	横向流程表格型

分类项目 / 对象

时间 / 对象

对象 / 时间

■ 三个步骤，快速制作表格型图解

前面介绍的几种类型的图解，在制作的时候，都要用插入"形状"命令（请参考第30页）。但制作表格型图解，就不能用插入形状了，而应该用插入"表格"命令。其实，只需三个步骤，表格型图解就可快速完成。第一步，插入表格；第二步，为第一行、第一列涂色，并设定好字体、位置等格式；第三步，输入文字。

（1）插入表格
点击"插入""表格"，插入默认表格。

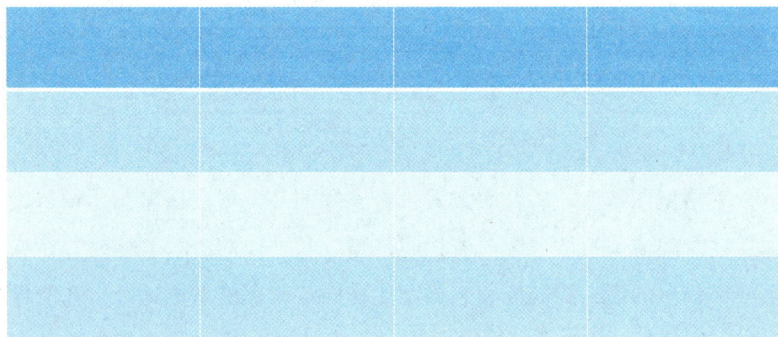

点击"插入""表格"，插入默认表格

（2）设置表格格式

为表格的第一行、第一列填充背景色，设置文字位置，比如居中、左对齐或右对齐。其他表格，在"设计""底纹"中选择"无填充颜色"。如果一个格子中要输入多个句子，先设置为左对齐，然后设置"项目符号"，进行逐条编写。如果一个格子中只有一个句子、数字或单词的话，则设置为居中，无须逐条编写。另外，整个表格都要加"框线"。如果表格需要合并或拆分，在这个阶段就要设置好。

	XXX		
XXX	·XXX	·XXX	除第一行、第一列之外，设置项目符号，准备进行逐条编写

·第一行和第一列要填充背景颜色（行深、列浅）
·第一行和第一列的文字位置，要设置上下、左右居中

·表格整体加框线
·除第一行和第一列之外，都不需要填充背景色

（3）插入文字

前两步设定完成之后，开始在表格中输入文字。

	XXX	XXX	XXX
XXX	·XXXXXX	·XXXXXX	·XXXXXX
XXX	·XXXXXX	·XXXXXX	·XXXXXX
XXX	·XXXXXX	·XXXXXX	·XXXXXX

☐ 快捷键和快速访问工具栏可大大提高工作效率

在通过上述三个步骤制作表格型图解的过程中，快捷键和快速访问工具栏可以发挥很大的作用，帮我们提高效率、节省时间。下面就为您详细介绍快捷键和快速访问工具栏在此处的应用。

	概要	快捷键	快速访问工具栏
❶ 插入表格	• 插入表格 • 确定行数、列数	• 插入行（最下层行，用 Tab 键）	• 表格
❷ 表格格式设定	• 表格格式设定 • 填充背景色 • 设定表格的边距		• 底纹 • 填充 • 格子
文字格式设定	• 文字格式设定	• 改变字号（Ctrl+【、】） • 右对齐、左对齐、居中（Ctrl+R、L、E） • 加粗、下划线、倾斜（Ctrl+B、U、I）	• 字体、字体颜色 • 项目符号、文字的设置、行间距
表格的合并/拆分	• 表格的合并/拆分		• 所有框线 • 无框线 ※ 点击右键，可以进行表格的合并或拆分
❸ 输入文字	• 输入文字	• 直接输入文字	

尤其是在为表格里的文字设置格式时，快捷键非常方便。字号的缩小或放大，就用Ctrl+【、】。右对齐、左对齐、居中，就用Ctrl+R、L、E。其实很好记忆，R是Right（右）的首字母，L是Left（左）的首字母，E是Center的第二个字母［居中为什么不用C？因为C已被"复制"（Copy）用了］。另外，对文字进行强调时，我们常会给文字加粗（Bold）、加下划线（Underline）、倾斜（Italic），快捷键分别是Ctrl+B、U、I。

为什么精英都是 PPT 控

应用图解（5）整理位置关系的"四象限型"

☐ 通过横纵两轴确定位置关系的"四象限型"

在对多个要素进行比较的时候，除了前面介绍的对比型图解外，还可以使用四象限型图解。这种图解类型，先通过纵横两个坐标轴设计一个比较系统（例如"重要性"和"紧急性"、"效果"和"可操作性"），然后将比较对象分别放入这个系统的相应位置，就可以对它们进行比较了。举例来说，有几项工作摆在我们眼前，我们该如何给它们排列顺序呢？这时就可以按照"重要性"和"紧急性"对它们进行比较，从而选出最优先的项目。前面介绍的对比型、矩阵型和表格型，"比较项目"或"分类项目"都可以是两个以上。但四象限型只有横纵两个坐标轴，所以只能显示两个"比较项目"。因此，比较项目只有两项，且非常重要的时候，才适合使用四象限型图解。

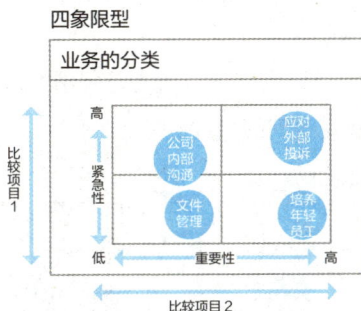

四象限型

业务的分类

	高	
比较项目1	公司内部沟通	应对外部投诉
	文件管理	培养年轻员工
	低　　　重要性　　　高	

比较项目2

四象限型图解又可以分为两种类型：第一种，只显示四个象限（四象限型）；第二种，将需要比较的商品、业务等放入四个象限中，对它们的位置进行比较（分类型）。根据实际情况，区分使用两种类型。

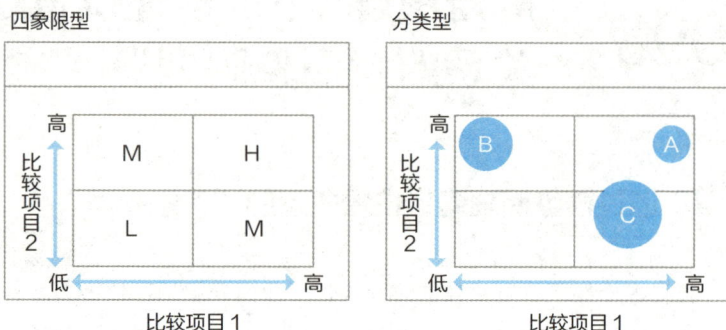

四象限型

高 比较项目2	M	H
	L	M
低 ←→ 高

比较项目1

分类型

高 比较项目2	B	A
	C
低 ←→ 高

比较项目1

❑ 熟练掌握"分类型"图解

　　四象限型中的分类型图解，在实际使用的时候，对于解决方案，一般要分成"效果"和"可操作性"进行评价；对于商品或服务，一般分成"市场份额"和"市场增长率"进行评价。

　　对商品或服务用"市场份额"和"市场增长率"进行评价的方法，被称为"产品项目管理"（简称PPM，Project Portfolio Management）。PPM是波士顿战略顾问集团针对多元化经营的企业，提出的一种对经营资源进行最佳分配的管理方法。（这里所用的市场份额，是与市场占有率第一的企业对比得到的相对份额。）

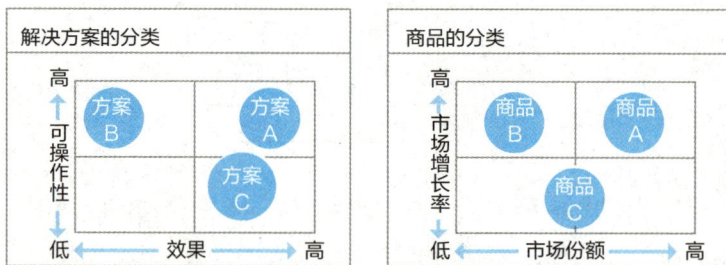

解决方案的分类

高 可操作性	方案 B	方案 A
	方案 C
低 效果 高

商品的分类

高 市场增长率	商品 B	商品 A
	商品 C
低 市场份额 高

　　　　　　　　　　　　　　为什么精英都是 PPT 控

应用图解（6）
显示计划的"甘特图型"

☐ 用"甘特图型"展示工序

要展示计划的话，最合适的恐怕就是甘特图型图解了。甘特图型图解，适合对各种各样的工作按照时间顺序进行整理，尤其适合展示工序。在最左侧的一列表格中，对工序进行大分类或中分类，可以让计划显得更加清晰明确。

一般来说，当我们先用流程型图解对工序进行粗略展示之后，紧接着下一页幻灯片就适合用甘特图型图解对工序进行更加详细的展示。在"效果"幻灯片和"结论"幻灯片之间，插入一页"今后的计划"，用甘特图型图解展示这个计划，能收到非常好的说明效果。

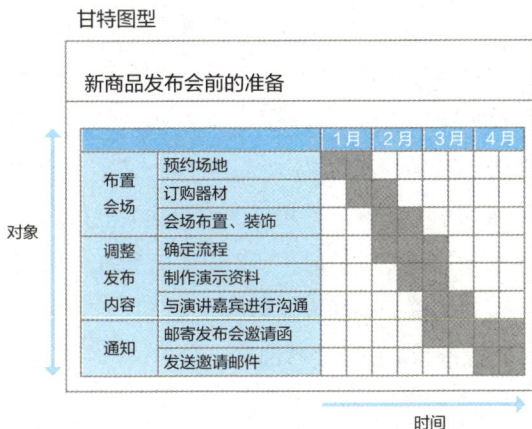

甘特图型

新商品发布会前的准备		1月	2月	3月	4月
布置会场	预约场地				
	订购器材				
	会场布置、装饰				
调整发布内容	确定流程				
	制作演示资料				
	与演讲嘉宾进行沟通				
通知	邮寄发布会邀请函				
	发送邀请邮件				

对象

时间

甘特图型图解也可分为两种类型。用表格来展示任务的时候，适合用甘特图型1；使用五边形箭头的时候，适合使用甘特图型2。具体来说，展示计划的整体概要时，可以用甘特图型1；对计划进行详细展示时，则适合使用甘特图型2。

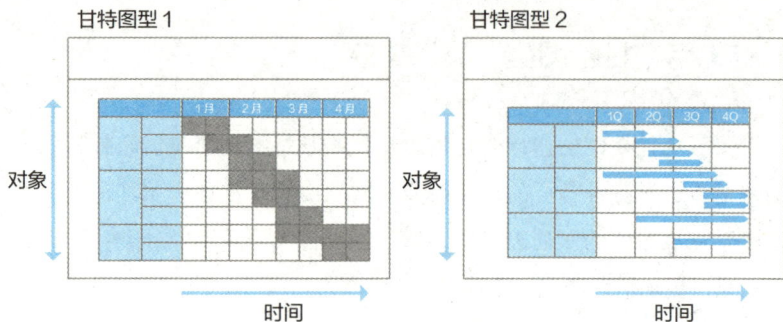

甘特图型 1

甘特图型 2

对象　　　　　　　　　　　时间

对象　　　　　　　　　　　时间

制作甘特图型图解

　　甘特图型图解，一般使用PowerPoint自带的制表功能制作。制成表格之后，先把第一行的背景涂成深色，再把第一列和第二列的背景涂成浅色。其他表格选择"无填充"。如果是甘特图型1，那么显示内容的表格还是要涂上背景色。

　　制作甘特图型2的时候，依次点击"插入""形状""箭头总汇""箭头：五边形"，在表格相应的位置插入五边形箭头。要逐个调整五边形箭头的高度非常费时，所以，一开始插入的时候不用逐个调整，等所有五边形箭头都插入完毕后，全选这些箭头，然后在"格式""大小""高度"中统一调整即可。

为什么精英都是 PPT 控

"我"对不同促销方案各个实施阶段的预计揽客人数进行了比较，在制作这一页幻灯片的时候，"我"决定使用图解的形式来表现。这一页幻灯片所需的信息"我"已经整理如下：

	幻灯片标题	幻灯片副标题	幻灯片样式	幻灯片信息假说	获得的信息	出处
解决方案	促销方案各个实施阶段的预计揽客人数	实施免费私人教练体验课，预计比单纯分发免费体验宣传单的效果好	图解	接单人数	免费体验宣传单，预计 50000 人 免费私人教练体验课，预计 50000 人	根据过去的数据预测
				体验人数	免费体验宣传单，预计 30 人 免费私人教练体验课，预计 40 人	根据过去的数据预测
				正式入会人数	免费体验宣传单，预计 10 人 免费私人教练体验课，预计 15 人	根据过去的数据预测

接下来，"我"用逻辑树对这些信息进行分析、整理，观察要素之间的关系。逻辑树第二层的各个要素之间（"接单人数""体验人数""正式入会人数"）存在时间上的先后关系，所以，"我"首先考虑使用"纵向流程型"图解。但这些要素又要分为"免费体验宣传单"和"免费私人教练体验课"两个项目进行比较，所以最终"我"决定采用"纵向流程矩阵型"图解。

解决方案		免费体验宣传单	免费私人教练体验课
	接单人数	50000 人	50000 人
	体验人数	30 人	40 人
	正式入会人数	10 人	15 人

时间

对象

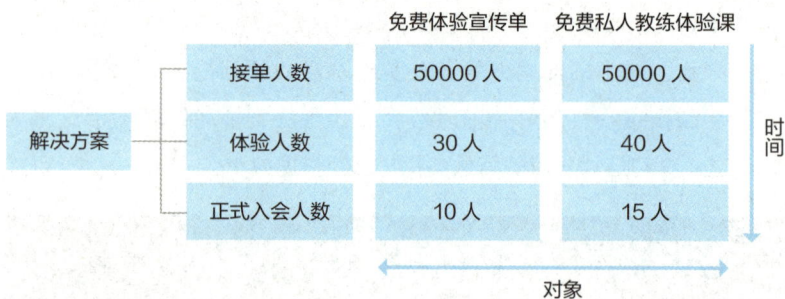

根据逻辑树分析的结果，"我"制作了如下幻灯片。

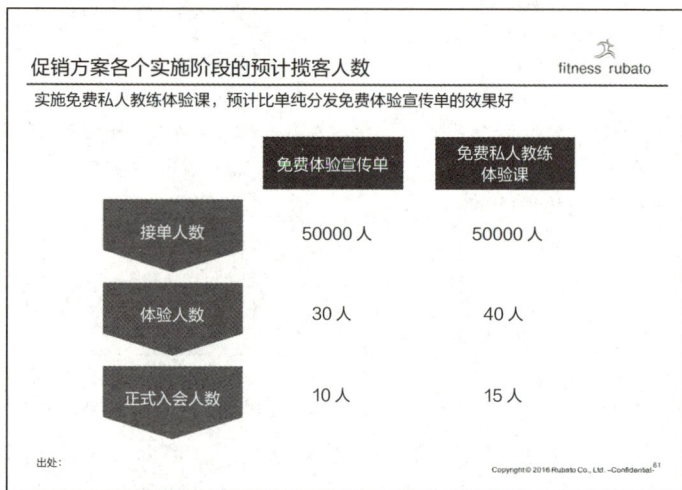

促销方案各个实施阶段的预计揽客人数 ⠀⠀⠀⠀⠀⠀⠀⠀⠀⠀ fitness rubato

实施免费私人教练体验课，预计比单纯分发免费体验宣传单的效果好

	免费体验宣传单	免费私人教练体验课
接单人数	50000 人	50000 人
体验人数	30 人	40 人
正式入会人数	10 人	15 人

出处：

Copyright © 2016 Rubato Co., Ltd. –Confidential.[51]

上面，"我"对"免费体验宣传单"和"免费私人教练体验课"两种促销方案进行了比较，但随着工作的进展，"我"决定再加入一个促销方案——会员的朋友可以享受免费体验。因为增加了比较对象，所以"我"决定把图解调整为"横向流程表格型"。

促销方案各个实施阶段的预计揽客人数

fitness rubato

实施免费私人教练体验课，预计比单纯分发免费体验宣传单的效果好

	接单人数	体验人数	正式入会人数
免费体验宣传单	50000 人	30 人	10 人
免费私人教练体验课	50000 人	40 人	15 人
会员的朋友可以享受免费体验	400 人	20 人	10 人

出处：

Copyright © 2016 Rubato Co., Ltd. –Confidential 60

下一页幻灯片，"我"不仅要对各个促销方案的预计入会人数进行比较，还要对各方案的成本进行对比，也就是进行性价比的综合比较。这就适合用"四象限型"图解了。各个方案在象限中的位置一目了然。

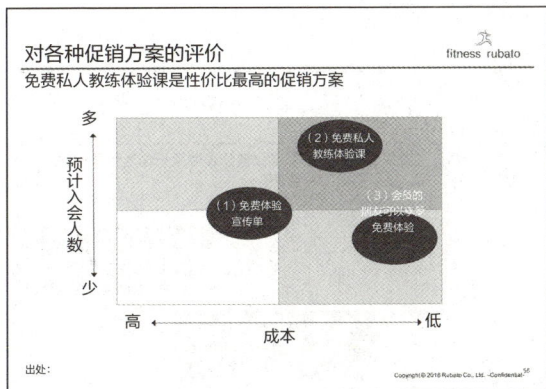

对各种促销方案的评价

fitness rubato

免费私人教练体验课是性价比最高的促销方案

出处：

Copyright © 2016 Rubato Co., Ltd. –Confidential 58

在这一页幻灯片中，用四象限型图解还无法详尽比较出"免费私人教练体验课"和"会员的朋友可以享受免费体验"哪个方案更好。

于是，"我"决定在下一页幻灯片中用"对比型"图解直接对这两个方案进行比较。从"费用""劳力""效果"三点进行比较，结果发现，"免费私人教练体验课"更具优势。

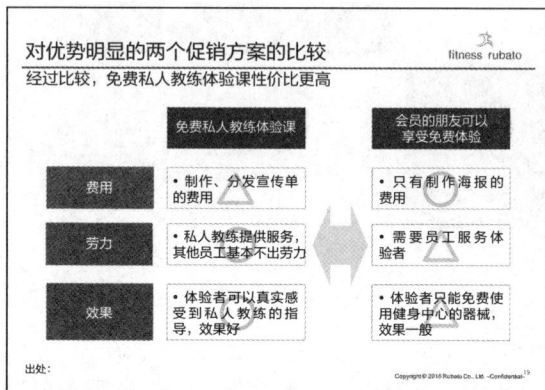

下一页幻灯片是"免费私人教练体验课的效果"，"我"决定采用"上升型"图解。私人教练通过和体验者建立良好关系，可以增强体验者继续请私人教练的意愿，进而提升健身中心的口碑，吸引更多的入会者。这是一个逐步上升的良性关系。

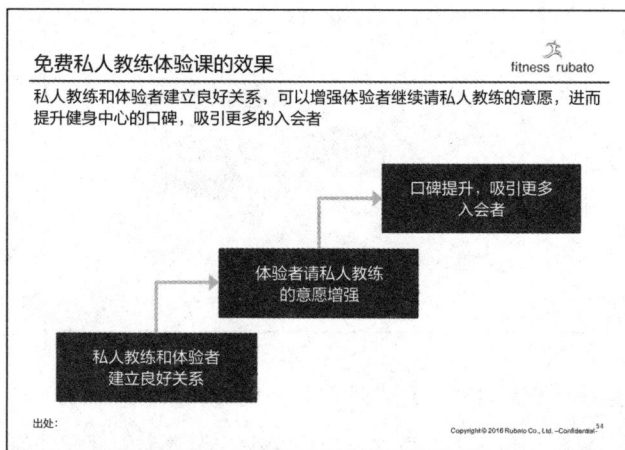

为什么精英都是 PPT 控

最后，"我"用"甘特图型"图解制作了一页"促销方案实施计划——详细"幻灯片。因为将促销计划拆分成了详细的任务，所以采用了"甘特图型2"图解。

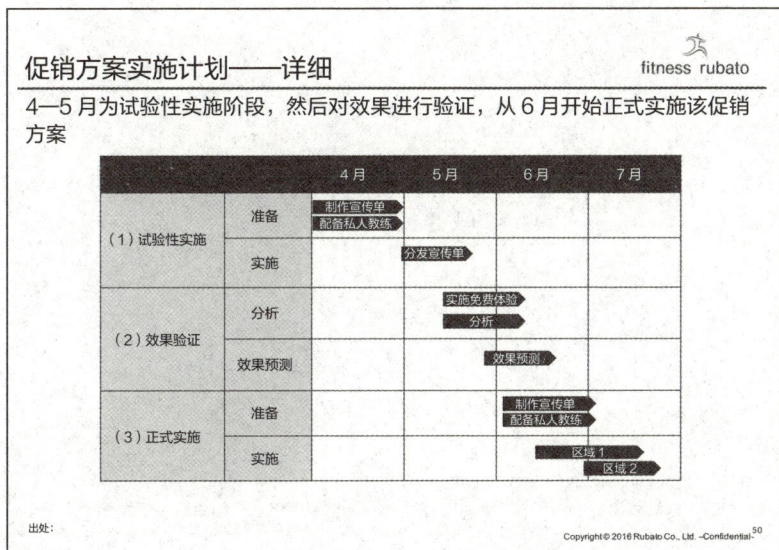

促销方案实施计划——详细

fitness rubato

4—5月为试验性实施阶段，然后对效果进行验证，从6月开始正式实施该促销方案

		4月	5月	6月	7月
（1）试验性实施	准备	制作宣传单 配备私人教练			
	实施		分发宣传单		
（2）效果验证	分析		实施免费体验 分析		
	效果预测			效果预测	
（3）正式实施	准备			制作宣传单 配备私人教练	
	实施				区域1 区域2

出处：

三个步骤，
高效制作图解

选定图解的类型之后，我们就该着手制作图解了。在制作图解的过程中，因为要插入很多形状和文本框，所以很费时间。但如果您能掌握正确的制作步骤，就能轻松、快速地制作出图解幻灯片来。

（1） 选择图解 类型	▶	（2） 制作图解	▶	（3） 强调	▶	（4） 增加 表现力

我建议大家不要马上打开PowerPoint，上来就进入制作的步骤，应该先在笔记本上为图解画一个草图，然后再按照下列步骤，在PowerPoint中制作图解幻灯片。

步骤（1）制作"形状单位"

插图形状，设定字体、字号、形状的格式，将多个形状组合起来，构成制作图解的基本"形状单位"，以便复制、粘贴。

步骤（2）调整形状的配置

使用复制、粘贴、对齐等快捷键，将形状单位配置在幻灯片合适的位置上。

步骤（3）输入文字

最后，在形状的适当位置输入文字。

制作图解的时候，不要插入一个形状就开始输入文字，而是先把图解的整体布局、排版制作好，最后再输入文字，这样便能高效地制作图解幻灯片了。下面我就按照顺序为大家逐一讲解。

步骤（1）制作"形状单位"

■ 插图形状，将其组合成"形状单位"

制作图解幻灯片，我们先从制作形状单位开始。

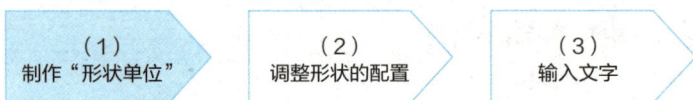

（1） 制作"形状单位"	（2） 调整形状的配置	（3） 输入文字

看其他朋友制作图解幻灯片的时候，我经常能发现形状大小不一，左右、上下未对齐的情况。究其原因，他们在制作图解的时候，形状是一个一个制作出来的。高效制作图解的关键点在于，先把形状单位制作好。下面以列举型3为例，为大家讲解制作过程。

首先，依次点击"插入""形状""矩形"，插入写小标题用的小矩形，再插入写内容用的大矩形。输入内容的形状，也可以用文本框。

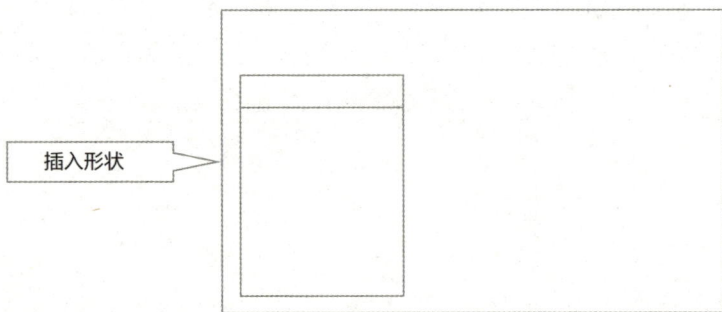

插入形状

接下来，对每个形状及字体、字号的格式进行设置。形状格式包括底纹、边框等。形状中文字的格式，加粗用快捷键"Ctrl+B"，调整字号用"Ctrl+【、】"，居中用"Ctrl+E"……关于快捷键的用法，请参考原则015。另外，对于输入内容的形状，还需设置"项目符号""左对齐"等格式。

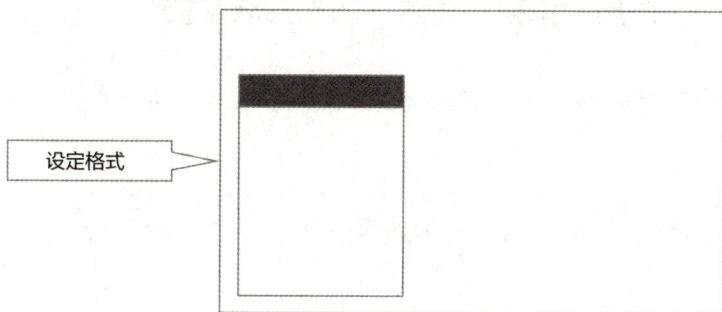

设定格式

最后，将设置好的两个形状组合起来。选中两个形状，用快捷键Ctrl+G便可以把它们组合在一起。至此，第一步制作形状单位就完成了。

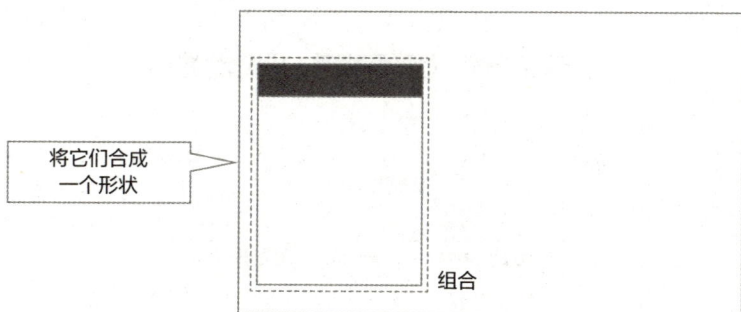

将它们合成
一个形状

组合

096 步骤（2）调整形状的配置

■ 使用"排列"功能，调整形状配置

第二步，我们要把前面做好的形状单位配置在幻灯片里。

| （1）
制作"形状单位" | （2）
调整形状的配置 | （3）
输入文字 |

使用复制、粘贴（Ctrl+C、Ctrl+V），按照需要将形状单位复制足够的数量。这个过程一定要使用快捷键，可以节省很多时间。如果使用Ctrl+D的话，可以同时进行复制、粘贴。

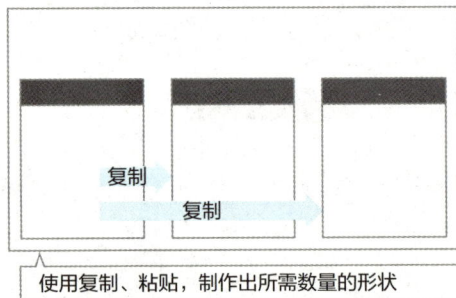

复制
复制

使用复制、粘贴，制作出所需数量的形状

形状数量足够后，就该调整形状的配置了。调整形状配置，一定要使用"排列"功能。如果不使用排列功能，而是逐个调整形状的位置，那可要花很多时间。先调整左右两端的形状的位置，可以通过标尺实现。这个阶段，先不用考虑形状上下是否对齐。左右两端的位置

确定之后，全选所有形状，使用快速访问工具栏中的"横向分布"，将各个形状在横向上平均分布。

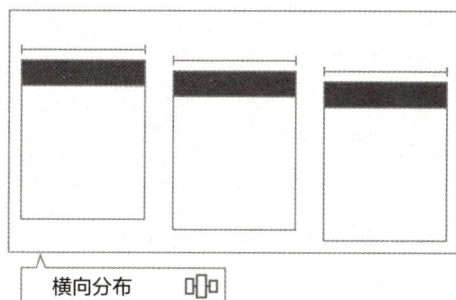

然后将一个形状移动到上端的目标位置，再全选所有形状，点击"顶端对齐"，所有形状的上下两端就对齐了。至此，形状配置完成。

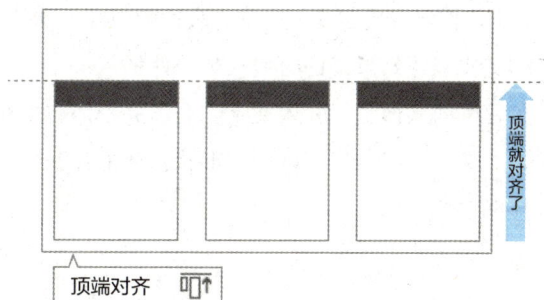

步骤（3）输入文字

☐ 逐条输入文字

形状配置完成之后，就可以输入文字了。

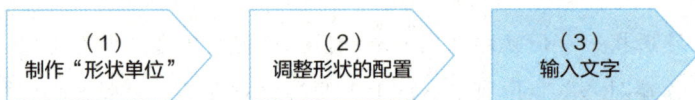

| （1）
制作"形状单位" | （2）
调整形状的配置 | （3）
输入文字 |

在形状中输入文字的时候，一定要逐条输入。逐条输入可以减轻读者的阅读负担，作者也更容易把自己想表达的内容说清楚。

用图解的形式制作幻灯片的时候，最忌讳插入一个形状就在其中输入文字，然后再插入形状、输入文字。**应该先把所有形状都插入并配置好，再输入文字**。因为配置好所有形状，才能让我们对整体结构有一个更清晰的把握。

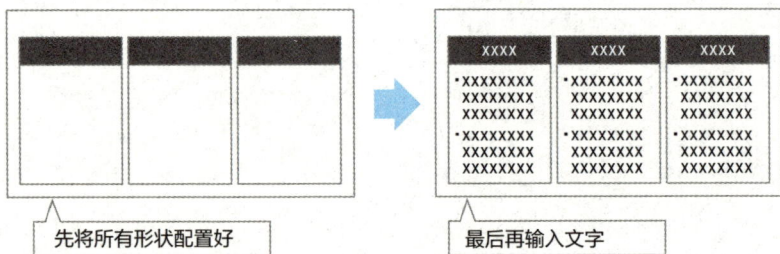

先将所有形状配置好 → 最后再输入文字

为什么精英都是 PPT 控

☐ 制作图解，一定要用好快捷键和快速访问工具栏

使用快捷键和快速访问工具栏，是高效制作图解幻灯片的关键。按照下面的顺序制作，一定会让您的工作效率大大提高。

	概要	快捷键	快速访问工具栏
❶ 插入形状	• 插入形状		• 形状 • 文本框
设置形状的格式	• 设置形状格式	• 改变字号"Ctrl+【、】" • 右对齐、左对齐、居中"Ctrl+R、L、E" • 加粗、下划线、倾斜"Ctrl+B、U、I"	• 形状的底纹、边框 • 字体、字号、颜色 • 项目符号、文字的配置、行间距
将形状进行组合	• 将形状进行组合	• 组合"Ctrl+G" • 解除组合"Ctrl+Shift+G"	
❷ 复制、粘贴	• 对形状单位进行复制、粘贴	• 复制"Ctrl+C" • 粘贴"Ctrl+V"	
调整配置	• 将形状单位配置在幻灯片内		• 左对齐、右对齐、居中 • 横向分布、纵向分布 • 置于顶层、置于底层
❸ 输入文字	• 输入文字	• 选中图形点击 F2 或直接输入	

在设定格式和调整配置的时候，需要用到很多指令，一个个寻找起来非常不方便，所以，一开始我就建议大家把常用指令放在快速访问工具栏里，用的时候就可以信手拈来。

大原则

通过强调，
让图解主次分明

选择正确的图解类型，可以让幻灯片的内容更加清晰易懂。但是，要让读者把幻灯片的所有内容逐一仔细看完，还是要花很多时间的，这对读者来说是一个不小的负担。所以，我们有必要尽量减少读者的阅读量，但并不是减少内容量，而是把我们最想表达的部分或极力主张的部分强调出来，让读者优先阅读这些内容。

关于如何强调图解中的内容，我们可以分以下三个步骤进行：

（1）选用强调色。

（2）根据幻灯片副标题的内容确定需要强调的部分。

（3）强调文字用"加粗""字体颜色"；强调小标题用"小标题形状的背景色"；强调范围用"背景色"。

我在给企业员工做PPT培训的时候，会对每位学员的PPT作业进行修改。结果我发现，**"加强强调"，是我给他们提出的最多的修改意见。**由此可见，很多人在制作PPT的时候，并没有把自己想传达的内容或想表达的思想强调出来。

适当、正确地强调，可以让我们制作的PPT的易读性再上一个台阶，读者自己能看懂，根本不需要我们进行讲解和演示。接下来我们就一起学习强调的具体方法。

（1）选择图解类型		（2）制作图解		（3）强调		（4）增加表现力

098　从"色相环"中选择强调色

▢ 红色不一定是最好的强调色

　　在用图解制作的幻灯片中，该用什么颜色进行强调呢？很多朋友喜欢用红色进行强调，认为红色最醒目，一下就能抓住读者的眼球。可是我认为，红色虽然醒目，但并不一定是最佳的强调色。

　　选择强调色，还是要借助色相环（请参考原则060）。一份PPT肯定有一个基础色，我们在色相环中找到与基础色相对的颜色，就是所谓的重点色。这个重点色，最适合作为强调色。假设一份PPT的基础色是蓝色的话，那么从下面的色相环中我们可以看出，与蓝色相对的是橘黄。也就是说，这份PPT的重点色或强调色应该选用橘黄。

色相环

重点色

| 橘黄 | 黄 | 黄绿 |
| 6 : yO | 8 : Y | 10 : GY |

橘红　　　　　　　　　绿
4 : rO　　　　　　　　12 : G

红　2 : R　　　　　　14 : BG　蓝绿

24 : RP　　　　16 : gB

紫红　　　　　　　　　绿蓝

22 : P　　18 : B　　　可用色
紫　20 : V　　蓝

蓝紫　　　基础色
可用色

基础色
- 整份 PPT 中一贯使用的颜色
- 在色相环中确定一个基础色
- 与基础色左右相邻的颜色也可以用

重点色
- 在色相环中与基础色相对的颜色
- 要突出、强调的部分使用重点色

有一点需要提醒大家注意，黄色、黄绿不太适合做强调色，橘色和绿色比较适合。

一个团队分工协作制作一份PPT，必须在团队中事先约定统一的强调色，这样当大家各自制作的部分被合并到一起的时候，强调色才会是一致的。哪怕有一个人使用的强调色与大家不同，那么当资料整合到一起的时候，也会显得杂乱无章，而统一颜色还要花费额外的时间和精力。

强调部分可根据"幻灯片副标题"内容来决定

☐ 根据幻灯片副标题的内容决定强调的部分

在确定一页幻灯片里该强调哪些内容的时候，根据幻灯片副标题的脉络来选择非常重要。这样做的好处是，读者即使不读幻灯片副标题，瞥一眼页面中强调的部分，就能大体知道作者在这一页想要传达的主要思想。

不过，如果幻灯片的副标题是对整页内容的概括，就没有必要再进行强调了。举例来说，一页幻灯片的副标题为"本公司是一家专业搬家公司"，而幻灯片正文介绍的是公司名称、业务范围、公司规模等信息，副标题已经对这一页的内容进行了高度概括，所以就没有必要在正文中再强调这一部分了。

没有必要强调的情况

公司概要

本公司是一家专业搬家公司

公司名称：	××× 运输有限公司
成立时间：	1980 年 3 月 31 日
总公司地址：	东京都中央区银座
分公司数量：	全国主要城市共有 70 家分公司
业务范围：	搬家及附带服务
员工人数：	约 4000 人

有必要强调的情况

公司的特点

本公司在搬家行业内，无论业绩、价格还是服务品质都是有口皆碑的，尤其是业绩，始终占据首位

业绩	● 每年接单数量全国第一
价格	● 根据客户需求，我们有多种套餐可供选择
服务品质	● 获得 ISO 认证，行业内客户满意度第一

❑ 强调的三种方法

在图解幻灯片中，根据副标题的内容对正文局部进行强调的时候，主要有三种方法，分别是"**强调文字**""**强调小标题**""**强调范围**"。"强调文字"，改变文字的颜色、加粗等。"强调小标题"，改变小标题形状的背景色。"强调范围"，改变背景色。这三种方法既可以单独使用，也可以像下面的例子中那样组合起来使用。下面为您详细说明。

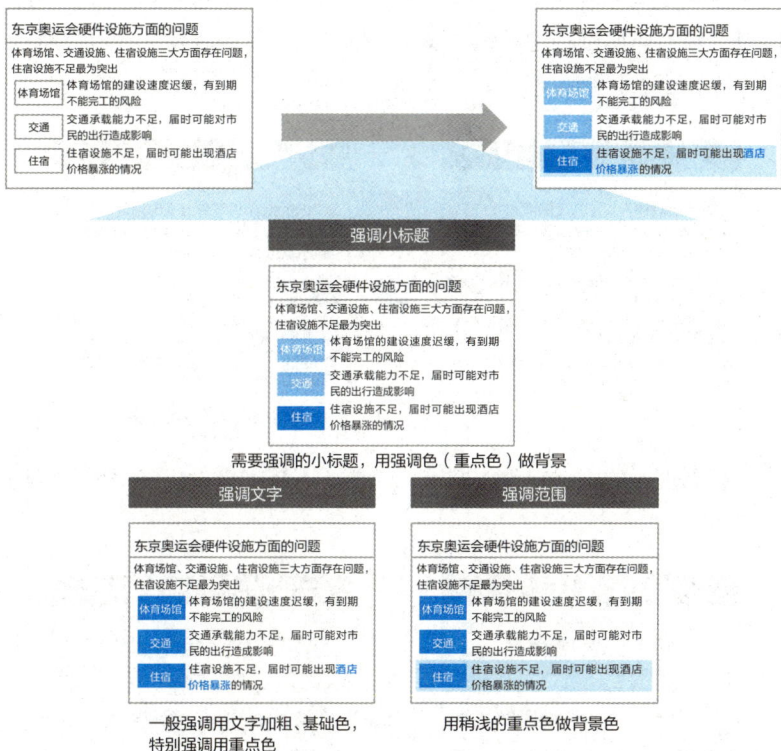

需要强调的小标题，用强调色（重点色）做背景

一般强调用文字加粗、基础色，
特别强调用重点色

用稍浅的重点色做背景色

100

"两步走"强调文字

☐ 两个步骤强调文字

　　强调文字的方法，可以分两个步骤。如果是一段较长的文字，要想让读者读起来更方便，更容易抓住重点，可以**将文中重要的部分换成基础色**，并加粗，这样就可以突出重点了。有的时候，还可以将重要部分的文字字号放大。

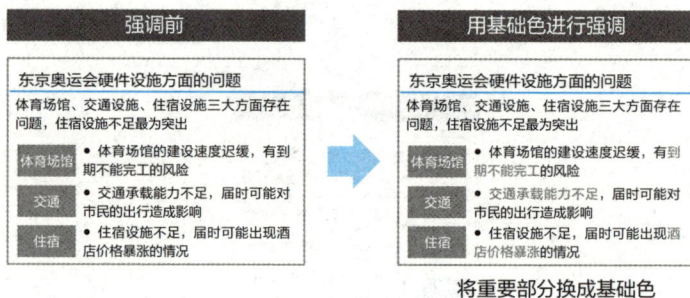

将重要部分换成基础色

　　特别重要的文字，仅用基础色强调还不够突出，应该用重点色进行强调。

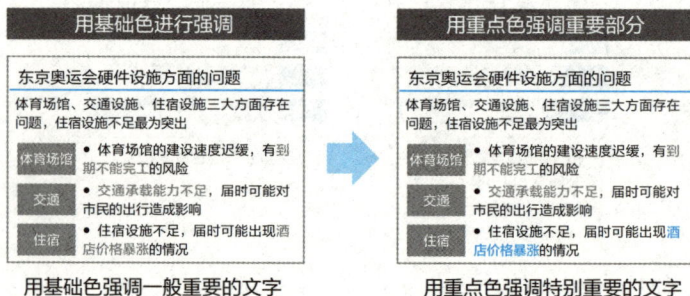

用基础色强调一般重要的文字　　　　用重点色强调特别重要的文字

用"重点色"强调小标题

◻ 用重点色强调小标题

　　在图解幻灯片中，如果想突出哪个小标题，我们可以将小标题所在形状的背景改成重点色。有些朋友喜欢将小标题的文字加粗、改变文字颜色来突出小标题，但这样做在视觉上达不到足够的冲击效果。所以，我们不要在小标题的文字上做文章，应该想办法突出其背景。

　　有些情况下，当我们把小标题所在形状的背景颜色换成重点色后，原本黑色的文字就隐藏在背景色中不明显了，所以需要把文字的颜色换成白色。另外有一点要提醒大家注意，一页幻灯片中，要突出的小标题最多不能超过两个。如果强调的地方太多，反而失去了强调的作用。

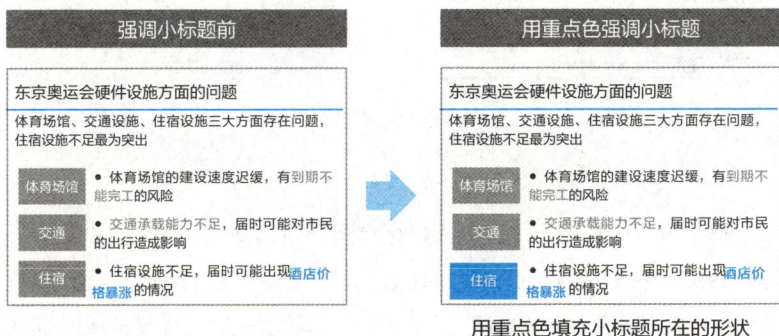

用重点色填充小标题所在的形状

102

用"背景色"强调范围

☐ 不要用矩形或椭圆形将需要强调的部分框起来

很多朋友在幻灯片中要强调一个范围的时候，喜欢用矩形或椭圆形把那个范围框起来。实际上，即使不用形状框起来，只要给需要强调的范围加上背景色，就能够直观地突出那个部分。请看下面的例子，左图下方，用矩形框出了想要强调的部分，但矩形中还有小标题的矩形，形状重叠起来显得过于复杂了。而右图的例子只用背景色来强调，就显得简洁清爽很多。

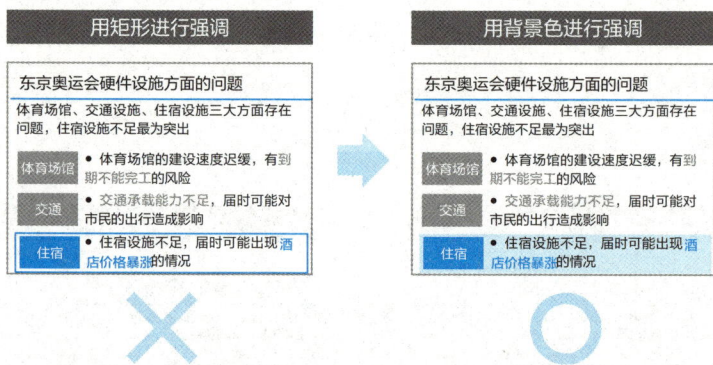

制作背景颜色的方法是，先依次点击"插入""形状""矩形"，选择合适的矩形插入需要强调的位置。然后选中这个形状，点击"格式""形状轮廓""无轮廓"。再点击"形状填充"，选择稍浅的重点色填充形状。最后，在选中形状的状态下，点击"格式""置于底层"（或者通过快速访问工具栏点击"置于底层"指令），将形状置于底层。

为什么精英都是 PPT 控

東京奥运会硬件设施方面的问题

体育场馆、交通设施、住宿设施三大方面存在问题，住宿设施不足最为突出

体育场馆	• 体育场馆的建设速度迟缓，有到期不能完工的风险
交通	• 交通承载能力不足，届时可能对市民的出行造成影响
住宿	• 住宿设施不足，届时可能出现酒店价格暴涨的情况

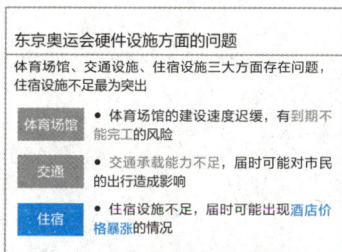

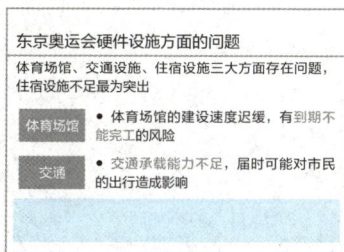

将形状插入要强调的部分，设置"无轮廓"。形状中填充稍浅的重点色

将形状置于底层

※ 如果把形状置于顶层，想用半透明的效果进行强调，有可能会在打印文件的时候出现问题，所以不建议置于顶层

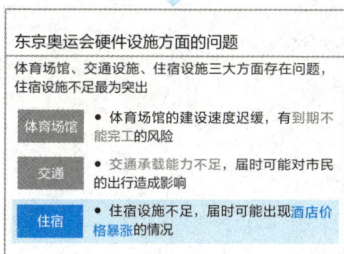

▼健身中心案例：图解中的强调

"我"在制作"促销方案实施评价"的幻灯片，幻灯片副标题主张的"免费私人教练体验课"是"我"需要强调的地方。"我"先把"免费私人教练体验课"的小标题通过背景颜色进行了强调，数字的颜色用强调色并加粗，最后还对"免费私人教练体验课"相应的范围进行了强调。请看下图，强调的部分是不是很醒目？

大 原 则

"增强表现力"，
让图解更出彩

图解，是让PPT更加直观的一种表现形式。但是说到底，图解本身只是对PPT的文字内容进行了视觉上的整理，读者还是要通过阅读文字，才能理解PPT的内容。只要是阅读文字，对读者来说都是一种负担。所以，我们还需要在幻灯片中加入一些插图等平面设计元素，以减轻读者的阅读负担，帮助他们理解内容。

（1）选择图解类型	▶	（2）制作图解	▶	（3）强调	▶	（4）增加表现力

外资战略顾问公司的PPT，使用的设计元素不多。因为在和客户面谈的时候，战略顾问会对PPT内容进行详细讲解，而且要尽量做到严肃、正式，所以PPT不需要太多的装饰。但是对一般企业来说，向客户说明一份PPT的时间并不多，或者面向的客户多是不具备背景知识的人，所以需要提高PPT的表现力，通过各种设计元素来帮助客户理解PPT的内容。我们要争取做到，**使用多种设计元素让各种各样的客户在短时间内理解PPT的内容，如果能做到无须说明就让客户自己读懂，这是最理想的。**

我在为NGO工作的时候，经常会接触到海外项目。在给海外同伴或客户解说PPT的时候，我深刻感受到，如果PPT中添加了一些设计元素，增强了表现力，对方理解PPT的内容的速度就会大大提升。尤其是英语不太好的朋友，要制作英语PPT向世界各国的朋友进行演示，我强烈建议在PPT中添加各种设计元素，以增强PPT的表现力。

在这里，我教大家使用的设计元素，主要是插图。如果学会选择、加工、配置插图，一定能为您的PPT增色添彩。

103

为图解增加"评价"

☐ 添加○、△、×或五段式评价

使用对比型、矩阵型、表格型等图解形式对多个商品或服务进行比较的时候，幻灯片的构成会比较复杂，读者需要花些时间仔细阅读。这种情况下，我们可以在图解中添加○、△、×等符号或进行五段式评价，让读者不用阅读文字也能对各个项目的对比情况了然于心。但是，在添加○、△、×等符号或进行五段式评价的时候，**必须先把比较的标准讲清楚**。比较的标准可以记录在幻灯片栏外或者PPT最后的附录中。关于评价的方法，除了添加○、△、×符号或进行五段式评价外，还有很多，具体请参见原则134"用一页幻灯片展示PPT的概要"。

未添加评价的案例		添加评价的案例	

摩斯汉堡与麦当劳的比较

	摩斯汉堡	麦当劳
价格	高	中
选址	离地铁站远 ↔	离地铁站近
味道	好	普通

只有文字，阅读起来费时间

摩斯汉堡与麦当劳的比较

	摩斯汉堡	麦当劳
价格	高 ✕	中 ○
选址	离地铁站远 ✕	离地铁站近 ○
味道	好 ○	普通 △

加入符号评价，让读者一目了然

✕

○

■ 将评价符号作为文字来输入

在幻灯片中添加○、△、×等符号，不要将它们作为形状插入，而是以文字的形式输入。操作方法如下：（1）点击"插入"；（2）"文本框"；（3）"绘制横排文本框"；（4）用拼音输入法在文本框中打出"圆"的拼音"yuan"；（5）选择"○"符号；（6）用"Ctrl+E"使符号居中，用"Ctrl+】"将符号放大，再将符号改成较浅的颜色；（7）点击"格式"；（8）在"下移一层"的下拉菜单中选择"置于底层"。△、×等其他符号，也用同样的方法来输入，但颜色、大小等格式，可以使用格式复制指令（Ctrl+Shift+C）将已经做好的符号复制出来，再通过格式粘贴指令（Ctrl+Shift+V）粘贴到新符号的位置上来。这样比一个一个调整要省时间。

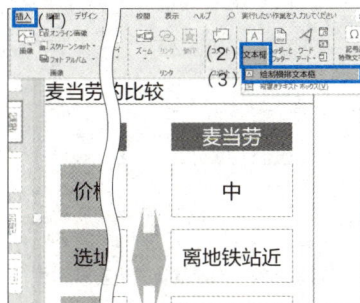

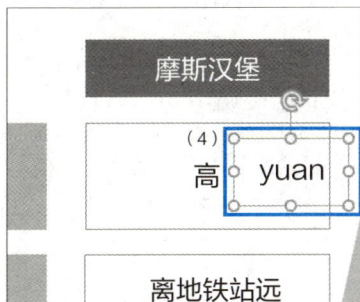

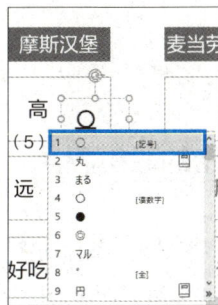

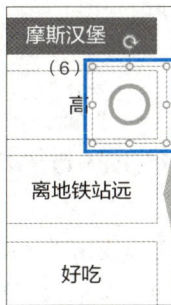

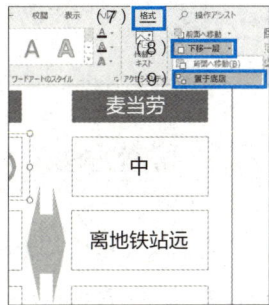

插入插图，将图解内容可视化

☐ 插入插图，让幻灯片更具设计感

在图解幻灯片中插入插图，不仅会让PPT更具设计感，而且更便于读者的阅读、理解。插图可以将幻灯片的内容可视化，让读者对这页幻灯片所表达的内容一目了然。不过，要想用好插图也不是那么容易的，首先，要从选择合适的插图入手。

用插图对图解幻灯片进行补充

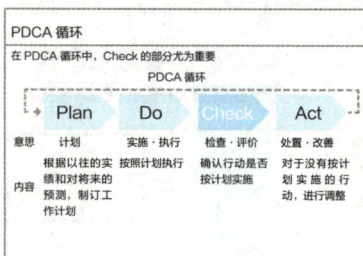

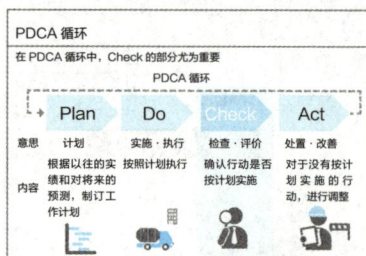

添加插图之后，内容就变得更容易理解

寻找合适的插图有两种方式。一是使用PowerPoint自带的联机图片进行搜索，二是使用搜索引擎进行搜索。

☐ 搜索方法（1）用PowerPoint自带的联机图片

在幻灯片里插入插图时，可以使用PowerPoint自带的联机图片功能进行搜索。不过，用这种方法搜索的时候，会优先显示知识共享组织

Creative Commons授权的图片，所以选择的范围相对比较窄。当然，如果我们不用考虑图片版权的话，那选择的范围就广了。但是，如果我们制作的PPT是对外公开使用的，就一定要注意图片版权的问题，要是侵犯了别人的版权，就惹上大麻烦了。

（1）"插入""联机图片"

（2）在搜索栏中输入关键词

（3）选择合适的图片

□ 搜索方法（2）用搜索引擎搜索

使用搜索引擎也可以搜索图片，而且选择范围广，还可以设置"尺寸""颜色"等选项。

（1）在搜索栏中输入关键词

（2）点击"图片"

（3）点击"工具""种类"

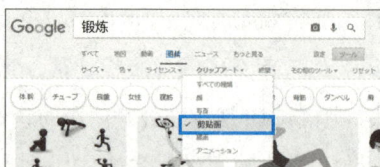

（4）在下拉菜单中选择"剪贴画"。用右键点击选中的剪贴画，然后左键点击"复制图片"

○ **通过颜色筛选**

（1）点击"工具""颜色"

（2）选择理想的颜色

○ **通过尺寸筛选**

（1）点击"工具""尺寸"

（2）选择想要的尺寸

☐ 通过搜索引擎搜索版权开放的图片

　　使用搜索引擎搜索图片的时候，我们应该注意图片的版权。在搜索引擎中，是可以搜索到版权开放图片的。不过，某些主题的图片，版权开放得很少。

（1）点击"工具""许可""可再次使用的图片"

（2）显示可再次使用的图片

为什么精英都是 PPT 控

再教您一个搜索小窍门，不要仅凭一个关键词去搜索，还可以搜索关键词的近义词、英语单词等，您会找到更多的相关图片。

以"锻炼"为例

近义词检索

搜索近义词"健身"

英语检索

搜索英语"training"

🗖 用谷歌保存图片

谷歌具有保存图片的功能。把搜索到的图片保存下来，下次想用的时候就可以快速找到了。

（1）选择想要的图片，点击"添加"

（2）点击"收藏"

收藏

最近添加的项目

（3）可以查看收藏的图片

105

使用"象形图"，
统一插图风格

☐ 象形图让幻灯片风格更统一、更简约

插图使用不当的一个典型例子就是各个插图的风格不统一。不过，要是都使用象形图素材的话，就可以制造出简洁、统一的画风。所谓象形图，就是用单色、简单的形象将各种概念表现的插图。1964年，奥运会在日本东京举办，为了让外国人也能看懂卫生间的标志，设计师就为卫生间设计了象形图标志。据说，这就是象形图的起源。近年来，在平面设计界流行简洁的扁平化设计风格（Flat Design），所以，使用象形图也符合这个潮流。

我们看下面的对比案例，左边的幻灯片中使用了风格各异、颜色多样的三个插图，结果，整个页面看起来很杂乱，显然缺乏设计美感。但右边的幻灯片就不一样了，使用了同色的三个象形图，立刻给人一种风格统一的清新感。

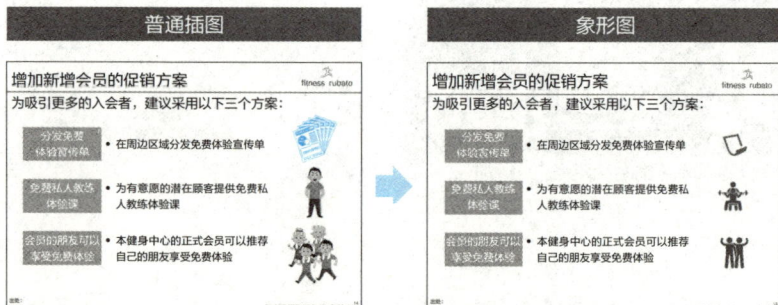

插图的风格、颜色不同，给人一种杂乱的印象

插图风格统一，简洁又清晰

❑ 使用搜索引擎搜索象形图

使用搜索引擎搜索象形图很方便，只要在搜索栏中输入"关键词+象形图"，就可以找到很多象形图。下图中的例子是我输入"锻炼+象形图"之后显示的搜索结果。显示PIXTA（高品质写真素材买卖网）或"版权"等的图片，是需要付费购买的，我们在制作PPT的时候一般不会使用这些付费图片。所以，我们只能从免费的素材中选择。

还有一些可以免费提供象形图的网站，下面介绍给大家。

○ ICOOON MONO

免费提供6000种以上的象形图。

（http://icooon-mono.com/）

○Human Pictogram 2.0

专业提供人形象形图的网站。

（http://pictogram2.com/）

○设计、排版大全！演示资料

免费提供331种以上的象形图。

（http://ppt.design4u.jp/iconsweets2-powerpoint-version/）

❑ 不能复制的图片可以截屏保存

使用搜索引擎找到的图片，我们一般可以点击鼠标右键"复制图片"，然后粘贴到幻灯片里。但有的时候也会遇到无法复制的图片，这时很多朋友就放弃了，再去寻找其他图片。实际上，PowerPoint有一个非常方便的功能——截屏。不管网站上的图片文件能不能复制，我们都可以使用截屏功能把图片截下来，然后用在幻灯片中。

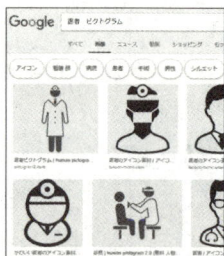

（1）在搜索引擎中找到自己想要的图片

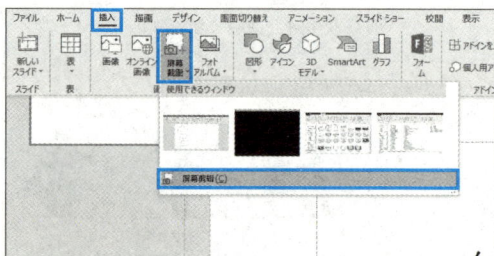

（2）在 PowerPoint 中点击"插入""屏幕截图""屏幕剪辑"

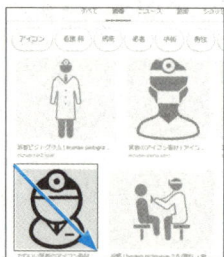

（3）在图片网站中，拖动鼠标左键把想要的图片框起来

（4）图片就被复制到幻灯片中了

为什么精英都是 PPT 控

❑ 正式、严肃的PPT建议使用剪影图

虽说象形图是应用广泛又方便的插图，但对于一些严肃的行业（如金融业）或对外的正式PPT，使用象形图可能并不合适。遇到这种情况的时候，我建议使用剪影图代替象形图。所谓剪影图，就是人物、形象等的轮廓图，像剪影一样，比象形图更加真实一些，因此也更正式一些。请看下面的比较案例：

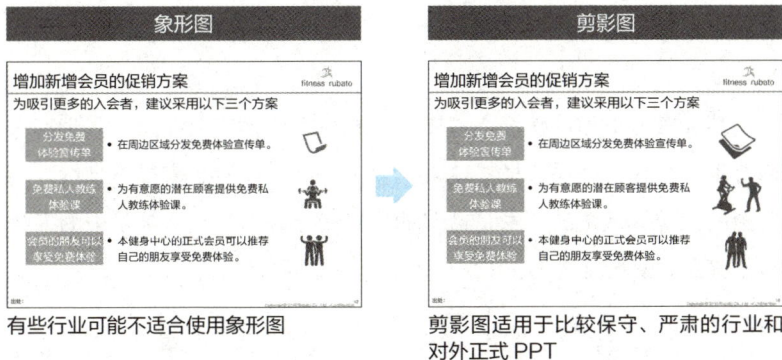

有些行业可能不适合使用象形图

剪影图适用于比较保守、严肃的行业和对外正式 PPT

使用搜索引擎寻找剪影图的话，只需在搜索栏输入"关键词+剪影图"，比如"锻炼+剪影图"。一般来说，剪影图比象形图要少一些，免费的就更少了。所以，在必要的情况下，可以考虑付费购买所需的剪影图。

106

插图的背景需要进行
"透明化"处理

◻ 在PPT中，可以对插图的背景进行透明化处理

我们在搜索引擎中找到的图片，很多都是有背景的。把带有背景的插图粘贴到幻灯片中，图片背景就会把下面的内容覆盖掉，造成很多麻烦。

请大家看下面的例子，左图中，在原有的横线上插入一张带有白色背景的图片，结果，横线就被覆盖了一部分，看起来很不自然。而右图的例子，插图的背景是透明的，横线穿过图片，只被其中的人物形象覆盖，就很自然。

PowerPoint自带将图片中的某种颜色透明化的功能。使用这个功能，我们就可以把插图的背景透明化。先选中图片，然后点击"格式""颜色"，在下拉菜单中点击"设置透明色"。再用鼠标左键点击图片，背景就变透明了。

（2）点击"颜色" 　　（1）选中图片，点击"格式"

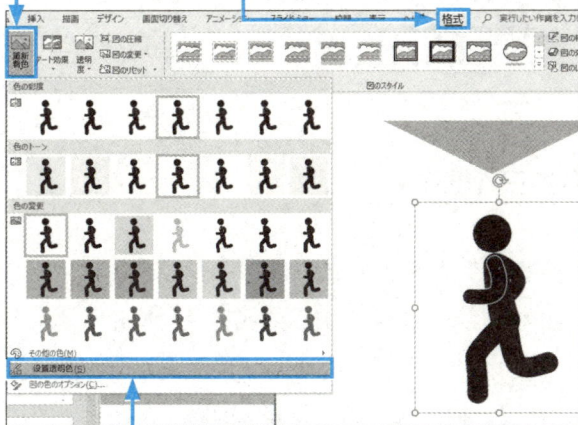

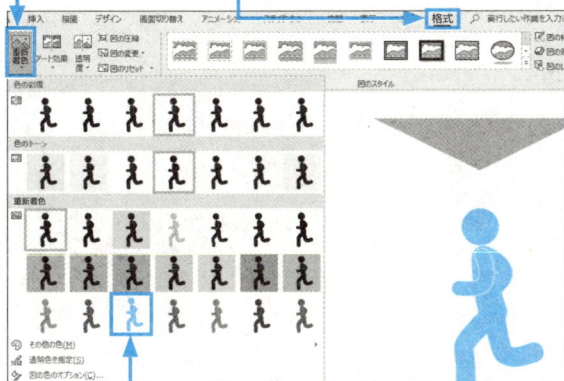

（4）用鼠标左键
点击想要透明化
的地方

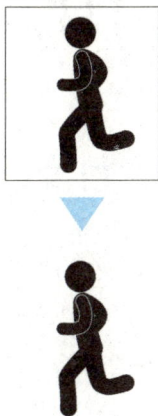

（3）点击"设置透明色"

　　另外，我们还可以改变插图的颜色。选中图片，点击"格式""颜色"，这时就会显示"重新着色"的各种效果，把光标放在各种效果上，幻灯片中的图片就会变成相应的颜色。选到合适的颜色后，点击鼠标左键就可以了。把PPT中所有插图的颜色统一，会让PPT更有一体感。

（2）点击"颜色" 　　（1）选中图片，点击"格式"

（3）选择想要的颜色

107

按照"三个原则"来配置插图

配置插图的三个原则

在幻灯片中插入图片，并不是往幻灯片里随便一插就万事大吉了。我曾见过在有的PPT中，插图被随性地放在角落里，这并不是一个好的例子。您要知道，插图在幻灯片中并不只是点缀或装饰，而是传达信息的重要工具。所以，插图必须和它想表达的内容存在一定的纽带关系。插图的配置，必须遵循以下三个原则：

（1）确定插入图片的区域

用图解的形式展示内容，一般会分几大块，每大块都是并列、平行的关系。如果每一块都要插入图片的话，那么插入的位置应该保持一致。

（2）插图的大小要一致

插图的尺寸不能太大也不能太小，而且，层级相同的插图大小要一致。

（3）插图要居中

图解的每一部分的插图，都应该在该部分内居中。

遵守这三个原则插入图片后，您会发现自己制作PPT的水平又上了一个台阶。

为什么精英都是 PPT 控

免费私人教练体验课
fitness rubato

免费自由体验、免费私人教练体验课，既可以提高体验者的好评度，又不会增加额外成本

免费私人教练体验课的促销活动

免费自由体验

- 以前顾客体验一次需要缴纳 1000 日元，现在开放免费体验活动，顾客更踊跃
  - 收取每位体验顾客 1000 日元，对销售额并没有多大贡献
  - 通过免费体验，我们可以把握潜在顾客群

免费私人教练体验课

- 不会给我们造成经济负担，还能提高顾客的满意度
  - 顾客不会使用健身器械，成为阻碍他们入会的重要原因
  - 私人教练也愿意为顾客提供免费体验课，因为这会给他们带来更多的顾客
  - 已经有多名私人教练表示愿意提供免费体验课
  - 可以部分减轻销售人员的工作量

无须增加额外成本

- 还是在往常的区域分发免费体验宣传单，所以不会增加额外成本。发单的效果也容易确认
  - 需要对以往的宣传单加以修改，但改动不大
  - 暂不去新区域发单，只在往常区域发单，这样效果更容易确认

出处：

免费私人教练体验课
fitness rubato

免费自由体验、免费私人教练体验课，既可以提高体验者的好评度，又不会增加额外成本

免费私人教练体验课的促销活动

免费自由体验

- 以前顾客体验一次需要缴纳 1000 日元，现在开放免费体验活动，顾客更踊跃
  - 每位体验顾客收取 1000 日元，对销售额并没有多大贡献
  - 通过免费体验，我们可以把握潜在顾客群

免费私人教练体验课

- 不会给我们造成经济负担，还能提高顾客的满意度
  - 顾客不会使用健身器械，成为阻碍他们入会的重要原因
  - 私人教练也愿意为顾客提供免费体验课，因为这也会给他们带来更多的顾客
  - 已经有多名私人教练表示愿意提供免费体验课
  - 可以部分减轻销售人员的工作量

无须增加额外成本

- 还是在往常的区域分发免费体验宣传单，所以不会增加额外成本。发单的效果也容易确认
  - 需要对以往的宣传单加以修改，但改动不大
  - 暂不去新区域发单，只在往常区域发单，这样效果更容易确认

出处：

第**9**章 —— 图解的大原则

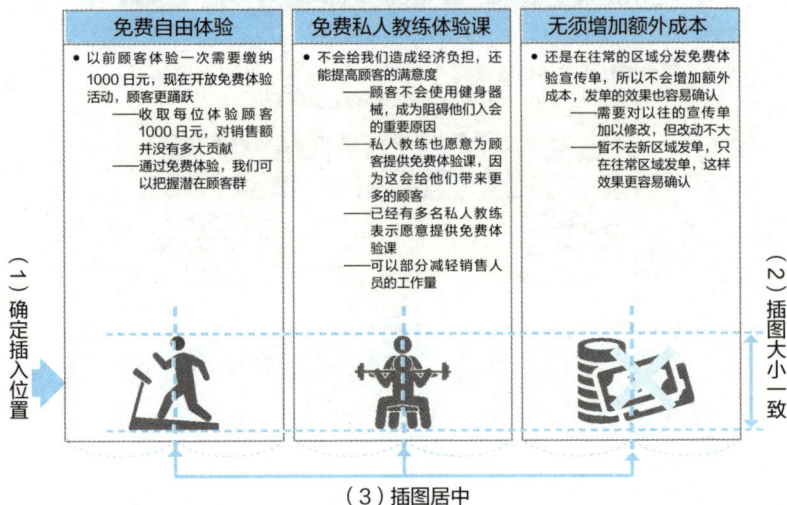

免费私人教练体验课的促销活动

免费自由体验	免费私人教练体验课	无须增加额外成本
• 以前顾客体验一次需要缴纳1000日元，现在开放免费体验活动，顾客更踊跃 ——收取每位体验顾客1000日元，对销售额并没有多大贡献 ——通过免费体验，我们可以把握潜在顾客群	• 不会给我们造成经济负担，还能提高顾客的满意度 ——顾客不会使用健身器械，成为阻碍他们入会的重要原因 ——私人教练也愿意为顾客提供免费体验课，因为这会给他们带来更多的顾客 ——已经有多名私人教练表示愿意提供免费体验课 ——可以部分减轻销售人员的工作量	• 还是在往常的区域分发免费体验宣传单，所以不会增加额外成本，发单的效果也容易确认 ——需要对以往的宣传单加以修改，但改动不大 ——暂不去新区域发单，只在往常区域发单，这样效果更容易确认

（1）确定插入位置

（2）插图大小一致

（3）插图居中

　　这三个原则不仅适用于插图，在插入logo或其他图片时也应该遵循。总之，请您不要忘记，插图、logo等并不是装饰品，而是传达信息的重要工具。

108 对照片进行"放大或缩小"时，要保持原有"长宽比"

❑ 放大或缩小及裁剪照片是有规则的

　　PPT有时也需要插入照片，使用照片时常见的问题有：（1）照片长宽比例异常；（2）照片大小各异。为避免这两个问题，我来教您维持原比例缩放照片和裁剪照片的窍门。

　　要想维持照片原有长宽比缩放照片，只需拖动照片四角中任意一角即可。如果拖动照片的边，那么长宽比就改变了。

长宽比改变	维持原有长宽比

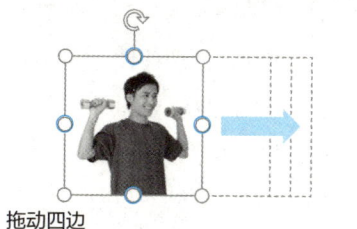

拖动四边

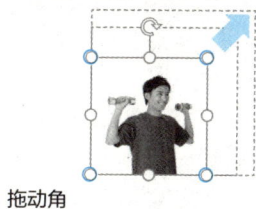

拖动角

画面横向拉伸，不自然 ✕

按原比例缩放 ○

一页幻灯片中使用多张照片的时候，如果照片大小各异，就会显得非常凌乱。我们可以使用裁剪功能，把大照片剪成尺寸合适的小照片。

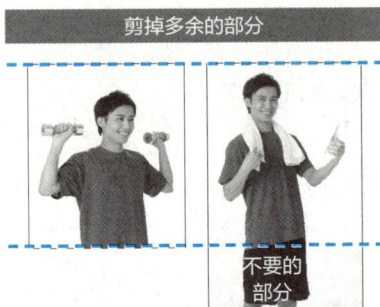

剪掉多余的部分	操作

不是调整宽度，而是剪掉纵向不要的部分

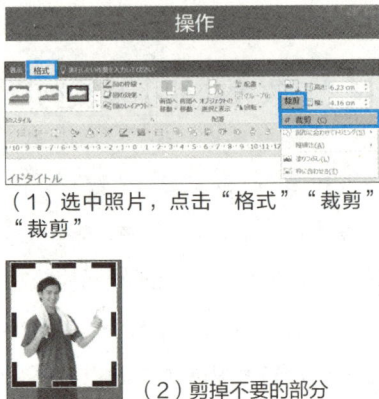

（1）选中照片，点击"格式""裁剪""裁剪"

（2）剪掉不要的部分

▼健身中心案例：添加插图

　　"我"准备给促销方案的幻灯片页面添加插图。因为"我"想添加象形图，所以针对"发放免费体验宣传单"项目使用的图，"我"在搜索引擎中搜索"文件+象形图"，"免费私人教练体验课"项目搜索"健身教练+象形图"，"会员的朋友可以享受免费体验"项目搜索"朋友+象形图"。搜索到的插图颜色不同，所以"我"先使用PowerPoint自带的"重新着色"功能，将它们统一为文件的基本色，再把它们的尺寸调整一致，在各个条目旁让它们居中。

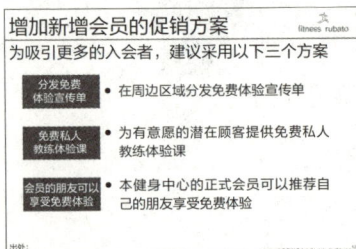

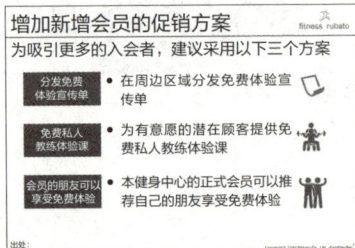

为什么精英都是 PPT 控

本章总结

☐ 图解的最大优点是让读者在看到幻灯片的一瞬间就能明白它的意思，以及让读者凭感觉就能理解深奥的理论。

☐ 基本图解有六种类型：

▶ "列举型"，是一种万能型图解。当幻灯片中的各个要素相互独立的时候，适合使用列举型图解。

▶ "背景型"，适合展示一个事物的背景或背后的原因。

▶ "扩散型"，适合一个要素扩散成多个要素时使用；"合成型"，适合多个要素合成一个要素时使用。

▶ "流程型"，适合要素之间存在时间上的先后关系或因果关系时使用；"循环型"，适合要素之间存在循环关系的时候使用。

☐ 应用图解也有六种类型，通过横轴和纵轴构成的坐标系对信息进行分析、整理。

▶ "上升型"，适合多个要素存在逐渐向上发展的关系时使用。

▶ "对比型"，适合对两种商品或服务进行比较的时候使用；比较对象较多的时候，更适合使用矩阵型图解。

▶ "矩阵型"，适合对多个要素进行比较的时候使用；如果要素数量更多的话，则需要使用"表格型"图解。

▶ "四象限型"，适合通过横纵两轴构成的四个象限对商品或服务进行比较的时候使用。

▶ "甘特图型"，适合做日程表或工序管理。

□ 通过对幻灯片的文字、小标题、范围进行强调之后，读者不用仔细阅读幻灯片副标题，也能对内容基本了然于心。

□ 图解还需要用"象形图"加以补充。

□ 在缩放照片的时候需要保持原来的"长宽比"，还可以通过"裁剪"进行调整。

图表的大原则

根据第6章制作的PPT骨架，使用不同的表现方法来展示内容，是我们设计PPT的重要环节。前面已经在第8章和第9章中分别为大家介绍了"逐条编写"和"图解"两种表现方法，本章将为您讲解最后一种表现方法——图表。

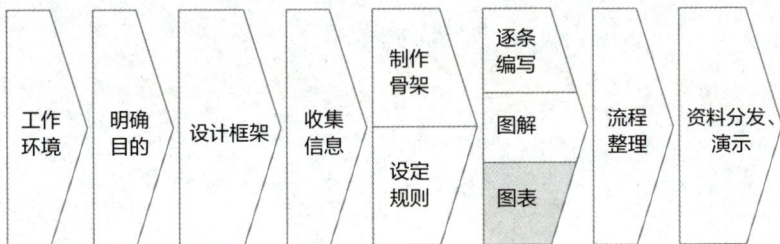

```
工作     明确    设计框架   收集    制作     逐条      流程     资料分发、
环境     目的             信息    骨架     编写      整理     演示
                                        图解
                                 设定
                                 规则     图表
```

我们战略顾问都特别注重提高自己使用图表的能力。为什么这么重视图表？因为**图表的选择方式和表现方式在很大程度上可以左右我们的提案能否得到客户的认可**。记得当初我还是一个新手，在为客户的市场调查项目进行定量分析时，前辈让我把调查结果用图表的形式总结出来。那天，我一直加班到次日凌晨2点，终于把所有数据制成了图表。

但是，第二天早晨开会的时候，前辈看了我制作的PPT后，对图表进行了全面的修改。虽然数据没有任何的改变，但通过改变图表的样式、排列方法，就能让人从调查结果中发现更多的线索。结果，把PPT交给客户之后，客户真的从调查结果中想到了新的促销方案。那件事对我触动很大，让我深深体会到图表的威力。选对图表的样式、数据的排列方法，可以让数据发挥更大的力量！

使用图表的要点在于图表的"选择方法"和"表现方法"。选对图表的种类并以合适的方式表现，制作出来的肯定是易懂又有说服力的图表。反之，则无法通过图表向读者准确地传达信息。图表的"选择"和"表现"也是有规则的。只要您掌握了这些规则，制作图表的水平一定会迅速提高，用图表制作出来的幻灯片也更易懂，更能说服读者。

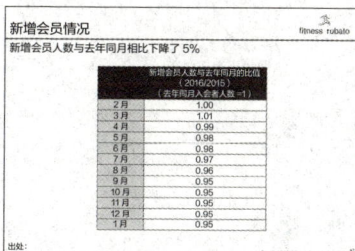

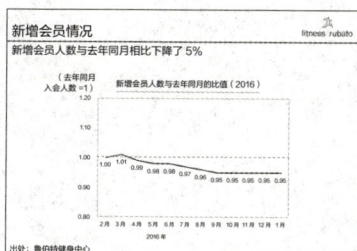

本章的学习目标是掌握使用图表来展示数字的方法。我们将按照"（1）选择；（2）表现；（3）强调；（4）调整"的四个步骤一起学习。

图表的五种类型

制作图表，先从选择合适的图表类型开始。

我们在PPT中使用的图表，基本上有五种类型，分别是"面积图""横向柱形图""纵向柱形图""折线图"和"散点图"。

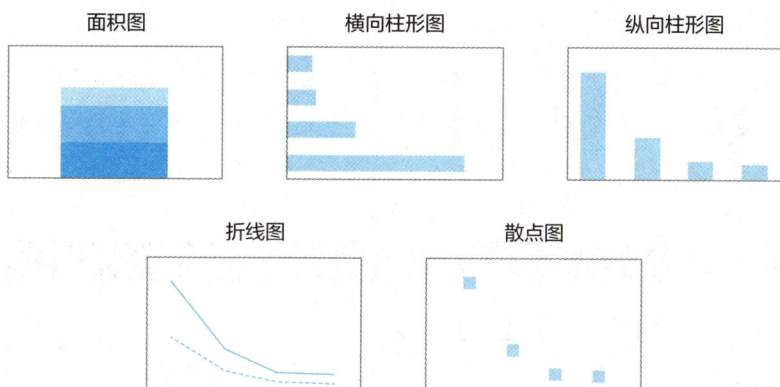

本书中，我并没有介绍"饼图"。**虽然饼图十分常见，但在制作PPT的时候，我建议大家最好不要用饼图。**饼图一般通过多块扇形面积或周长的比例关系对多种要素进行内容上的比较。但是，项目之间的比较很难用饼图来表示。我在外资战略顾问公司工作的时候，上司就要求我不要在PPT中使用饼图。饼图能够展示的内容，纵向柱形图或面积图一般也可以展示。

选择图表类型的标准

☐ 选择图表类型的标准

在制作PPT的过程中，如果需要使用图表进行展示的话，我们要根据展示的内容选择合适的图表类型。在这里，为大家介绍五种常用的图表类型。到底哪种图表合适，大家可以参考下面的比较标准。通过下表我们可以看出，首先要知道自己想比较什么，然后才能据此选择合适的图表。

	构成要素比较	项目比较	时间轴比较	频率分布比较	相关比较
面积					
横柱					
纵柱					
折线					
散点					

出处：根据《用图表说话：麦肯锡商务沟通全新解读》（基恩·泽拉兹尼，2014 年）一书的部分内容改编。增加了面积图，增加了纵向柱形图在项目比较中的应用

为什么精英都是 PPT 控

◻ 首先理解五种比较标准的含义

要想选出合适的图表类型，先理解五种比较标准的含义。

构成要素比较

构成要素比较是对一家公司或一种商品的销售额、利润等构成要素进行比较，换句话说，比较的是详细内容，例如一家公司多种商品的销售额数据、一种商品在多个地区的销售额数据等。下面的例子比较的是A公司在不同地区的销售额详情。

	A 公司销售额（2016 年，亿日元）
日本	540
欧洲	320
美洲	150
合计	1010

详细数据 比较的是销售额的

项目比较

项目比较一般是对相互独立的数据进行比较，例如对问卷调查结果的数据进行比较、对多家公司的销售额数据进行比较等。下面的例子就是对多家公司的销售额数据进行比较的图表，因为各家公司的销售额数据之间没有直接关系，所以属于项目比较。

	A 公司	B 公司	C 公司	D 公司
销售额（2016 年，亿日元）	1010	750	640	520

对相互独立的数据进行比较

时间轴比较

时间轴比较是按照时间来排列数据，对数据的变化进行比较。通过对市场规模、市场占有率的变动进行比较，我们可以把握市场环境或预测未来的趋势。下面的例子比较了A公司从2011年至2016年的销售额变化。

	A 公司销售额（亿日元）
2011	970
2012	1020
2013	1000
2014	950
2015	980
2016	1010

对随着时间流逝产生的变化进行比较

频率分布比较

频率分布比较是对数据出现的频率进行比较。例如，对数学、英语的考试分数分布情况进行比较，对每位销售员的平均销售额分布情况进行比较等。下面的例子对A公司每位销售员的平均销售额分布情况进行了比较。

A 公司每位销售员的平均销售额（亿日元）	人数
0—0.5	26
0.5—1	70
1—1.5	110
1.5—2	155
2—2.5	115
2.5—3	70
3—	28

对数据出现的频率进行比较

为什么精英都是 PPT 控

相关比较

相关比较是比较两个数据之间的关系，例如自家商品从开始销售到销售至今的年数与销售额之间的关系。下面的例子比较的是销售额和利润，比较之后可以看出，销售额和利润存在相关关系。

	A 公司销售额（亿日元）	A 公司营业利润（亿日元）
2011	970	48
2012	1020	60
2013	1000	55
2014	950	50
2015	980	53
2016	1010	55

对两个数据之间的关系进行比较

我将上述五种比较标准的特点总结如下。了解这些标准各自的特点，是选择合适图表类型的基础。

比较标准	说明	案例
构成要素比较	对一个商品或服务的详细内容进行比较	A 公司在不同地区的销售额
项目比较	对相互独立的数据进行比较	对多家公司的销售额进行比较
时间轴比较	对随时间变化的数据进行比较	A 公司销售额的变化情况
频率分布比较	对数据出现的频率进行比较	A 公司每位销售员平均销售额的分布
相关比较	对两个数据之间的关系进行比较	A 公司销售额与营业利润的比较

110

对详细内容进行比较的
"面积图"

　　面积图适合在对**"数据的内容"进行比较**时使用。面积图的整体可以体现数据的总量，而其中的分层又可以体现数据的详细构成及它们的比例关系。

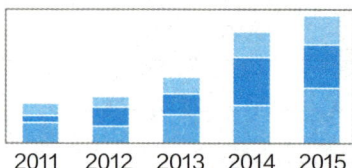

- 适合对数据的构成要素进行比较
- 例如市场占有率的变化、不同地区销售额的比较等

　　适合使用面积图的典型例子有市场占有率的变化、不同地区销售额的比较等。另外，对多家公司在不同地区的销售额情况进行比较时（项目比较），也适合用面积图。面积图还适用于按照时间推移比较一家公司销售额的变化情况（时间轴比较），或者展现销售额的构成成分。

A 公司在不同地区的销售额（2016 年）

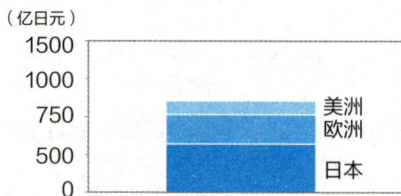

A 公司销售额 (2016年,亿日元)	
日本	540
欧洲	320
美洲	150
合计	1010

为什么精英都是 PPT 控

如果想对自家公司和其他公司的市场占有率进行比较，也可以选择面积图或折线图。使用折线图的话，可以在和其他公司进行比较的过程中，看清自家公司的变化情况。

想看各家公司在整个市场中所占份额的时候

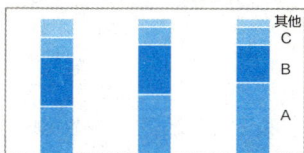

容易看出各家公司在整个市场中的占有率

想把自家公司的市场占有率与其他公司进行比较的时候

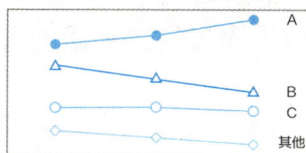

容易看出各家公司的市场占有率变化情况

▼健身中心案例：图表的选择——面积图

"我"在展示促销活动"效果"的幻灯片中，想展示将两种促销方案组合起来的预计入会人数。但是该用什么样的图表形式来展示呢？因为这些数据是对促销方案的效果进行详细的展示，属于"构成要素比较"，于是"我"决定选择面积图。通过面积图展示，读者既可以看到两种促销方案组合起来的效果，也可以看到两种促销方案各自的效果。

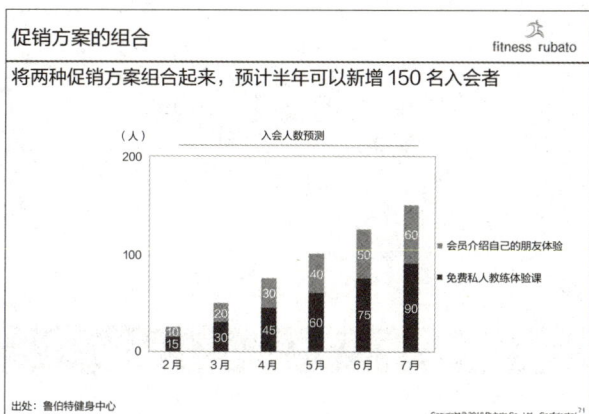

促销方案的组合　　　　　　　　　　　　fitness rubato

将两种促销方案组合起来，预计半年可以新增 150 名入会者

出处：鲁伯特健身中心

对量进行比较的
"横向柱形图"

☐ 通过柱的长度对量进行比较

　　横向柱形图，是通过柱的长度对数据进行比较的图表。柱的长度长，表示数据大；柱短，则表示数据小。横向柱形图主要用于对没有关联性的数据进行比较，也就是"项目比较"。另外，由于横向柱形图是横向延伸，项目名称比较长的时候还要注意排版。

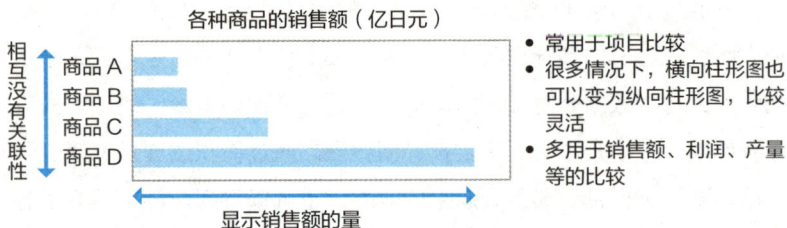

各种商品的销售额（亿日元）

相互没有关联性

- 商品 A
- 商品 B
- 商品 C
- 商品 D

显示销售额的量

- 常用于项目比较
- 很多情况下，横向柱形图也可以变为纵向柱形图，比较灵活
- 多用于销售额、利润、产量等的比较

　　横向柱形图常用于销售额、利润、产量、问卷调查结果等的比较。

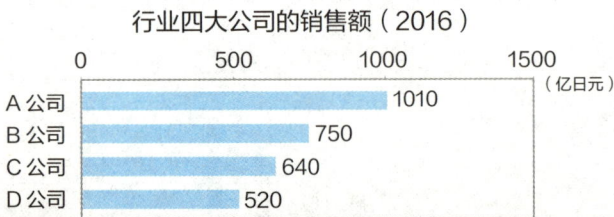

行业四大公司的销售额（2016）

	0	500	1000	1500

（亿日元）

- A 公司　　1010
- B 公司　　750
- C 公司　　640
- D 公司　　520

	A 公司	B 公司	C 公司	D 公司
销售额（2016 年，亿日元）	1010	750	640	520

▼**健身中心案例：图表的选择——横向柱形图**

在健身中心的促销策划案中，"我"打算在"课题"幻灯片展示问卷调查的结果，并决定以"体验健身需要收费"和"不知道健身器械的正确使用方法"为主要课题。

展示问卷调查的结果，用哪种图表合适呢？问卷调查的项目有"没时间""金钱不充裕""离健身中心远""体验健身需要收费""不知道健身器械的正确使用方法"，它们之间没有直接的相关性，属于"项目比较"。另外，像"体验健身需要收费""不知道健身器械的正确使用方法"等项目，名称比较长，用纵向柱形图不太合适，所以"我"决定采用横向柱形图。

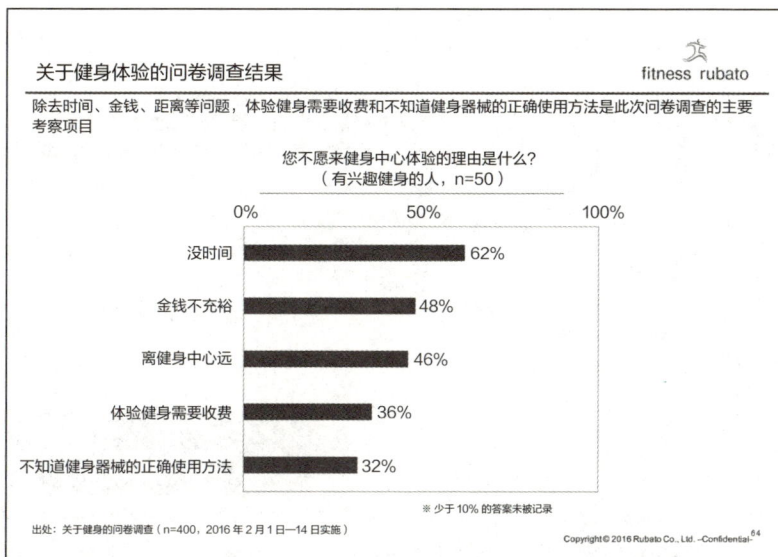

关于健身体验的问卷调查结果　　　　　　　　　　　　fitness rubato

除去时间、金钱、距离等问题，体验健身需要收费和不知道健身器械的正确使用方法是此次问卷调查的主要考察项目

您不愿来健身中心体验的理由是什么？
（有兴趣健身的人，n=50）

	0%	50%	100%
没时间		62%	
金钱不充裕		48%	
离健身中心远		46%	
体验健身需要收费	36%		
不知道健身器械的正确使用方法	32%		

※ 少于 10% 的答案未被记录

出处：关于健身的问卷调查（n=400，2016 年 2 月 1 日—14 日实施）

Copyright © 2016 Rubato Co., Ltd. –Confidential–64

用高度表示变化的
"纵向柱形图"

□ 柱的高度表示量的大小

纵向柱形图，是用柱的高度来对各种数据进行对比的图表。另外，纵向柱形图是从左向右阅读的，而从左向右可以表示时间的推移，因此适用于"时间轴比较"。

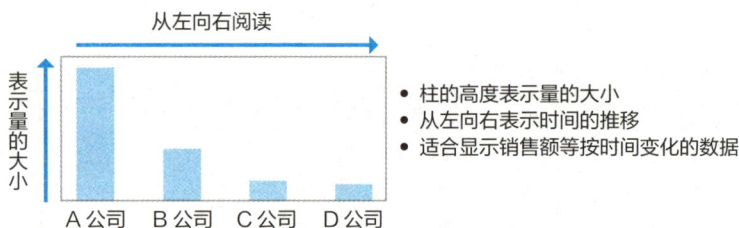

从左向右阅读

表示量的大小

A公司　B公司　C公司　D公司

- 柱的高度表示量的大小
- 从左向右表示时间的推移
- 适合显示销售额等按时间变化的数据

纵向柱形图适合展示销售额、销量、利润等随时间的推移而变化的数据。

（亿日元）　A 公司销售额变化情况

1500						
	970	1020	1000	950	980	1010
1000						
500						
0	2011	2012	2013	2014	2015	2016

	A 公司销售额（亿日元）
2011	970
2012	1020
2013	1000
2014	950
2015	980
2016	1010

纵向柱形图除了适用于"时间轴比较"外，还适用于"项目比较"和"频率分布比较"。

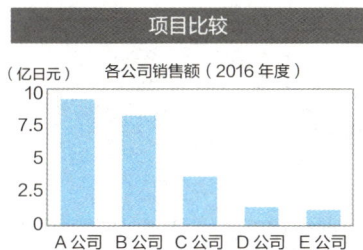

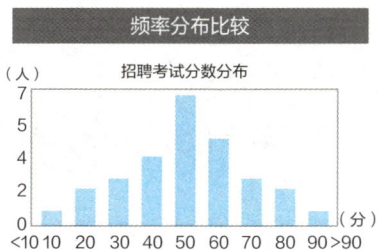

项目比较	频率分布比较

各公司销售额（2016 年度）（亿日元）

招聘考试分数分布（人）

▼健身中心案例：图表的选择——纵向柱形图

"我"在促销方案的"效果"幻灯片中，要展示预计入会人数的数据，该用哪种类型的图表呢？预计入会人数要展示从2月到7月每个月的数据，有一个时间上的推移，所以"我"决定用纵向柱形图。

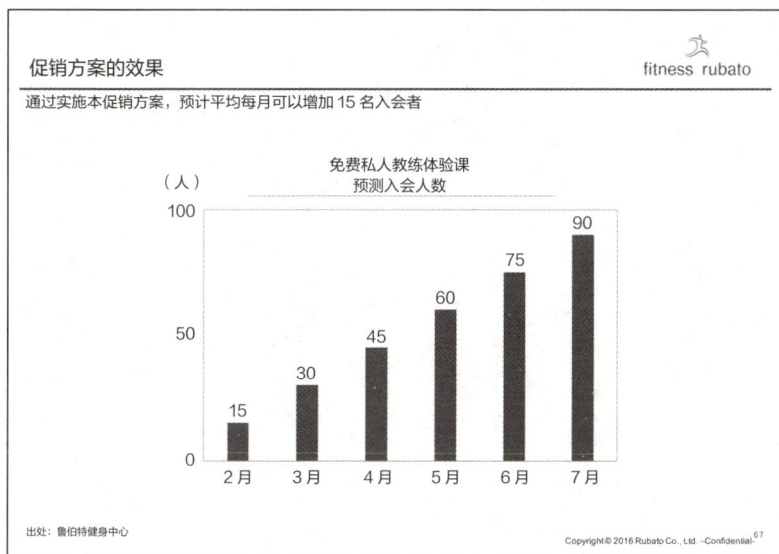

促销方案的效果

fitness rubato

通过实施本促销方案，预计平均每月可以增加 15 名入会者

免费私人教练体验课
预测入会人数（人）

月份	人数
2 月	15
3 月	30
4 月	45
5 月	60
6 月	75
7 月	90

出处：鲁伯特健身中心

113　展示增减或趋势的"折线图"

☐ 用点和线表示增减或趋势

　　折线图的形式，是使用线段把点和点连接起来，因此它具有两个特征：（1）用点表示；（2）用线表示。

　　用点表示，适合比较比例（％）或指数（将过去某年的数值设为100，其他年份与之对比的数值）的情况。比例或指数，主要是为了展示变化情况。比例的例子如利润率，利润率=利润÷销售额，并不表示绝对数值，而是一个相对值，适合用点表示。在下面的例子中，左图的利润是绝对数值，所以采用纵向柱形图展示。而右图的利润率是一个比值，因此适合用折线图来展示。

利润（量）　　　　　　　　　　　　利润率（比值）

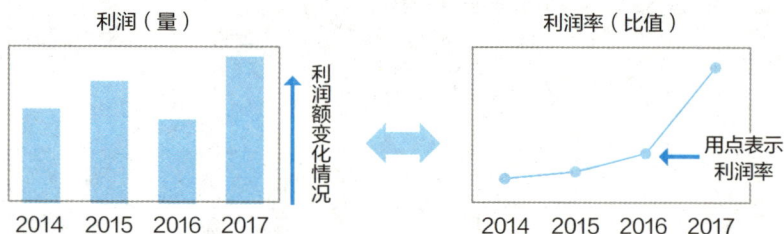

利润额变化情况

2014　2015　2016　2017

2014　2015　2016　2017

用点表示利润率

为什么精英都是 PPT 控

比较利润率的变化、往年同月销售额对比变化、顾客回头率变化等情况，适合使用折线图。下面的例子，就是用折线图来展示各年利润率的变化。

A 公司利润率变化
（2011—2016）

	A 公司 销售额 （亿日元）	A 公司 利润 （亿日元）	利润率
2011	970	48	5.0
2012	1020	60	5.9
2013	1000	55	5.5
2014	950	50	5.3
2015	980	53	5.4
2016	1010	55	5.4

用线表示，适合表示点与点之间的增减或趋势变化。由此特点可见，折线图适用于展示数据倾向的"时间轴比较"和"频率分布比较"。

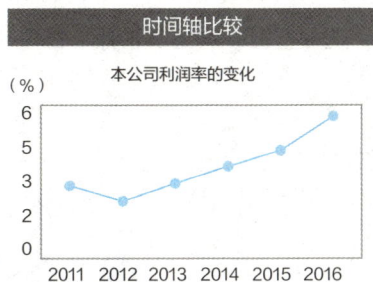

时间轴比较

本公司利润率的变化

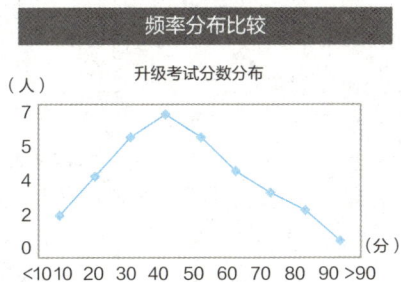

频率分布比较

升级考试分数分布

☐ "折线图"展示多个数据的倾向

折线图最大的一个优势就是可以同时展示多个数据的倾向或走势。比如，按时间的推移展示多个企业或商品的市场占有率变化时，就特别适合使用折线图。

商品 A、B、C 的市场占有率变化

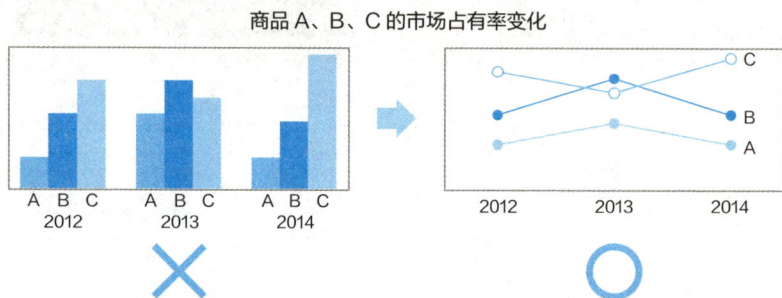

反之，折线图的弱点在于，由线连接的点与点，容易让人感觉它们之间存在相关性，因此要对相互独立的数据进行"项目比较"时，就不适合用折线图。下面的例子展示的是五家公司的销售额。左图用的是折线图，看起来各家公司之间似乎存在关联性，而实际上它们是彼此独立的，因此不适合使用折线图。这种情况，就适合使用右图中的纵向柱形图。

各公司销售额的比较

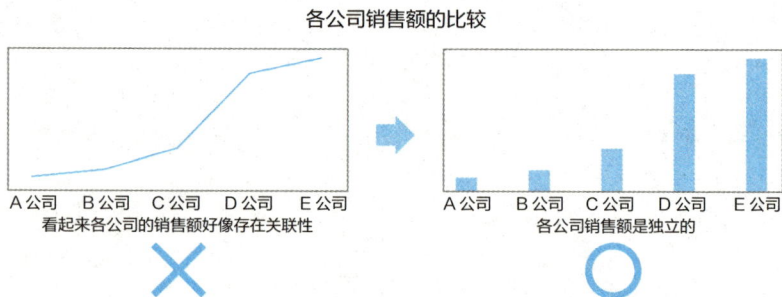

看起来各公司的销售额好像存在关联性 　　　各公司销售额是独立的

为什么精英都是 PPT 控

▼健身中心案例：图表的选择——折线图

在健身中心的促销方案PPT中，"我"准备在"背景"幻灯片中展示与去年同月相比入会人数的变化情况，那么该用什么类型的图表呢？对于这一系列数据，"我"把去年同月的数值设为1，将今年同月的数据与之相比，得到一个比例，因此"我"觉得适合使用折线图。用折线图展示这些数据之后，读者一眼就能看出入会人数呈现下降趋势。

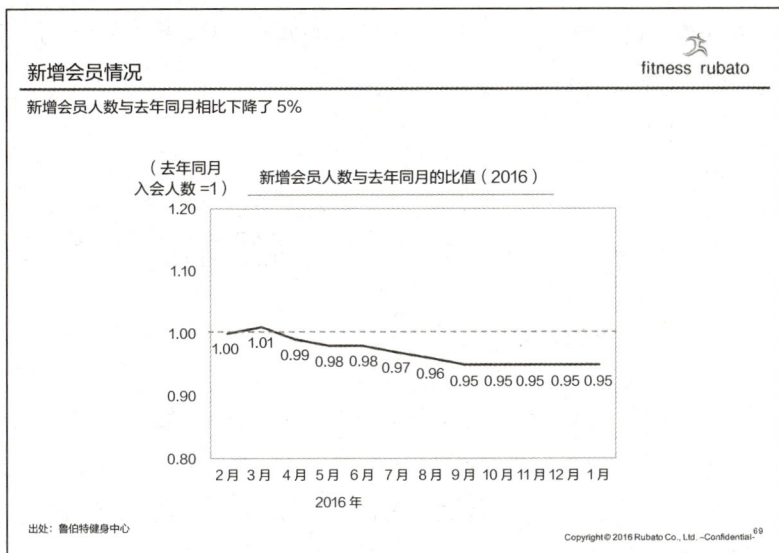

新增会员情况　　　　　　　　　　　　　　　　fitness rubato

新增会员人数与去年同月相比下降了 5%

（去年同月入会人数 =1）　新增会员人数与去年同月的比值（2016）

1.20
1.10
1.00　1.00　1.01　0.99　0.98　0.98　0.97　0.96　0.95　0.95　0.95　0.95　0.95
0.90
0.80

2月　3月　4月　5月　6月　7月　8月　9月　10月　11月　12月　1月
2016 年

出处：鲁伯特健身中心

Copyright © 2016 Rubato Co., Ltd. –Confidential–[69]

114　展示原因和结果的"散点图"

🔲 显示两个要素的关系

在散点图中，横轴和纵轴分别对应两个数据的类别，用来展示两种数据的关系。通常来说，横轴表示原因数据，纵轴表示结果数据。这种图表多用于分析两种数据的相关性。

- 适合比较相关性
- 例如比较利润率与销售额的关系、GDP 与就学率的关系等

下面就给大家举一个实际应用的例子，展示的是销售额和利润率的关系。一个企业的销售额提高到一定程度后，规模效益就开始发挥作用，提高了企业的赢利效率，结果利润率会相应提高。这种情况下，横轴作为原因，表示的是销售额，纵轴作为结果，表示利润率。

A 公司的销售额与利润率（2011—2016）

	A 公司销售额（亿日元）	A 公司利润（亿日元）
2011	970	48
2012	1020	60
2013	1000	55
2014	950	50
2015	980	53
2016	1010	55

❑ 数据的数量较多时，适合使用散点图

如果数据数量较少的话，就不容易看出两种类型数据之间的相关性。因此，数据数量较少的时候，建议使用纵向柱形图和折线图的组合或者其他合适的图表形式，不建议使用散点图。

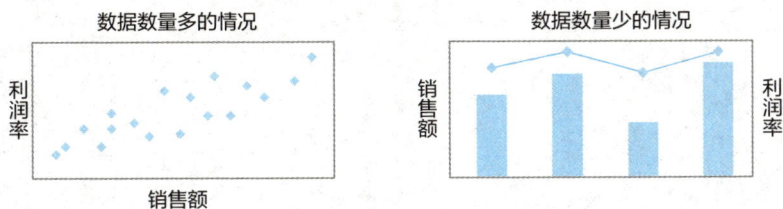

数据数量多的情况

数据数量少的情况

▼健身中心案例：图表的选择——散点图

"我"为了展示"会员家距离健身中心的远近"与"会员存续期"的关系，正在考虑用哪种图表形式更合适。思考后发现，"我"的诉求是想展示两种数据的关系，因此觉得散点图最合适。图表制成之后，读者可以清晰地看出通过免费私人教练体验课招收的会员，其存续期要比通过免费体验宣传单招收的会员长。而且，即使会员家距离健身中心较远，前者招收的会员的存续期也相对较长。

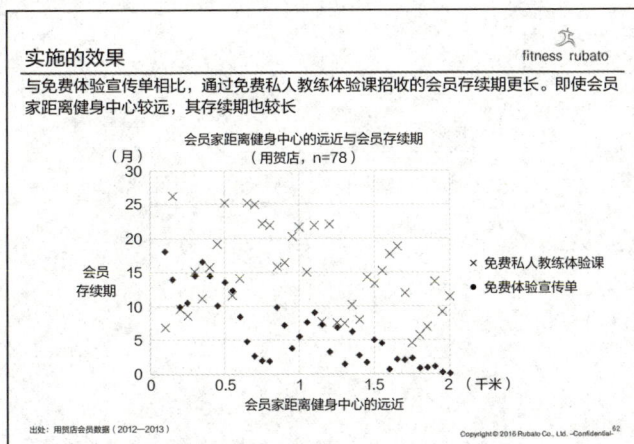

实施的效果

fitness rubato

与免费体验宣传单相比，通过免费私人教练体验课招收的会员存续期更长。即使会员家距离健身中心较远，其存续期也较长

会员家距离健身中心的远近与会员存续期
（用贺店，n=78）

× 免费私人教练体验课
● 免费体验宣传单

出处：用贺店会员数据（2012—2013）

"想比较什么"是
选择图表类型的依据

前面已经讲了各种图表的特点和用途。接下来，我会按照原则109讲过的各种比较标准，为大家介绍选择图表的方法。选择图表类型，有一个大体的标准，比如"构成要素比较"适合用面积图，"相关比较"适合用散点图。但是，某些比较标准可以使用多种类型的图表，我们需要根据实际情况从中选择一种最合适的。

"项目比较"适合用面积图、横向柱形图、纵向柱形图，"时间轴比较"适合用面积图、纵向柱形图、折线图，"频率分布比较"适合用纵向柱形图和折线图。遇到多种图表可选的时候，我们**要根据实际情况和比较的标准去选择**。

	构成要素比较	项目比较	时间轴比较	频率分布比较	相关比较
面积					
横柱					
纵柱					
折线					
散点					

"项目比较"从三种图表中选择

□ 如果项目名称较长，就用横向柱形图

"项目比较"，是对相互独立的数据进行比较。例如，对问卷调查结果进行比较、对多个企业销售额进行比较等。项目比较适合使用面积图、横向柱形图、纵向柱形图。我们要根据实际情况从中选择一种最合适的。

关于选择图表的方法，如果**数据显示的是具体内容，就选择面积图**。在下面的例子中，各公司销售额分为国内和海外两个具体方面展示，所以适合使用面积图。

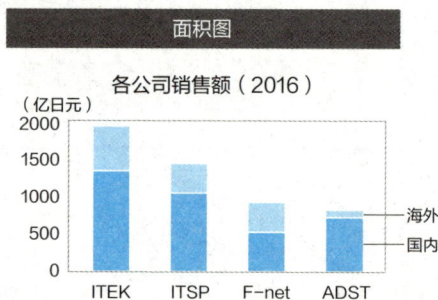

面积图

各公司销售额（2016）

如果**项目名称比较长的话，就适合使用横向柱形图**。项目名称比较短的话，则横向柱形图和纵向柱形图均可。

请看下面的例子，对问卷调查的结果进行项目比较，每个项目的名称都很长，如果用纵向柱形图，就会出现左图的效果，显然不美观，也难以将项目名称显示完全。相比之下，右侧的横向柱形图就没

有问题。

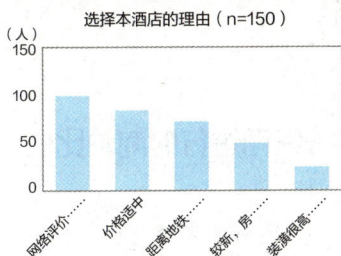

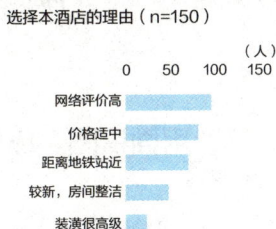

纵向柱形图	横向柱形图
选择本酒店的理由（n=150）	选择本酒店的理由（n=150）
项目名称较长，显示不完整	项目名称可以完整显示
✕	○

在下面的例子中，对各家公司的销售额进行项目比较，因为企业名字都比较短，所以使用纵向柱形图或横向柱形图都可以。

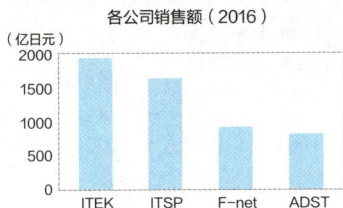

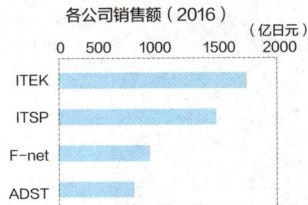

纵向柱形图	横向柱形图
各公司销售额（2016）	各公司销售额（2016）
项目名称较短，可以完整显示	可以完整显示项目名称
○	○

116

"时间轴比较"从三种图表中选择

☐ 用面积图、纵向柱形图或折线图进行时间轴比较

　　"时间轴比较"，是按照时间的推移，对数据的变化进行比较。时间轴比较适合使用面积图、纵向柱形图和折线图。在下面的例子中，我们要学习根据数据的情况，从上述三种图表中选择最合适的那种。（1）对数据的构成进行时间轴比较；（2）对比例或指数进行时间轴比较；（3）对多个数据进行时间轴比较。不同的数据类型，要选择不同的图表形式。

（亿日元）

		2010	2011	2012	2013	2014	
A公司	销售额（3）	2500	2600	2300	2600	2800	（3）多个数据的时间轴比较
	（1）日本	1000	1100	900	1000	1100	（1）数据构成的时间轴比较
	北美	600	600	600	700	700	
	欧洲	600	500	400	400	400	
	其他	300	400	400	500	600	
	纯利润	250	270	190	260	270	
	纯利润率（2）	10.0%	10.4%	8.3%	10.0%	9.6%	（2）比例或指数的时间轴比较
B公司	销售额（3）	2000	2200	2100	2300	2500	
C公司	销售额（3）	1500	1400	1200	1100	1100	

（3）多个数据的时间轴比较

（1）数据构成的时间轴比较：面积图

对数据的构成进行时间轴比较时，适合使用面积图。也就是说，将构成要素比较和时间轴比较结合起来了。例如，对自家公司不同地区的销售额比较、对市场份额变化数据的详细构成进行时间轴比较时，都适合使用面积图。在下面的例子中，对A公司在日本、北美、欧洲和其他地区的销售额进行比较，使用面积图。

A 公司不同地区销售额的变化情况（2010—2014）

（2）对比例或指数进行时间轴比较：折线图

对比例或指数进行时间轴比较的时候，适合使用折线图。例如，自家公司利润率的变化、与去年同月相比销售额指数的变化等。下面是对A公司纯利润率的变化用折线图进行展示的例子。

A 公司纯利润率的变化情况（2010—2014）

（3）对多个数据进行时间轴比较：折线图

对多个数据进行时间轴比较的时候，适合使用折线图。例如，自家公司商品和竞争对手商品的销售额对比、市场占有率对比等。下面的例子在比较A、B、C三家公司销售额变化情况的时候，就使用了折线图。

销售额变化情况（2010—2014）

（亿日元）

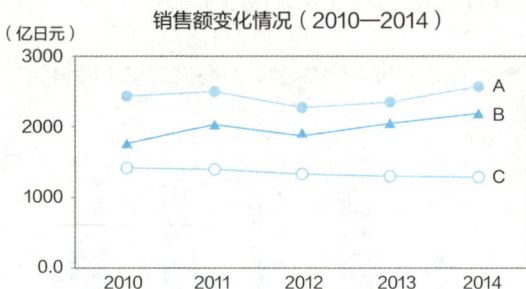

（4）其他时间轴比较：纵向柱形图

除了上述几种情况之外，时间轴比较适合选用纵向柱形图。特别是非加工数字（比例、指数等属于加工后的数字），例如销售额等实际数字，就适合使用纵向柱形图。自家公司的销售额变化、销量变化、员工人数变化等，都适合使用纵向柱形图。下面是展示A公司销售额变化的纵向柱形图：

A 公司销售额变化情况（2010—2014）

（亿日元）

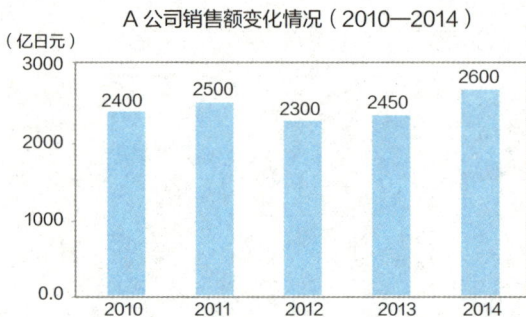

专栏　站在读者的角度选择图表

进行时间轴比较，到底是选择面积图还是折线图，有时我们难以抉择。例如，一个市场被三家公司占据，在比较各家公司的市场占有率时，该用面积图还是折线图呢？如果从市场详细内容看的话，就是构成要素比较，适合使用面积图。但是，如果比较的是多个数据，那就适合使用折线图。

遇到这种情况的时候，我们就得考虑读者希望从哪个角度来比较这些数据。如果读者是分析师或投资人的话，他们更希望从整体上考察市场内各公司的情况，想看详细内容，因此适合使用面积图。如果读者是销售部部长的话，他应该更想看到自家公司和竞争对手各自的市场占有率，因此更适合使用折线图。

只有学会换位思考，从读者的角度出发，才能制作出更加易读、易懂的PPT。

面积图

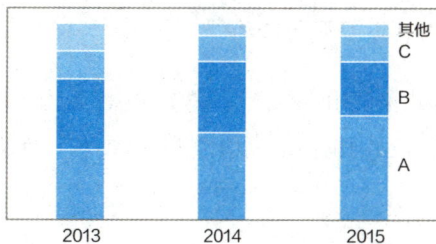

希望从整体上考察市场内各公司的情况
→分析师、投资人

折线图

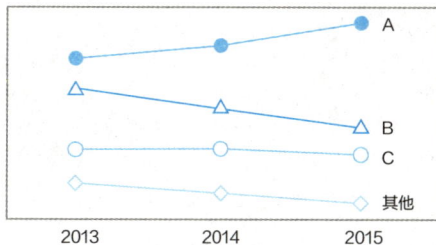

想了解各家公司市场占有率的比较情况
→公司内部、市场调研部、销售部

"频率分布比较"使用
纵向柱形图或折线图

◻ 频率分布比较可使用纵向柱形图或折线图

"频率分布比较",是对数据的出现频率进行比较。频率分布比较可以使用纵向柱形图或折线图。其中有一种数据分布的情况,就用纵向柱形图,这样容易看清数据的大小。

销售员的人均销售额

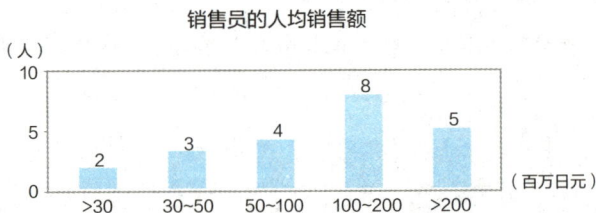

比较多种数据的分布时,建议使用折线图。例如,比较英语和数学分数的分布情况或A、B两种商品的销售员人均销售额的时候,就适合使用折线图。

销售员的人均销售额

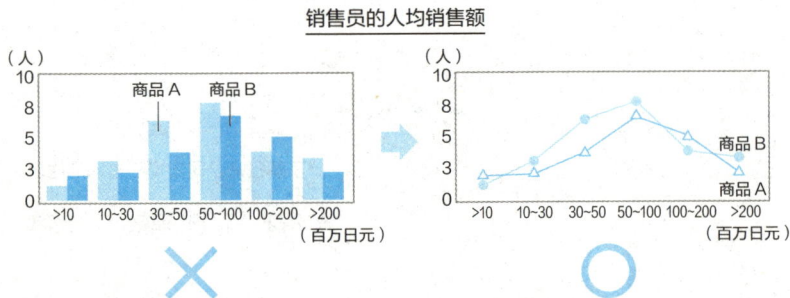

　　　　　　　　　　　　　　　　　为什么精英都是 PPT 控

原则

118 比较与使用图表的指南

☐ 根据比较标准和实际情况选择图表类型

前面已经给大家介绍了比较标准和选择图表的方法，下面就做一个总结，为大家制作一个选择图表类型的指南表。"构成要素比较"的时候，选择面积图就对了。"项目比较"的时候，如果项目名称较长，就用横向柱形图；如果项目名称较短，就用纵向柱形图；如果比较的是数据的构成，就用面积图。"时间轴比较"，只比较一种数据的变化情况时，使用纵向柱形图；比较多种数据或比例、指数的时候，就用折线图；显示数据构成的话，就用面积图。"频率分布比较"，只比较一种数据的变化情况时，使用纵向柱形图；比较多种数据的时候，使用折线图。最后，"相关比较"，只有散点图最合适。

要记住以上各种图表的适用情况，可能比较困难。因此我给大家总结了一张指南表，您可以把它打印出来，贴在办公桌上。用的时候，查一下指南表就行了。

比较的种类	实际情况	适用图表类型
构成要素比较		面积图
项目比较	项目名称较长	横向柱形图
	项目名称较短	纵向柱形图
	比较数据的构成	面积图
时间轴比较	只对一种数据的变化情况进行比较	纵向柱形图
	对多种数据进行比较	折线图
	对比例、指数等进行比较	
	按照时间推移对数据的构成进行比较	面积图
频率分布比较	只对一种数据的变化情况进行比较	纵向柱形图
	对多种数据进行比较	折线图
相关比较		散点图

专栏 不要轻易使用饼图

相信大家在日常工作中，经常能在PPT中看到饼图，但我建议大家最好不要轻易使用饼图。第一个原因是，饼图是通过扇形面积或圆周长度来表示数据的大小，不太容易对数据进行准确的比较。展示个体在整体中所占比例的时候，常用饼图。但是，靠面积或圆周长度来表示的话，读者从视觉上不太容易进行比较。想对数据进行比较的话，建议使用面积图，柱形的高度就可以表示数据的大小，视觉上更清楚。

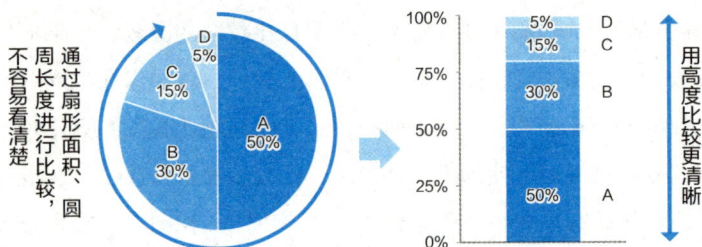

特别是用多个饼图进行比较的时候，更容易造成混乱。相较之下，用面积图就清晰得多。

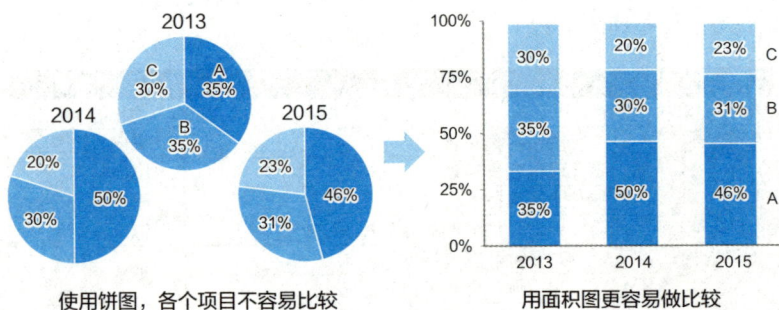

使用饼图，各个项目不容易比较

用面积图更容易做比较

为什么精英都是 PPT 控

第二个原因是，当项目比较多的时候，饼图就更加难以进行比较了。这种情况用纵向柱形图更合适。

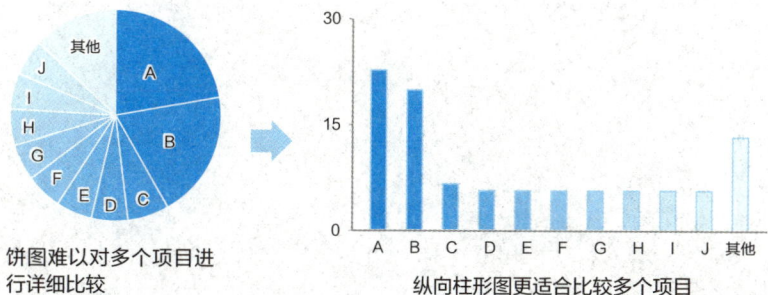

饼图难以对多个项目进行详细比较

纵向柱形图更适合比较多个项目

另外，最应该避免使用的是3D饼图。在下图的例子中，最大的两个项目所占比例是一样的，都是25%，但是视觉上下面的项目要大一些，容易给读者造成误导。

3D 饼图存在视觉误差

唯一可以使用饼图的情况，是项目在三个以内，而且存在25%、50%或75%的比例关系。这样的数据用饼图展示，可以明确看出是1/4、1/2还是3/4。举例来说，对两个项目进行比较，其中一个所占比例为75%，就可以用饼图。

A 占 75%

A 占一半

大原则

表现形式影响图表的表现力

读到这里，我想读者朋友们已经学会正确选择图表类型的方法。接下来，我们学习调整图表的表现形式。有朋友以为，图表制作好了，把数据填进去就万事大吉了。但是，如果能够在图表的表现形式上下点功夫，就能大大提高图表的表现力，让读者更容易看懂。

调整图表的表现形式只有三个要点：**"数据的整合"** **"数据的顺序"** **"复合图表"**。用图表传达信息的时候，要尽量精简数据，把展示的重点放在主要数据上。另外，在一个图表中，数据的排列顺序往往是有一定含义的，因此我们要按照一定的规则合理安排数据的顺序。最后，把不同种类的数据用一张图表进行展示的时候，可以使用复合图表的形式。

按照以上三点调整图表的表现形式，保证您制作的图表清晰、明确，又易读、易懂。

| （1）选择 | ▶ | （2）表现 | ▶ | （3）强调 | ▶ | （4）调整 |

119 图表要突出重要数据

☐ 突出重要数据，无关紧要的数据放到"其他"里

图表中的数据，一定要突出重点。突出重点有两种方法：（1）把无关紧要的数据总结到"其他"项目中；（2）重要数据要突出。**"构成要素比较"的时候，重要性较低的数据，就可以总结到"其他"项目中**。在下面的例子中，右图就把北美、欧洲、日本以外的市场数据总结到了"其他"项目中，结果清晰简洁多了。不过，用"其他"项目整合数据，也需要先设定一个标准。比如在下面的例子中，就把20亿日元以下的市场总结到了"其他"项目中。

展示所有数据的情况	用"其他"总结不重要数据的情况

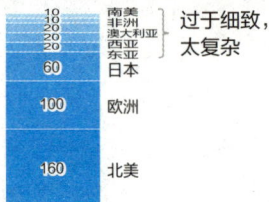

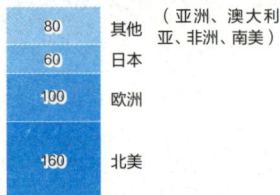

南美 10	
非洲 10	
澳大利亚 20	过于细致，太复杂
西亚 20	
东亚 20	
日本 60	
欧洲 100	
北美 160	

其他 80（亚洲、澳大利亚、非洲、南美）
日本 60
欧洲 100
北美 160

全公司销售额（400亿日元） ✕

全公司销售额（400亿日元） 〇

在进行"项目比较"或"时间轴比较"的时候，应该突出重要数据。下面是项目比较的例子，有自家公司和A、B两家竞争对手。用图表展示的时候，要突出这三家公司，其他公司没必要展示出来。排除的标准用"注"的形式说明就可以。

把所有数据都展示的情况 / 只展示重要数据的情况

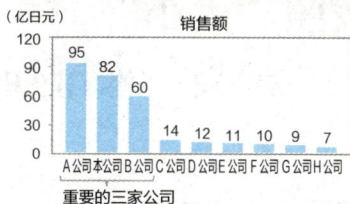

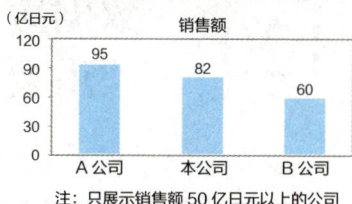

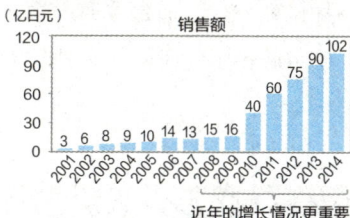

（亿日元） 销售额
95 82 60 14 12 11 10 9 7
A公司 本公司 B公司 C公司 D公司 E公司 F公司 G公司 H公司
重要的三家公司

（亿日元） 销售额
95 82 60
A 公司 本公司 B 公司
注：只展示销售额 50 亿日元以上的公司

在进行时间轴比较的时候，应该只展示重要年度。在下面的例子中，2008年以后销售额出现了急速增长趋势，这个趋势更为重要，因此省略了2007年以前的销售额，只展示2008年之后的销售额变化情况。

把所有数据都展示的情况 / 只展示重要数据的情况

（亿日元） 销售额
3 6 8 9 10 14 13 15 16 40 60 75 90 102
2001 2002 2003 2004 2005 2006 2007 2008 2009 2010 2011 2012 2013 2014
近年的增长情况更重要

（亿日元） 销售额
15 16 40 60 75 90 102
2008 2009 2010 2011 2012 2013 2014

在进行时间轴比较的时候，一定不要漏掉中间的某个年度。在下面的例子中，左图漏掉了2011年、2013年的数据，让销售额增长看起来异常迅猛，就给读者造成了误导。

漏掉中间某个年度的情况 / 没有遗漏的情况

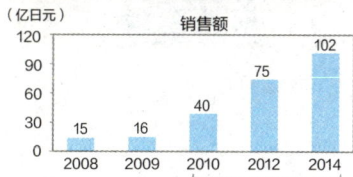

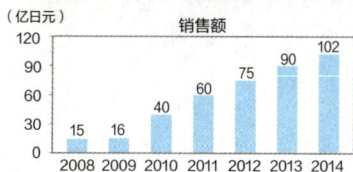

（亿日元） 销售额
15 16 40 75 102
2008 2009 2010 2012 2014

（亿日元） 销售额
15 16 40 60 75 90 102
2008 2009 2010 2011 2012 2013 2014

120

数据应该按照"大小"
"重要性""种类"来排列

■ 图表中的数据首先应该按照大小顺序进行排列

数据按顺序排列好，图表会更加清晰明了。在图表中排列的方法主要有三种。这三种方法有的时候单独使用，有的时候也可以根据需要组合起来使用。下面我就逐一讲解。

（1）按照数据大小排列

按照数据大小排列，是最常见的一种排列方式。通常按照由左至右、由上至下、由大到小的顺序排列。使用面积图的时候，则把较大的数据放在下面，较小的数据放在上面。

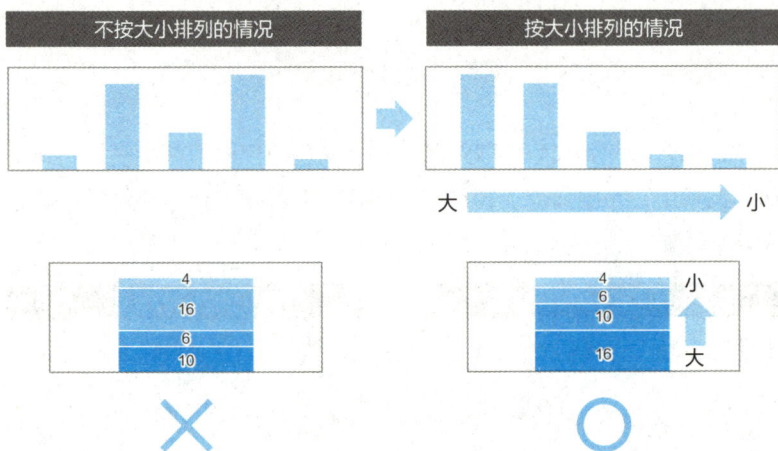

<table>
<tr><td>不按大小排列的情况</td><td>按大小排列的情况</td></tr>
</table>

大 ➡ 小

<table>
<tr><td>4</td><td>小</td></tr>
<tr><td>16</td><td>6</td></tr>
<tr><td>6</td><td>10</td></tr>
<tr><td>10</td><td>16　大</td></tr>
</table>

✕　　　○

　　　为什么精英都是 PPT 控

（2）按重要性排列

按重要性排列，把最重要的数据放在首要的位置上。如果您想把某个数据重点展示给读者，就把它安排在首要的位置上。这种情况下，优先考虑重要性，其次才考虑数据的大小。

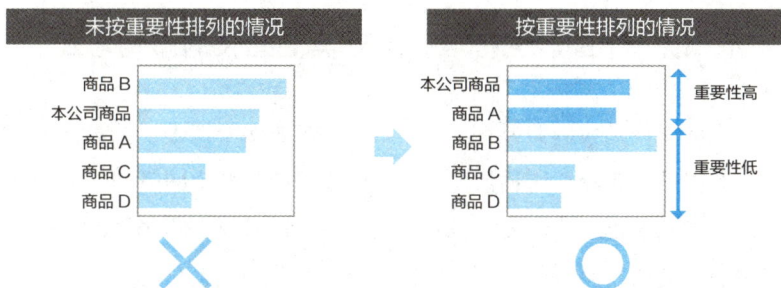

（3）按种类排列

所谓按种类排列，就是把同类的数据总结到一起的排列方式。如果把不同种类的数据混在一起展示，肯定会给读者造成错误印象，比较起来也容易出现误差。请看下面的例子，B、E两家公司是经营某种特定商品的专业公司，A、C、D公司则是经营多种商品的综合公司。如果把A、B、C、D、E公司混在一起进行比较，实际上没有多大意义。如果要用图表把所有这些公司都展示的话，就应该先对它们进行分类，然后再进行比较。

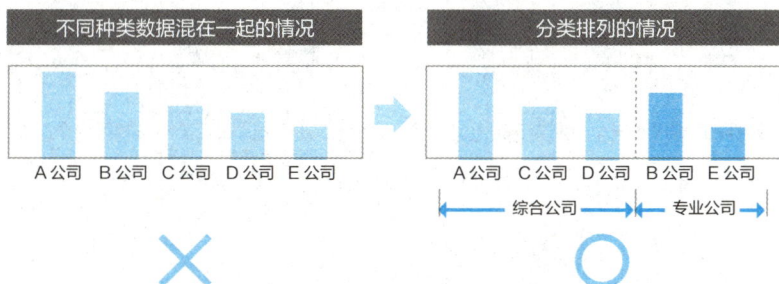

121

多个图表之间，"数据的排列方式"要统一

☐ 以一个图表为标准，统一其他图表的排列方式

有的时候，我们需要在一页幻灯片中配置多个图表，并对同一种类的数据进行比较。这种情况下，我们应该统一各个图表的数据排列方式。举例来说，我们要比较日本、美国、欧洲三个市场中A、B、C三种商品的销售额情况，这个时候，就需要分别配置日本、美国、欧洲三个图表。这三个图表按照A、B、C三种商品的销售总额的大小进行排序。如果日本、美国、欧洲三个图表中，A、B、C三种商品的排列顺序不一致的话，看起来就很凌乱，而且也难以比较三种商品在不同市场中各自的销售额情况。请比较下面两个例子的差异，您肯定会觉得右图的例子更清晰。

每个图表都采取升序排列的情况

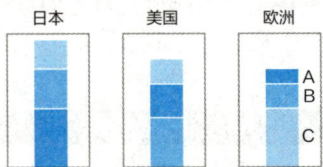

日本　美国　欧洲

A
B
C

数据的顺序不统一，比较起来很困难

各图表都按统一顺序排列的情况

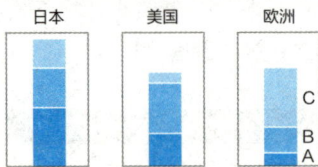

日本　美国　欧洲

C
B
A

右侧两个图表也按照左侧第一个图表的顺序进行统一排列

这里应该注意的一点是，要统一多个图表中数据的排列顺序，首先要制作一个标准图表来做参照物。而这个标准图表中数据的排列顺序应该遵守三个大原则："大小""重要性""种类"。也就是说，作为参照物的那个标准图表，其中的数据不能随意排列。

要改变数据的排列顺序，可以用鼠标右键点击图表，然后选择"编辑数据"。这时就会弹出一个Excel表格，可以在Excel表格中对数据进行编辑。如果数据较多的话，应该在制作之前预先在Excel表格中将数据的顺序调整好，然后再粘贴到PPT的图表中。

战略顾问的工作现场

在经营管理战略顾问行业，流行一句常用语：apple to apple。意思是说，同类的事物才能比较，不同类的事物不要进行比较。它还有一句反义语叫作"apple to orange"。如果我们问富士苹果和美国青苹果哪种好吃，吃过的人肯定会给出自己的回答。但如果问苹果和橘子哪个好吃，这就难回答了，因为苹果和橘子属于不同种类的水果，各有各的味道，不能简单地进行比较。我们在 PPT 中使用图表对数据进行比较的时候，也要避免"apple to orange"的情况发生。

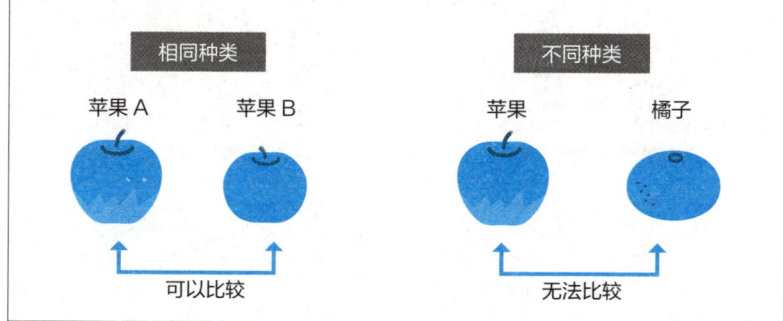

相同种类		不同种类	
苹果 A	苹果 B	苹果	橘子
可以比较		无法比较	

122

两种数据用"复合图表"来表现

☐ 两种数据用两个轴来展示

　　想同时展示两种数据的时候，复合图表是个不错的选择。尤其是两种数据相差很大的时候，最好使用复合图表。请看下面的例子，我想同时展示销售额和利润的变化情况，与销售额相比，利润的数值是非常小的，因此如果只用一种类型的图表进行展示的话，利润的变化情况就很难看出来。于是，我选择使用复合图表，销售额用纵向柱形图，利润用折线图。这样一来，两种数据的变化情况都能清清楚楚地展现。

（亿日元） 销售额／利润的变化情况					销售额
100			70	80	
50	40	50	60		
0	4	5	6	7	8 利润
	2011	2012	2013	2014	2015

利润的变化情况很难看清楚

✕

（销售额／亿日元） 销售额／利润的变化情况					（利润／亿日元）
150					10
100	4	5	6	7	8
50	40	50	60	70	80
0	2011	2012	2013	2014	2015

利润的变化情况一目了然

○

☐ 两种数据组合起来可以更好地传递信息

　　两种数据的单位不同，也可以使用复合图表。在下面的例子中，一个数据是店铺数量的变化，一个数据是员工人数的变化，用复合图表将它们同时展示，可以更好地向读者传递信息。另外，想用两种数据来表达一种意思的时候，也可以使用复合图表。但是，如果两种数据之间没有关联性，就不适合使用复合图表。

（店铺数）　店铺数量变化

（员工数）　员工数量变化

想表达的意思是"早期控制员工数量的增长速度，同时扩张店面数量，结果取得了成功"

店铺数量 / 员工数量变化

将两种图表结合起来，变成复合图表，意思表现得更加清晰明确

☐ 注意图表类型的搭配和坐标轴的数值

使用复合图表的时候，需要注意两点：（1）图表类型的搭配；（2）坐标轴的数值。

（1）纵向柱形图和折线图的组合比较常用

在复合图表中，纵向柱形图和折线图是最常用的组合。在同一张图表中，纵向柱形图使用左侧的坐标轴，折线图则使用右侧的坐标轴。具体制作方法是：（1）点击"插入"；（2）"图表"；（3）"组合图"；（4）折线图使用右侧坐标轴，所以在折线图的"次坐标轴"后面点"√"；（5）"确定"。

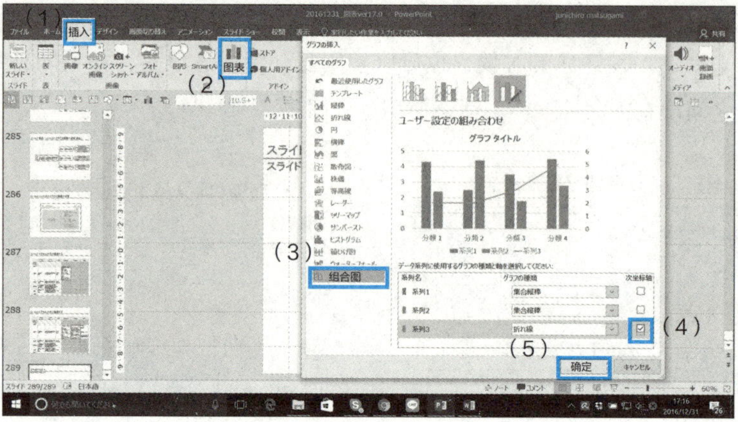

（2）调整两个坐标轴的数值，以防图表重叠

使用复合图表的时候，如果两个图表发生了重叠，就会影响读者的理解。遇到这种情况的时候，我们可以调整两个坐标轴的数字，避免重叠的发生。

在下面的例子中，店铺数量用纵向柱形图，员工人数用折线图，如果两个图表发生重叠的话，就会影响读者理解。于是，我们将显示店铺数量的左侧坐标轴的最大值由30调整为40，纵柱的高度就会降低，和折线图就不会重叠了。

避免两个图表发生重叠

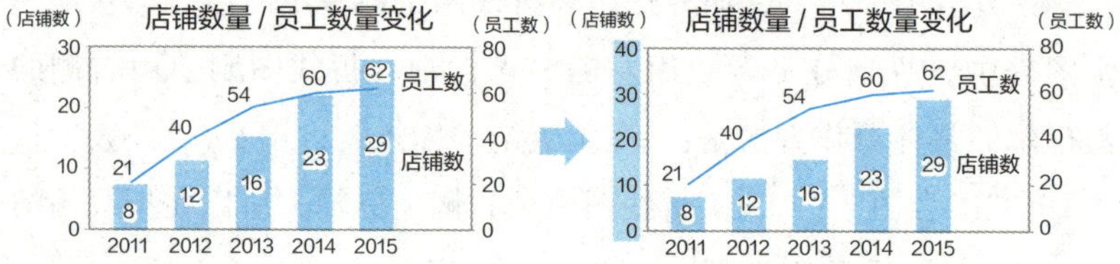

图表发生重叠，不易理解

提高店铺数坐标轴的最大值，使纵柱的高度降低，就不会和折线图发生重叠了

为什么精英都是 PPT 控

改变坐标轴最大值的操作：（1）用鼠标右键点击次坐标轴；
（2）选择"设置坐标轴格式"；（3）输入"最大值"。

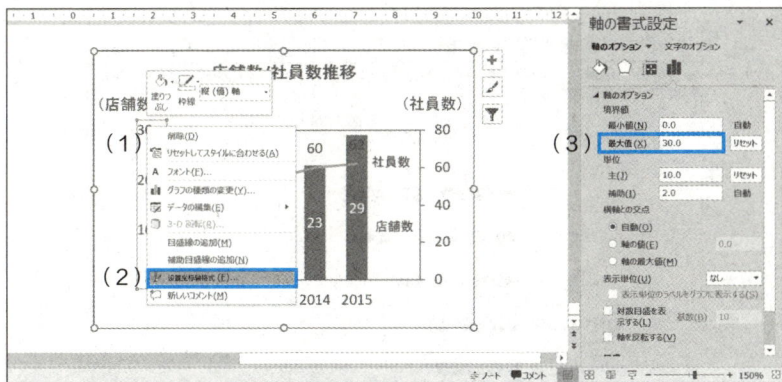

▼健身中心案例：图表的表现方法

"我"以"您不愿来健身中心体验的理由是什么？"为题，进行
了问卷调查。对于问卷调查的结果，"我"想用图表的形式展示在PPT
中。很明显，对问卷调查的结果进行比较，属于项目比较，所以适合
用横向柱形图。

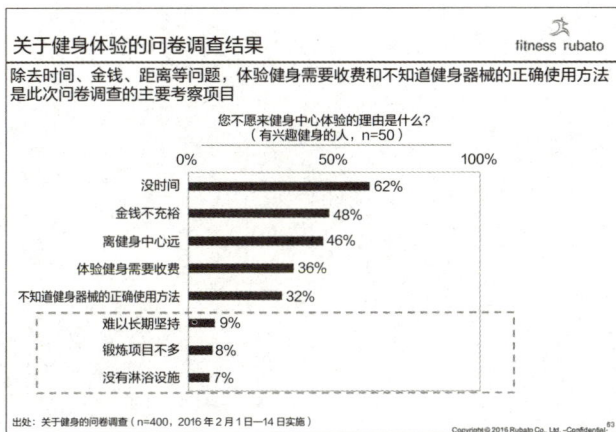

比例不足10%的回答，属于少数人的意见，重要性不足，因此可以忽略不计，不显示在图表中。我们要把焦点集中到重要的数据上。

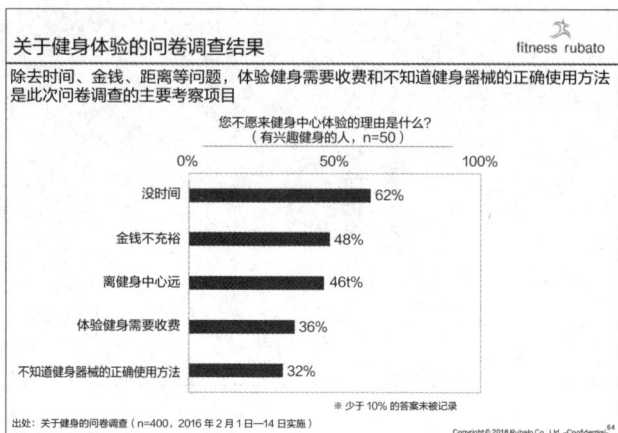

关于健身体验的问卷调查结果　　　　　fitness rubato

除去时间、金钱、距离等问题，体验健身需要收费和不知道健身器械的正确使用方法是此次问卷调查的主要考察项目

您不愿来健身中心体验的理由是什么？
（有兴趣健身的人，n=50）

没时间	62%
金钱不充裕	48%
离健身中心远	46t%
体验健身需要收费	36%
不知道健身器械的正确使用方法	32%

※ 少于 10% 的答案未被记录

出处：关于健身的问卷调查（n=400，2016 年 2 月 1 日—14 日实施）

Copyright © 2018 Rubato Co., Ltd. -Confidential-

为什么精英都是 PPT 控

"强调"是提高
图表易读性的利器

图表展示的信息中，有重要的，也有没那么重要的。对于图表中的重要信息，如果我们能够想办法把它强调出来的话，那么读者即使不看这一页的幻灯片副标题，也能根据我们强调的地方，理解这一页的主要内容和中心思想。关于强调的方法，常见的是用红色的矩形或椭圆形将重点内容框起来，但我觉得从视觉审美角度来说，这种方式不太美观。接下来我就教您既美观又清楚的强调方法。

（1）选择	▶	（2）表现	▶	（3）强调	▶	（4）调整

　　强调的具体方法有：**背景色、箭头、文本框**等。从大的方面来看，强调可以分为两种：**"范围强调"和"主张强调"**。两种强调又各有多种方法可用。特别是"主张强调"，可分为强调增减趋势、强调差、追加说明三种方法。关于强调的种类和方法，我为大家总结了一张表格，请看下表。

		使用场景	具体方法
范围强调	强调一部分数据	在图表中，想强调个别数据的时候	• 改变图表颜色 • 添加箭头
	强调多个数据	在图表中，想强调多个数据的时候	• 添加背景色
主张强调	强调增减趋势	在折线图或柱形图中，想强调增加或减少趋势的时候	• 添加箭头
	强调差	在折线图或柱形图中，想强调两个数据的差时	• 添加辅助线 • 添加箭头
	追加说明	为图表数据的背景增加定性补充说明的时候	• 文本框

个别数据通过"颜色"
或"箭头"加以强调

☐ 使用颜色或箭头对个别数据进行强调

在图表中，想对某一个数据进行强调的时候，例如对多家公司的销售额进行比较，并且想突出自家公司销售额，有两种强调的方法。**一种是改变自家公司图表的颜色，另一种是使用箭头。**不管哪种方法，都要使用重点色。

（1）改变图表颜色

为了强调图表中的某一个数据，有些朋友喜欢用椭圆形将强调的数据框起来，像下面左图的例子那样。但是，这种方式令整个图表很不美观，所以我不推荐使用这种方法。正确的方法是改变特定图表的颜色，加以突出。具体操作方法是选中特定的图表，然后在"格式"中选择"形状填充"，将其改为合适的颜色。

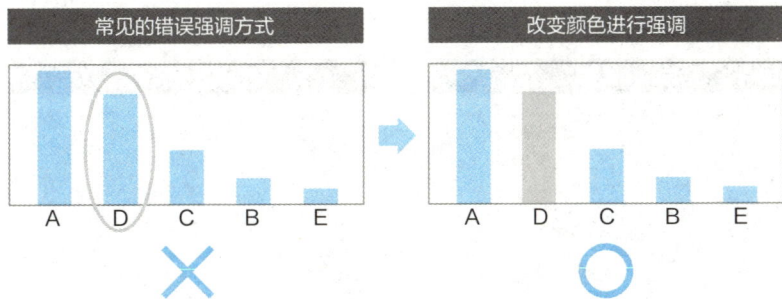

也有的朋友虽然懂得通过改变颜色来强调某一个数据，但他为了突出这个数据，将其他数据的图表都换成了灰色。这种方法表面看起来更加突出重点数据，但其实也使其他数据的存在感变得微弱，容易让读者误认为其他数据不重要。所以，我认为在强调某个数据的同时，没有必要弱化其他数据。

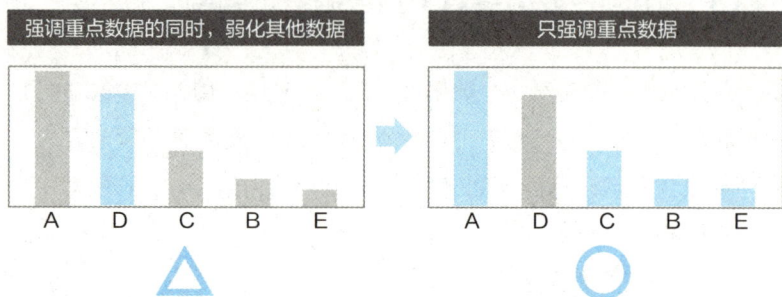

（2）使用箭头

用一个箭头指向想要强调的数据，也可以突出其重要性。插入箭头的方法前面已经讲过，通过"插入""形状"，就可以插入箭头形状了。下面左图中的例子是错误的强调方式，相比之下，右边使用箭头的例子更好。

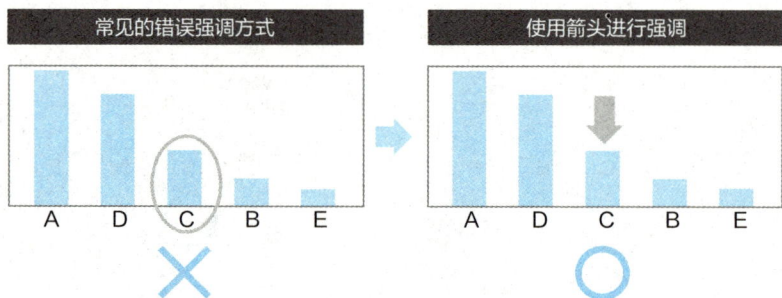

为什么精英都是 PPT 控

通过突出"背景色"
来强调多个数据

☐ 想要强调多个数据，可以突出这些数据的背景色

要想在图表中强调多个数据，建议给这些数据添加重点色的背景。只强调一个数据的时候，可以通过改变该数据的颜色或添加箭头加以突出，但要强调多个数据的话，就需要把这些数据统一起来进行强调。于是，我们可以在这些数据的背景中添加一个有颜色的形状，告诉读者这是一个整体，也是我们想强调的地方。

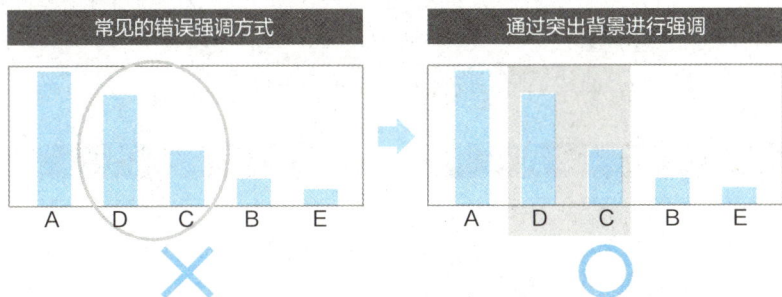

带有颜色的背景形状的具体制作方法如下：点击"插入""形状""矩形"，从中选择合适的形状，并将其插入合适的位置，将想要强调的多个数据覆盖；然后点击"格式""形状填充"，选择较浅的重点色为其涂色；再次点击"格式""形状轮廓""无轮廓"；最后一步，点击"开始""排列""置于底层"。带有颜色的背景就制作好了。

125 用"箭头"强调增减的趋势

❏ 趋势，用箭头强调

我们用图表展示信息，有的时候并不需要强调个别数据，而是想强调数据整体增加或减少的趋势。遇到这种情况，用箭头强调最合适。

强调增加趋势，用向上箭头；强调减少趋势，用向下箭头。读者看到箭头，立刻能理解我们想表达的意思。在下面的例子中，左图用椭圆形将增长迅速的部分框了起来，虽然也能引起读者的注意，但外观上看不太美观。而且，用这种方法并不能强调出增加或减少的趋势。右侧图中，使用了箭头进行强调，效果一目了然。

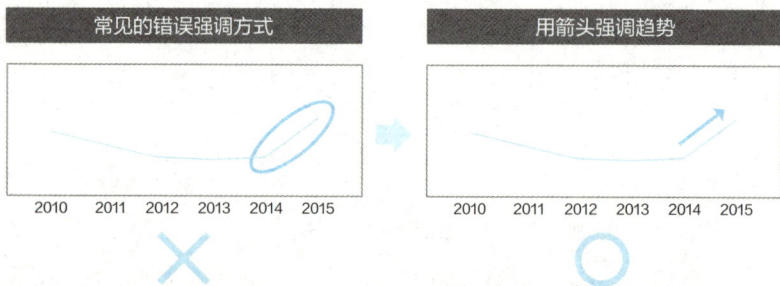

常见的错误强调方式	用箭头强调趋势

2010 2011 2012 2013 2014 2015   2010 2011 2012 2013 2014 2015

✕   ◯

箭头的具体制作方法是：先点击"插入""形状"，选择合适的箭头形状，插入适当的位置；再选中插入的箭头，点击"格式""形状填充"，将箭头涂上重点色；最后点击"格式""形状轮廓""无轮廓"，消除箭头的外边框。

为什么精英都是 PPT 控

数据差通过"辅助线"和 "箭头"进行强调

☐ 辅助线和箭头，让数据之间的差更加醒目

使用纵向柱形图或横向柱形图来展示数据的时候，读者一般能够看出各个数据之间的差。如果我们想进一步强调数据之间的差，就可以将辅助线和箭头组合起来。下面的例子是对三家电信运营商用户数量进行的项目比较。假设制作PPT的人想突出au公司与docomo公司的差距，那么，左侧的例子就不能突出这个差距，让读者无法领会作者的真正意图。而右侧的例子在两家公司的数据图表中加入了辅助线和箭头，读者就明白是什么意思了，原来作者想强调两家公司的差距。

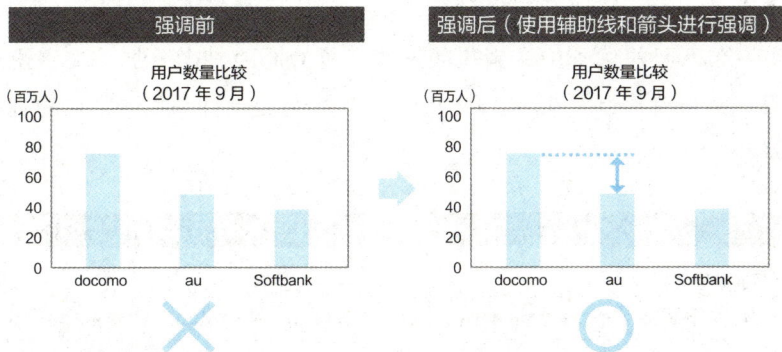

强调前	强调后（使用辅助线和箭头进行强调）

用户数量比较
（2017年9月）

用户数量比较
（2017年9月）

插入辅助线的具体方法是：点击"插入""形状""线条"，用鼠标右键点击插入的线条，在弹出的对话框中选择"设置形状格式"，然后在"实线""短划线类型"中选择某种虚线。箭头的插入方法是：点击"插入""形状"，在"线条"中选择"双箭头直线"，然后再通过"设置形状格式"调整箭头的粗细。

127 强调意图用"文字"表达

■ 强调意图需要插入文本框，然后输入文字

对于图表中的数据，我们可以通过改变颜色、添加箭头等方式进行强调，但如果想进一步说明强调的意图，就需要加入文字说明了。只用图表难以表明的内容，如背景信息、原因、对数据的解释等，就需要添加文字说明。下面举几个具体的例子：

（1）背景信息：近年来，两家公司的销售额趋于接近。

（2）原因：东日本发生大地震，所以销售额急剧下降。

（3）对数据的解释：销售额迅速提高，因此需要雇用更多的员工。

在下面的例子中，销售额迅速恢复的原因，需要加入文字说明。销售额开始恢复性上升的时间点，恰好是新商品投入市场的时间点。

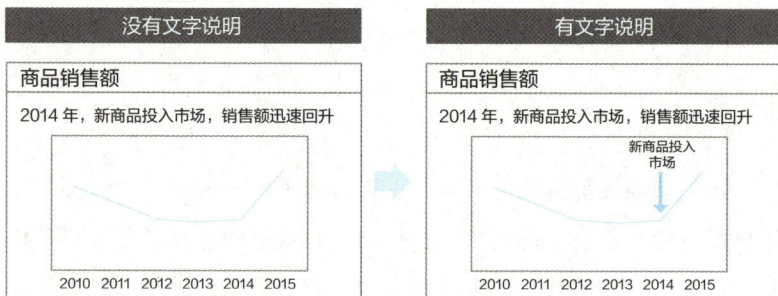

没有文字说明	有文字说明
商品销售额	商品销售额
2014 年，新商品投入市场，销售额迅速回升	2014 年，新商品投入市场，销售额迅速回升

新商品投入市场

2010 2011 2012 2013 2014 2015　　　2010 2011 2012 2013 2014 2015

✕　　　○

▼健身中心案例：图表的强调

"我"想用图表来展示健身中心会员渐少的倾向。"我"把与去年同月相比的数值，制成了一张折线图。不过，只用折线图的话，并不能让读者特别意识到下降的趋势，所以，"我"要对这个趋势加以强调。通过下面左右两个例子的对比，大家一定能看出哪种的效果更好。

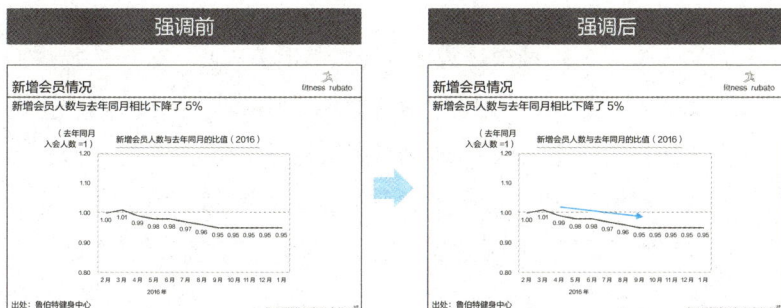

接下来，"我"要用横向柱形图展示有关健身体验的问卷调查结果。顾客不愿来体验健身的主要原因中，有三个是健身中心无法改变的，但也有两个原因是健身中心可以通过努力加以改变的。"我"要重点突出后两个可以改变的因素，即"体验健身需要收费"和"不知道健身器械的正确使用方法"。

最后两个原因分别位于第四、第五位，如果不加以强调的话，读者可能根本不会注意到。所以，"我"要通过改变背景颜色的方法突出这两个数据，还要把项目名称一并强调。

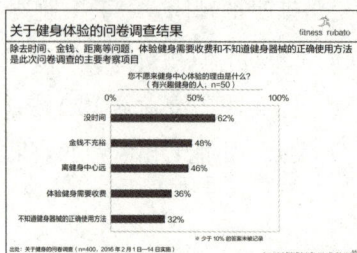

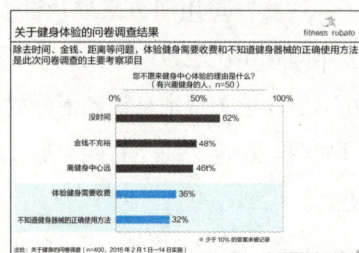

　　最后，为了向读者阐释清楚"我"强调最后两个数据的意图，"我"又插入了文本框，用文字对意图进行了说明。只通过改变图表颜色、添加背景色进行强调，读者并不清楚为什么要强调这些数据，所以"我"添加了说明文字："健身中心可以解决的问题。"这样一来，读者即使不看幻灯片副标题，在图表中就能看清楚作者的意图。

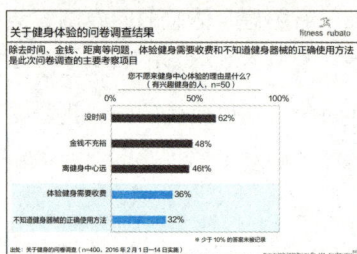

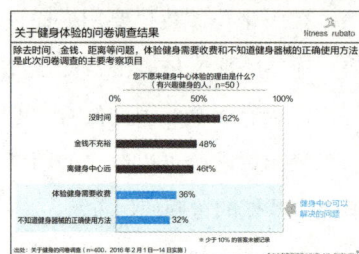

为什么精英都是 PPT 控

大原则

"调整"图表的要素

图表的选择、表现、强调已经完成，最后一步就是对图表中的重要因素进行调整。调整的都是一些细节的地方，但细节决定成败，千万不能忽视。一般情况下，图表中需要调整的地方主要有**"数据标签""坐标轴刻度""图例说明"**等。很多朋友在制作图表的时候常会遗漏这些地方，经过我的提醒，您只要多花一点时间调整好这些细微的地方，就能让您的图表更加便于读者阅读。下面就为您介绍调整的注意事项和具体操作方法。

| （1）
选择 | | （2）
表现 | | （3）
强调 | | （4）
调整 |

最后我还会为您介绍制作图表时必须遵守的规则。好不容易制作的图表，如果数据没有单位，读者读不懂，那就太可惜了。这些细节原本是理所当然应该注意的，但反而最容易被忽视。我在工作中读过无数的PPT，细节上的缺失实在令人触目惊心。

在我们战略顾问的工作中，如果制作PPT的时候没有遵守这些最基本、最细节的规则，上司根本就不会细看我们的PPT。而且，即使PPT的内容再翔实、再精彩，如果图表的细节出了问题，读者对PPT的信任度也会大打折扣。还是应了那句话，细节决定成败，所以我们一定不能忽视图表中的各种细节。

为什么精英都是 PPT 控

消除"刻度线"，正确添加"数据标签"

☐ 消除刻度线，让数据标签小数点后位数相同

如果您读过大量有图表的PPT，您可能会发现，其中很多都有刻度线。但实际上，我们在读图表的时候，很少会看着刻度线去比较各个数据的大小。因此，刻度线可有可无，没有刻度线会让整个图表看起来更加整洁、美观。但是，不用刻度线的话，就要添加数据标签，坐标轴的刻度也要设置完整。

我们先来看纵向柱形图和横向柱形图，**数据标签一定不要放在柱形内部**，而要放在外部，即柱形的顶端。对面积图来说，数据标签应该放在图表内部。另外，数据标签小数点后的位数应该和坐标轴刻度保持一致。如果坐标轴刻度用整数表示，而数据标签用小数表示的话，看起来就很不协调。最后，数据标签和坐标轴刻度的字号必须保持一致。

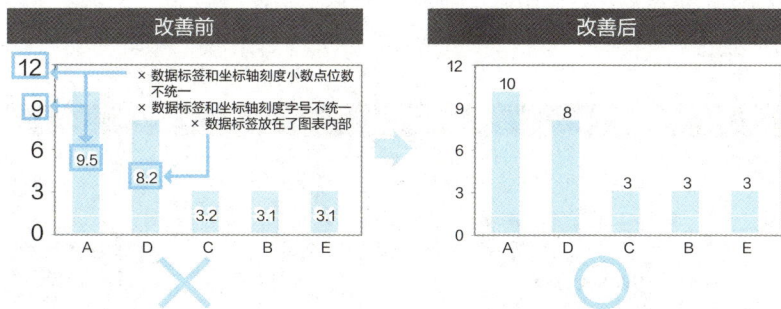

消除刻度线的操作很简单，只需选中刻度线，然后按Delete键就可以消除了。

消除刻度线的方法

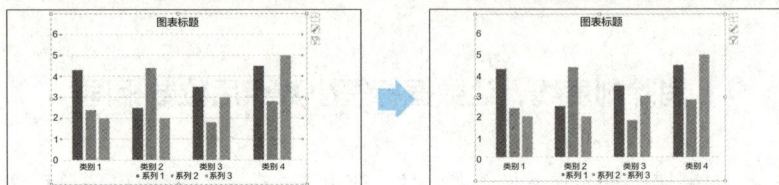

调整数据标签的方法：（1）选中图表；（2）点击页面右上角的"图表元素"；（3）选择"数据标签"；（4）选择配置的位置。

添加数据标签的方法

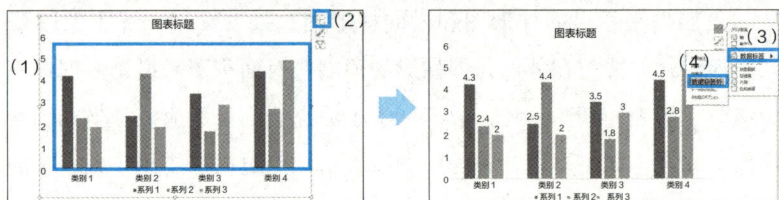

调整小数点后位数的具体操作方法：（1）右键点击数据标签；（2）"设置数据标签格式"；（3）"数字"；（4）在"类别"中选择"数字"；（5）输入"小数位数"。

调整数据标签小数点后的位数

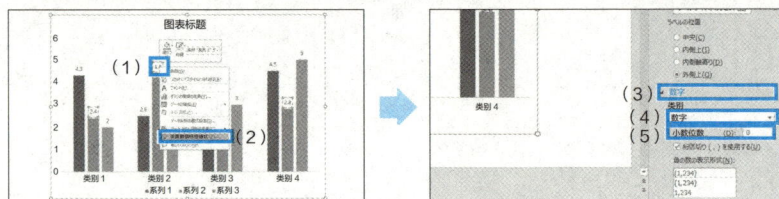

为什么精英都是 PPT 控

比较多个图表的时候，
坐标轴刻度一定要统一

☐ 坐标轴刻度统一，才能对多个图表进行比较

坐标轴刻度的最大值，可以让读者瞬间看清数据的规模，是图表中非常重要的一个要素。坐标轴的刻度就好比地图中的比例尺。在PowerPoint中，会根据图表数据的大小自动决定坐标轴的最大值。

但是，对多个数据进行比较的时候，就需要我们对坐标轴的刻度进行调整，保证多个数据共用一个坐标轴，才能进行公平的比较。例如，在比较日本和美国同一行业多家公司的销售额规模时，如果美国和日本的图表坐标轴刻度不一致，那么两国企业就没有统一的比较标准，从图表上很难进行客观的比较。

将美、日两国的坐标轴刻度统一之后，两国企业的销售额规模一下子就显出了差距。总而言之，在做比较的时候，一定要先设置统一的标准。

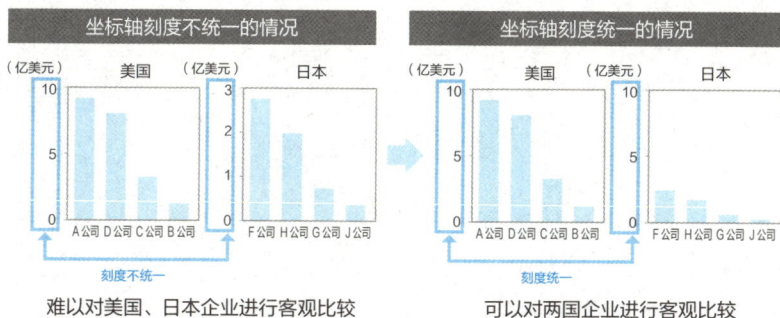

坐标轴刻度不统一的情况 / 坐标轴刻度统一的情况

难以对美国、日本企业进行客观比较 / 可以对两国企业进行客观比较

调整坐标轴刻度的具体方法是：（1）用右键点击图表的纵轴；（2）选择"设置坐标轴格式"；（3）在"最大值"中输入合适的数字。

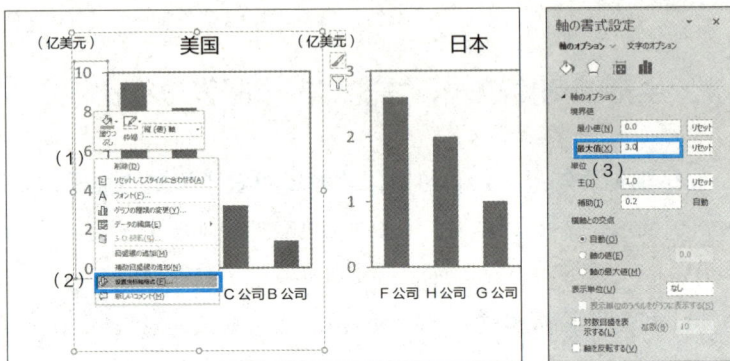

图例说明要用"文本框"重新制作

□ 花点时间让图例说明更清楚，图表更明白

　　用折线图或面积图展示多个数据的时候，常会让读者感到头晕，其原因就是PPT设定的图例说明方式不太便于读者理解。大家看，下面的例子用折线图展示了七个数据，看起来就很杂乱，但关键问题是图例竟然放在了距离图表较远的地方。这就给读者造成了麻烦，让人很难一下子看清哪条折线代表哪种数据。

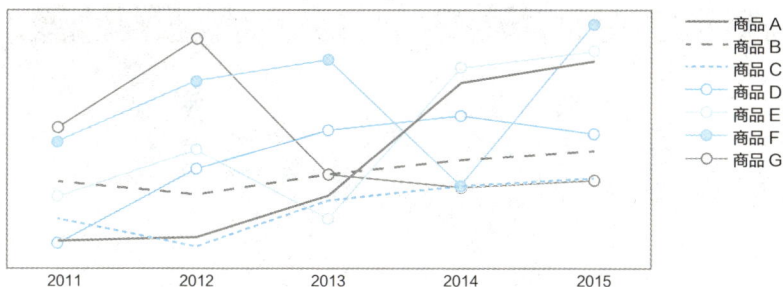

　　为了让折线图和面积图更清楚，我们需要花点时间调整一下图例说明。PowerPoint是可以自动生成图例的，但就会像上面的例子一样，把所有图例放在一起，而且离图表有一定的距离。如果数据较多的话，这样的图例就不便于阅读、理解。所以，我建议大家用插入文本框的方式，在每个数据旁边直接添加图例。也就是说，让图例和图表一一对应。以折线图为例，**在各个数据的折线最右端，直接注明图例。**这种情况下，插入的文本框要设置成"无轮廓"，不要让轮廓抢了图例的风头。

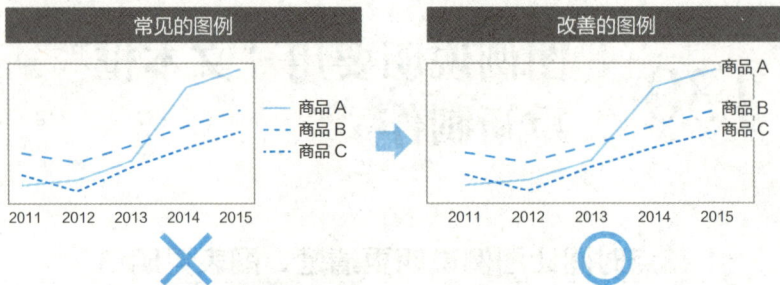

　　对面积图来说，应该将图例显示在各段数据的右侧。这样一来，在柱形面积图中，哪一段代表哪种数据就可以一目了然。文字还是用文本框来输入，连接文字与图表的直线，通过"插入""形状""直线"来插入。

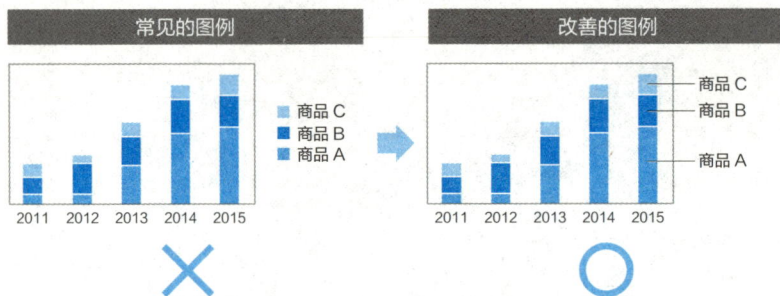

131　制作图表的"五个注意点"

☐ 制作图表时需要检查的五个注意点

最后，我再给大家讲讲制作图表时必须检查的五个注意点。先给大家看一组对比例子，左边是改善前，右边是改善后，哪一个更好，看了之后您心里就有数了。

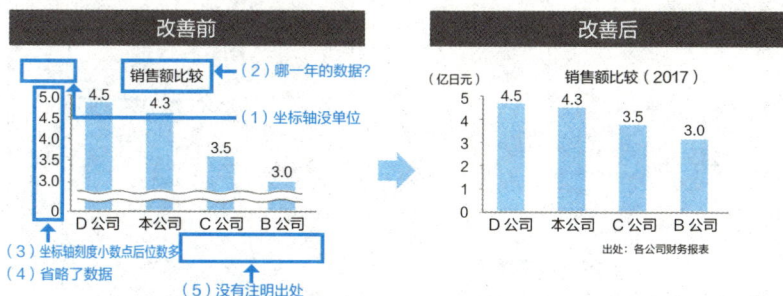

（1）坐标轴要加单位

虽说给图表的坐标轴加单位是一个最基本的要求，但很多朋友还是容易忘记。没有单位的话，这个坐标轴就没有任何意义。单位可以通过插入文本框，在文本框中输入。

（2）显示数据的时间

图表中展示的是哪个时期的数据？如果没有时间，那数据就没有意义，没有可比性。以针对消费者的问卷调查数据为例，到底是10年前的数据、5年前的数据还是今年的数据？因为很多数据有时效性，过了一定的时间数据就没有参考意义了，所以我们在通过图表展示数据的时候，一定要把时间标注清楚。

（3）坐标轴的刻度不要太细

很多朋友制作PPT的时候，图表坐标轴的刻度都分得非常细，他们认为这样可以更精确地比较数据。但从另一方面说，这样也会给读者的阅读带来一定的麻烦，所以没有必要把坐标轴刻度分得太细。坐标轴刻度的数字，应该控制在五个以内，然后通过数据标签来标注数据的具体数量。改变坐标轴刻度的具体操作方法是：（1）右键点击坐标轴；（2）"设置坐标轴格式"；（3）在"单位"的"大"中输入数值。

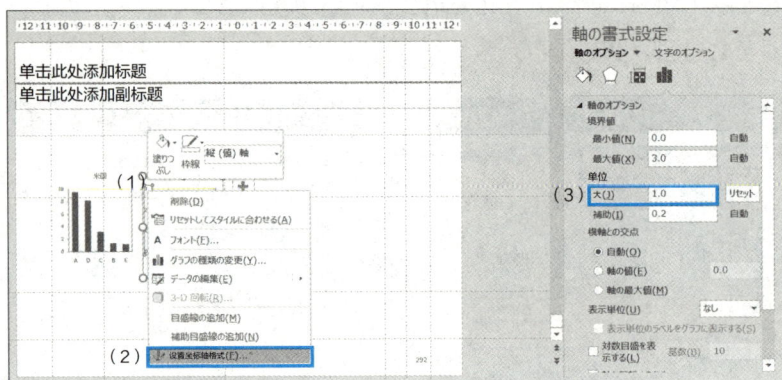

（4）不要省略数据

图表中还有一种常见的错误就是省略一部分数值，虽然作者此举的目的是让读者看到数据更大的变化或差异，但我认为这是一个致命的错误。只有让读者看到全部数据，才有比较的意义。同样的道理，坐标轴的刻度不要从中间某个数值开始，而一定要从0开始（比例和指数的情况除外）。

（5）注明出处

只要在PPT中使用了数据，就一定要注明数据的出处。没有说明数据出处的话，读者就无法验证数据的真伪，让PPT的可信度大打折扣。出处可以用文本框插入。

专栏　PPT中的图表一定要用PowerPoint制作

PPT中出现的图表，一定要用PowerPoint自带的图表功能制作。我常会遇到一些朋友喜欢用Excel软件制作图表，再将图表变成图片的格式，插入PPT页面。这种方式很不好，因为图片化的图表在PPT中不能修改。就算不以图片的形式而是以文件的形式插入PPT，也会使PPT文件变得很大，开启时占用更多计算空间。而且，那样插入的Excel图表会成为数据链接，结果，我们在使用PPT的同时还要管理Excel文件，增加了工作量，也就降低了工作效率。

所以，在制作PPT的时候，如果需要制作图表，没必要用Excel专门制作图表，PowerPoint自带的图表功能完全可以胜任制作图表的工作。插入图表的操作也不难。（1）"插入"；（2）"图表"；（3）选择合适的图表形式；（4）图表模型被插入的同时，还会显示图表工作表。

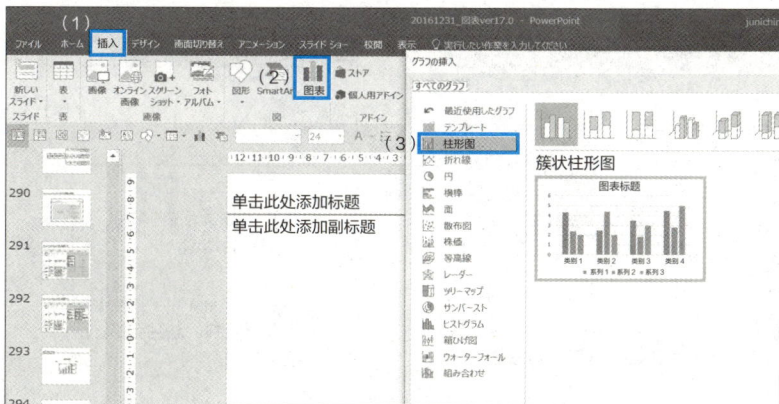

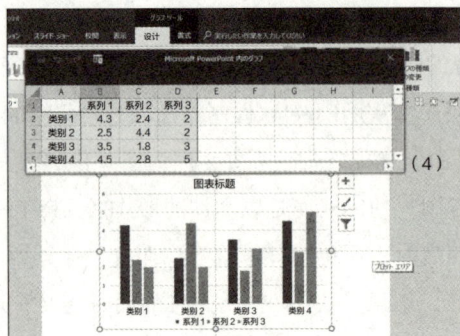

（4）

　　图表中所使用的数据，可以事先用Excel文件制作好。如前一页使用的图表插入方法，插入图表模型的同时，会在PPT页面弹出一个工作表，把事先用Excel文件整理好的数据复制、粘贴到这个工作表即可。制作源数据的Excel文件要和PPT文件保存在同一个文件夹中进行管理，并且文件名要和PPT文件保持一致。

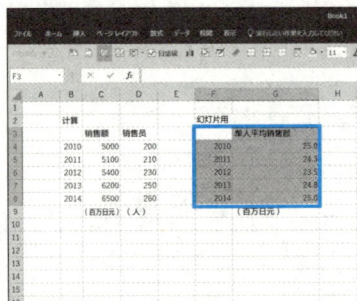

（1）事先用 Excel 软件整理数据

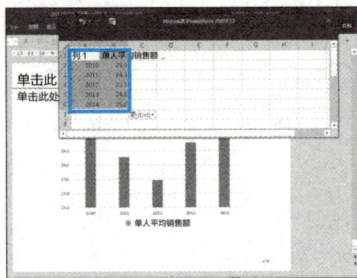

（2）将数据复制、粘贴到 PowerPoint 的图表工作表中

为什么精英都是 PPT 控

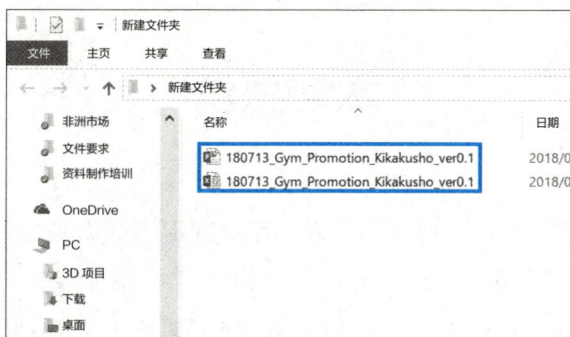

（3）将 Excel 源数据文件和 PPT 放在一个文件夹中进行管理，并且两个文件使用相同文件名

本章总结

☐ 根据比较标准，图表可以分为"横向柱形图""纵向柱形图""折线图""面积图"和"散点图"五种。

　▶ "横向柱形图"，适用于问卷调查结果的比较等数据内容没有关联性的情况。尤其是项目名称比较长的时候，特别适合使用横向柱形图。

　▶ "纵向柱形图"，适用于按时间轴对数据进行比较。销售额等随时间推移而变化的数据，特别适合使用纵向柱形图。

　▶ "折线图"，适用于对比例或指数进行比较。多个企业或商品随时间推移而变化的市场占有率等，特别适合使用折线图。

　▶ "面积图"，适用于对数据内容进行比较的情况。例如，行业内部各个企业的市场占有率等。

　▶ "散点图"，适用于对销售额和利润等存在相关性的数据进行比较的情况。

☐ 检查图表的"表现形式"。对于图表中的数据，应该把表现的重心放在重要数据上。另外，图表中的数据应该按照"大小""重要性""种类"进行排序。

☐ 对图表中的重要数据还要进行"强调"。强调可以分为两种："范围强调"和"主张强调"。

☐ 最后，还要对图表进行"调整"。要在图表中添加"数据标签"，"刻度线"要消除，"图例说明"要标注清楚。

流程整理的大原则

现在，我们已经明确了制作PPT的目的，并完成了设计框架、收集信息、制作骨架、设定规则的工序，还通过逐条编写、图解、图表的形式把PPT的内容大体编写完成了。那么接下来，我们就要进入整体调整阶段了，要对PPT整体的流程进行整理，这是一个收尾工程。用PPT制作的资料，就好比一册连环画，读者基本上会按照顺序一页一页地读。可这样一来，读者就**不容易看出各页幻灯片、各个部分之间的关联性。**这是PPT的一个缺点。

这时，我们要在"让整个PPT的流程更清晰""为PPT制造统一感"上下点功夫了。所以，我们要对整个PPT的流程进行整理。

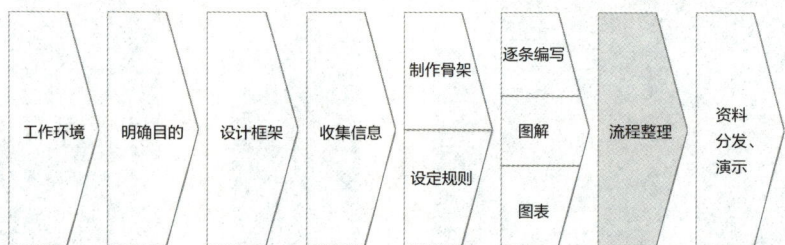

我刚从事战略顾问工作的时候，制作的PPT整体结构非常混乱，无论是上司还是客户，常给我差评。前辈教了我几个小窍门，如"给每个部分添加小目录""在页面右上角添加流程清单"等。结果，我制作的PPT一下子就清晰多了。

本章我就给大家介绍整理PPT流程、让PPT产生统一感的小窍门和方法。

为什么精英都是 PPT 控

一开始，先通过给PPT的每个部分添加"小目录"及使用"流程清单"，让读者知道自己正在读的部分处于整个PPT的什么位置。

接下来，将流程清单配置在每页幻灯片的右上角，在幻灯片之间"统一颜色和顺序"及使用"重复小标题"的方法，让读者明白幻灯片之间的对应关系。另外，对于PPT内容的一览，可以使用"Harvey Ball"（哈维球）或"高中低"进行评级，让读者理解PPT各部分内容的重要程度。

最后，为了让PPT整体产生统一感，可以使用"统一字体""统一文字表达方式""统一小标题的形状"等方法。这些操作都可以通过PowerPoint自带的功能实现，希望大家熟练掌握这些操作方法，以便提高工作效率。

大原则

"PPT 的流程"
要清晰

如果一份PPT的内容量很大、页数很多的话，读者在阅读的过程中就容易迷失，不知道自己读到了哪个部分，也不知道现在读的部分与其他部分有什么关系。如果是宣传某种商品的广告性演示资料，只要向读者传达商品的特性就可以了，但**如果是需要上司或客户做决定的策划性、建议性资料，那么就得让读者随时把握PPT的整体内容，进而才能做出综合性的判断。**

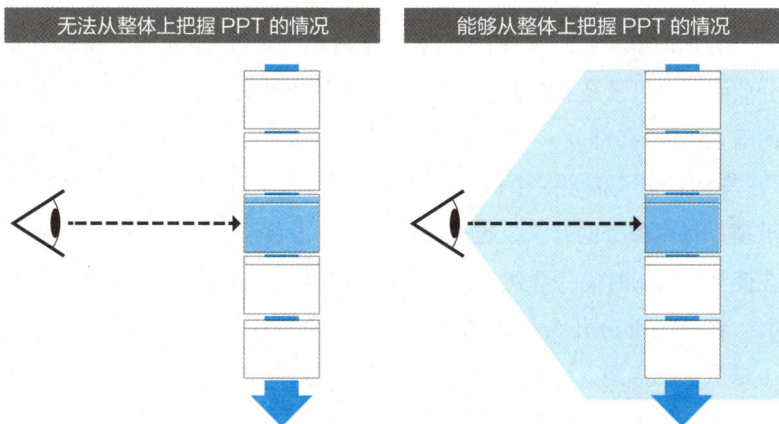

| 无法从整体上把握 PPT 的情况 | 能够从整体上把握 PPT 的情况 |

我们可以通过给每一个部分添加小目录、插入流程清单、在幻灯片之间重复小标题等方法，让整个PPT的流程看起来清晰明确。这些都是我们战略顾问日常制作PPT时最常用的技巧。掌握这些技巧之后，您不仅能制作出脉络清晰、易读易懂的PPT，还能大大提高工作效率。

接下来，我就按顺序为大家介绍这些技巧。

给每个部分添加
"小目录幻灯片"

■ 在每个部分的开头，添加小目录幻灯片

　　为帮助读者在阅读PPT的过程中更好地把握PPT的结构，在每个部分前添加小目录是非常有效的方法。所谓"PPT的部分"，就相当于书的篇章。PPT各部分，一般由多页幻灯片组成，起码五页。

　　PPT的开头需要一个目录幻灯片，那是整个PPT的大目录。同样的道理，每个部分的开头，也应该添加一个小目录幻灯片。这样，读者在读到中间的时候，看到小目录，就知道自己在PPT的哪个位置。

　　在每一部分开头插入的小目录中，应该用背景色强调这一部分（章节）的标题。**使用小目录的目的不仅是让读者看到这一部分的标题，还要让读者看到其他各部分的标题，以及本部分所处的位置。**下一页有在"背景""课题""解决方案"各部分前加入小目录幻灯片的例子。"背景"部分前面的小目录中，"背景"标题用背景色加以强调，其他部分的小目录同理。在小目录中，其他各部分的标题也要展示出来。

背景部分

目录
- 背景　　　新增会员情况
- 课题　　　新增会员减少的原因
- 解决方案　增加新增会员的促销方案
- 效果　　　促销活动的效果
- 结论

课题部分

目录
- 背景　　　新增会员情况
- 课题　　　新增会员减少的原因
- 解决方案　增加新增会员的促销方案
- 效果　　　促销活动的效果
- 结论

解决方案部分

目录
- 背景　　　新增会员情况
- 课题　　　新增会员减少的原因
- 解决方案　增加新增会员的促销方案
- 效果　　　促销活动的效果
- 结论

　　像这样，在每一部分的开头插入一页小目录，不管是读者还是PPT演示者，都能很好地把握当前的位置及PPT的整体结构。

133

通过"流程清单"显示整体流程

□ 流程清单设置在幻灯片的右上角

　　显示PPT流程的另一个有效方法是在幻灯片右上角添加流程清单。所谓流程清单，就是显示当前幻灯片在整个PPT中所处位置的清单。通过流程清单，读者可以清晰地把握自己当前所处的位置。

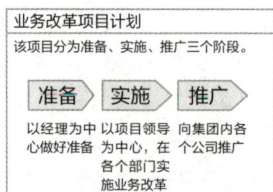

业务改革项目计划
该项目分为准备、实施、推广三个阶段。

准备 〉 实施 〉 推广

以经理为中　以项目领导　向集团内各
心做好准备　为中心，在　个公司推广
　　　　　　各个部门实
　　　　　　施业务改革

在开头的第一页幻灯片中，展示项目的整体情况

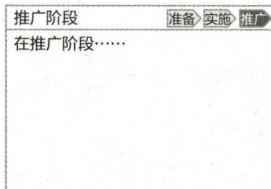

准备阶段　　　　　　　准备 实施 推广
在准备阶段……

实施阶段　　　　　　　准备 实施 推广
在实施阶段……

推广阶段　　　　　　　准备 实施 推广
在推广阶段……

将流程清单设置在页面的右上角，让读者明确当前幻灯片在整体中所处的位置

为什么精英都是 PPT 控

若要使用流程清单，**需要在这一部分的开头用一页幻灯片展示项目的整体流程。**在这页整体流程幻灯片的基础上，才能在后面具体展开的每页幻灯片的右上角设置流程清单。像前一页的那个例子，流程清单包括"准备""实施""推广"三方面。

☐ 活用快捷键制作流程清单

流程清单的制作方法并不难，尤其是会用快捷键的话，很快就能做好。（1）插入"形状"，输入文字，制作一个模型；（2）将模型中的图片和文字缩放到合适的尺寸；（3）给需要的地方填充合适的颜色，然后进行格式的复制、粘贴，最后将流程清单粘贴到幻灯片合适的位置即可。

流程清单的制作方法

（1）制作流程清单模型

（2）选中制作好的模型，按 Ctrl+G 将它们组合，然后按 Ctrl+[对模型进行缩小。缩小后再按 Ctrl+Shift+G，解除组合

（3）为需要的地方填充颜色。按 Ctrl+Shift+C 进行格式复制，再按 Ctrl+Shift+V 进行格式粘贴。最后将流程清单粘贴到合适的位置

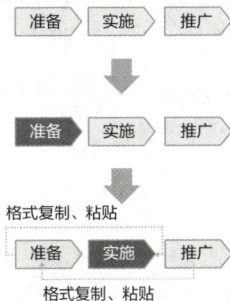

| 准备 | 实施 | 推广 |

缩小

| 准备 | 实施 | 推广 |

| 准备 | 实施 | 推广 |

格式复制、粘贴

| 准备 | 实施 | 推广 |

格式复制、粘贴

134

用一页幻灯片展示
PPT 的概要

☐ 对PPT的内容进行概括

　　小目录和流程清单显示的是PPT的构成，换句话说就是PPT的框架。但如果能用一页幻灯片对PPT的整体内容进行一个概括，那就更有助于读者从整体上把握PPT的全貌。我建议大家**使用一页幻灯片，以矩阵型图解的形式对PPT的内容进行概括、评价。**

　　评价主要分为"内容评价"和"进度状况"两大类。对内容的评价，常用于定性、定量的综合性评价幻灯片及摘要幻灯片。具体评价方法有Harvey Ball、○△×、高中低等等级评价。另一方面，进度状况主要表现的是任务的完成进度或目标的实现进度，常用Traffic Light Chart（交通信号灯图）或天气图来表示。

	使用场景	表现方法	例子
内容评价	• 定性、定量的综合性评价、摘要等	Harvey Ball	● ◑ ◐ ◔ ○
		三阶段评价	○ △ × 高 中 低 H M L 3 2 1
进度状况	• 各个项目、任务的完成进度或目标的实现进度 • 一眼看出哪个任务出现了停滞	交通信号灯图	● ● ●
		天气图	☀ ☁ ☂

◻ 使用矩阵型图解对PPT内容进行概括

对PPT的内容进行概括之后，为了让读者用很短的时间看明白概要，我建议使用矩阵型图解展示内容概要。矩阵型图解可以记录较多数据和内容，而且，如果合理灵活地使用前面介绍的评价方法，就可以让内容概要显得生动活泼又浅显易懂。通常来说，用矩阵型图解概括的内容，要插在摘要幻灯片之后、结论幻灯片之前。这样可以让读者在阅读PPT正文之前把握PPT的大体情况，或者在读完正文之后整体回顾一下全文。下面的例子对中国大陆、台湾、香港赴日游客的数量变化情况进行了概括，并用哈维球进行评价。

(1) 大陆　　　　　　(2) 台湾　　　　　　(3) 香港

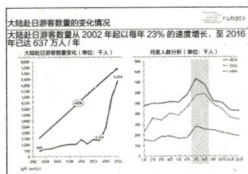 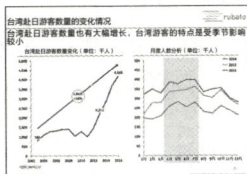 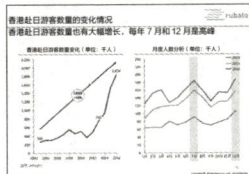

赴日游客		(1) 大陆	(2) 台湾	(3) 香港
	规模 （2016）	637 万人	417 万人	184 万人
	增长率 （CAGR、 2002— 2016）	+23%	+14%	+16%
	季节波动	• 7月—8月的夏季为高峰期	• 4月—7月为高峰期	• 夏季的7月和冬季的12月是两个高峰

高　　　　　　　低

幻灯片之间的"颜色"和"顺序"要统一

☐ 幻灯片之间的颜色和顺序必须统一

使用PowerPoint的时候，一定要注意幻灯片之间的衔接问题。如果不注意这个问题，各个幻灯片使用不同的格式、颜色，就会让PPT看起来非常凌乱，根本没有统一感。所以，我们一定要协调各个幻灯片的颜色和数据的排列顺序，将它们统一起来。

（1）统一颜色

在多个幻灯片中，如果要展示相同的企业或数据，一定要用一样的颜色。颜色统一的话，读者通过颜色就能直观地判断出这是同一家企业、同一种数据。

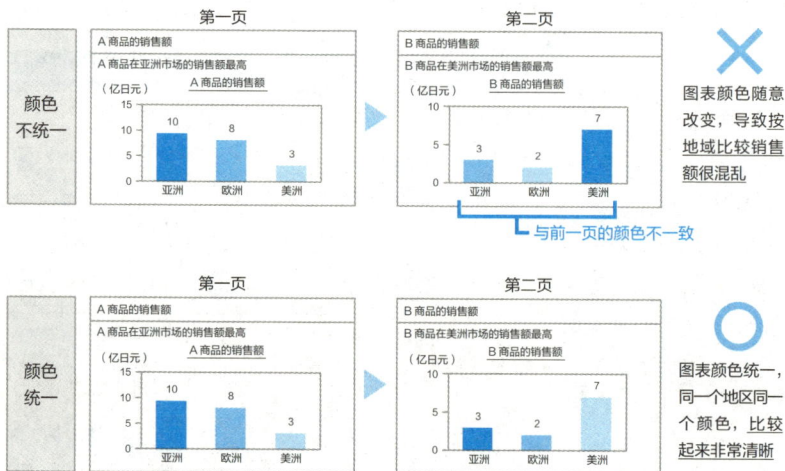

为什么精英都是 PPT 控

小标题也是一样，要用同样的形状、背景色，才不容易产生误解。

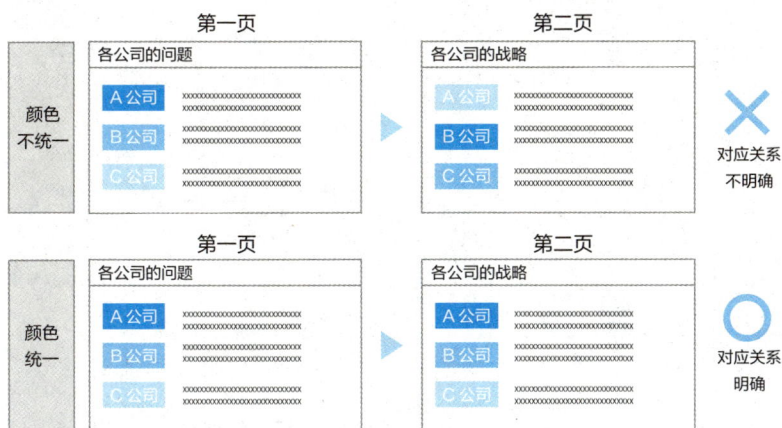

（2）统一顺序

在多个幻灯片中，相同要素的顺序也要保持一致，不能随意变动。举例来说，对日本事业、美洲事业、欧洲事业进行比较说明的时候，某页幻灯片按照日本、美洲、欧洲的顺序排列，下一页则按照美洲、日本、欧洲的顺序排列，读者就容易误读数据。所以，不同幻灯片页面一定要统一顺序，**让读者可以对下一页的内容进行预判**，无须花费额外的思考和精力。

顺序不统一

第一页

A 商品的销售额

A 商品在亚洲市场的销售额最高

（亿日元）　A 商品的销售额

10　8　3

亚洲　欧洲　美洲

第二页

B 商品的销售额

B 商品在美洲市场的销售额最高

（亿日元）　B 商品的销售额

7　3　2

美洲　亚洲　欧洲

与前一页的顺序不一致

✕ 图表顺序随意改变，导致按地域比较销售额很混乱

顺序统一

第一页

A 商品的销售额

A 商品在亚洲市场的销售额最高

（亿日元）　A 商品的销售额

10　8　3

亚洲　欧洲　美洲

第二页

B 商品的销售额

B 商品在美洲市场的销售额最高

（亿日元）　B 商品的销售额

3　2　7

亚洲　欧洲　美洲

○ 图表顺序统一，比较起来非常清晰

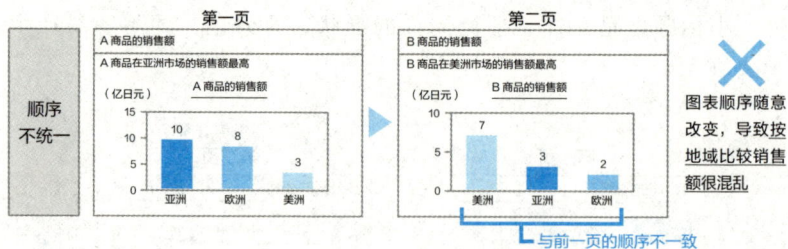

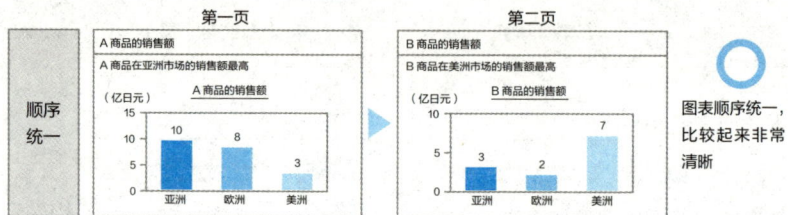

小标题也是一样，在不同的幻灯片中，顺序要保持统一。

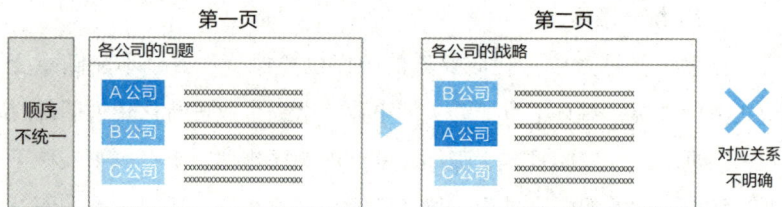

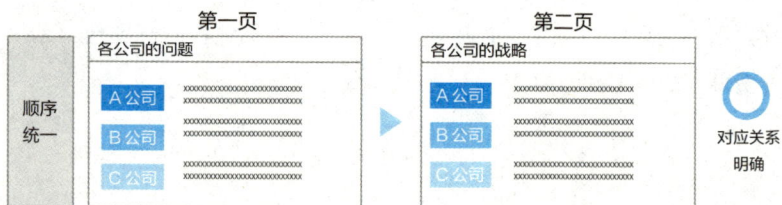

顺序不统一

第一页

各公司的问题

A 公司　xxxxxxxxxxxxxxxxxxxxxxx
　　　　xxxxxxxxxxxxxxxxxxxxxxx

B 公司　xxxxxxxxxxxxxxxxxxxxxxx

C 公司　xxxxxxxxxxxxxxxxxxxxxxx

第二页

各公司的战略

B 公司　xxxxxxxxxxxxxxxxxxxxxxx
　　　　xxxxxxxxxxxxxxxxxxxxxxx

A 公司　xxxxxxxxxxxxxxxxxxxxxxx

C 公司　xxxxxxxxxxxxxxxxxxxxxxx

✕ 对应关系不明确

顺序统一

第一页

各公司的问题

A 公司　xxxxxxxxxxxxxxxxxxxxxxx
　　　　xxxxxxxxxxxxxxxxxxxxxxx

B 公司　xxxxxxxxxxxxxxxxxxxxxxx

C 公司　xxxxxxxxxxxxxxxxxxxxxxx

第二页

各公司的战略

A 公司　xxxxxxxxxxxxxxxxxxxxxxx
　　　　xxxxxxxxxxxxxxxxxxxxxxx

B 公司　xxxxxxxxxxxxxxxxxxxxxxx

C 公司　xxxxxxxxxxxxxxxxxxxxxxx

○ 对应关系明确

为什么精英都是 PPT 控

136

幻灯片之间，"小标题"
要重复出现

☐ 课题和解决方案的小标题要对应

在制作PPT框架的时候，我已经介绍过背景、课题、解决方案、效果是一个固定的顺序。但是，在实际工作中也会遇到同时处理多个课题的情况，读者在阅读PPT的时候，一定要让他们清楚地知道哪个课题对应哪个解决方案，否则就乱了。

我们可以让课题的小标题重复出现在解决方案幻灯片中，以便让读者看清它们的对应关系。如果是现场演示PPT的话，演示者可以通过语言告诉听众页与页之间的联系。但如果PPT是给读者自己阅读的，那就**需要在不加说明的情况下让读者明白其中的对应关系**。

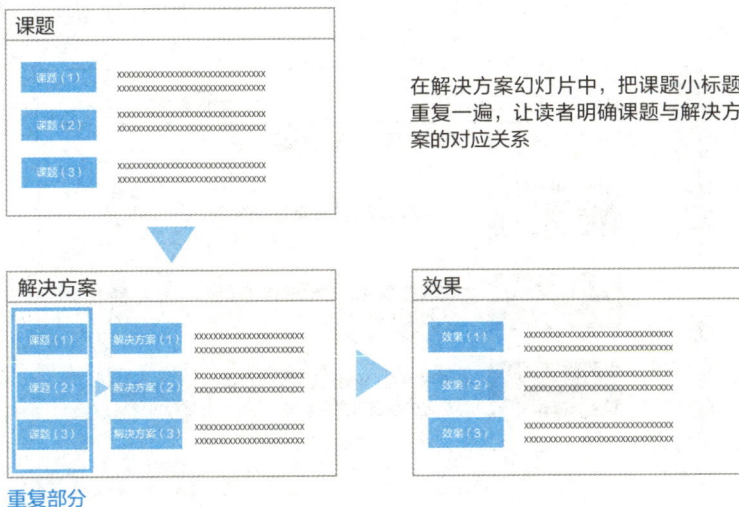

在解决方案幻灯片中，把课题小标题重复一遍，让读者明确课题与解决方案的对应关系

▼健身中心案例：调整流程

"我"为了让读者明白背景、课题、解决方案、效果的流程，为每个幻灯片添加了流程清单。没加流程清单的时候，读者在读一页幻灯片的时候，不知道它在整个PPT中处于什么位置。但加了流程清单后，这个问题就迎刃而解了。在下面的例子中，读者通过流程清单，一眼就知道自己正在读"解决方案"页。

　　　　　　　　　　　　　　　　　　　　为什么精英都是 PPT 控

另外，解决方案幻灯片和解决方案的评价幻灯片是连续的两个页面，为了让这两页幻灯片具有统一性、连贯性，三个促销方案的排列顺序在两个幻灯片中是一样的。

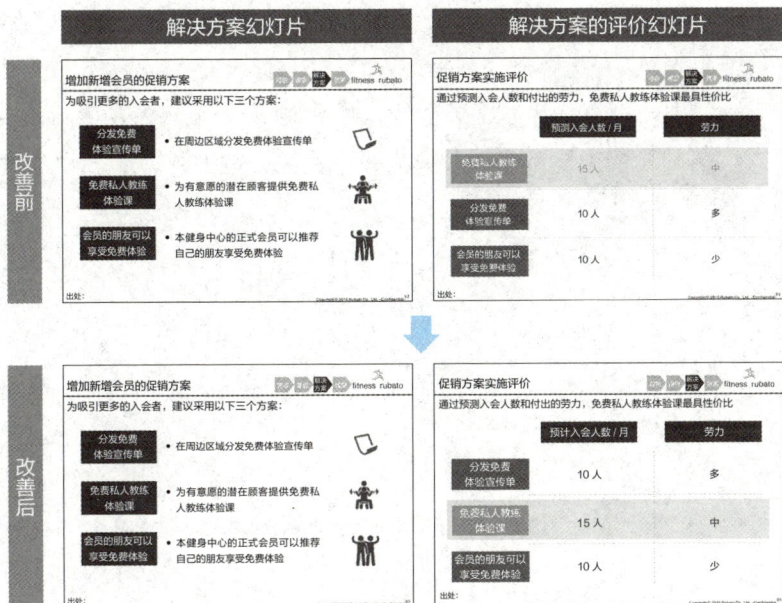

PPT 需要
"统一感"

我们在制作PPT的时候，是一页一页制作的。所以，即使事先设定了规则，并且在制作过程中遵守了规则，也难免出现页面之间字体不统一、形状格式各异、表达方式不一的情况。

　　制作PPT的时候，我们战略顾问公司对数字是半角还是全角、空格是半角还是全角、语言表达方式是否一致都有严格要求。如果有一点错误，上司根本就不会看PPT的内容，而是打回来让我们重做。

　　在制作PPT的最后，我就要教您**对PPT中不整齐的地方进行调整、修正，让PPT保持统一感**。我刚从事战略顾问工作的时候，审核、校对PPT是上司给我的一项主要工作。当时我每天的精神都很紧张，生怕出一点点错误，就会被上司批评。但如果一页一页人工寻找错误，那实在是太费神了，还容易漏掉错误。尤其是长达好几十页的PPT，靠人工检查不知要花多少时间。

　　所以，不要完全依靠人工来检查错误，**要充分利用PowerPoint自带的功能，最高效地修正PPT**。具体操作例如：字体可以统一调整，形状格式可以统一调整，通过替换功能可以调整文字表达方式，不一致的形状格式也可以通过替换功能来调整。

137　字体可以整体替换

◻ 字体可以整体替换

　　PPT中使用的字体我们已经在制作PPT的"规则"（请参考原则049）中介绍过。但一个团队协作制作一份PPT，每个人负责一部分的时候，就难免出现字体不统一的情况。

　　一份PPT的不同页面出现不同字体，虽然不影响意思理解，但读者总会感到别扭，从而产生不好的印象，甚至降低信任度。所以，一份PPT最基本的就是要做到字体统一。一页一页检查字体，太费时间和精力，我们可以使用PowerPoint自带的替换功能统一字体。

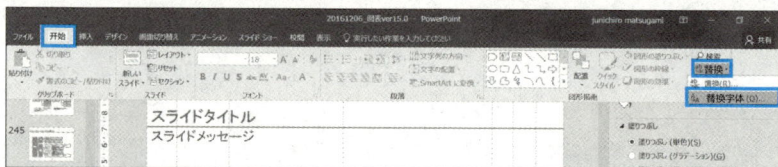

替换字体的方法

（1）"开始""替换""替换字体"

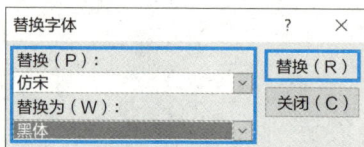

（2）选择"替换"和"替换为"的字体，点击"替换"即可全文替换字体

为什么精英都是 PPT 控

通过"格式复制"来统一格式

☐ 使用Ctrl+Shift+C、V来调整格式

对于形状，我们可以设置形状的颜色、轮廓的粗细、文字的样式、文字的装饰等各种各样的格式。PPT页数多了或者多人合做一份PPT，很容易出现形状、文字格式不统一的情况，想把这些格式一下子统一起来，我推荐使用格式复制（Ctrl+Shift+C）和格式粘贴（Ctrl+Shift+V）命令。从下面的例子中我们能看出，想调整格式的地方一下子就可以调整好。在"开始"菜单中使用"格式刷"指令也可以调整格式，但我觉得还是使用快捷键组合更快一点。

具体操作方法如下：

（1）选中想要复制格式的部分，点击组合键 Ctrl+Shift+C

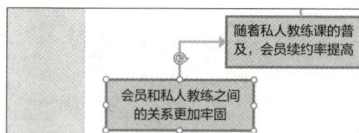

（2）选中想要粘贴格式的部分

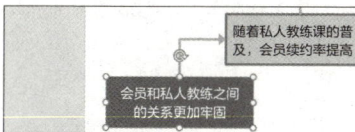

（3）点击组合键 Ctrl+Shift+V，将格式粘贴过来

139

使用"替换"功能，统一PPT 的文字表达方式

❑ 使用Ctrl+H统一文字表达方式

在制作PPT的过程中，一页幻灯片内或不同幻灯片中，常会出现文字表达不一致的情况。例如，有的页面说"A事业部的改革计划"，有的页面又叫"A事业部的改革PLAN"。还有出现错别字的情况，比如原本应该是"经理"，有的地方错打成了"经历""精力"。在检查的时候，就要改掉错别字，统一表达方式。

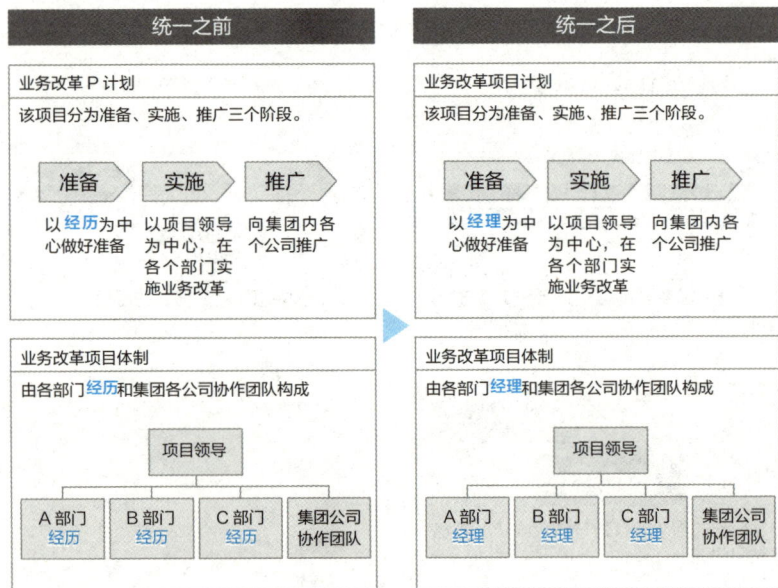

统一之前	统一之后
业务改革 P 计划 该项目分为准备、实施、推广三个阶段。 准备 → 实施 → 推广 以<u>经历</u>为中心做好准备 / 以项目领导为中心，在各个部门实施业务改革 / 向集团内各个公司推广	**业务改革项目计划** 该项目分为准备、实施、推广三个阶段。 准备 → 实施 → 推广 以<u>经理</u>为中心做好准备 / 以项目领导为中心，在各个部门实施业务改革 / 向集团内各个公司推广
业务改革项目体制 由各部门<u>经历</u>和集团各公司协作团队构成 项目领导 A 部门 <u>经历</u> / B 部门 <u>经历</u> / C 部门 <u>经历</u> / 集团公司协作团队	**业务改革项目体制** 由各部门<u>经理</u>和集团各公司协作团队构成 项目领导 A 部门 <u>经理</u> / B 部门 <u>经理</u> / C 部门 <u>经理</u> / 集团公司协作团队

如果难以一下子找到所有不统一的文字，可以使用替换功能（Ctrl+H）寻找并替换可能出现的不统一的文字。在前一页的例子中，就可以用替换功能把错别字"经历"全部替换为"经理"。

打开替换功能，先在"查找内容"中输入"经历"，在"替换为"中输入"经理"，然后按Alt+F组合键进行搜索，搜到一处，就按Alt+R组合键替换一处。虽然按Alt+A组合键可以一下子全部替换，但这样容易"误伤无辜"，所以我还是建议大家使用Alt+F、R的组合键，逐一替换。对数字或空格的全角、半角，也可以通过替换功能进行统一。

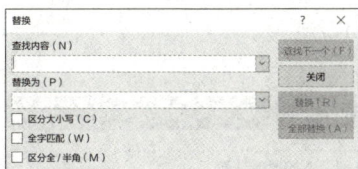

（1）按 Ctrl+H，打开替换窗口

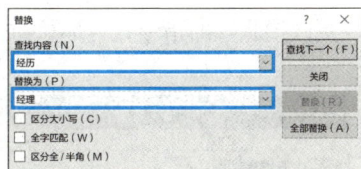

（2）在"查找内容"和"替换为"后输入相应的内容

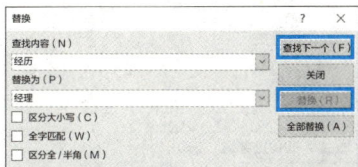

（3）按 Alt+F 查找文字，需要替换的话，就按 Alt+R，不需要替换的话按Alt+F，查找下一个

140

使用"更改形状"来调整
形状的格式

☐ 改变形状其实很简单

在一份PPT中，形状的使用一定要统一。举例来说，一页幻灯片中的小标题使用了常规矩形包围，而另一页幻灯片的小标题又用圆角矩形包围，就是非常不合适的。为了不发生这种情况，我们可以使用"更改形状"的指令，对形状的格式加以统一。

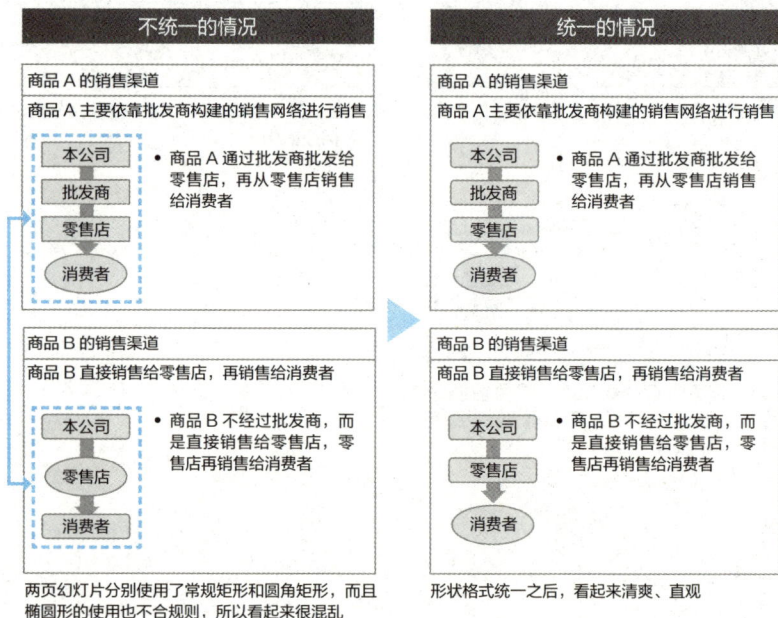

不统一的情况	统一的情况

商品 A 的销售渠道
商品 A 主要依靠批发商构建的销售网络进行销售

本公司 → 批发商 → 零售店 → 消费者
● 商品 A 通过批发商批发给零售店，再从零售店销售给消费者

商品 B 的销售渠道
商品 B 直接销售给零售店，再销售给消费者

本公司 → 零售店 → 消费者
● 商品 B 不经过批发商，而是直接销售给零售店，零售店再销售给消费者

两页幻灯片分别使用了常规矩形和圆角矩形，而且椭圆形的使用也不合规则，所以看起来很混乱

商品 A 的销售渠道
商品 A 主要依靠批发商构建的销售网络进行销售

本公司 → 批发商 → 零售店 → 消费者
● 商品 A 通过批发商批发给零售店，再从零售店销售给消费者

商品 B 的销售渠道
商品 B 直接销售给零售店，再销售给消费者

本公司 → 零售店 → 消费者
● 商品 B 不经过批发商，而是直接销售给零售店，零售店再销售给消费者

形状格式统一之后，看起来清爽、直观

在前一页的例子中，第一页幻灯片用椭圆形表示消费者，第二页则用圆角矩形表示消费者，这就很容易引起混乱，让读者误认为两种消费者还存在某种区别。同一个内容，在不同幻灯片中要用相同的形状来表示。使用相同形状表示同一内容的话，读者看到这个形状，就能迅速想到它们是相同的内容。

遇到各个页面形状不统一的情况，如果逐一删除再添加新的形状，要花大量的时间和精力，效率极低。实际上PowerPoint带有更改形状的功能。不过，**这种功能无法同时修改多个形状，而是需要逐一更改，**但比删除再插入要省时省力。

更改形状的方法

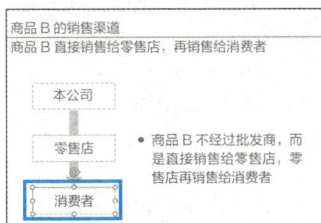

（1）选择需要更改的形状

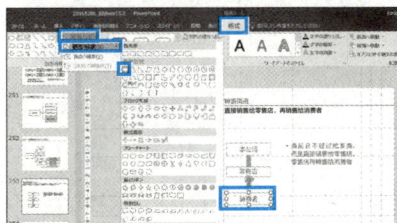

（2）点击"格式""编辑形状""更改形状"，选择合适的形状即可

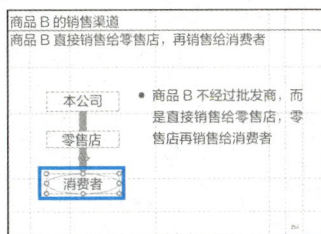

（3）形状更改完成

本章总结

☐ PPT流程清晰、具有统一感，更有助于读者阅读理解。

☐ 给每个部分添加"小目录"，在幻灯片里用"流程清单"显示当前页面所处位置。

☐ 使用一页幻灯片对PPT的内容进行评价，可以帮读者对PPT建立一个整体印象。

☐ 在不同的幻灯片之间，让小标题重复出现，读者无须讲解就能读懂内容之间的对应关系。

☐ 不同幻灯片之间，颜色、顺序要统一。

☐ 为了让PPT具有统一感，在PPT的收尾阶段要进行几项重点检查。

☐ 使用PowerPoint自带的"替换字体"功能，根据需要统一字体。

☐ 使用PowerPoint自带的"替换"功能，对文字表达方式进行统一。

☐ 使用PowerPoint自带的"更改形状"功能，对小标题等使用的形状进行统一。

12

资料分发、演示的大原则

在第11章中，我们对PPT的整体流程进行了整理，基本上已经完成PPT的制作。不过最后还剩一步，就是资料的分发和演示。具体工作内容有检查、打印、PPT说明、发送PPT文件。

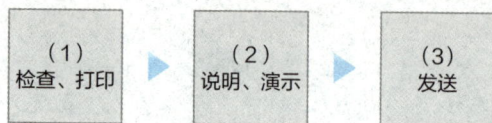

一份PPT不是制作完成就万事大吉了，后续的工作也非常重要。我刚参加工作的时候，完成一份PPT后，上司还会仔细叮嘱我文件大小、发送方式等非常细节的事宜。细节决定成败，所以，作为一名专业商务人士，细节一定要做到位。

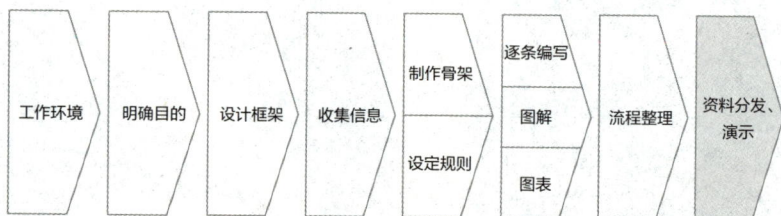

给大家讲一个真实的故事，我刚参加工作的时候，有一次给客户发送了一份Excel文件。发送之前，我仔细检查了很多遍，自认为没有任何问题了。可是事后，上司针对那个文件对我进行了严厉批评，说我检查十分不到位。

我挨批评的原因主要有两个。第一，我没有指明打印范围。上司对我说："不能把识别打印范围的工作留给客户去做，没准客户不会指定打印范围呢。这样一来，你想传达给客户的主要内容，客户可能都不知道在哪里。"第二，Excel文件各个工作表中选择单元格的位置没有放在A1。而且，不同工作表中，选择单元格的位置也不统一，上司说这会给客户造成很大的麻烦。

　　　　　　　　　为什么精英都是 PPT 控

当初，我制作的PPT打印出来后，如果上司发现幻灯片的边缘没有对齐，哪怕只差1毫米，也会让我重新调整后再打印。我当时很不理解，心想，PPT都做好了，还死抠那些细节干什么？可上司告诉我："正是因为制作PPT付出了很多心血和时间，就更应该把后续工作做完美。如果很不认真地打印出来，随便跟客户说明一下，再漫不经心地把文件发给客户，就会让客户对资料产生不好的印象，实在得不偿失。"所以，我们一定要认真打印资料、详细说明、正式递交，让客户在阅读之前就为我们认真的工作态度所折服。

大 原 则

分发资料也
大有学问

对我们战略顾问来说，为客户提供的不是有形的商品，而是无形的服务，在提供服务的过程中，分发给顾客的资料是唯一的有形物品。PPT的内容如何先不说，如果里面出现错字、漏字现象，无疑会让顾客怀疑我们的服务水平。所以，在PPT做好之后，必须进行仔细检查。

PPT做好后，**要在打印之前花30分钟到1小时进行最后检查，而且，不能一个人检查，而是需要多人重复检查。**一般企业也许不会花这么大的力气检查PPT内容，但至少也要检查几个主要方面，以降低出错的概率。

检查完成之后，就要把PPT打印出来。打印PPT也有一些窍门。我曾看过很多优秀的PPT，但遗憾的是打印出了问题，让PPT的质量大打折扣。所以，我认为商务人士必须掌握打印资料的技巧。

在检查之前，我们可以先制作一份"检查清单"，然后按照清单中的项目逐一检查。打印的时候，我们要站在读者的角度，思考怎样打印才能更便于阅读理解。接下来我就按顺序给大家介绍检查、打印的方法。

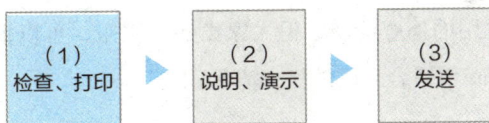

对照"检查清单"对测试打印的 PPT 进行检查

◻ 对照检查清单逐项进行检查

PPT做好之后，一定要进行最后的检查。制作PPT的过程中，不管我们多么认真仔细，也难以百分之百杜绝错字、漏字的出现。所以，最后进行整体检查的工序，绝对不可以省略。

另外，不能只是作者自己检查，还要请同部门的同事或团队成员一起检查。作者本人检查，难以客观地看待自己制作的PPT，漏掉错误的概率很高。而请其他人帮忙检查，就会客观很多。

而且，最后检查不能对着电脑检查电子版，而应该先打印出来，这叫测试打印。要对着测试打印出来的资料进行检查。

对PPT进行检查的时候，不能只是从头到尾读一遍。**应该先制作一份检查清单，然后逐一对照清单中的项目对PPT进行检查。**下面给大家介绍我常用的检查清单，但大家没必要照搬，可以根据自己的实际情况，制作一份适合自己的检查清单。

PPT 的检查清单 10 项
- ☐ 标题幻灯片中客户的名称是否正确
- ☐ 报价金额是否正确
- ☐ 标题幻灯片的日期是否正确
- ☐ 幻灯片标题、副标题有没有遗漏
- ☐ 图表的单位是否正确
- ☐ 图表中的图例说明是否正确
- ☐ 文字的字体是否一致
- ☐ 出处是否有误，是否遗漏
- ☐ 幻灯片编号是否遗漏
- ☐ 是否残留公司内部意见

　　像这样事先明确检查的要点，检查起来就更有针对性，也不容易漏掉错误。在检查清单中，最重要的有两点。第一点是客户的名称。有些PPT是重复使用的，或者是根据以前的PPT改编的，如果保留了原来客户的名称，对新客户就十分不礼貌了，也会失去客户的信任，所以一定要仔细检查标题幻灯片中客户的名称。

　　第二点是报价金额。我刚参加工作的时候，公司请了一家广告公司帮我们做宣传方案。他们提供的策划书中，就把报价少写了一个零。我的上司责问广告公司负责人说："这个报价你们真的能做吗？"结果我亲眼看到对方脸上都冒出了冷汗。为了防止这种情况的发生，一定要仔细检查报价金额，出错的话会给公司带来不可估量的损失。

142

在打印 PPT 时，应该
一页纸打印两页幻灯片

☐ 不要用PowerPoint自带的打印功能打印

在打印PPT的时候，如果一页纸只打印一页幻灯片，就会字太大，反而不好看。只有对自家公司管理层进行汇报、说明的PPT，可以一页纸打印一页幻灯片，因为这种PPT一般页数都不多，而且更重视PPT的框架线索。但是，面向客户的PPT一般页数比较多，所以更适合一页纸打印两页幻灯片。

一页纸打印两页幻灯片的时候，不要使用PowerPoint自带的打印功能。那样打印出来，幻灯片在纸张上所占面积小，字也就相应很小，不容易阅读。应该使用自定义打印。

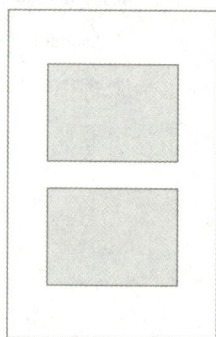

PPT 自带打印功能打印

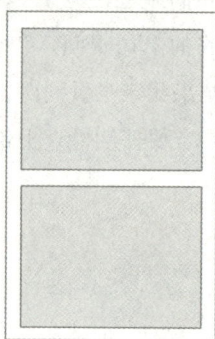

自定义打印

使用自定义打印之前，先要把PPT保存为PDF格式。

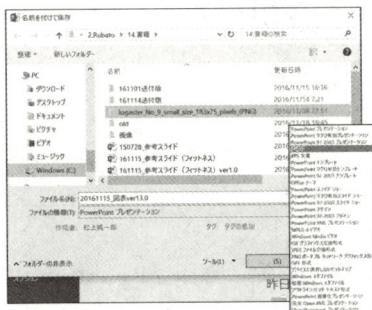

（1）点击"另存为"，"保存类型"选择"PDF"

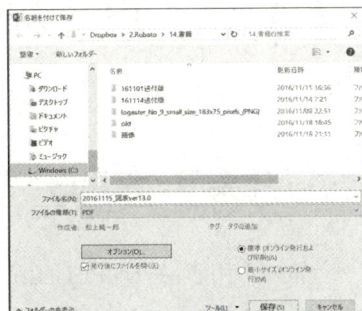

（2）确认文件类型是 PDF 后点击"保存"

然后进行自定义打印。在PDF文件打印页面，

（1）在"缩放类型"中选择"每张纸多个页面"；

（2）在"每张纸页数"中选择"自定义"，填入"1"×"2"。

这时如果双面打印的话，还要（3）勾选"双面打印"，（4）"长边翻转"。

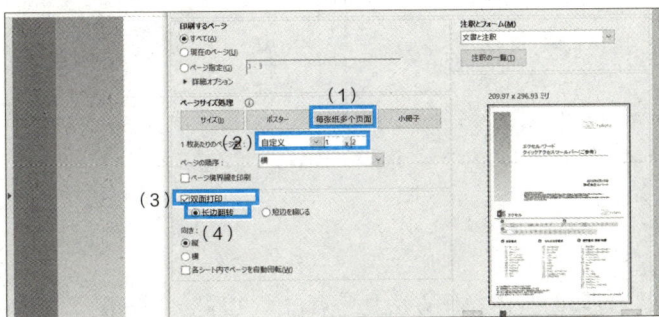

原则

143 用"灰阶"打印

❏ 不要用"纯黑白"打印

　　如果不用彩墨打印PPT的话，请选用"灰阶"打印。PowerPoint中可以选择纯黑白打印，这样打印出来的PPT只有黑白两种颜色，看不出浓淡的变化，而且还会打印出原本没有的边框线，视觉上很不美观。

　　所以，打印的时候要选择"灰阶"，颜色的浓淡可以通过不同浓度的灰色表现出来，达到接近彩色打印的效果。

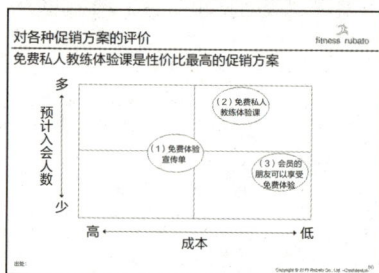

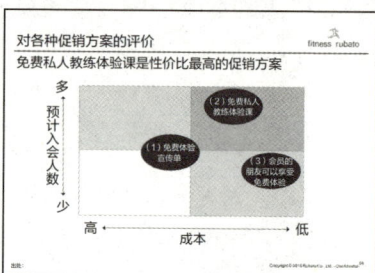

　　灰阶打印的具体操作方法是：点击"文件""打印"，在"打印选项"中选择"打印为灰阶"，然后点击"确定"就行了。

466　　　　　　　　　　　　　　　　　　**为什么精英都是 PPT 控**

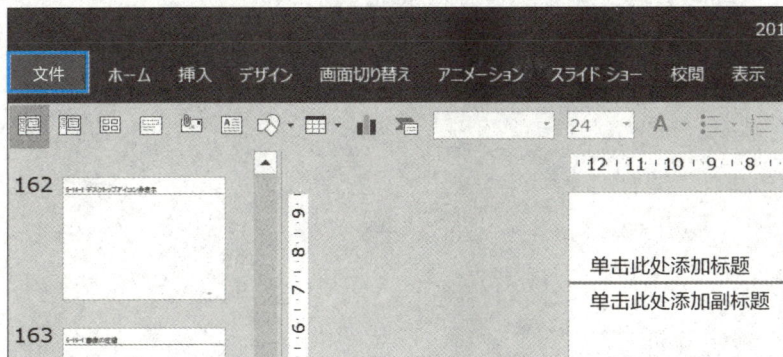

（1）点击"文件"

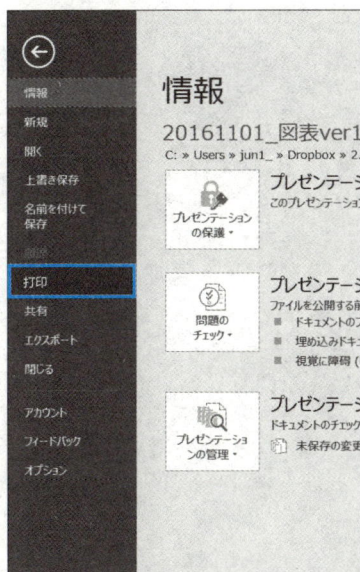

（2）选择"打印"

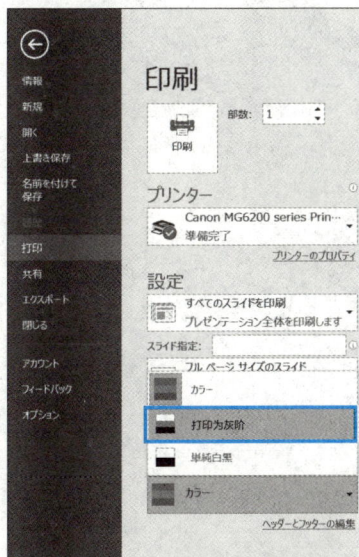

（3）在"打印选项"中选择"打印为灰阶"

PPT 说明、
演示的技巧

PPT打印好，分发给读者之后，就要进入说明阶段了。对PPT进行说明时，最重要的是**"在规定时间内"传达自己的主张和根据**。我想很多朋友都不善于在规定时间内完成对PPT的说明，不过只要您按照我介绍的方法进行说明，就可以很好地控制时间。

在对PPT进行说明的时候，一定要向听众说清楚"现在我介绍的是哪一页幻灯片"。让听众知道自己正在听的讲解处于PPT的哪个部分，才更有助于听众的理解。一定要防止解说者自顾自地讲解，完全不考虑听众的节奏。

我们在对PPT进行讲解之后，听众回去还会自行阅读PPT。为此，我们进行口头讲解的时候，一定要有再现性，让听众在自己读PPT的时候还能想起我们当初的讲解。所以，**我们在讲解的时候不要添加PPT中没有的内容**。当然，为了引起读者的兴趣，可以在说明的时候讲一些题外话，但无须展开详细讲解，只要把听众的兴趣激发出来，就应该适可而止了。

另外，在讲解PPT的时候，还可以用到PowerPoint自带的一些功能，让说明更加流畅。在这一节中我都会教您。

下面我们就来看一下说明时的一些注意事项。

（1） 检查、打印	▶	（2） 说明、演示	▶	（3） 发送

给说明内容排个"优先顺序"

■ 按照幻灯片标题、幻灯片副标题的顺序进行说明

在对PPT进行说明的过程中，为了最高效地利用有限的时间，我们应该给讲解的内容排一个先后顺序。优先讲的内容应该是幻灯片标题和副标题。PPT中每一页幻灯片标题都是必讲的，另外，可以根据需要选择讲解幻灯片副标题。然后，还要根据每页幻灯片分到的时间，决定是否讲解为幻灯片副标题提供依据的内容。在说明PPT的时候，结论一般是放在最后讲。总而言之，我们要思考如何让读者更容易理解，由此安排讲解的顺序。

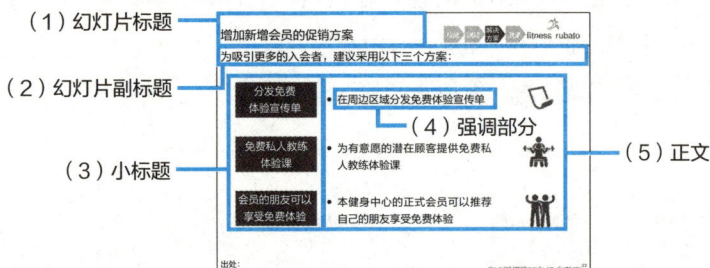

（1）幻灯片标题
增加新增会员的促销方案　　　　　　　　fitness rubato
为吸引更多的入会者，建议采用以下三个方案：

（2）幻灯片副标题

（3）小标题
分发免费体验宣传单
• 在周边区域分发免费体验宣传单
（4）强调部分
免费私人教练体验课
• 为有意愿的潜客提供免费私人教练体验课
（5）正文
会员的朋友可以享受免费体验
• 本健身中心的正式会员可以推荐自己的朋友享受免费体验

出处：

可能很多朋友不善于在规定的时间里把一份PPT讲解完整。在逐条编写那章中，我讲过小标题的重要性（请参考原则080）。制作小标题，除了更便于读者理解之外，也可以帮我们讲解PPT。根据小标题来调整说明的内容和分配的时间，就能更好地把握节奏。在制作PPT的时候，我们给正文总结出若干小标题，在讲解的时候，如果这一页幻灯片的内容很重要，就要讲解到正文部分。如果这一页的内

为什么精英都是 PPT 控

容没那么重要，**只需讲解到小标题层面就可以了，最多把需要强调的地方捎带解说一句就够了**。有了小标题，在讲解的时候我们就能掌控时间。

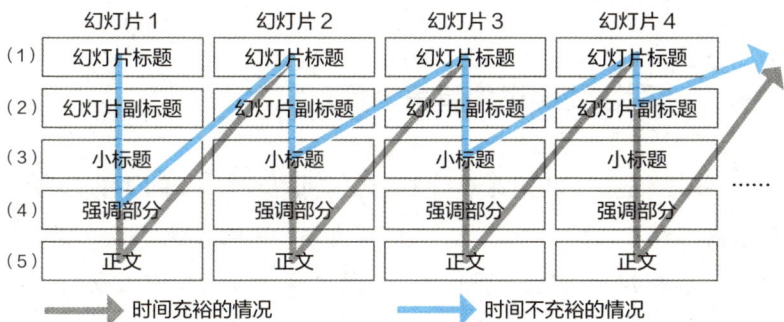

	幻灯片 1	幻灯片 2	幻灯片 3	幻灯片 4
(1)	幻灯片标题	幻灯片标题	幻灯片标题	幻灯片标题
(2)	幻灯片副标题	幻灯片副标题	幻灯片副标题	幻灯片副标题
(3)	小标题	小标题	小标题	小标题
(4)	强调部分	强调部分	强调部分	强调部分
(5)	正文	正文	正文	正文

➡ 时间充裕的情况　　➡ 时间不充裕的情况

下面举一个具体例子，假设讲解PPT的时间有限，幻灯片1只讲解到强调部分（4），主要讲东京奥运会在硬件设施方面的问题点。幻灯片2只讲了解决方案的方向性，所以只讲解到（3）的小标题层面即可。

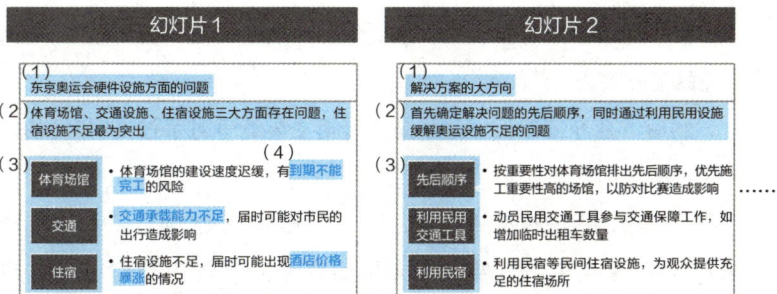

蓝色代表时间有限的情况下讲解的范围

145 强调当前页码，集中听众注意力

☐ "现在我要讲的是第×页。"

一般情况下，我们在对PPT进行说明的时候，PPT的打印版应该事先已经发到听众手中了。我们每讲解一页的时候，都要提醒听众："现在我要讲的是第×页。"通过这种方式集中听众的注意力，可以预防听众不知道讲到了哪里的情况的发生。但把资料发到听众手中，也会遇到一些问题，比如有的听众不听我们的讲解，自行阅读资料，这样一来，听众有可能错过重要的讲解内容。为了防止这种情况的发生，提醒听众当前讲解的页码就是一个不错的方法。具体方法如下：

"首先，请大家翻开第二页，这是今天我要讲解的内容摘要。"

"接下来请大家看第三页，这页幻灯片展示的是本公司过去5年间销售额的变化情况。"

"然后请翻开第四页，这里是本公司主要竞争对手过去5年间的销售额变化情况。"

我们提示了当前页码之后，听众一般都会翻到那一页，注意力跟上我们的节奏。另外，在介绍幻灯片的具体内容时，最好也指明具体位置，如"正数第二行""右数第二列"等。听到我们的具体指示后，听众一般会把目光移向相应的位置，而且注意力相当集中。

▼健身中心案例：PPT的说明

下面是"我"为听众讲解一页幻灯片的顺序：（1）告诉大家页

码；（2）说明幻灯片标题和副标题；（3）把"我"想让听众看的地方指出来。

（1）"请大家看第九页。"

（2）"在这里，我计算了实施各种促销方案的预计揽客人数。免费私人教练体验课无论在吸引的体验人数方面还是正式入会人数方面，预计都比分发免费体验宣传单多。"

（3）"请看表格中正数第二行'免费私人教练体验课'中的左数第二列'体验人数'。预计免费私人教练体验课能够吸引到的体验人数比另外两种促销方案都多。"

（2）先讲解幻灯片标题和副标题

促销方案各个实施阶段的预计揽客人数
fitness rubato
实施免费私人教练体验课，预计比单纯分发免费体验宣传单的效果好

	接单人数	体验人数	正式入会人数
免费体验宣传单	50000人	30人	10人
免费私人教练体验课	50000人	40人	15人
会员的朋友可以享受免费体验	400人	20人	10人

出处：　　　　　　　　　　　　　　　　　Copyright© 2016 Rubato Co., Ltd. –Confidential

（3）希望读者重点阅读的地方

9

（1）页码

146 瞬间"放映幻灯片"的技巧

■ 通过快捷键Shift+F5，瞬间放映幻灯片

前面介绍的说明技巧，更适用于会议等听众人数不多的情况。在大礼堂、阶梯教室等大场合面向众多听众进行讲解的时候，除了PPT内容要过硬之外，还有一点不容忽视，那就是**讲解时的一举一动**。这一小节，我不讲PPT本身，而是讲一讲说明PPT时的一些小细节。精通PowerPoint自带的一些快捷功能，在讲解的时候可以让我们显得更熟练、更可信。

在放映幻灯片的时候，很多人都会点击PPT页面右下角的"幻灯片放映"命令。用鼠标点击命令要花一点时间，虽然时间很短，但总要停顿一下，容易影响听众的注意力，打乱他们的思维节奏。但如果您会使用快捷键的话，就可以瞬间把幻灯片调到放映模式。

放映幻灯片的快捷键是F5。但是，不管当前位于PPT的哪一页，只要按下F5，就会从PPT的第一页开始放映。我在听讲座的时候，常会遇到这样的情况。讲师正在给我们讲解PPT中的某一页幻灯片（不是第一页），他想切换到放映模式，结果按下F5后，虽然进入了放映模式，却是从PPT第一页开始的。讲师不得不手忙脚乱地迅速翻页，翻到自己刚才讲的那一页。为了防止这种情况的发生，您可以按Shift+F5，这样不仅可以快速切换到放映模式，屏幕显示的还是您刚才讲的那一页。

用 B 或 W 键来唤醒听众的注意力

☐ 用B或W键来唤醒听众的注意力

在对PPT进行演示的过程中，有时需要让听众的视线暂时离开屏幕，把注意力都集中到演示者的身上来。这个时候，我们可以按B键。在幻灯片的放映模式中按下B键之后，幻灯片画面就消失了，屏幕变成一片漆黑（Black Out）。这时，听众的注意力就会从屏幕上移开，专注地听演示者讲话。再按一次B键，又会回到原来的画面。

但是，如果会场使用投影仪播放PPT，那么室内环境会比较暗，再通过B键让屏幕变黑，室内就会显得更暗。这种情况下，可以按W键，显示白画面（White Out）。再按一次W，又会返回原来的画面。

熟练使用这些快捷键，不仅可以在演示的时候更好地引导听众，**还能让听众感觉演示者是一个PPT高手**，从而产生更加信赖甚至佩服的感受。

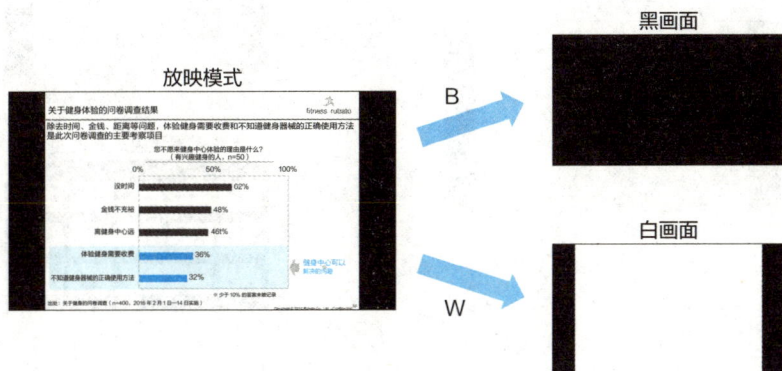

148 瞬间 "跳" 到想演示的页面

■ "页码+Enter" 可以实现精准跳页

在演示幻灯片的时候，偶尔我们需要跳回到前面的某一页再次讲解其中的内容。常见的操作方式是先退出放映模式，在标准显示模式下找到那一页，然后再切换到放映模式。这种方法显得很笨拙。

其实，有快捷键可以瞬间实现精准跳页，就是 "页码+Enter"。不过，这样操作的前提是手头必须有一份打印好的PPT，能够迅速查询到自己想跳到的页码。

另外，2016年以后的PowerPoint版本，还可以通过快捷键G让画面显示所有幻灯片的一览，然后在其中选择想要演示的页面。这种方法也不错。

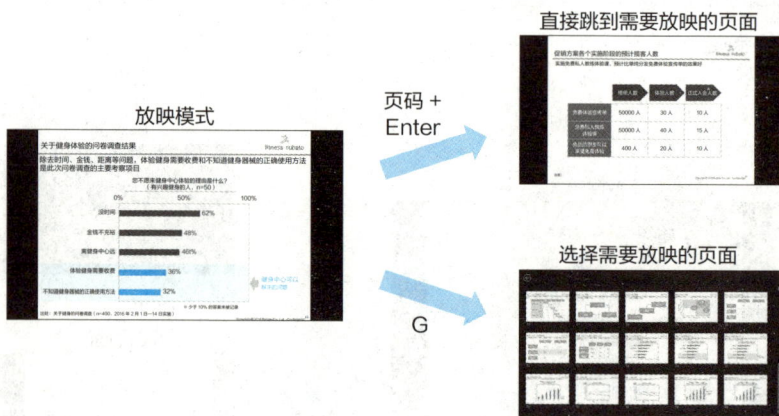

149

隐藏桌面的图标

◻ 演示PPT的时候，暂时隐藏电脑桌面的图标

　　我们在操作电脑演示PPT的时候，难免会让听众看到电脑桌面上的内容。如果桌面图标很乱的话，会给听众带来不好的印象，听众会想："这个人不善于管理文件。"这就要求我们在平时养成整理电脑桌面的习惯。不过还有一个办法，就是在演示PPT的时候，暂时把桌面的图标隐藏起来。具体操作方法如下：

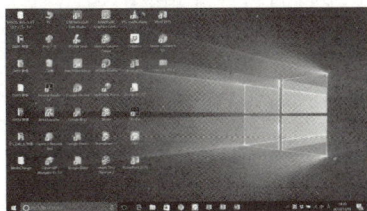

用鼠标右键单击桌面，点击"查看"，在下一级菜单中点击"显示桌面图标"，将前面的"√"消除，桌面图标就不见了。再次点击"显示桌面图标"，就恢复了

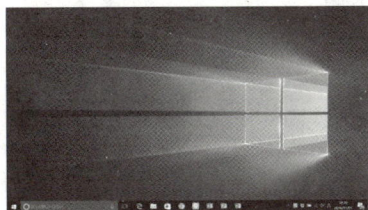

150

通过"超链接",跳转到其他文件

◻ 在PPT中添加超链接,随时转到其他文件

我们在演示PPT的过程中,有时需要打开Excel、Word或视频等其他类型的文件。很多人的做法是暂时把PPT最小化,然后再点开另外的文件。这样做就打乱了演示的节奏,并不是明智之举。

我们可以使用PowerPoint的超链接功能,在演示过程中快速切换到其他文件。事先在PPT中需要的地方添加一个Excel或视频文件的超链接图标,只要用鼠标点击这个图标,就可以直接打开相应的文件,而不用将PPT文件最小化。

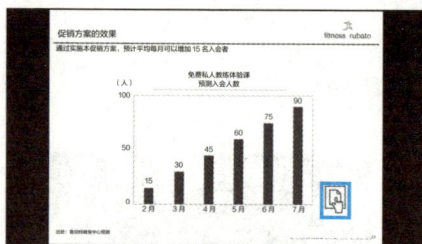

(1)只需点击页面中的超链接图标

(2)打开相应的 Excel 文件

在PPT文件中添加超链接的操作方法如下所示：

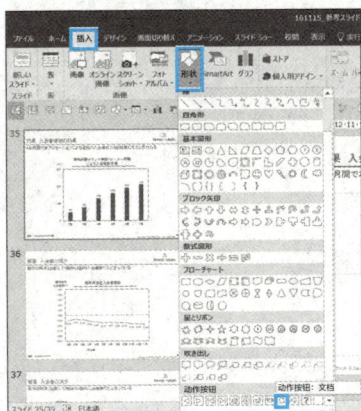

（1）点击"插入""形状""动作按钮"，选择合适的动作按钮

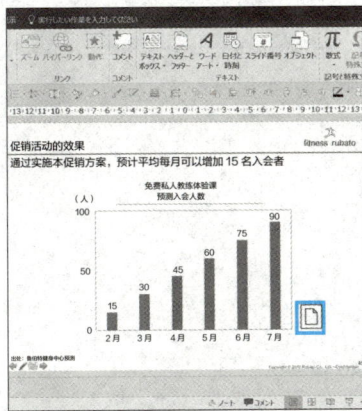

（2）将动作按钮添加到幻灯片的合适位置

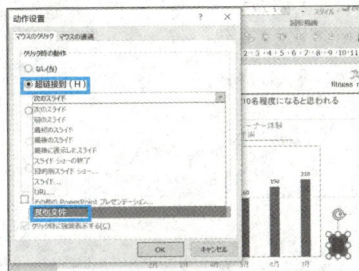

（3）插入动作按钮之后，会自动弹出一个"操作设置"的对话框，选中"超链接到"，在下拉菜单中选择"其他文件"

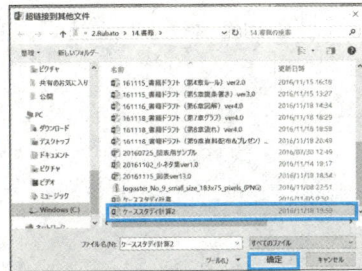

（4）选择需要的文件，点击"确定"就设置完成了

PPT 发送的技巧

在对PPT进行演示或说明之后，很多听众会要求我们将PPT的电子版发给他们。在给听众发送PPT之前，我们应该在文件的安全、容量、管理等多个方面进行仔细检查和修正。

举一个我自己犯错的例子，有一次，我对同事以前制作的PPT加以修改，做了一份新的PPT。可是，同事的署名我忘记修改了，结果就那样发给了客户。上司得知这件事之后，把我狠狠地批评了一通。

只是同事的名字忘记修改，还不算什么大事，如果是在其他客户发来的PPT的基础上制作新PPT，结果忘记修改署名的话，那可就摊上大事了。如果把这样的PPT发给新客户的话，我就有可能违反了和之前那位客户之间的保密协议。在我们战略顾问行业，保密协议是非常严格的，出现泄密过失，可能会给客户或自己公司带来不可挽回的损失。也许您所在的行业对保密义务的要求没这么严格，但从专业角度来说，出现署名错误的问题，还是会给自己的信誉带来极为恶劣的影响。

另外，发送给别人的PPT文件，容量不能过大，要事先进行文件压缩，以便对方接收和阅读。总而言之，我们一定要站在对方的角度考虑问题，为了方便对方，把每一个细节都做到位。

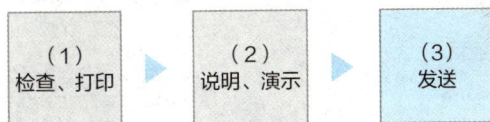

（1） 检查、打印	▶	（2） 说明、演示	▶	（3） 发送

151 对图片进行"压缩"，可以压缩整个文件

❑ 学会使用图片压缩功能

PPT中插入了大量图片的话，文件就会很大，不管发送还是接收，都需要较长时间。所以，我们在用电子邮件给对方发送PPT文件之前，一定要对PPT中的图片进行压缩。通过删除图片的剪裁区域、降低图片画质，可以大幅降低文件的体量。具体操作方法如下所示：

（1）打开PPT文件，点击"文件"

（2）点击"另存为"

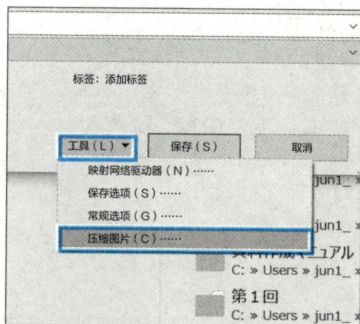

（3）点击"工具""压缩图片"

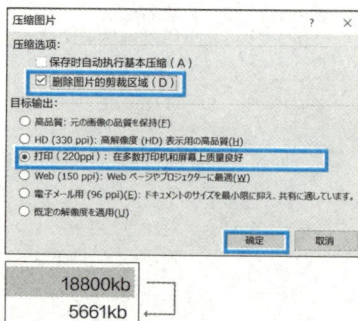

（4）选中"删除图片的剪裁区域"和"打印"，然后点击"确定"，您就会发现，文件比原来小了很多

18800kb
5661kb

152

重要的文件要加"密码"

☐ 通过密码，保护文件的安全

在向客户发送重要的文件时，一定要给文件加密码，目的是保护文件的安全，以免泄露秘密。另外，文件和密码要分别发送，不要在一封邮件中既发文件又发密码。给PPT文件添加密码的具体操作如下：

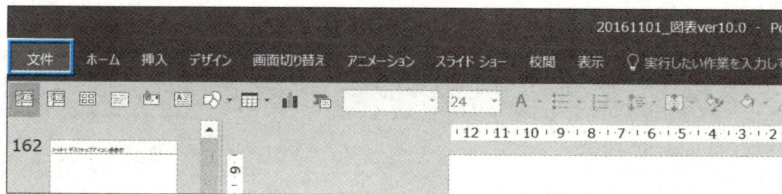

（1）点击"文件"

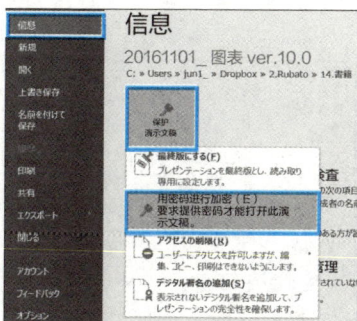

（2）点击"信息""保护演示文稿""用密码进行加密"

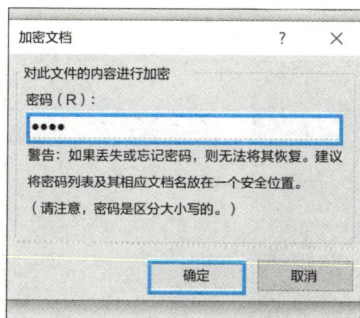

（3）输入自己设置的密码，点击"确定"即可

确认 PPT 的 "作者"

□ 最后再确认一次 "作者"

　　PPT文件的属性中，一定要有作者。在保存文件的画面中，有"作者"一栏，输入作者的名字即可。要注意的是，如果把别人的PPT经过改编制作一份新PPT，就一定要修改作者名，保留着原作者的名字发给客户就麻烦了。在别人PPT的基础上制作新PPT，完成后一定要"另存为"，并在"作者"一栏中修改作者的名字。

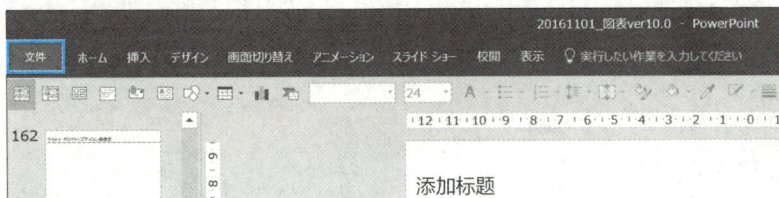

（1）点击"文件"

（2）点击"另存为"

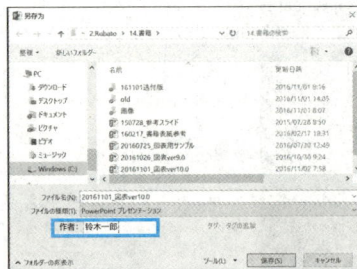

（3）输入作者名

在邮件正文中要对"附件"
进行简要说明

☐ 用F2键，选择文件名称

　　我经常收到正文只有一句话的电子邮件："详情请见附件。"不知道您是否也收到过类似的邮件。收到这种邮件，您做何感想呢？反正我会感到很困扰。附件中到底是什么资料？说了些什么事？只有下载附件，打开之后才能知道。为了不给客户带来同样的困扰，我们不能只发一句话邮件，应该在邮件正文中对附件进行简要说明。如果附件中有多个文件，可以用逐条编写的形式简要介绍一下每个附件。

　　不过，要一个一个输入文件名称太麻烦了，我们可以选中目标文件，然后点击F2键，按Ctrl+C把文件名复制下来，最后粘贴到邮件正文中即可。

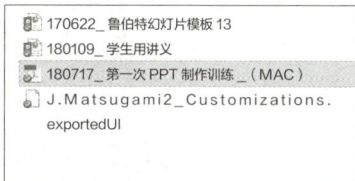

（1）选择目标文件

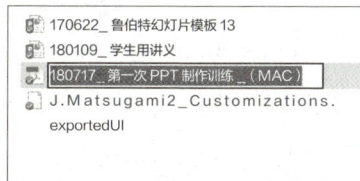

（2）点击 F2 键，再按 Ctrl+C 进行复制

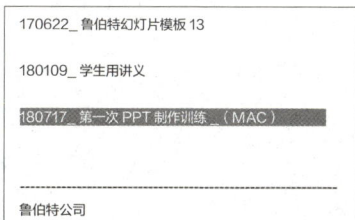

（3）按 Ctrl+V，将文件名粘贴到邮件正文中

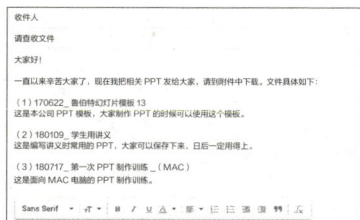

（4）对每个文件进行简要说明

本章总结

☐ 在分发资料之前，一定先将PPT进行测试打印，并请多人按照"检查清单"进行检查。比如金额、单位等要素，一定要检查到位。

☐ 打印PPT的时候，先把PPT转换为PDF文件，然后按照一页纸两页幻灯片进行打印。使用黑白打印的话，请选择"灰阶"模式。

☐ 在演示PPT的时候，对于自己的主张、根据，可以通过"幻灯片副标题"和"小标题"传达。特别重要的幻灯片，才会讲解到正文的层面。做好取舍，争取在有限的时间里做最到位的讲解。

☐ 在演示PPT的过程中，如果想集中听众的注意力，提示"现在我要讲的是第×页"是个不错的方法。

☐ 演示PPT的时候，我们要注意自己的一举一动。使用"页码+Enter"或"超链接"等PowerPoint自带功能，可以实现瞬间切换页面，让听众感觉我们精通业务。

☐ 将PPT文件发送给公司以外的人时，首先要对文件进行压缩，重要文件还应设置密码，作者名也是重点检查对象。

☐ 我们用电子邮件的附件传送PPT文件，但在邮件正文中应该对传送的文件进行简要说明。

PPT控的清单

- [ ]
- [ ]
- [ ]
- [ ]
- [ ]
- [ ]
- [ ]
- [ ]
- [ ]
- [ ]
- [ ]
- [ ]
- [ ]
- [ ]
- [ ]
- [ ]
- [ ]
- [ ]
- [ ]
- [ ]

PPT控的清单

- [ ]
- [ ]
- [ ]
- [ ]
- [ ]
- [ ]
- [ ]
- [ ]
- [ ]
- [ ]
- [ ]
- [ ]
- [ ]
- [ ]
- [ ]
- [ ]
- [ ]
- [ ]
- [ ]
- [ ]

PPT控的清单

- [ ]
- [ ]
- [ ]
- [ ]
- [ ]
- [ ]
- [ ]
- [ ]
- [ ]
- [ ]
- [ ]
- [ ]
- [ ]
- [ ]
- [ ]
- [ ]
- [ ]
- [ ]
- [ ]
- [ ]

PPT控的清单

- ☐ ....
- ☐ ....
- ☐ ....
- ☐ ....
- ☐ ....
- ☐ ....
- ☐ ....
- ☐ ....
- ☐ ....
- ☐ ....
- ☐ ....
- ☐ ....
- ☐ ....
- ☐ ....
- ☐ ....
- ☐ ....
- ☐ ....
- ☐ ....
- ☐ ....
- ☐ ....

PPT控的清单

- [ ]
- [ ]
- [ ]
- [ ]
- [ ]
- [ ]
- [ ]
- [ ]
- [ ]
- [ ]
- [ ]
- [ ]
- [ ]
- [ ]
- [ ]
- [ ]
- [ ]
- [ ]
- [ ]

PPT控的清单

- [ ]
- [ ]
- [ ]
- [ ]
- [ ]
- [ ]
- [ ]
- [ ]
- [ ]
- [ ]
- [ ]
- [ ]
- [ ]
- [ ]
- [ ]
- [ ]
- [ ]
- [ ]
- [ ]
- [ ]

PPT控的清单

- [ ]
- [ ]
- [ ]
- [ ]
- [ ]
- [ ]
- [ ]
- [ ]
- [ ]
- [ ]
- [ ]
- [ ]
- [ ]
- [ ]
- [ ]
- [ ]
- [ ]
- [ ]

PPT控的清单

- [ ]
- [ ]
- [ ]
- [ ]
- [ ]
- [ ]
- [ ]
- [ ]
- [ ]
- [ ]
- [ ]
- [ ]
- [ ]
- [ ]
- [ ]
- [ ]
- [ ]
- [ ]
- [ ]
- [ ]
- [ ]

PPT控的清单

- [ ]
- [ ]
- [ ]
- [ ]
- [ ]
- [ ]
- [ ]
- [ ]
- [ ]
- [ ]
- [ ]
- [ ]
- [ ]
- [ ]
- [ ]
- [ ]
- [ ]
- [ ]
- [ ]
- [ ]

PowerPoint SHIRYO SAKUSEI PROFESSIONAL NO DAIGENSOKU
by Junichiro Matsugami
Copyright © 2019 Junichiro Matsugami
All rights reserved.
Original Japanese edition published by Gijyutsu-Hyoron Co., Ltd., Tokyo

This Simplified Chinese language edition published by arrangement with
Gijyutsu–Hyoron Co., Ltd., Tokyo in care of Tuttle-Mori Agency, Inc., Tokyo
through Pace Agency Ltd., Jiang Su Province.

著作权合同登记号：图字18–2019–317

图书在版编目（CIP）数据

为什么精英都是PPT控：全二册 /（日）松上纯一郎
著；郭勇译.—长沙：湖南文艺出版社，2020.6
ISBN 978–7–5404–9530–5

Ⅰ.①为… Ⅱ.①松… ②郭… Ⅲ.①目标管理—通
俗读物 Ⅳ.①C931.2–49

中国版本图书馆CIP数据核字（2020）第016945号

上架建议：商业·成功励志

WEI SHENME JINGYING DOU SHI PPT KONG: QUAN ER CE
为什么精英都是PPT控：全二册

作　　者：［日］松上纯一郎
译　　者：郭　勇
出 版 人：曾赛丰
责任编辑：刘诗哲
监　　制：邢越超
策划编辑：李彩萍
特约编辑：汪　璐
版权支持：金　哲
营销支持：文刀刀　周　茜
版式设计：李　洁
封面设计：刘红刚
出　　版：湖南文艺出版社
　　　　　（长沙市雨花区东二环一段508号　邮编：410014）
网　　址：www.hnwy.net
印　　刷：三河市中晟雅豪印务有限公司
经　　销：新华书店
开　　本：880mm×1270mm　1/32
字　　数：400千字
印　　张：16.5
版　　次：2020年6月第1版
印　　次：2020年6月第1次印刷
书　　号：ISBN 978–7–5404–9530–5
定　　价：79.60元（全二册）

若有质量问题，请致电质量监督电话：010–59096394
团购电话：010–59320018